近现代稀见史料丛刊【第四辑】

徐雁平　彭国忠　主编

江瀚日记

江瀚　著

郑园　整理

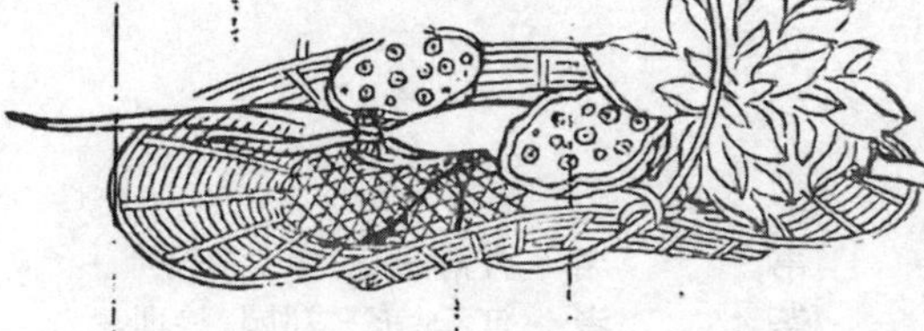

本辑执行主编　张剑

凤凰出版社

图书在版编目（CIP）数据

江瀚日记 / 江瀚著 ; 郑园整理. -- 南京 : 凤凰出版社, 2017.6（2024.10重印）
（中国近现代稀见史料丛刊. 第四辑）
ISBN 978-7-5506-2607-2

Ⅰ. ①江… Ⅱ. ①江… ②郑… Ⅲ. ①江瀚（1857-1935）—日记 Ⅳ. ①K825.46

中国版本图书馆CIP数据核字(2017)第099277号

书　　名	江瀚日记
著　　者	江瀚 著　郑园 整理
责任编辑	郭馨馨
责任监制	程明娇
出版发行	凤凰出版社(原江苏古籍出版社) 发行部电话025-83223462
出版社地址	江苏省南京市中央路165号,邮编:210009
照　　排	南京凯建文化发展有限公司
印　　刷	唐山楠萍印务有限公司 河北省唐山市芦台经济开发区场部
开　　本	880毫米×1230毫米　1/32
印　　张	12.25
字　　数	318千字
版　　次	2017年6月第1版
印　　次	2024年10月第2次印刷
标准书号	ISBN 978-7-5506-2607-2
定　　价	89.00元

(本书凡印装错误可向承印厂调换,电话:022-69381996)

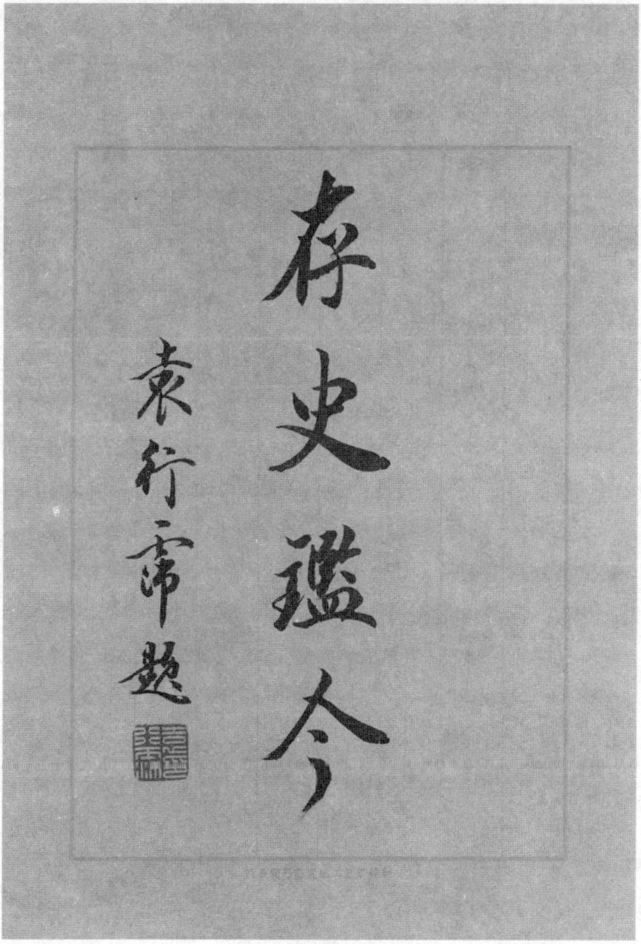

袁行霈先生题辞

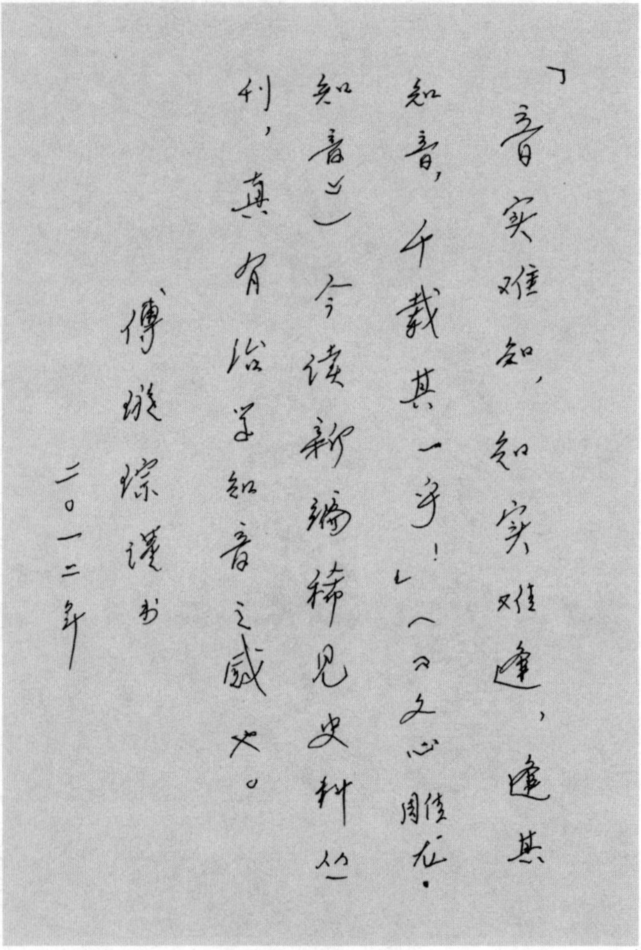
「音实难知，知实难逢，逢其知音，千载其一乎！」（《文心雕龙·知音》）今读新编稀见史料丛刊，真有治学知音之感矣。
傅璇琮谨书
二〇一二年

傅璇琮先生题辞

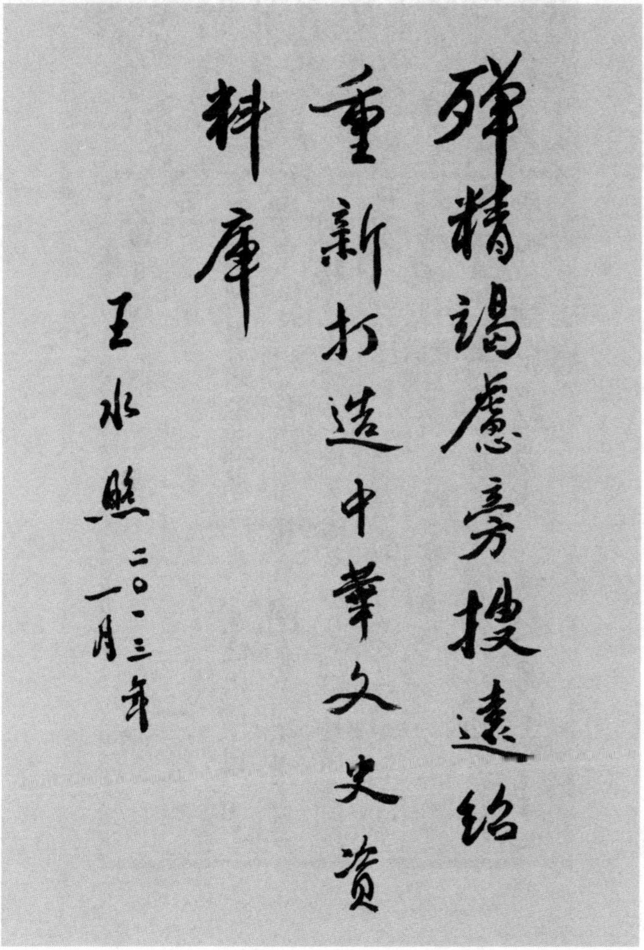

王水照先生题辞

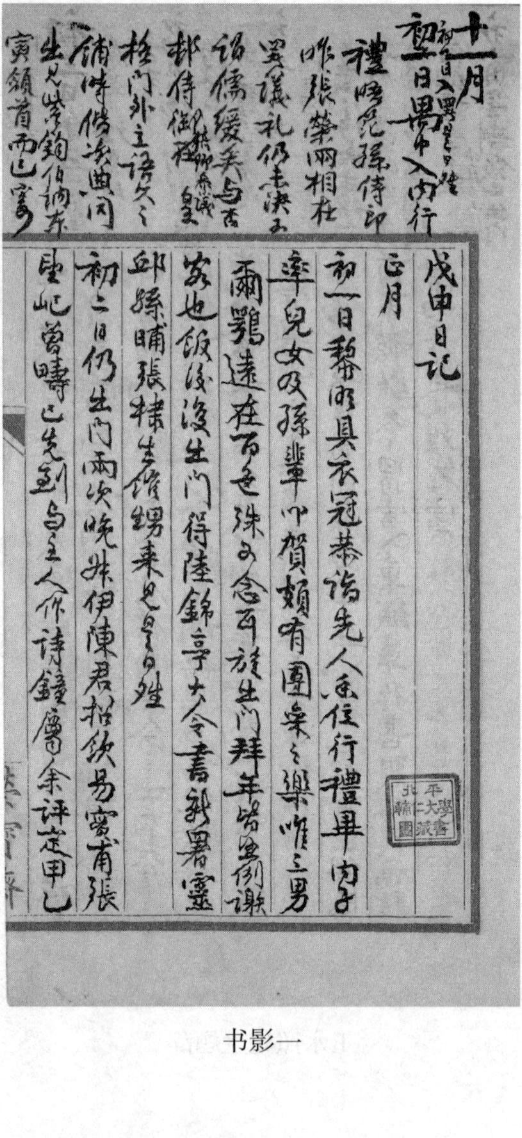

书影一

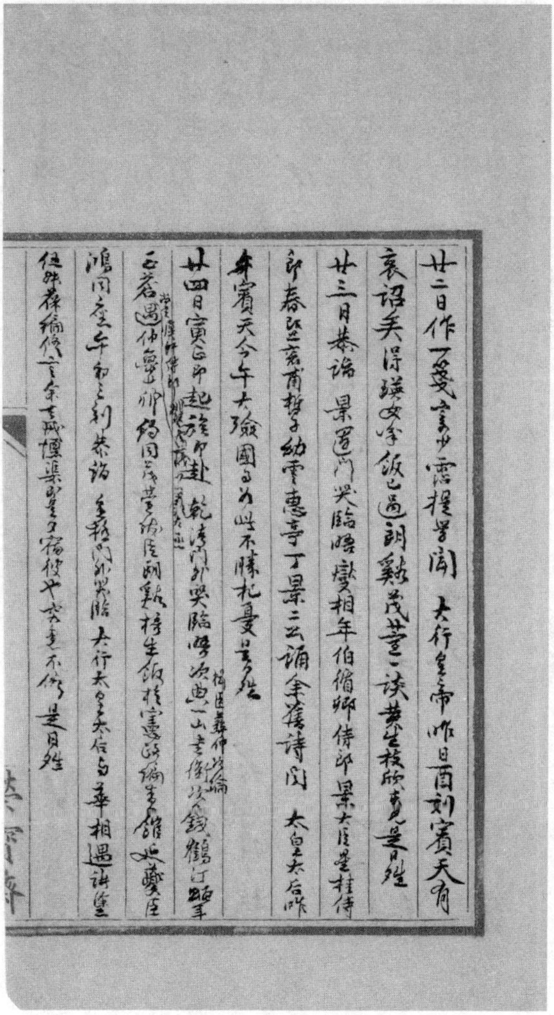

书影二

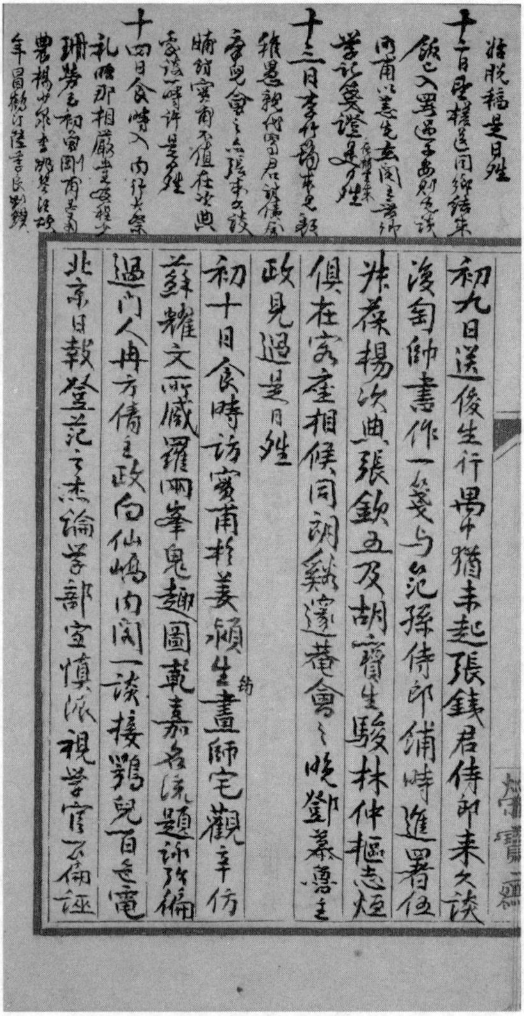

书影三

《中国近现代稀见史料丛刊》总序

在世界所有的文明中，中华文明也许可说是“唯一从古代存留至今的文明”（罗素《中国问题》）。她绵延不绝、永葆生机的秘诀何在？袁行霈先生做过很好的总结：“和平、和谐、包容、开明、革新、开放，就是回顾中华文明史所得到的主要启示。凡是大体上处于这种状况的时候，文明就繁荣发展，而当与之背离的时候，文明就会减慢发展的速度甚至停滞不前。”（《中华文明的历史启示》，《北京大学学报》2007年第1期）

但我们也要清醒看到，数千年的中华文明带给我们的并不全是积极遗产，其长时段积累而成的生活方式与价值观具有强大的稳定性，使她在应对挑战时所做的必要革新与转变，相比他者往往显得迟缓和沉重。即使是面对佛教这种柔性的文化进入，也是历经数百年之久才使之彻底完成中国化，成为中华文明的一部分；更不用说遭逢“数千年来未有之变局”、“数千年未有之强敌”（李鸿章《筹议海防折》），“数千年未有之巨劫奇变”（陈寅恪《王观堂先生挽词序》）的中国近现代。晚清至今虽历一百六十余年，但是，足以应对当今世界全方位挑战的新型中华文明还没能最终形成，变动和融合仍在进行。1998年6月17日，美国三位前总统（布什、卡特、福特）和二十四位前国务卿、前财政部长、前国防部长、前国家安全顾问致信国会称：“中国注定要在21世纪中成为一个伟大的经济和政治强国。”（徐中约著《中国近代史》上册第六版英文版序，香港中文大学2002年版）即便如此，我们也不能盲目乐观，认为中华文明已经转型成功，相反，中华文明今天面对的挑战更为复杂和严峻。新型的中华文明到底会怎样呈现，又怎样具体表现或作用于政治、经济、文化等层面，人们还在不断探索。这个问题，我们这一代恐怕无法给出答案。但我们坚信，在历史上曾经灿烂辉煌的中华文明必将凤凰浴火，涅槃重生。这既是数千年已经存在的中华文明发展史告诉我们的经验事实，也是所有为中国文化所化之人应有的信念和责任。

不过，对于近现代这一涉及当代中国合法性的重要历史阶段，我们了解得还过于粗线条。她所遗存下来的史料范围广阔，内容复杂，且有数量庞大且富有价值的稀见史料未被发掘和利用，这不仅会影响到我们对这段历史的全面了解和规律性认识，也会影响到今天中国新型文明和现代化建设对它的科学借鉴。有一则印度谚语如是说："骑在树枝上锯树枝的时候，千万不要锯自己骑着的那一根。"那么，就让我们用自己的专业知识与能力，为承载和养育我们的中华文明做一点有益的事情——这是我们编纂这套《中国近现代稀见史料丛刊》的初衷。

书名中的"近现代"，主要指1840—1949年这一时段，但上限并非以一标志性的事件一刀切割，可以适当向前延展，然与所指较为宽泛的包含整个清朝的"近代中国"、"晚期中华帝国"又有所区分。将近现代连为一体，并有意淡化起始的界限，是想表达一种历史的整体观。我们观看社会发展变革的波澜，当然要回看波澜如何生，风从何处来；也要看波澜如何扩散，或为涟漪，或为浪涛。个人的生活记录，与大历史相比，更多地显现出生活的连续。变局中的个体，经历的可能是渐变。《丛刊》期望通过整合多种稀见史料，以个体陈述的方式，从生活、文化、风习、人情等多个层面，重现具有连续性的近现代中国社会。

书名中的"稀见"，只是相对而言。因为随着时代与科技的进步，越来越多的珍本秘籍经影印或数字化方式处理后，真身虽仍"稀见"，化身却成为"可见"。但是，高昂的定价、难辨的字迹、未经标点的文本，仍使其处于专业研究的小众阅读状态。况且尚有大量未被影印或数字化的文献，或流传较少，或未被整合，也造成阅读和利用的不便。因此，《丛刊》侧重选择未被纳入电子数据库的文献，尤欢迎整理那些辨识困难、断句费力、裒合不易或是其他具有难度和挑战性的文献，也欢迎整理那些确有价值但被人们习见思维与眼光所遮蔽的文献，在我们看来，这些文献都可属于“稀见”。

书名中的“史料”，不局限于严格意义上的历史学范畴，举凡日记、书信、奏牍、笔记、诗文集、诗话、词话乃至序跋汇编等，只要是某方面能够反映时代政治、经济、文化特色以及人物生平、思想、性情的文献，都在考虑之列。我们的目的，是想以切实的工作，促进处于秘藏、边缘、零散等状态的史料转化为新型的文献，通过一辑、二辑、三辑……这样的累积性整理，自然地呈现出一种规模与气象，与其他已经整理出版的文献相互关联，形成一个丰茂的文献群，从而揭示在宏大的中国近现代叙事背后，还有很多未被打量过的局部、日常与细节；在主流周边或更远处，还有富于变化的细小溪流；甚至在主流中，还有漩涡，在边缘，还有静止之水。近现代中国是大变革、大痛苦的时代，身处变局中的个体接物处事的伸屈、所思所想的起落，藉纸墨得以留存，这是一个时代的个人记录。此中有文学、文化、生活；也时有动乱、战争、革命。我们整理史料，是提供一种俯首细看的方式，或者一种贴近近现代社会和文化的文本。当然，对这些个人印记明显的史料，也要客观地看待其价值，需要与其他史料联系和比照阅读，减少因个人视角、立场或叙述体裁带来的偏差。

知识皆有其价值和魅力，知识分子也应具有价值关怀和理想追求。清人舒位诗云“名士十年无赖贼”（《金谷园故址》），我们警惕袖手空谈，傲慢指点江山；鲁迅先生诗云“我以我血荐轩辕”（《自题小像》），我们愿意埋头苦干，逐步趋近理想。我们没有奢望这套《丛刊》产生宏大的效果，只是盼望所做的一切，能融合于前贤时彦所做的贡献之中，共同为中华文明的成功转型，适当“缩短和减轻分娩的痛苦”（马克思《资本论》第一卷第一版序言）。

《丛刊》的编纂，得到了诸多前辈、时贤和出版社的大力扶植。袁行霈先生、傅璇琮先生、王水照先生题辞勖勉，周勋初先生来信鼓励，凤凰出版社姜小青总编辑赋予信任，刘跃进先生还慷慨同意将其列入"中华文学史史料学会"重大规划项目，学界其他友好也多有不同形式的帮助……这些，都增添了我们做好这套《丛刊》的信心。必须一提的是，《丛刊》原拟主编四人（张剑、张晖、徐雁平、彭国忠），每位主编负责一辑，周而复始，滚动发展，原计划由张晖负责第四辑，但他尚未正式投入工作即于2013年3月15日赍志而殁，令人抱恨终天，我们将以兢兢业业的工作表达对他的怀念。

《丛刊》的基本整理方式为简体横排和标点（鼓励必要的校释），以期更广泛地传播知识、更好地服务社会。希望我们的工作，得到更多朋友的理解和支持。

2013年4月15日

目　录

论江瀚日记的价值及其解读方法（代前言）[*]

徐雁平

引　言

从江瀚（1857—1935）在清末民初的社会活动、交游圈及其著述来看，他应该是位有些影响的人物。查检梁淑安主编《中国文学家大辞典·近代卷》（中华书局，1997 年），未见其人；钱仲联、傅璇琮等主编《中国文学大辞典》（上海辞书出版社，1997 年）有江瀚小传；在汪辟疆《光宣诗坛点将录》1944 年的定本中，江瀚的名字以“一作”的形式出现，在“马军小彪将兼远探出哨头领一十六员”中有“地明星铁笛仙马麟，林纾，一作江瀚（附子庸）”一目，“一作”笔法，可见江瀚在诗坛的位置是先言他人而连带提及的①。在此目下的解说文字以林纾为主，只在收尾处有寥寥数语评说江瀚：“叔海宗选体，而近体清健，晚作尤胜。”②随后又用一种笔法，将江瀚之子江庸附其后。总之，这

---

* 此文初稿完成后，博士生吴钦根、张知强、张何斌、硕士生潘振方提出若干建议，特此说明，并表示感谢。

① 张亚权指出汪辟疆有“一作某”的形式在同一将领的位置增加一位诗人，所增之人，“‘其人其学其诗’的匹敌相仿，不仅增加了被评点诗人群体的容量，而且使得一代诗人的异同比较成为可能”，见《论“点将录”的“一作”与“留白”》，见《江海学刊》，2007 年第 5 期。“一作”有其体例，然于此体例及篇幅大小中，亦可见排列先后中实有轻重之分。

② 汪辟疆著《汪辟疆诗学论集》，南京大学出版社，2011 年，第 91 页。

些关于江瀚的文字，大略表明江瀚在清末民国文学与学术圈内虽有一定影响，但似乎不是核心人物或一线人物。

据柳森《江瀚手札五通考释》一文，目前关于江瀚的研究只有两篇文章和一种文献整理[①]；而对江瀚的生平行事概述最全面的，似是柳森此文，故此处依此文节引，字句略有调整：

> 江瀚，字叔海，别号石翁、石翁山民，室名慎所立斋，福建长汀人。咸丰七年十一月初三日（公历十二月十八日）生于四川。光绪十九年任重庆东川书院山长，二十二年赴重庆致用书院讲学，次年受聘于长沙校经堂，任教习。三十年赴日本考察教育。三十一年任江苏高等学堂监督兼总教习。三十二年初，代理两级师范学堂监督，同年四月任学部普通司行走，七月任京师大学堂师范馆监督兼教务提调。三十四年升学部参事官。宣统二年初，任京师大学堂京学分科经学教授，兼女子师范学堂总理，同年二月以硕学通儒被选为资政院议员，四月升河南开归陈许道。民国元年五月任京师图书馆馆长，二年一月任四川盐运使，三年七月任北京政府政事堂礼制馆总编纂。四年任参政院参政。五年任总统府顾问。八年任国史馆编纂处长。十五年任故宫教院维持会会长。十六年国务院聘充礼制馆总纂。十七年任京师大学代理校长、故宫教院顾问、理事。二十一年五月任故宫博物院图书馆馆长，同年九月任故宫博物院理事长。二十四年十二月十七日，江瀚因患肺炎

---

① 这些论著是：焦树安的《京师图书馆早期的三位馆长缪荃孙、江瀚、夏曾佑》（《国家图书馆学刊》2001 年第 4 期）、高福生的《江瀚其人及黄云鹄、黄侃父子之关系》（《中国文化》2010 年第 1 期）、高福生还对江瀚编辑的友朋诗札集《片玉碎金》进行解读，详见《片玉碎金：近代名人手书诗札释笺》，中华书局，2009 年。

在北平小方家胡同四号私邸辞世。江瀚的著述有《东川书院学规》、《论孟卮言》、《诗经四家异文考补》、《南行纪事诗》、《吴门销夏记》、《宗孔编》、《北游草》、《东游草》、《石翁山房札记》、《中州从政录》、《孔学发微》、《慎所立斋诗集》、《慎所立斋文集》、《京师图书馆善本简明书目》、《片玉碎金》、《长汀先生著书五种》、《故宫方志目普通书目》等。①

当然就著述而言,还可以作一重要补充的就是藏于北京师范大学图书馆的江瀚四年日记以及江氏后人收藏的四年日记稿本了②。

一、长汀江氏家学的传衍

据江瀚述其家迁徙情况,"(江氏)上世为江西都昌人,宋季迁福建同安之汤板里,后徙宁化,又徙上杭,最后居长汀石翁砦。"③上文江瀚生平介绍中,述及江瀚咸丰七年出生于四川一事,须参看其父江怀廷经历:

吾江氏家世力农,自国初以来,无列名庠序者。至先大父乃

---

① 见柳森《江瀚手札五通考释》,《文献》2015 年第 2 期,第 72—73 页。关于著述,据《清人别集总目》略可补充的是《长汀江氏慎所立斋全集》原稿五种,现藏于北京大学图书馆。新近出版的《民国时期の学术界》,有桥川氏民国年间编撰的《江叔海学行记》(桥川时雄著、高田时雄编《民国时期の学术界》,京都临川书店,2016 年),似是民国时期关于江瀚的生平著述最详细的记录。中国美术学院孙田博士提供《江叔海学行记》照片。

② 据孙田博士 2016 年 7 月初提供的信息,江瀚日记尚存光绪二十一年、光绪二十四年、光绪二十八年、光绪二十九年,稿本已由江氏后人交国家图书馆出版社,以影印的方式出版。后经多方推合,特别是孙田不断地提供信息,促进沟通,藏于两处的江瀚日记迅速于 2016 年 8 月合并出版。

③ 江瀚《二河桥墓表》,见《道腴堂遗诗》卷末,民国十六年江瀚刻本。

> 能读书，顾为文简质，不中程式。及府君补学官弟子，族人已惊其贵矣。咸丰元年举于乡，三年成进士，以知县分四川即用，历署温江、蓬州、南溪、双流、崇庆、南充等州县，授璧山知县……历充四川庚午、癸酉、丙子乡试同考官，以光绪八年九月卒于南充任所，年六十有四。①

江怀廷《道腴堂遗稿》所收诗，多是在四川任上所作，如《浣花草堂谒杜文贞像》、《和黄翔云同年花朝侍太淑人游青羊宫原韵》等。江瀚似无意中跟从父亲的行迹，他早期的活动也是在四川展开②，此次整理的江氏四年日记中，有光绪二十三年日记、光绪二十七年日记，就是在蜀中生活的记录。江瀚父亲的诗集有光绪二十一年初刊本，也是江瀚在重庆刊刻，并请黎庶昌作序。江怀廷如何教导江瀚，在父子的诗文集中没有记载，江瀚二十六岁时，父亲辞世，但此后，江瀚交往的某些重要人物，有不少是父亲的友朋，这或许是江瀚继承的父亲的"无形遗产"。

相较而言，江瀚为其子江庸留下的记忆则较为细密，现存的江瀚日记中，江庸至少有 180 次记录，这些文字中能见江庸年轻时在四川

---

① 江瀚《二河桥墓表》，见《道腴堂遗诗》卷末。

② 江瀚在四川活动，可见他光绪三十三年七月致陈夔龙信札，其中有："曩，瀚之先父以癸丑进士官璧山县知县。自先人于壬午年(似脱字)世，瀚饥驱四方，去蜀、复入蜀者屡矣。癸巳，为黎莼斋先生聘，掌东川书院，居重庆者五年。嗣因陈右铭中丞有湘水校经堂之约，遂至长沙，适值议论纷呶之际，留湘逾月，即托故辞去，作客吴门。旋同今内务府大臣长白奎公入川，在督幕三载。辛丑秋，缘聂仲方中丞再三相招，乃复买舟东下，盖离成都又七年矣。"见柳森《江瀚手札五通考释》，第 75 页。

生活的部分记录[①],更重要的是能见父子之间的关系、江庸早年经历重要节点的记录以及父亲的关注与支持。江庸一生行迹较为清晰,这只是作为公众人物的呈现;而"回到家中",成长记录就显得细微、零碎。虽然江瀚的日记行文有其体例,情感、语句自有其分寸,然字里行间,仍见关爱之情。录日记中若干与江庸相关的断片如下:

荔邨告以庸儿等保折奏准。(光绪二十七年六月二十二日)

筠轩观察因庸儿保案奏准来贺。(光绪二十七年七月十六日)

庸儿游学东洋,日中启行,命鹦儿送之江干。(光绪二十七年八月十六日)

偕汪子健有龄游火神庙及厂甸,庸儿侍从。(光绪三十四年正月十一日)

---

① 江庸出生于四川璧山县。其生平如下:江庸(1878—1960),字翊云,晚后澹翁,1901年就读于早稻田大学法制经济科。1908年应学部考试,成绩优等,列法政科举人。1909年参加归国留学生考试,以一等第四名授大理院正六品推事,兼任京师法律学堂监督。1912年民国成立后,留任大理院推事兼北平法政专门学校校长,同年9月任京师高等审判厅厅长。1913—1917年任司法部次长、总长。1920年任法律编查馆总裁,兼故宫博物院古物馆馆长。1926年迁居上海,从事律师业务,曾义务为"救国会七君子"辩护。1927—1939年任私立朝阳大学校长。1938年7月被选为国民参政会议员。1949年秋,应毛泽东邀请,出席第一届中国人民政治协商会议第一次全体会议,并被推选为全国政协委员,其后任政务院政治法律委员会委员。1953—1960年任上海文史馆副馆长、馆长。著述有《台湾半月记》、《菲律宾游记》、《欧航琐记》、《佘山三日记》、《趋庭随笔》、《南游杂诗》、《蜀游草》、《澹荡阁诗集》、《汗漫集》、《攻错集》、《旋沪集》、《入蜀集》。另有相关资料集《梁启超致江庸书札》。以上信息,主要参见《江庸自传》,见《江庸诗选》"附录",中央文献出版社,2001年,第218—225页。

庸儿乞金巩伯摹顾亭林先生像成。(光绪三十四年二月初二日)

同内子挈庸儿夫妇及瑄女、端孙游陶然亭暨龙爪槐。(同光绪三十四年二月二十日)

饭已,挈庸儿往崇效寺观牡丹。(光绪三十四年四月十一日)

偕内子挈庸儿、瑛女赴服部贤伉俪之约。(光绪三十四年六月初四日)

入署,因庸儿应试,拟暂回避。(光绪三十四年八月廿七日)

巳初,赴伏魔寺访印伯,遂邀同茂蓤、笠斋、季约饮于广和居。庸随侍。(光绪三十四年九月初十日)

夜,学部考试游学生榜发,庸儿列优等十八名。(光绪三十四年九月十一日)

庸儿于廷试取列一等四名,亦可喜也。(宣统元年四月十二日)

学部考试游学生,奏派庸儿充襄校官,即晚入场阅卷。(宣统元年八月廿七日)

尧生(赵熙)待御属庸儿抄余履历,盖拟举余充资政院议员也。(宣统元年十二月十七日)

在江瀚的身影中,儿子江庸日渐独立的印迹历历可见,游学东洋及归国后的考试是上列摘录中的关键,日记中的记录与家人在京城游玩,甚至看电影之事,也有多次,这应是家庭常有的活动,江瀚《慎所立斋诗集》所收一九二一年诗作,其中犹有《上巳日偕内挈儿辈湖上泛舟》之作。上录随江瀚一起逛火神庙及厂甸的汪有龄,后来与江庸一起创办私立朝阳学院;与江瀚在广和居餐聚的"茂萲",除在江瀚的日记中多次出现外,也在江庸的笔记中数次出现:

余一日侍家父诣乔茂萲丈,丈谓家父曰:吾有痴儿(彦康早得狂疾),君获令子,吾老境殊不如君。余曰:家父邃于经术,余不通经,殊愧丈言。丈曰:不然。凡步父后尘者,率非英物。何子贞之父文安公习赵书,子贞则学鲁公。一技且然,子与父何必一步一趋?良工之子必学为裘,亦未可概论也。[①]

此类"随侍"亦是生活中常事,只是因为日记叙写简略,欲知其"随侍"具体内容,则只能通过其他记录来观看。江庸的笔记中记录他十岁时事:"余十岁时侍父母居苏州藩署,极蒙易顺鼎实父、顺豫由甫、朱铭盘曼君、费念慈屺怀、张祥龄子馥、文焯小坡诸丈怜爱,每出游,必携余同往。一时(疑为日)宴沧浪亭,家父与诸丈谈艺正酣,余潜出至亭下石桥畔,高唱唐人'水边杨柳石栏桥'一绝,为实父丈所闻,大为欣赏。"[②]江瀚此类举动,当为有意安排,江庸也在此氛围中薰染[③],他的文人趣味及数部诗集,在家学之外,自然也有时代风气

---

① 江庸《趋庭随笔》,朝阳学院出版部,1934年,第31页。

② 江庸《趋庭随笔》,第29页。

③ 江庸《攻错集》中有一首《花朝集陶然亭赋呈赵尧生师郑太夷陈石遗丈暨曾刚甫胡漱唐温毅夫诸公》,可见其学诗氛围。此诗见《江庸诗选》,第7页。江瀚日记有多次陶然亭游玩集会,然未及此次,或许在这四册日记之外。

的影响。父子情深，或书香传衍，在上文所摘引的日记及两则笔记中，已有充分展现，江庸的随笔名为《趋庭随笔》，更可见日记背后深蕴的情感：

> 余生五十有七年，自垂髫至今，盖无一二年离吾父母之侧。斯卷涉及经史，多习闻庭训，退而自记，经吾父所涂改者。人生年近六十，犹获依父母膝下，并世已罕见其人，矧父之于余，则父而师也。①

家学传承研究，传承过程中的种种细节不可缺少，因为传承不单是讲大道理，而是落实在日常生活中的洒扫、应对、进退以及观摩体会之中。江瀚日记中记录儿子零星文字背后的琐事，在江庸的世界里往往有反响。除上所列举外，还可见："乔茂萲丈诣家父，余时侍侧。茂丈自言：不侮鳏寡畏强御。家父笑应之曰：斯言余不敢信。"②"清光宣间，赵尧生（熙）师官侍御，时郑太夷、陈石遗、曾刚父、杨昀谷、罗掞东及余父子均在京师，月必数聚，聚必为诗。"③无论从江瀚日记还是从江庸的随笔记录，江瀚及其交游圈为其子的成长创设了一个难得的小世界，上文提及的赵熙（尧生）、乔树枬（茂萲）、易顺鼎（实父）等清末民初文人群，作为晚辈的江庸就是亲聆謦欬。江庸是中国近现代法学界的重要人物，同时也以诗人的身份出现在《光宣诗坛点将录》中，父辈的提携引带之功不可没。

二、江瀚日记的多重关联及其交游世界的复现

日记较其他文献而言，所记更贴近现实生活，故而有助于对过往

---

① 江庸《趋庭随笔》，"自序"。

② 江庸《趋庭随笔》，第10页。

③ 江庸《趋庭随笔》，第58页。

情景的复现。

赵熙(1867—1948),字尧生,号香宋,四川荣县人,光绪壬辰进士。他是江庸关系亲密的长辈,江庸1939年在四川铅印一种《赵尧生师近赐诗画册》,应是长幼、师生之间深入交往的记录;在江瀚日记中,赵熙是频频出现的人物,共出现165次。据谢国桢《锦城访书小识》所示,四川省图书馆藏赵熙日记一册,起于光绪二十九年二月二十六日,是由蜀入京任国史馆协修时所写,至次年春间而止①。从谢国桢的摘抄日记内容来看,赵熙日记中夹杂诗作,且诗兴更浓,若将赵、江两人日记并观,自可见当时情景。但眼下在无法看到赵熙日记的情况下,只能用江瀚日记所录对彼时语境略作还原。宣统元年九月十八日,江瀚"诣尧生,面商游事"。次日即有江庸随侍出游记录:

> 凌晨,尧生同铁华、师仲来,遂挈庸儿随。出平则门,八里庄小憩,骑马至回村,复跨驴抵白象庵,步行上石景山。登顿殊劳,啜茗天空寺。旋跻绝顶,有石塔焉。回香殿已废,天启元年宦寺所立碑犹存,有松甚古,数百年物也。尧生有诗。归途复游摩诃庵,观明神宗母孝定李皇后画像,即所谓九莲菩萨。赵怀玉、法式善、王轩、董文涣均题诗其旁。返寓,有暮色矣。

① 谢国桢《江浙访书记》,上海书店出版社,2004年,第174页。笔者特请四川大学图书馆古籍部唐新梅博士查访赵氏日记,然因故未能查阅。她又多方设法,从民间收藏者手中所藏香宋日记抄本中摘录数条关于江瀚的记录,现录出,并申谢忱。光绪十九年:"六月初二日 晴。出闱,置榻太守官舍,午后拜黎莼斋观察、景旭林编修(名方昶)、江赤瀣(名瀚)山长、邹怀西(名宪章)大令、祝彦龢上舍并署中叶叔芝(名煊)、张佩斋、刘子良、雷东甫(浦?)诸人"。"初五日 晴。尚卿先生招同景旭林、江赤瀣、邹怀西、黄书年并王、巫两学□饮于学署。"光绪二十年:"二月初六日 阴。拜邹怀西大令、景旭林编修、江赤瀣山长、黎莼斋观察、王蓺庵太守、耿鹤峰大令、祝彦龢高士、谢、萧两同年。"

赵熙诗为《游石景山诗九首》,分写“出城”、“八里庄”、“白象庵”、“至石景山”、“下至半山”、“石景山道中,以松枝赠瘿公,订戒坛之约”、“由天空寺归至八里庄”、“摩诃庵”、“以石景山松枝赠昀谷”[①]。江瀚的诗作中宣统元年作《和赵尧生侍御登石景山诗》:

劳劳车马黄尘陌,惟有西山不厌看。与客初来登石景,去年曾此渡桑乾。遥峰鸟道高秋出,废院虬松白日寒。宦竖丰碑随处在,应怜民力胜朝殚。[②]

诗中所写“劳劳车马”、“废院”、“虬松”、“宦竖丰碑”物象皆在日记中出现,然就写景及对游程记录而言,自然不及赵熙诗详细。赵熙诗后附录江瀚的和诗,诗中有两处自注[③],当为最初版本,江瀚后将其收入集中,自注被删,而“随处在”改作“随处有”,似受杜诗句法影响导致。这次石景山之游,并未就此结束。江瀚九月二十一日云:“尧生有书来,盛称余和诗。”十月初二日日记云:“题尧生《石景山纪行》诗后一律,并以送受卷诗质焉。”在江瀚诗集中依次有《送沈爱苍方伯之贵州任》、《题尧生石景山纪行诗后》,可视为登游馀波。江瀚此年诗作中有《居庸关》、《宣化》、《张家口》三首,排在《和赵尧生侍御登石景山诗》之前,易混为同一行程中纪游之作,查江瀚日记,则可据记录断定是八月出游所作。廿四日日记:“同尧生,胡铁华至西直门站。……居庸叠翠,洵非虚语。酉正抵张家口,住宝通公栈。夜,沽白酒,与尧生论文。”廿五日日记:“晨起,偕赵胡二君出大境门,即龚定盦集所说大禁门也。……尧生独登山,余及铁华未能从焉。”江瀚的日记可作

① 赵熙著,王仲镛整理《赵熙集》,浙江古籍出版社,2014年,第235—237页。

② 江瀚《慎所立斋诗集》卷七,《近代中国史料丛刊》本,第476页。

③ 《赵熙集》,第237页。

为其诗作的注释,显示其作诗的缘由及诗作之间的关联;更可由此推及赵熙诗作,成为赵诗的注解或关联文本。赵熙所存日记仅见一册,则与其交游密切的江瀚日记中所记,在梳理建构赵诗的细致时空脉络时,能发挥不少作用,也就是说赵熙生活的一侧面,留在江瀚的日常记录之中。

记录自己的生活,不知不觉中也为他人留存了雪泥鸿爪。再回到前文提及的乔茂蘐。

乔树枏(1850—1917),字茂蘐,号孟仙、损庵,四川华阳人,原籍浙江绍兴。乔茂蘐在江瀚日记中至少出现150次,在今人视野中,似不及其孙乔大壮(1892—1948)出名。然在清末民初之际,他与多件要事有关,据马其昶所撰乔氏墓表,其中有二事足以体现其风节:

> 至戊戌八月,皇太后临御,诛军机用事者六人,而杨锐与君同舍,刘光第又陈公用君言荐之朝者也。不避罪谴,趋哭棺殓。……其初为御史,即追论同治时以兵夷,张积中黄厓坐死千数百人。积中学道君子,被恶名,宜湔洗,事下,山东巡抚格不行。①

前一事较为人熟知,然不知背后乔氏"不避罪谴"及与四川富顺刘光第的关系;后一事则与张积中所在的太谷学派北宗于同治五年遭受的"黄崖山惨案"有关,乔氏与张积中似有较深交往,故后来奏请昭雪此冤案。当然江瀚日记中所录乔茂蘐,多为交往的简要记录,无惊耸之事,然乔氏其人无诗文集及其他著述传世,藉此聊以留存其印迹。江瀚宣统元年日记有一条特别记录:"闻茂蘐之孙奇变,亟往慰之,已往观音院矣。"据马其昶撰墓表,乔树枏"一子前卒,孙曾劬、曾佑,皆

---

① 马其昶《学部左丞乔君墓表(戊午)》,见《抱润轩文》卷十六,《清代诗文集汇编》第781册,第338页。

官教育部。”[①]曾劬即乔大壮，宣统元年乔大壮十八岁；联系日后与周恩来的联系，以及焚烧祖遗田契之事，此“奇变”或许与之相关，然不知其具体内容。

就江瀚日记中所录掌故而言，或者蜀中家族之间关系而言，还有不少可发掘者，如“杨小鲁”在江瀚日记中出现120馀次，其中光绪二十三年二月廿五日云：“遂宁韩副贡廷杰交到杨小鲁昆仲函，均补学官弟子员，深可喜也。”三月廿五日云：“媳妇自双江镇至，小鲁同至。”七月廿二日云：“夜访小鲁、稚鲁，久谈。”小鲁、稚鲁，即杨尚楷、杨尚模，杨宣哲子，二人与杨尚昆同族，三则日记中已见江瀚与二人的关系不同一般；更进一步查检可知，江庸娶杨宣哲女杨琼英。杨尚楷是江瀚门人，其妻陶先畹有诗集《绣馀集》，有江瀚、江庸、胡适等序，陈三立、吴敬恒等题词。江庸有诗作《寿杨筱鲁八十》，其中有句云：“旧好新姻两世盟，儿为吾婿妇君甥。从师正似鱼千里，有弟差同鲁两生”[②]，正是江、杨两家亲密关系的写照。

江瀚日记所记与俞樾及俞陛云的交往，主要在光绪二十四年与二十九年。所记之事有日常拜访、唱和、请作序诸事，其中不少片断能显现俞樾在苏州的生活情状。光绪二十四年二月初五，江瀚先投书俞樾，请求指正近作[③]，次日即在沈旭初寓所遇见俞樾。二月初八日，江瀚日记有记载：

> 访荫老不值，见其文孙阶青孝廉。春在堂新悬楹联云：“计蒲柳衰龄加入两闰年自谓老夫八十岁，稽蓬莱旧籍遇有六恩榜

---

① 《抱润轩文》卷十六，第339页。

② 《江庸诗选》，第141页。

③ 江瀚二月十一日日记中有“附长句呈俞曲园先生”，十二日日记中的“荫甫编修和昨诗”，查江氏《慎所立斋诗集》，卷四中有江氏《赠俞荫甫山长》，附收俞樾和诗，可与日记所录作比照。

人称前辈廿三科。”

关于俞陛云之事,亦附带提及,如四月廿四日日记:“贺荫老文孙阶青探花及第之喜。旋赋七律一章诒之。”光绪二十九年四月初一日拜访俞樾,并作长谈,十一日“荫叟馈食珍,并托带文孙阶青编修函件”。同月,江瀚至京,二十九日,“晤俞阶青太史大学堂”。七月江瀚回苏州,十七日日记:

荫老以近刻《文编》见示,来书有云:“一时名公巨卿,及正失归一节之奇,咸有见于此者,不得以文之鄙陋而弃之也。”语似谦而实任。

俞樾此年已八十三岁,然处理杂事干净利索,江翰有两则日记对此作风有歆羡之意。七月廿一日:“昨以拙著《北游草》质曲园。今晨即撰序见遗,可谓工且速矣。”七月十四日日记:“写一缄与曲园,告以将行,旋其作答,足见老辈之勤也。”

俞樾不知是否有记录日记的习惯,目前所见有1940年“江苏省立图书馆”校印的《俞曲园先生日记残稿》,乃光绪十九年记德清祭扫之事,在此之外,其一生活动,留存于较为细密的春在堂编年诗或文之中。而在诗文之外,在自己的文字之外,俞樾也生活在他人的日记中,如江瀚的日记,又如葛友芝日记,据张剑整理本后的人名索引,俞樾出现12次,而在曾国藩日记中,俞樾出现的次数则更多。这些旁人记录的“碎片”,或许可以粘合俞樾编年诗文中的“缝隙”。

江瀚的日记“为他人作记录”的史料价值,还可举出多人,如严修(范孙)在日记中至少出现60次,而这些内容,刚好出现在《严修日记(1876—1894)》(天津古籍出版社,2015年)记录之后,故可作补充。宋育仁在江氏日记中出现63次,柯劭忞出现34次,而罗振玉有120次之多。此外陈衍、曾习经、冒广生、王国维、伯希和、服部宇之吉等皆有次数不同的记录。以冒广生(鹤亭、鹤汀)为例,在江瀚日记中有20次记录,多为见面交往,然在早年出版的《冒鹤亭先生年谱》(冒怀苏编著,学林出版社,1998年)因资料限制,未提及江瀚;而据年谱末附人名索引,提及江庸31次。

就江瀚日记已经显示可多次开发的"资料库"价值而言,再次证示清代以及民国初年的文献有其独特性,独特性表现在两个主要方面:其一,就具体人物而言,有多种形式的著述留存于世,如诗文集、学术著作、笔记、日记、书信、自编年谱、自传、家谱、档案等等,因而有较完备的直接文献体系;其二,具体人物的言行著述等被多人、多种形式、多种视角记录,形成较为完备的相关文献体系。两种特征的存在,提示这一时段的相关专题研究,必须具备文献整合的研究方法,这种方法的运用长处,已经在近年出版的"年谱长编系列"已经初步展现;然如何进一步从更大范围建立文献之间的联系,以及对文献内部特定专题的深度发掘与建立关联,仍要大力推进。

不同日记的比照阅读,应是日记研究中最有趣味的方法,其妙处大约有两方面:其一,能多视角还原日记所记事件的情境;其二,能呈现不同记录者记录的差异。

光绪二十八年二月初八日江瀚乘船到南京,以下摘录江瀚与缪荃孙同日日记,以作比照:

> (二月初八)午正抵南京下关,当坐马车入城,寓大行宫马路口斌贤栈。旋即具衣冠出门,晤缪筱珊编修、陈伯严吏部,谈久之。(江瀚)
>
> 江叔澥自皖来,送《梓州舍利塔铭》,仁寿二年。新出土也。(缪荃孙)

> (初九日)旋诣筱珊,同登秦淮河小舫。伯严偕欧阳笠斋踵至。放舟青溪,叩吴园,未得入,因裴回于其下之桥头柳桃,

沿岸风景绝佳。入城饮金陵春番菜馆,其地距钓鱼巷最近也。(江瀚)

约江叔澥、陈百年游秦淮,并晤欧阳励斋。(缪荃孙)

(初十日)筱珊、伯严同游清凉山,观南塘保大井栏,字已模糊,登扫叶楼,望莫愁湖,遂饮于此。复访顾石公广文于乌龙潭之深柳读书堂。过桥即薛庐,慰农年丈所筑也。石公豪于饮,坚留小酌,乃同至小仓山寻随园遗址,在简斋墓凭吊良久。午出西归。(江瀚)

诣江叔澥谈,与百年同登扫叶楼,访南唐井栏。再过薛庐,石公留小饮。后访随园先生墓道而归。(缪荃孙)

(十一日)晚,践伯严秦淮舟上之约,晤俞恪士、张伯纯、陈伯弢,皆旧识也。饮极欢。酒罢,筱珊先行。(江瀚)

石公、百年招饮,江叔澥、吴楝卿、俞恪士、张百纯、傅苕生、陈伯陶同席。[①](缪荃孙)

日记比照,可见人情世界的往来脉络,而往来的"推动力"也可梳理,先是江瀚访缪荃孙、陈三立,送缪氏塔铭拓本,缪氏约江、陈游秦淮,次日访江氏,与江、陈同登扫叶楼。陈氏连续参加两天活动之后,亦有礼节性招待,约江氏等在秦淮河舟上饮酒。

与缪氏日记所录相比,江瀚这几天的日记略有兴奋、新鲜之意,无论秦淮河、清凉山风景,还是袁枚墓,以及诸景点旧迹的方位,日记记录皆有层次;而缪氏或是因为久居此地,只是惯例性记录,无带情感性文字。

---

① 缪荃孙《艺风老人日记》,《缪荃孙全集》日记第2册,凤凰出版社,2014年,第169—170页。

陈三立(伯严)在缪氏的日记中作“陈百年”,以江氏日记对照,知人名随手记录中出入的幅度。从陈三立两诗《春晴同江叔澥太守缪筱珊欧阳笠侪观察泛舟青溪看桃花吴董卿大令有诗纪兴次韵报之》、《同叔澥筱珊登扫叶楼访薛庐顾石公遂携石公及梁公约过随园故址用前韵》[①],诗题中所提吴董卿、梁公约不见于江、缪二人日记。江瀚诗中有《缪小山编修招同陈伯严吏部游清凉寺访井栏保大三年字饮于扫叶楼复过薛庐》、《吊袁简斋墓》,后诗云:

随园亭榭沦春草,落日荒凉剩故坟。消受山林文字福,古来才士尽输君。[②]

日记中所写在“简斋墓凭吊良久”,似是有所触动,情动于衷,发言为诗。上诗所记感慨当是纪实。

江瀚从四川到湖南,安徽、江苏,再到北京、山西,所结交官员及文人学者众多,在某些地方虽是过客,但也有掠影式记录,如光绪二十四年所记长沙文人群体。其时皮锡瑞亦在长沙,江、皮二人日记可作比照。如江瀚正月初二日记:“晚赴公度廉访席,同座湘绮、楚颂(易顺鼎)既袁叔瑜农部、张伯纯贰守、皮鹿门孝廉、梁卓如教习。”可谓群贤毕至。皮氏日记亦录此会,同时记载一些论时务的言论。

(二月初五日)鹿门以所著《经训书院自课文》见贻。(江瀚)

江叔海以所著《吴门销夏记》见示,随手杂拾,罕有独得之见,经学并无师承。此人以布衣到掌教,而所学止此,恐未足餍

---

① 陈三立《散原精舍诗》卷上,见《散原精舍诗文集》,上海古籍出版社,2003年,第44页。

② 江瀚《慎所立斋诗集》,卷五。

湘人之心也。[1]

(二月十一日)复与乔(茂轩)践秉三庶常之约。皮鹿门、邹沅湘、梁卓如、张伯纯共饮。(江瀚)

下午赴熊秉山饮席……在坐江叔海、乔茂萲、梁卓如、邹沅湘、张伯莼,谈时务,多骇俗之语。[2]

对照之下,可见江氏日记并未有意识地记录论时务之事,而这些反映其时风气;其次,皮锡瑞对江瀚的学问,尤其是所作《吴门销夏记》所表现的学无根柢有批评之语,而这与吴汝纶在致江瀚书札中对《吴门销夏记》的好评有差异[3]。私下记录的苛评与礼节性交往中的客套,于此或可掂量出。

三、蜀中新学发展的细致记录

讨论江瀚在四川书院学习及主讲活动,此前多利用其诗文集中材料,如作于光绪十九年的《应黎莼斋观察主讲东川书院之聘留别亲故三首》,以及文集中的《送张式卿序》、《致用书院记》等,这些诗文确实能反映蜀中书院讲学的风气:

往在甲申、乙酉间,余居成都,先后识合川张式卿、新津周宇仁、渭南严雁。座中宇仁深于经,式卿邃于史,皆西川之隽也。是时蜀中开尊经书院垂十年,肄业诸生靡不颉颃,作气势以高自

---

① 皮锡瑞《皮锡瑞日记》,见《皮锡瑞全集》,中华书局,2015 年,第 756—757 页。

② 皮锡瑞《皮锡瑞日记》,见《皮锡瑞全集》,第 759 页。

③ 江瀚日记中所记录与吴汝纶的交往,拟另撰文论述。

标举，一若数千百年所仅见之才，乃聚于一时一地。[①]

此记所指乃光绪九年至十年间尊经书院造就人才之盛况。其中张式卿在江瀚日记种出现20次，严雁峰（严贲）出现18次[②]。在成都之外，川东的致用书院也颇有朝气。

重庆为蜀东一大都会，凡设书院三，曰东川，曰渝郡，曰字水，而以东川为最大。盖道属多士讲肄之地也。顾所业皆科举学，光绪十七年合肥张君华奎摄道事，始以通经博古为诸生倡，至前巡道遵义黎君庶昌，始分延之师，然合居一院。……于是赖君（巡道桂平赖鹤年）既名之曰致用书院，又与瀚商订章程，仿安定胡氏之意，设经义治事二斋，增置近世有关实用诸书，自今师生共学于兹，务一革虚憍欺饰之习，践履圣言，以端其体，讨求世务，以弘其用，庶以收兴学充才之效。[③]

以上两文所记皆蜀中晚清书院讲学脉络性的叙述，而其细致的纹理，则要在其他不同类型的文献中寻找。江瀚日记中关于书院的记载多属日常备忘性记录，少有议论。光绪二十三年正月初一所记文字稍

---

① 江瀚《送张式卿序》，见《慎所立斋文集》卷四，《近代中国史料丛刊》本，第171—172页。

② 严遨（1855—1918），原名祖馨，字德舆，又名岳莲，后更字雁峰，别号贲园居士。祖籍陕西渭南，寓居成都，尝肄业成都尊经书院，与绵竹杨锐、汉州张祥龄、井研廖平、富顺宋育仁等交。严氏经营盐业，广刊秘籍，并收海内精本，筑贲园书库藏之，其藏书概况见《贲园书库目录辑略》，民国十四年刊刻。编此目者是张森楷（1858—1928）。森楷字元卿，号式卿，肄业尊经书院、锦江书院，光绪十九年举人，尝自创四川省蚕桑公社，被选为川汉铁路公司成都局总理，民国十三年应四川通志局宋育仁之聘，参与《四川通志》编纂工作。

③ 江瀚《致用书院记》，见《慎所立斋文集》卷四，第204—205页。

丰:"礼成,诣间壁东川书院文昌楼行香。自癸巳春,应黎莼斋(庶昌)丈聘,掌教于斯,四阅年矣。今虽别居,能无桑下之恋耶。"正月初四日记云:"作一笺致耘公(即赖鹤年),并以拙撰《致用书院记》质之。"这两则日记可作前文提及诗文注解。而更进一步探究江瀚对书院的贡献,还要将日记中的线索与其他文献比照阅读。日记中有几处与汪康年交往的记录:

寄汪穰卿进士书,托购字模。适李老耀来,遂以银四百金交渠汇沪。(光绪二十三年六月初四日)

寄汪穰卿函。(光绪二十三年六月十九日)

接罗星潭观察函、汪穰卿进士电。(光绪二十三年七月初七日)

寄汪穰卿书,并银六百两。(光绪二十三年七月十一日)

仅从日记来看,江瀚似乎在忙一件较重要的事,往来中除银钱之外,"购字模"背后应有重要信息;然从日记记录中,无法知道详情。至此,只得求诸汪康年了。

巧合的是,《汪康年师友书札》保存了江瀚的八通书札,其中前三通与上所摘录日记所示吻合。六月四日信中除托购字模外,又云"有新译泰西之书,亦望惠寄,需价若干,当如数奉赵也"①。六月十九日信就前信中所及诸事提示催促,又及"重庆所售《时务报》,均照贵馆定价,划不一二"②。七月十一日信最见用意所在,故全录如下:

---

① 顾廷龙编《汪康年师友书札》,上海古籍出版社,1986年,第259页。

② 顾廷龙编《汪康年师友书札》,第260页。

穰卿仁兄世大人阁下：

巧日接董电，旋即奉复，想已入览。兹由天顺祥票号汇来渝平纹银六百两正，即希察收。所有事宜详列于左：

一、前蒙开示铅字价目，三号字每磅一百个，约一千六百磅，每磅价洋三角；五号字每磅一百八十个，约一千二百磅，每磅价洋四角，合计两副共需洋九百六十元。但五号字系备夹注之用，未审宜否，或六号字方合，务祈代为酌定，迅速装妥，克期交天顺祥带渝。

一、印机必不可少，其价几何？即望议定，并字模寄渝。总之，既以此事托左右，则当有全权也。

一、蜀中向无排印，必须觅一熟手前来。其工价、路资并乞费心议妥，促其速行，至要至要。

一、澳门《万国公报》、《知新报》暨广、汉、津、湘、苏、杭等报，并乞代为各购一分，自八月初一日始，按期同贵馆《时务报》汇寄，共需洋若干，照算不误。

一、重庆拟设《渝报》，系宋芸子太史、潘季约孝廉等主张其意。鄙意必须延一翻译西文之人，请为物色，示知再定。

一、梁卓如所著《西洋书目表》暨贵馆所有书与新译西书，统希购寄一分。

一、农学近颇有意讲求，乞为买《述钾养致丰收书》暨《钾养利用撮要》及《蚕务条陈》等类。又西药房所售肥田各料，其价若何？亦望详示，拟购取试用。

一、前电有“铁已故”三字，岂铁樵竟作古人耶！为之傍皇无似，祈速覆。

一、贵馆《时务报》，敝处只接到第二十七册，两月以来竟成绝响，纷纷来索，愧无以应，宜筹速法。

一、上月寄来纹银四百两，兹又汇来银六百两，共纹银壹千两整，不敷之数，俟字模、印机到渝，即行措缴。

以上各条,恐尚有未周详处;季约兄当另有函。草草此布,祇请著安,鹄候德音不具。世小弟江瀚顿首。七月十一日自重庆致用书院泐。(八月初一到)

不经比照,难以知同一事在不同文体中表述差异之大。此种差异,首先是内容详略,其次是语气的缓急。就语气而言,前二信中有如此片段:

右铭(陈宝箴)年丈开府湘中以来,政令一新。湘学会规模何似?本年未得伯严(陈三立)书,铁樵亦无信至,望便中觇缕言之。

字模务望速购寄渝,至恳至恳。请代购之新译西书及有关时务者,凭尊意酌买可也。价若干,随即补呈,决不致误。盖敝学正以此提倡故也。①

从上海、长沙到重庆,是新学浪潮涌动的区域,然步伐之先后,存在地域差异。江瀚信札语气之急切,正是求变革心态的流露。从江瀚日记及信札中所提及的人名来看,当时士人中有一重视新学的群体,他们之间的联系方式,由晤谈、书信甚至发展至电报。七月十一日信札中,字模、印机的购置、西文翻译的物色,似在为拟设的《渝报》或其他出版事务作准备,而提及的宋芸子(宋育仁)是江瀚好友,而潘季约(清荫)得张之洞赏识,在江瀚日记中出现25次。倡导新学,是士人志同道合的事业。江瀚对西学的关注,在本年日记中仅见一处,即六月十五日所记"翻《泰西新史揽要》一过",若仅凭此条材料及日记中并无新气息的交往记录,是无法见内心波澜;而信札则似几乎是完全

① 《汪康年师友书札》,第260页。

不同的世界，其中对《时务报》、《万国公报》、《知新报》等各地报纸、《西学书目表》所录西书、农学书的描述与列举，则更在叙述风格的差异中，显现江瀚日记所记录自有其选择，自有其体例。信札中提及"敝处"接到二十七册《时务报》，"两月以来竟成绝响，纷纷来索"，联系下款中的"自重庆致用书院泐"，则可知"敝处"即指"致用书院"。至此再读《致用书院记》中"增置近世有关实用诸书"、"讨求世务"、"兴学育才"诸语，方有言行一致、落到实处之感；而蜀学在近代新变的脉络，也就具体可感、顺理成章了。

江瀚与日本在华活动人物有较多交往，在其四年日记中，驻渝领事加藤义三出现32次。光绪二十三年正月初七，"加藤义三领事面邀作东洋之游，晤语良久"。与加藤的交往，对江瀚有不少影响，他的儿子江庸、江尔鹗游学日本或许与他此时对日本的了解有关，而更直接的是他在与汪康年的信札中。在一通落款为"十八日"的信中，他列举十一事，请汪氏回复，其中二事与日本有关：

> 欲学东文，其道何由？曩在东川掌教，与驻渝日本领事加藤义三交谊甚厚，故极乐与东人交。上海小田君何如？想所识必多，望详言之。

> 驻苏之日本领事，其人尚通达否？望询小田君。若可往还，有事即与面商。盖鄙意欲在川振兴一切，须东人相助处甚多也。

由"欲在川振兴一切"句观江瀚与加藤的交往，不纯是私人关系，而是有更大的用意。赵熙此年接替江瀚任东川书院山长，也与沈秉堃、李耀廷及加藤义三等往来，据赵熙年谱光绪二十三年记载，该年"应加藤之请，接受日本成田安辉入院受学，字之良玉。成田曾留学美国,精通英语,因于书院设英语课,使兼任教学”[1]。加藤义三似已参与蜀中人士人的新学活动之中,而他鼓动江瀚东游之议,似乎也有回应;入民国后,江瀚有东瀛之行,此行还关系他与服部宇之吉的交往,此处暂不展开。

在与加藤的往来中,礼仪的差异也偶尔被记录下来。光绪二十三年十一月初五日记:“清晨,加藤领事面请携眷属燕其家,婉言辞之,盖以中外之礼不同故也。”至本月廿二日:“加藤领事之夫人请余夫妇,六钟时偕两儿及瑄女同往,甚为欢洽。”前后联系看,江瀚似乎最终似还是没带妻子参加加藤的家宴,而是带三个孩子前往。不过,至光绪三十四年十一月、十二月江瀚已数次与妻子“观电影戏”,有时与子女同行,“礼”的约束似有放松之意。

馀 论

江瀚日记的价值,孤立地以日记文本来评判,似乎并不突出,这或许是由江瀚在晚清民国的文学与学术地位所决定,他不是核心人物或一线人物;然若换一种角度观看,将江瀚置于晚清民国的社会网络中,考察其活动的范围以及接触的人、经历的事,日记的“内部纹理”就显得丰富稠密。江瀚日记的价值充分的揭示,在于与其他文本的关联之中。这些关联,既包括与自己的书信、诗文的映照,也包括与他所交往人物的日记、书信、诗文集的相互指引。江瀚日记因为其内部存在众多可以“建立外在链接”的线索,成为解读其他文本、研究其他人物的参考,其文献价值当会逐渐提升。

① 《赵熙集》,第1122页。光绪二十四年赵熙有《赠成田良玉》,见该书第85页。

整理说明

江瀚(1857—1935),字叔海,别号石翁、石翁山民,室名慎所立斋,福建长汀人。屡次乡试不第,以游幕为生。柳森先生《江瀚手札五通考释》(《文献》2015 年第 2 期)载其生平颇为简明,择录如下:

> 光绪十九年(1893)任重庆东川书院山长,二十二年赴重庆致用书院讲学,次年受聘于长沙校经堂,任教习。三十年赴日本考察教育。三十一年任江苏高等学堂监督兼总教习。三十二年初,代理两级师范学堂监督,四月任学部普通司行走,七月任京师大学堂师范馆监督兼教务提调。三十四年升学部参事官。宣统二年(1910)初,任京师大学堂京学分科经学教授兼女子师范学堂总理,二月三十日以硕学通儒被选为资政院议员,四月二十六日升河南开归陈许道。入民国后,民国元年(1912)五月任京师图书馆馆长。二年一月二十八日任四川盐运使。三年七月任北京政府政事堂礼制馆总编纂。四年任参政院参政。五年任总统府顾问。八年任国史馆编纂处长。十五年任故宫博物院维持会会长。十六年国务院聘充礼制馆总纂。十七年任京师大学代理校长、故宫博物院顾问、理事。二十一年五月任故宫博物院图书馆馆长,九月任故宫博物院理事长。二十四年十二月十七日卯时,江瀚因患肺炎在北平小方家胡同四号私邸逝世。

江瀚著述,主要有《慎所立斋诗集》10 卷、《慎所立斋文集》4 卷、《石翁山房札记》9 卷、《孔学发微》3 卷、《补考》1 卷、《东川书院学规》、《诗经四家异文考补》、《南行纪事诗》、《吴门销夏记》、《宗孔编》、《论孟卮言》、《北游草》、《东游草》、《中州从政录》等；主编有《京师图书馆善本简明书目》、《片玉碎金》、《故宫方志目》、《故宫普通书目》等。除此之外，尚有八册手稿《江叔海日记》传世，其中四册藏北京师范大学图书馆，分别为光绪二十三年(1897)丁酉一册，光绪廿七年(1901)辛丑一册，光绪三十四年(1908)戊申一册，宣统元年(1909)己酉一册，又收入《北京师范大学图书馆藏稿抄本丛刊》第21册(国家图书馆出版社2011年影印出版)；另外四册藏江氏后人江一先生处，分别为光绪二十一年乙未(1895)一册，光绪二十四年戊戌(1898)一至七月一册，光绪二十五年己亥(1899)七至十二月一册，光绪二十八年壬寅(1902)和光绪二十九年癸卯(1903)一册。此八册日记又于2016年由国家图书馆出版社影印出版。此次整理，即以之为底本。

江瀚博学能文，日记喜书古字或异体字，且多用枯笔，颇为难认。今凡古今字、异体字一般改为通行字，但部分地名、人名及特殊用意之字仍保留原貌；凡不能辨识之字以□代替；凡小字注或补书者以圆括号括起；凡脱字用方括号括出补字。日记原以阴历纪日期，今俱于其后加注公元纪年，以圆括号括起。整理时为辨部分疑难字曾查阅一些资料，并做了简单脚注，今未忍弃之，仍予保留。此外为方便学术研究，还做了三种附录：《江叔海先生遗像等四种》、《江叔海先生讣告》、《江瀚信札辑录》。

整理者学养浅陋，错谬之处，祈望读者教正。

光绪二十一年(1895)乙未[1]

正月

初一日(1 月 26 日)癸酉朔 寅正,率家人具衣冠祀祖先。辰初,诣文昌楼行礼。午正,赴天上宫进香。陈序造、薛湘、李鸿钧、许廷瑞、孔庆穰、韩桢、吴淞、胡安笙、李时俊、余穆清、杨延寿、徐文郁、兆隆、陈崇功、彭世勋、骆缉熙、宋廷栋、冉鸿慈先后来贺,皆见之。黎莼斋观察丈惠临,言及倭夷,忧形于色。此老真血性男子也。去岁,从潘梧冈孝廉借得定海黄以周元同所著《礼书通故》,俞荫老序云:"至其宏纲巨目,凡四十有九,洵足究天人之奥,通古今之宜。视秦氏《五礼通考》,博或不及,精则过之。"其推崇至矣。今为细阅,殆非溢辞。夜坐偶忆白傅"行年三十九,岁暮日斜时"之句,俯仰身世,令人感慨系之。是日阴。

初二日(1 月 27 日)甲戌 桂景昌入见。苏品仁踵至,所言多夸诞,当有以裁之。陈子臧大令来谈,闻徐石生丁内艰。日昳,出门谢步,仅晤莼斋观察丈一人。是日晴。

初三日(1 月 28 日)乙亥 早饭后,偕两儿及徐文郁、冉鸿慈、陈序造、胡安笙、薛湘,渡江游石阳公所。日斜始放舟归,遂留同饮。接石生铜梁函,并王晋卿大令书。是日晴。

初四日(1 月 29 日)丙子 张稚华、赵悔予两大令、萧申甫孝廉

---

① 该册封面题"乙未日录"。

来谈。马希曾亲送恩举报条。接伍嵩生编修函。是日晴。

初五日(1月30日)丁丑 复晋卿书。沈祖培入见。子臧来谈,新委铜梁,甚可喜。日晡,出门谢步,晤赵友渔而归。接叶兰陔、张济翁及魏芳函。晚,招徐文郁、薛湘饮。是日晴。

初六日(1月31日)戊寅 孙养初来谈。接贵州学政叶绍韩检讨、九峰院长廖季平教授函。刘世庄、刘云骧、杨基厚入见。是日晴。

初七日(2月1日)己卯 接垫江谢瑟堂大令贺函。日昳,往香国寺答子臧拜。与陈一山、张稚华、周少房、许甸臣、杨宽甫暨陈友三益思不期而遇,遂共饮。黄昏入城,接石生信,托向后任说帮项,当复二纸。是日晴。

初八日(2月2日)庚辰 作一笺寄五弟。昨夜,陈澄斋大令之第三子佑之面邀往游渠家晓园。午初,出储奇门,渡海棠溪,行约廿馀里,抵陈宅,甫未正也。吴淞、沈祖培、胡安笙、李时俊咸集。亭台池沼,布置得宜,花木尤为繁盛。因留宿焉。醉后观弈,鸡鸣乃寝。是日阴。

初九日(2月3日)辛巳 昧爽起,早饭后辞主人归。清晨,黎班生公子邀游真武山,及见字已晏,不克赴。下晡,应梅也愚春酒之招,同座有祝彦和、潘梧冈及李、龚两校官。二鼓回。是日阴。

初十日(2月4日)壬午 温经始。子曰:“加我数年,五十以学《易》,可以无大过矣。”故《易》者,寡过反身之学也。又《系辞》曰:“颜氏之子,其殆庶几乎。有不善未尝不知,知之未尝复行也。”然知过易,改过难,如人日之夕,缘鹏儿饮酒过多,痛加教责,次夜,余在晓园乃躬蹈沉湎之习,不可愧耻邪?韩子《好恶箴》云:“齿之尚少,庸有不思,今其老矣,不慎何为。”李氏《行己箴》云:“事之在人,昧者亦知。迁焉及己,则莫之思。”乌虖,兹足戒已。立春,黎观察差帖到喜,盖循俗例也。王太守且亲枉车骑焉,均遣人报之。王安之大令来谈,云顷在贵州谒崧锡侯中丞,言及下走,殷殷垂询,且称及学问行谊,何以得此于是公哉,或仍因易笏山方伯谬相推重故耳。戴寿丞以见和拙作感事诗相示。是日阴，下晡雨旋止，夜半又作。

十一日(2月5日)癸未　复廖季平书。又作一笺致莼斋观察丈，索观所撰《黄武靖墓表》，当有报章。是日雨，晚止。

十二日(2月6日)甲申　刘镇伟、刘希祖、马希曾入见。戴寿丞庶常来谈。赴潘梧冈席，同座王安之、江秋舫、梅黍雨及吴生淞。申出戌归。是日阴。

十三日(2月7日)乙酉　日昳，诣张乔生镇军、黎莼斋观察谈。与王蘱庵[①]太守遇诸涂，拱手而去。熊国佐入见。是日晴。

十四日(2月8日)丙戌　杨鸿宾、世烈、孙熺、李鸿英入见。昨遣颜炳寄银送陈鲁詹之弟三子作家用，今午回。吴光国挚见。致张蔼卿、周云崑两观察书。是日晴，夜月甚明。

十五日(2月9日)丁亥　诣文昌楼行香后，李梦松挚见。刘云栋、李如松、唐杰、李应爔、文泽厚同入见。李尚卿教授来谈，面交赵尧生编修复函，其志行良足重也。作一纸寄姚生国鼎。复伍嵩生、叶南陔及魏芳书。吴淞、许廷瑞引许殿元之子二人进谒，盖余自去年始每月以制钱千枚恤其家故也。看《淮南子》。是日晴，夜月。

十六日(2月10日)戊子　张镇军来谈。昨夜，同乡廖伯远病故，兹作一笺致艺庵太守，为乞恩。周兆珍、赵凌云、刘淦入见。申正，赴王谙芝大令席，同座梅也愚广文暨江秋舫、王子固、萧申甫、董璧生、李生德利五孝廉。戌正回。是日晴，夜月。

十七日(2月11日)己丑　赴李时俊席。便道诣戴寿丞一谈。抵李宅，鹏儿及吴淞、申炳文、沈祖培、徐文郁、胡安笙诸门人已先到。李德利陪坐久之，缘有它事，未同饮。申出戌归。是日晴，夜月。

十八日(2月12日)庚寅　黄元同《钱币通故》，说泉府以国服为之息，与余全同，考订之不可恃如此。然其《刑法通故》中引俞荫老“八曰诛，以驭其过”一条，不知刘原父《七经小传》已言之，亦足见读

---

① 王遵文，字蘱庵，山西大同人，时任重庆知府，下辖一厅十三州、县。

书之难也。金示和、黄长治、胡安笙入见。接汪少和刺史函。酉初赴金畊畬席,梅也愚、刘凤皋及李生德利作陪。亥初回。是日晴,夜月。

十九日(2月13日)辛卯　遣人贺镇道府三署开印喜。陈虞庠、朱端冕入见。陈子臧大令将赴铜梁任,辞行。看曾文正公《读书录》,于文事用功独深。接文云渠观察讣,年逾六十乃至自裁,岂不哀哉!去岁,强赓庭、蔡千禾去世,与此老并宜见于余文,当发愤为之。是日晴。

二十日(2月14日)壬辰　出吊廖伯远。答李尚卿拜,未晤。江炳田、陈善摰见。刘希祖、李树藩、徐文郁、吴淞入见。赴萧申甫席,惟识周紫庭比部及梅也愚而已。申往戌归。是日晴,夜半大风雨。

廿一日(2月15日)癸巳　荀汝宽、李澍吉、赵映星、杨延寿入见。诣香国寺送陈子臧行。潘季约孝廉以窦兰泉侍御《铢寸录》垂示。钞其联语三十字,拟悬诸讲堂,盖窦于咸丰庚辛间尝掌教东川也。申正赴徐文郁席,同座又有也愚。戌正回。是日晨雨,午后晴。

廿二日(2月16日)甲午　作一笺致莼斋观察丈。高凌霄、李正芬、许廷瑞、冉鸿慈入见。李如松、唐杰、薛湘同谒,为说彭世勋事也。招田陈善与语。看毕氏《续资治通鉴》。是日晴。

廿三日(2月17日)乙未　刘世锡入见。王养丞来谈。潘季约及李德利辞赴京。是日晴。

廿四日(2月18日)丙申　与陈禅生笺,询其仲弟组绶消息,已于客腊自京返省矣。李伯荃奉父命摰见。韩桢、陈庭槐、饶徵麟入见。诣李尚卿一谈。读《韩昌黎集》。接伍嵩生编修书并和诗。是日阴。

廿五日(2月19日)丁酉　刘咏清摰见,李鸿英之母舅也。与彦和笺。因潘季约辞资州聘币,拟荐陆绎之主讲艺风,特恐缓不及事耳。安居训导李光甫起荣过访。庚寅仲夏,尝于包弼臣儒学署中同座,匆匆六阅年矣。是日晴。

廿六日(2月20日)戊戌　作一笺寄垫江谢瑟堂大令。陈常之子龙涛来谒。刘云骧、胡成章、刘明昭入见。王养丞、金序笙来谈。是日晴。

廿七日(2月21日)己亥 瞿保善、杨树棻、田维翰、陈国琛挚见。陈应昌、申炳文入见。周仪吉、周紫庭先后来谈。作王谙芝太夫人七十寿联。是日阴,夜半雨。

廿八日(2月22日)庚子 薛湘、彭世勋、周钧、罗廷柱入见。是日晴。

廿九日(2月23日)辛丑 为潘梧冈作书,寄高怡楼直刺,代辞聘币,附致徐葆生一函。李时俊、郑鸿宾、田维翰、冉鸿慈入见。孙养初处,以一江之隔,久未答拜,兹特以笺道意。徐次亨来,托向张军门说项。是日晴。

三十日(2月24日)壬寅 顾民怀、董玉瑸、程鹏挚见。高厚恩、吴鸿志、蔡昌漪、邓彦芬入见。周少房、金序笙来谈。是日晴。

二月

初一日(2月25日)癸卯朔 答周仪吉、李光甫二校官拜,均晤。郝次封广文来谈。余穆清、沈祖培入见。上崧锡侯中丞书,计五百馀言。夜,王养丞辞行晋省。是日晴。

初二日(2月26日)甲辰 罗安慧入见。是日晴,夜半雨,轻雷。

初三日(2月27日)乙巳 卯正,率诸生祀文昌,遂演剧。王子固孝廉辞赴南川专经书院讲席。金鹤畴太守来谈,因留早面而去。未正,延黎莼斋观察饮,李尚卿教授作陪。戌正散席,亥正停戏。是日晴,夜半雷风骤雨,旋止。

初四日(2月28日)丙午 瞿树棻入见。日昳,赴王谙芝家,贺其太夫人七旬寿。晤钱允之、若川、何符九、张稚华诸君。陈一山因清晨有字与论礼房事,相遇于此,来席间坐谈久之。上灯后,酒甫半,客多去者,余亦辞归。仍破费戏钱二千枚。是日晴,夜半大风达旦。

初五日(3月1日)丁未 复汪少和书。刘世庄、吴淞入见。戴寿丞庶常函荐调院生一人。六弟妇返涪州。是日阴。

初六日(3月2日)戊申 周劭炳、张心炯、张希仲、杨文彬挚见。熊炳奎入见。吴淞、陈序造因观察委充书局斋长同告。闻班生有字，属函索杨叔乔、易仲实[①]所藏古泉，当答之。金序笙来谈。是日阴，夜月。

初七日(3月3日)己酉 吊何芑仲之母李太夫人。诣钱氏昆仲、邹耿光一谈。黄澄清、刘天禄挚见。是日晴，夜月。

初八日(3月4日)庚戌 朱蕴章、刘明昭、陈庭槐入见。过江北拜吴东竹、孙养初，均晤。闻李相赴旅顺议和，天下事不可为矣。是日阴。

初九日(3月5日)辛亥 寄吴伯琴函。托朱滋生大令转达。陈永方、永皋入见。汤冰持来谈。从渠假得海昌陈其元子庄《庸闲斋笔记》，内有应敏斋上张靖达公论倭事书，可谓瞻言百里者矣。岂中国真无人哉！金序笙属代邀班生、彦和出游，皆不能赴。是日晴，夜月。

初十日(3月6日)壬子 清晨，诣黎莼斋观察丈谈。又往徐家唁石生，并吊其太夫人而归。牟海清、饶泽麟入见。日昳，赴张家花园金序笙席，与戴寿丞庶常、周紫庭比部谈。吴下旧游甚欢慅。燃炬入城。是日晴，夜月。

十一日(3月7日)癸丑 韦杰、赖鸿勋、沈祖培入见。吴东竹贰守来谈。徐孟陶请明晨为其弟填庚，辞之。是日晴，夜半雨。

十二日(3月8日)甲寅 接五弟书。为黄澄清作一笺，致徐石生荐其相地，当有报章。是日雨，午后止，夜又作。

十三日(3月9日)乙卯 李鸿英、刘云骧、刘凤翔入见。钱允之来谈。文云渠观察灵柩回籍过此，亲吊于南纪门土主庙中。夜，韩元恺送考，进谒。是日晴。

---

① 按杨锐字叔乔(叔峤)，易顺鼎字仲实。

十四日(3月10日)丙辰 出储奇门送文观察,柩已行矣。江炳、刘鋆入见。与吴淞、冉鸿慈语。汤冰持有书至。看《管子》。是日晴。

十五日(3月11日)丁巳 金示和、彭世勋入见。张稚华、彭嵩三来谈。晚,作一笺致莼斋观察丈。是日晴,夜月。

十六日(3月12日)戊午 李近光挚见。王德洋、冯斌、余静修入见。陪梅也愚在书局吴生处小坐。因张式卿来拜,遂返。宜宾陈锡昌开炽、永川康问轩绍基过访,冉鸿慈为之介绍。是日晴。

十七日(3月13日)己未 钱若川来谈。康朝殿、旷世英、曹世名、钱祖铿、唐斯盛、张文林、罗德钦、秦朝钧挚见。宋质彬、彭信古入见。申正诣冉宅,答陈、康二君拜。辑五留饮,亥初醉归。是日晴。

十八日(3月14日)庚申 陈在人挚见。招韩元恺、吴淞、刘明昭、陈序造、冉鸿慈、徐文郁饮。申集戌散。接朱滋生大令复书。是日阴而风,夜雨。

十九日(3月15日)辛酉 有周仲南者,云仁怀学籍,撰楹联见赠,以金报之。昨黄小溪贞元面投诗二首,尚不知何以为谢也。吴光国、陈国琛入见。答张式卿拜,未晤。诣周紫庭一谈。是日阴,夜雨。

二十日(3月16日)壬戌 晨起颇寒,可披重裘也。申正,赴冉辑五席,戌正散。往金畊畲处,坐语久之,子初始返。接魏芳书。是日阴雨,夜滋大。

廿一日(3月17日)癸亥 接杨叔乔舍人金陵函。邹耿光来谈。招戴寿丞、周紫庭、陈锡昌、康问轩、冉辑五饮。申集亥散。是日阴。

廿二日(3月18日)甲子 莼斋观察丈有书往还。调取住院生徒二十人,前已牌示,缘误送字水书院,今知查出,已将该差责惩矣。金序笙来谈。酉初,赴陈一山大令席,同座邹山长、杨大令及县学二校官。亥正始归,饶有酒意矣。是日阴,午晴夜雨。

廿三日(3月19日)乙丑 钟育英挚见。陈应昌入见。孙养初来谈。是日阴。

廿四日(3月20日)丙寅 接叶南陔、乔茂蓤[①]书。江照奎挚见。沈祖培、郭继宗、邹绍阳、许廷瑞入见。是日阴。

廿五日(3月21日)丁卯 黎观察函询题字,当复之。周廷桢、向名显、黄朝宗、李堃灵、赵子桂挚见。赵文炳入见。是日晴。

廿六日(3月22日)戊辰 张俊、田杰、张堉英挚见。幸鸿基、漆瑶枢、赵映星、顾民怀、余穆清、刘云栋入见。王安之大令来谈。是日晴。

廿七日(3月23日)己巳 李尚卿来谈。由赵悔馀处交到吴悟安信一封。是日晴。

廿八日(3月24日)庚午 寄陆德洵、姚国鼎、魏芳三门人函。又致张蔼卿观察,暨曾棣森、吴悟安、乔茂蓤书。是日晴。

廿九日(3月25日)辛未 专颜炳晋省代省先塋,昨所缮信件,概交伊带往。接陈子臧大令书。陈禅生来谈,属朋儿[②]润色《经说》一首。是日晴。

三月

初一日(3月26日)壬申朔 王世坤、姚殿铨挚见。《清诗经四家异文考补正》[③]旧稿,随时有所更易,终日矻矻,乐此不疲,抑何为哉。是日晴,夜半风雨。

初二日(3月27日)癸酉 昨已穿夹衣,今大风又骤寒矣。冉鸿慈入见。出吊廖伯远,既送奠仪,又付一摺。月取制钱千文。是日阴雨。

初三日(3月28日)甲戌 黄倡篪、杨光燏挚见。旷世英、康朝

---

① 茂蓤,又作茂萱,日记中人名多有异体,保留原貌,下同。
② 朋儿,即鹏儿。
③ 是稿后有刻本,名《诗经四家异文考补》。

殿来谒。命其迁入书局居住,以便博观。是日晴。

初四日(3月29日)乙亥 清晨,诣黎莼斋观察丈,谈一时许。接王石珊观察书。李鸿英交到谢瑟堂大令一函,并舅氏赙金,当复之。吴淞入见。戴寿丞庶常以近所著论数首见示,亦颇有见地,惜其嗜好过深,不能振作也。阅经古官课卷始。是日阴,鸡鸣雨。

初五日(3月30日)丙子 接陈子俊书。刘値伟、桂兰入见。是日晴。

初六日(3月31日)丁丑 昧爽,赵尧生编修过访,谈良久。刘世锡入见。接缪筠荪大令达县函,当作二纸覆之。又得汪少和刺史书。金序笙来托一事。甫去而王蓺庵太守至。是日晴,夜微雨。

初七日(4月1日)戊寅 招赵尧生、祝彦和饮。辰集未散。戴寿丞来谈,托向黎莼丈说项。申间答拜王蓺庵太守,未晤。是日晴,夜月。

初八日(4月2日)己卯 七弟生辰,邀同室人及儿女辈游寓园,牡丹盛开,别无外客,致足乐也。辰正往,未初归。钱允之通守来谈。夜,为桂兰改经解三篇,深以为苦。寿丞赠楹联。是日晴。

初九日(4月3日)庚辰 撰集《易林》句赠王蓺庵太守,盖各州县将为补祝六旬寿辰也。尧生编修函,述陈生明孝为人。旋赴邹耿光席,赵已先至,寿臣庶常暨尚卿、广文同座。申集戌散。以《濂亭文集》寄尧生。明晨行矣。是日晴。

初十日(4月4日)辛巳 陈明孝、何国璋、张瑞图挚见。是日晴,夜月。

十一日(4月5日)壬午 接高筱韩先生暨曾鸣皋书。宋景挚见。是日昧爽即雨,夜滋大,雷电雹交作。

十二日(4月6日)癸未 寒食清明都过了。接陈生组绶函,并赠京物。茂蓤比部又有书至。金序笙面托戴寿丞事。李善卿以院生相斗亲来弹压,命程鹏田、陈善二生了息之。是日晨雨,晡晴,夜月。

十三日(4月7日)甲申 重属各牧令为王蓺庵太守补祝六十生

辰，邀予作陪，镇道暨幕中诸君咸集。晤张怡亭刺史，罗少垣、唐洪斋大令。闻李傅相至马关议和，为炮所伤，不审息兵之策究如何也，听戏饮酒姑行乐可矣。辰正往，亥正归，共七时有零。是日晴。

十四日(4月8日)乙酉 景旭林编修前夜自忠州至，今晨来谈。张乔生镇军、黎莼斋观察、戴寿丞庶常先后惠访。黎民熙、陈明孝、聂文斌入见。是日晴，夜半雨。

十五日(4月9日)丙戌 清晨，偕旭林诣文昌楼进香后，坐谈良久。陈明孝迁入朋儿书室作伴读。校经古官[①]课卷毕。作一笺致莼斋丈。复为乔茂萲比部草三纸，托张蔼卿观察。又答南溪书，并送高七世兄路费。廖次臣来谈。晏景云入见。昨接舒次鸿孝廉书。又，祝彦和以陆绎之信见示。均未及报。是日晨雨，午阴。

十六日(4月10日)丁亥 会讲诸生，设酒食以款之。冉鸿慈病，遣朋儿视之。吴廷襄、廷宣、陈箴挚见。是日晴。

十七日(4月11日)戊子 开馆课，莼斋观察丈以张濂卿遗文见示，为校其脱讹。刘焕奎挚见。汪德棠入见。出吊徐石生太夫人，遂诣何符九、李善卿、金序笙一谈。夜，李鸿英以非义之财尝我，拒之。与陈明孝讲学。是日晴，人定轻雷而雨。

十八日(4月12日)己丑 李宗白、雷鸣春挚见。黄长治入见。赵悔馀来谈。接傅汝砺暨徐宝生书。复陈组绶及叶南陔函。是日晴。

十九日(4月13日)庚寅 罗安慧辞回江津。昨夜，旷世英亦以母病驰归。永川金鹤畴太守招游桂花园，以泥泞不能赴，遂改在江巴盐局。申初，偕旭林同往，祝彦和已先到，赵友渔、悔馀、周少房踵至。将暮散席。夜，田维翰入见。是日雨。

二十日(4月14日)辛卯 校《濂亭遗集》一过，缴还黎莼斋观察丈，并作笺上之。王曰融挚见。答张乔生镇军拜。诣李耀亭一谈。

---

① 经古官，下文作“经古馆”。

金示和辞赴忠州阅卷。接李少梅观察书。是日阴。

廿一日(4月15日)壬辰 胡安清挚见。颜泽、徐兆隆入见。李耀亭、梅也愚来谈。韩元恺自长寿来谒。是日晴。

廿二日(4月16日)癸巳 李鸿英、饶徵麟、聂文斌入见。易叔由、黄仲方有信至,并寄到笏山先生所著书数种,当以《贵东书牍》一部贻莼斋观察丈。周少房、彭嵩三来谈。接汪少和刺史函,立复之。是日晴。

廿三日(4月17日)甲午 王子固、李善卿、金序笙来谈。寄家兄次兰长沙书。答由甫信千馀言。又作二纸致玉宗。是日晴。

廿四日(4月18日)乙未 答陈子臧大令书。马希曾、刘淦入见。夜,莼丈以所撰先君《〈道腴室遗稿〉序》寄商。班生属序《古泉书录题解》,戴寿丞已有一篇在前矣。是日晴。

廿五日(4月19日)丙申 清晨,诣莼斋观察丈,谢作序文,并参末议。接广生弟涪州书。李扶三自溆浦回省过此,带来刘渐陆信一封,留之饮。为马希曾上张乔生镇军一笺。是日晴。

廿六日(4月20日)丁酉 撰祝廖次臣之太夫人七旬寿联。属陈子扬书之,节下拟酬其劳也。是日晴。

廿七日(4月21日)戊戌 黎观察重送《〈道腴室遗稿〉序》来,当付梓人开雕,此亦最要紧之心事也。吴淞入见。是日晴。

廿八日(4月22日)己亥 录《诗经四家异文考补正》毕。诣廖次臣贺寿,小坐。即赴江北,祝孙养初之太夫人生辰,留听戏。午出酉归。是日晴。

廿九日(4月23日)庚子 张大举入见。金鹤畴来谈。序笙以不义之金污我,当辞之。王晋卿兄应芗帅之招,过此相访,畅论良久。是日晴。

三十日(4月24日)辛丑 清晨,诣张乔生镇军贺生期。莼斋观察已先到。稍坐即归,盖留晋卿早面故也。招吴生作陪,旋登北楼。王有诗赠余,依韵和之。廖次臣来谈。寄杨叔乔舍人书。闻川督更易。是日晴。

四月

初一日(4月25日)壬寅朔 黎莼斋观察来院送学,巴县及府学捕厅咸集。饭后,出太平门,与晋卿送行,在舟中谈两时许,珍重而别。夜阅经古馆课卷。是日晴。

初二日(4月26日)癸卯 雷质亭大令椽荣、游显廷游戎名扬先后来拜。会讲诸生。晋卿示以上黎观察诗二首,属为转呈,当命陈明孝另纸录之。是日晴,二鼓雷雨旋止。

初三日(4月27日)甲辰 罗拱辰挚见。金序笙有字至,盖催仆为人谋事也,辞之屡矣,何其不惮烦耶。是日晴,暴热类三伏,夜雷雨。

初四日(4月28日)乙巳 清晨,拜黎莼斋观察、廖达源都戎、王子固孝廉,均晤。邹文昭入见。梅也愚来谈。是日晴,夜月,更深雨。

初五日(4月29日)丙午 属吴淞代校先公遗稿。阅经古馆课卷毕,即送监院榜示。夜,作一笺上莼斋观察,乞书曾文正公《忮求诗》,并以《诗经四家异文考补正》质之。是日晴,夜月,三更雨。

初六日(4月30日)丁未 颜炳自省归,知先茔无恙,深以为慰。接吴悟安、陆农生及张仑叔函,并渠入泮报条。又,陆德洵、姚国鼎两生回书。闻傅石君仍就谳局之聘,亦殊可喜。是日雨,下晡止。

初七日(5月1日)戊申 面发课卷。李均芳挚见,尚卿广文之季子也。金序笙来谈。马希曾入谢,其长男蒙镇军委署汛缺。是日晴。

初八日(5月2日)己酉 作一笺寄何砚劬大令。饭后,诣子固孝廉,贺王生洪合卺之喜。遂答游显庭、徐石生拜,并至福音堂,与美国教士一谈而归。阅《滂喜斋丛书》有关经义者数种。是日阴,更深雨。

初九日(5月3日)庚戌 马统理来谢。李树藩入见。润色去岁所作《送宋芸子使英法意比四国序》一通。是日雨。

初十日(5月4日)辛亥 前接周仪吉书,属撰《牡丹颂》序,命朱蕴章拟之。廖达源来谈。申正,偕旭林编修赴乔生镇军音尊之召,饮酒颇多。戌正归。得五弟报。是日晴,夜半风雨。

十一日(5月5日)壬子 孙熺、王日融入见。邹鲁山年丈暨何符九进士偕来,为院生适巴县故也。招徐文郁、冉鸿慈等饮。是日晴。

十二日(5月6日)癸丑 昨张式卿过访,其言多矜,谓余于陈明孝何从知之?夫师之为教,本以造其未成,岂必高木而后可耶?况陈生笃实,固足重也。顷有字至,乞题张节母事略。李均芳入见。接张蔼卿观察复函,又得舅母暨汤绳武西昌书。是日晴。

十三日(5月7日)甲寅 录癸巳正月留别成都诸游好前后酬赠诗,为一卷。黎莼斋观察惠临,晤语时许。复与旭林坐良久。梅也愚来谈。是日晴,夜月甚明。

十四日(5月8日)乙卯 朱蕴章入见。寄陈子臧大令书。复张仑叔函。张大举辞回铜梁。是日昧爽,雷雨冰雹,食时止,旋晴旋阴。

十五日(5月9日)丙辰 赵悔予大令索题小影,当从。彦和将前年消夏诗取回,拟借用旧作也。是日晴,夜月。

十六日(5月10日)丁巳 会讲后,复与徐文郁、冉鸿慈谈久之。旋拜何符九、金序笙、李善卿,俱晤。均芳出见。是日晴,夜月。

十七日(5月11日)戊午 王子固孝廉辞赴南川,以一诗赠之。阅会试题名,抡元者,闽人也。康长素亦得魁。袁叔瑜获售。田维翰乞题画兰,作五绝一首归之,并为书扇,字画殊劣。唁周少傅之世兄二纸。陈生组绶闻已丁外艰,未接讣,不便提及。招胡安笙与语,拟令其分撰《国朝六政表》故也。是日晴,夜月。

十八日(5月12日)己未 和金鹤筹太守诗。接曾棣森函。改朱蕴章所作《牡丹新颂序》成,为面语利病者久之。是日晴。

十九日(5月13日)庚申 寄伍嵩生编修书。饭后,渡江拜吴东竹、金鹤筹,均晤。夜,复周仪吉广文函。张裔入见。是日晴。

二十日(5月14日)辛酉 作《古泉书录解题序》成,当即函致班生。二更时,与陈明孝、胡安笙等饮酒。散后,复坐良久。是日晴,夜雷雨。

廿一日(5月15日)壬戌 阅《申报》,刘松生军门薨矣。中倭和议尚无确闻也。寄五弟书。甫发,即有信至,盖六弟妇带来也。徐兆隆入见,恳为调停金家之事,殊不易管。吴东竹贰守来谈一时许,携余代张蔼卿观察上刘制军书去。是日阴,晚晴。

廿二日(5月16日)癸亥 阅《曾文正公书牍》一过。陈禅生有书至。恳为乞留洋关差使,当为作一笺上莼斋观察丈。是日阴,晨雨甫晴。

廿三日(5月17日)甲子 接张蔼卿观察书,云庐江宫保见余所著,击节叹赏,称为今世大手笔,良可感也。李善卿教授来谈,并交到赵尧生编修信一件。赵作李寿序,以余为说,且及陈明孝焉。其文言为近今所罕见。是日阴,晨雨,晡晴,夜又雨。

廿四日(5月18日)乙丑 徐石生大令来谈。饭后,诣黎观察论文,欢甚。以吴挚甫写定《尚书》相赠。便道唁陈禅生而归。答赵尧生老弟书。傅丰玉挚见。是日晨雨,午晴。

廿五日(5月19日)丙寅 黄澄清入见。为陈明孝润色信稿一通。寄傅石君、包弼臣书。是日晴阴,夜雨。

廿六日(5月20日)丁卯 重录《吴门销夏记》。是日阴,晨雨旋止,夜又作。

廿七日(5月21日)戊辰 马统理禀辞,为作一笺寄谢瑟堂,复草二纸致何砚劬,盖闻幼卿委署巴县,属转贺之。是日晨雨旋止,夜半又檐溜有声。

廿八日(5月22日)己巳　骆公肃[①]大魁天下，四川自本朝以来所未有也。“贱时岂殊众，贵来方悟稀”，不仅为西施咏也。寄五弟书。接何砚劬大令复函。是日晴。

廿九日(5月23日)庚午　孙养初来谈。刘明昭辞回南川。下晡，出门谢步，仅晤徐石生刺史而归。接赵尧生编修书。外间传有电报，云“天津险，淮军叛，李相毙，都迁移”，为之悲愤不已。是日晴。

五月

初一日(5月24日)辛未朔　与旭林编修论及时事，歔欷久之。田维翰入见。是日晴。

初二日(5月25日)壬申　张乔生镇军来谈。会讲诸生。接叶飞卿函。命朋儿往吊何芑仲之太夫人丧。赵文炳、江照奎入见。冉晴溪过访。李幼卿自省来，留之饮。是日晴，夜大雨。

初三日(5月26日)癸酉　李鸿英、余静修、高凌霄、赵凌云入见。招吴淞与语。金序笙来谈。是日雨。

初四日(5月27日)甲戌　谭璧光挚见。其馀门人因贺节来谒者甚多，不及具记也。是日晨雨，午霁，夜又作。

初五日(5月28日)乙亥　偕景旭林诣文昌楼行香后，门人踵至，应接殊劳。周爔新自定远回，入见。留李幼卿饮，明日行矣。接傅生汝砺云阳书。竟未待礼闱而返。是日晴。

初六日(5月29日)丙子　复傅汝砺书。瞿保善入见。是日晴，夜月。

初七日(5月30日)丁丑　录《吴门销夏记》毕。黎莼斋观察送所书《忮求诗》来，并系以跋，当示鹏儿及陈明孝观之。是日晴，夜月。

---

① 骆成骧(1865—1926)，字公骕、公肃，四川资中人。光绪二十一年状元，官至山西提学使。民国元年，任四川省议会议长。

初八日(5月31日)戊寅 接张仑叔复函。阅经古馆课卷。是日晴,夜月。天气渐热。

初九日(6月1日)己卯 马绍相广文来谈,重申双孝祠诗之请。接陈梓俊书。是日晴,夜大雨。

初十日(6月2日)庚辰 作一笺致莼斋观察丈,当有报章。饭后诣艺庵太守、乔生镇军、达源都戎谈。接刘生世庄及周少房书。二鼓,金赓虞来访,三更乃去。是日晴,夜月。

十一日(6月3日)辛巳 徐文郁、桂景昌、黄长治、李树藩先后入见。接伍嵩生编修书、魏芳禀。阅经古馆课卷讫。是日晴,夜月。

十二日(6月4日)壬午 陈盛显挚见。傅丰玉、谭璧光入见。许甸臣、梅也愚来谈。是日晴,夜月。

十三日(6月5日)癸未 李树藩入见。刘世锡同谒。看《湖海文传》。新任巴县何佑卿大令来拜,晤谈久之。是日晴,夜半大雷雨。

十四日(6月6日)甲申 清晨,黎观察来谈。与旭林同会,邓彦芬、陈序造、李澍吉、田陈善、张峻、康朝殿、李树藩、彭信古、刘凤翔先后入见。接陈鲁詹天津书,又得王子固孝廉自南川见和五律一首。是日晴,夜月。

十五日(6月7日)乙酉 张问渠久不往还,忽又投刺,谢之。罗安慧入见,携余所批陶诗去。晡间,答何幼卿大令拜,贺阮文叔迁局喜,均晤。接赵尧生编修函,当付陈明孝观。五弟暨李继芗有书至,刘璧礽已于前月在临川任所病故矣,哀哉。李欲谋一馆地,殊不易也。寄门人傅汝砺、外甥叶福龙笺。是日晴,夜月。

十六日(6月8日)丙戌 会讲。接同乡谢瑟堂、陈子臧二大令贺节信。阮文叔、金序笙来谈。亥初,过赓虞,子正回。是日晴,夜月。

十七日(6月9日)丁亥 招吴淞与语,以《吴门销夏记》示之。桂景昌请听戏,未赴。饭后,偕景旭林编修同游张氏寓园,遂饮临江宾馆高楼,金序笙所约也。陆念初、杨宽甫已先到,谈宴甚欢。此地俗呼桂花园,丙戌二月之江苏,尝陪易笏山方伯丈来游,有张子馥、刘健卿、戴子和、黄仲方诸君,匆匆九阅年矣,令人感慨系之。黄昏入城,得包弼臣函,并为先公遗稿题签。又接陆生德洵禀,知陈舅母抵省。是日晴,晡,风雷,微雨旋霁。

十八日(6月10日)戊子　为傅、谭二生改经解两篇,与自作无异。复陈子俊书。许殿臣来会。是日晴。

十九日(6月11日)己丑　复陆锦泉函,并寄舅母银。诣梅也愚一谈。何佑卿大令过访。金鹤筹太守借书。是日晴。

二十日(6月12日)庚寅　彭春台、唐慎斋、金序笙先后来会。渡江答马绍相广文拜。是日晴。

廿一日(6月13日)辛卯　以扇一握索王蓺庵太守画。旋来拜,坐谈良久。看《大清会典》。是日晴。

廿二日(6月14日)壬辰　复王石珊观察、舒次鸿学博书。看《杨龟山集》。七弟又走。夜,汤冰持来借贷。是日晴。

廿三日(6月15日)癸巳　金示和、傅丰玉、谭璧光入见。夜,刘学思来,托和息金、徐二家事,未免视之太易。接傅汝砺书。是日晴。

廿四日(6月16日)甲午　看《范文正公文集》,读《上资政殿晏侍郎书》,令人想见其风采。诣黎莼斋观察丈、何佑卿大令谈。答张问渠拜。是日清晨雷雨,午晴。

廿五日(6月17日)乙未　王绍颖来会,贵州人,重庆差员。前过访,未见,今又走谒,始延入,无可谈也。看《韩魏公集》。是日晴。

廿六日(6月18日)丙申　陈箴入见。赵友渔大令来谈。汤绳武有信至,为妗氏告苦。是日晨晴,晡雨,夜又作。

廿七日(6月19日)丁酉　阅《申报》,四月散馆,张子馥、范玉宾、黄楚枏并以知县即用。接张少斋大令函。看《司马温公文集》。得瑟堂书,当复之。是日晴阴,夜雨。

廿八日(6月20日)戊戌　作五律一首,题赵悔予大令小照。为人书团扇二柄。金序笙来谈。是日晴。

廿九日(6月21日)己亥 看《方正学集》，此《正谊堂丛书》本也。《逊志斋全集》，余曾藏之，为严雁峰携去。张稚华大令、景旭林太史同访。昨，江北白云寺僧送荔枝来，味甚佳，思不去怀。夜，诣赓虞谈一更次，其人颇聪明，惜为鸦片所困耳。是日晴。

三十日(6月22日)庚子 刘希祖、金示和入见。许甸臣来谈。翻《阅微草堂笔记》。是日晴，夜大雨。

闰五月

初一日(6月23日)辛丑朔 招冉鸿慈与语。刘希祖入见。看《列子》。接周泽成都来禀。是日晨雨，午晴。

初二日(6月24日)壬寅 会讲。阅殿试题名录，始知龚怀西弟获售，为之欢喜无已，仰蘧侍郎丈真福人哉。是日晴。

初三日(6月25日)癸卯 黎莼斋观察丈函属拟经古课题。接王晋卿南京电。刘希祖设席周宅，未去西归。廖达源有字至，为许甸臣之尊人将开八秩筵故也。是日晴。

初四日(6月26日)甲辰 寄赵尧生编修、雷仲宣太守、叶南陔大令函。又作一笺谕周泽。是日晴，夜月。

初五日(6月27日)乙巳 接周少傅之世兄函。延冉晴谿饮，招刘世庄、徐文郁、吴淞、陈庭槐、朱蕴章、李时俊作陪。申集戌散。是日晴。

初六日(6月28日)丙午 邹绍阳入见。潘梧冈孝廉来谈。为梅文伯加考语云，“陵忽长者，轻侮同年”。是日晴阴。

初七日(6月29日)丁未 出门答拜，仅晤金序笙一人而归。作排律二十韵上年伯刘仲良宫保。是日阴。

初八日(6月30日)戊申 致何佑卿大令笺，当有复字。周让卿来谈。阅《申报》，龚怀西用庶常、袁叔愉用主事、曹书彦用中书。是日阴晴。

初九日(7月1日)己酉 阅经古官课卷。是日晴。

初十日(7月2日)庚戌 罗安慧、傅丰玉、谭璧光入见。金序笙来谈。是日晴阴。时有凉风。

十一日(7月3日)辛亥 刘希祖入见。是日阴,晨雨。

十二日(7月4日)壬子 阅经古官课卷完。冉鸿慈入见。接龙甥复函暨傅生汝砺书,并所撰《吴门销夏记跋》。是日晨雨,晡晴,夜月。

十三日(7月5日)癸丑 祝彦和、李善卿先后来谈。作一笺寄龚仰蘧星使丈伦敦。是日晨雨,午晴旋阴。

十四日(7月6日)甲寅 阅香山郑观应陶斋《盛世危言》。黎莼斋观察丈有书往还。寄傅生及乔损庵刑部、包弼臣广文、叶南陔大令函。是日晴,夜月。

十五日(7月7日)乙卯 饭后,诣福建会馆,贺许甸臣,为其尊甫作八十寿辰。与廖达源、张稚华、杨宽甫、钱允之等晤谈。访周少房,略坐。遂便衣谒莼斋丈。新有电音,着来京引见,盖为出使事也。接舒次鸿、陆锦泉信。是日晴,夜月。

十六日(7月8日)丙辰 梅也愚来谈。会讲诸生。作书数百言上黎莼斋观察丈。是日晴,夜半微雨,旋止。

十七日(7月9日)丁巳 电传张蔼卿观察调署川东道喜音、周云崑得建昌遗席。诣何佑卿大令谈。是日晴,晡阴,夜雨。

十八日(7月10日)戊午 刘希祖入见。阅五月二十日《申报》,瞿子玖学士已由湘抵沪,辰下想入京复命矣。是日雨,午止,夜又作。

十九日(7月11日)己未 得莼斋观察丈书,云刘宫保已到泸,复有电旨,令其帮同办理教案,真怪事也。陈序造将于明日回酉阳,置酒饯,招冉鸿慈等作陪。是日雨,午霁。(七弟返)

二十日(7月12日)庚申 金示和、罗安慧、旷世英、康朝殿、吴淞入见。看《海刚峰文集》。是日晴,晨小雨。

廿一日(7月13日)辛酉 购得吾乡梁茝林中丞《归田琐记》《浪

迹丛谈》二书。翻阅一过，可取者殊少，诗尤不佳。是日晴，黄昏雷雨，夜深乃止。

廿二日（7月14日）壬戌　张乔生镇军来拜，谆属代撰黎莼斋观察六十寿序，只得允之。诣王德斋、孙光璧、李善卿、潘季约、梅也愚谈，均晤。是日晨晴，午雨达旦。

廿三日（7月15日）癸亥　黎明出城，在浮图关会同冉辑五，诣荔支桥刘继陶家，吊其太宜人之丧。蓝梓芳孝廉新自京归，亦晤于此。日昳返驾，过六店子，往金赓虞园林一游。黄昏入城。是日晨雨，晡晴。

廿四日（7月16日）甲子　与彦和有书往还。钱允之通守来谈。接妗氏书。寄五弟暨杨氏昆仲、曾棣森函。是日阴，晨雨旋止，夜又作。

廿五日（7月17日）乙丑　孙光璧、孙养初先后来谈。作黎观察六十寿序，二鼓脱稿。是日晴，午微雨。

廿六日（7月18日）丙寅　刘明昭入见。乞为代作观风课卷，余安得有此闲暇乎。夜，赴金赓虞谈，戌正往，子正还。是日雨阴。

廿七日（7月19日）丁卯　郝次封广文、金鹤筹太守来谈。饭后，拜张乔生镇军、王蓺庵太守，均晤。寄陈生组绶书。是日晴。

廿八日（7月20日）戊辰　刘希祖、韩宝莹、孔庆骧、李均林入见。接陈组绶书。张式卿有字至，当复之。何芸轩、周仪吉、金序笙、祝彦和来谈。夜，与室人暨儿辈泛论出处，有身世之感。是日晴。

廿九日（7月21日）己巳　王德斋管带来谈。杨光燏、桂景昌、张大举、马光昭入见。周少房过访，同诣旭林，晤言良久。戌正往金赓虞家，子正回。是日晴，夜雨。

六月

初一日（7月22日）庚午朔　清晨，诣文昌楼行香后，与旭林编修谈,渠亦有心人也。李应曦、文泽厚、旷世英入见。祝彦和、张式卿有字至。看曹叔彦所著《礼经校释》。是日雨阴。

初二日(7月23日)辛未 接周姨师母书,属为帮助,谊不容辞。会讲。梅文伯孝廉来谈。是日阴,时有小雨。

初三日(7月24日)壬申 张式卿孝廉来谈。是日阴晴。

初四日(7月25日)癸酉 阅璧山饶君化成《醉经堂小草》,为选数十首。仅有诗才,惜句法多未讲求也。陈禅生来谈。饭后出门答拜,晤马绍相、郝次封两广文。夜作致陈组绶及魏芳书,与商入赀事也。是日晴,晨雨。

初五日(7月26日)甲戌 五弟有书来,深不以出洋为然。虽所见不同,要是亲爱之意耳。复周姨师母函。是日阴,夜大雨。

初六日(7月27日)乙亥 诸生与黎观察送牌扁[1],并立长生禄位于遗爱祠。是日雨。

初七日(7月28日)丙子 作一笺寄张蔼卿观察,托天顺祥带雅州。唐慎斋来谈。袁应枢、刘明昭入见。是日晴。

初八日(7月29日)丁丑 邓彦芬入见,新自泸州应岁试回。经古等第俱一名也。冉晴谿来谈。是日晴,夜月甚明。

初九日(7月30日)戊寅 寄张济丈书。金示和、李鸿英、宋景入见。昨夜院生因景之家人醉掌吴鸿志,遂聚哄于讲堂,有诟及旭林者,可谓嚣陵矣。予决意去此,未始非见几而作也。张星平孝廉来会。午间,与陈明孝谈。是日晴,夜月。

初十日(7月31日)己卯 永川龙望仙明经腾云,癸酉乡试,先公分校曾经荐卷,兹以诗四章见诒,意良厚。旷生世英,其甥也,闻其近状,老而孤,殊可感念。下晡,访文伯未遇,晤其弟黍雨,谈甚欢。是日晴,夜月,更深大雨。

十一日(8月1日)庚辰 冉鸿慈入见。经古榜发,及门得九人。

---

① 牌扁,即牌匾。

刘明昭又为阖属第一，亦可喜也。是日晴，午大雨，旋霁，夜又作。

十二日(8月2日)辛巳 接叶兰陔书。刘淦入见。李光甫广文来谈。招蓝子方、祝彦和、梅黍雨饮，徐文郁陪。未集亥散。是日阴雨。

十三日(8月3日)壬午 程春台孝廉来会。德阳江伯康秀才龙骧过访。刘希祖入见。是日晴，夜月。

十四日(8月4日)癸未 清晨，诣黎莼斋观察丈谈，并晤祝彦和、夏子猷二君。撰挽徐石生大令联成。敖同伯来谒(金甫年伯侄孙，观楼孝廉长子也)述廖季平所说《易》《诗》，穿凿无理，有绝可笑者。彭嵩山乞为吹嘘。杨尚楷自遂宁至，设酒款之。李时俊、陈明孝及永方昆仲与焉。是日晴，夜月。

十五日(8月5日)甲申 韩元恺入见。冉鸿慈代舒次鸿孝廉为先公《道腴室遗稿》题签。是日晴，夜月。

十六日(8月6日)乙酉 会讲，到者仅赵映星、余穆清、顾民怀、陈庭槐四人而已。韩宝莹入见，明日回江津，赠以路费。陈祉入泮，其师韩元恺引之来谒，刘淦亦获携亲叩。是日晴，夜月。

十七日(8月7日)丙戌 昨孔冠舫来会，失记。刘明昭入见。吴廷宣、谭璧光入泮亲叩。张稚华过谈。是日晴，夜月。

十八日(8月8日)丁亥 杨尚楷亦有乘桴之想，面为商酌。是日晴，夜月。

十九日(8月9日)戊子 张式卿来谈。阅曹叔彦《礼经校释》讫。是书始于光绪九年，成于十七年，甫二十三龄耳。又作《礼经纂疏》，始于十三年，尚未成。其书可及，其年不可及也。是日晴，下晡，大雨旋霁。

二十日(8月10日)己丑 罗安慧辞回江津。金序笙邀看戏。申去亥归。接段峨孙孝廉西安书暨诗。是日晴。

廿一日(8月11日)庚寅 陈明孝、何龄入泮亲叩。李均芳入见。是日晴。

廿二日(8月12日)辛卯 綦江吴玉如光聪来会。杨光燏辞回涪州。张星平过谈。李鸿英入泮亲叩。是日晴阴,人定雨。

廿三日(8月13日)壬辰 黎莼斋观察丈来谈。申正,诣徐宅贺兆隆授室喜。戌正归。是日晴,亥初雨,更深滋大,遂达旦。

廿四日(8月14日)癸巳 曾纪瑞入泮亲叩。陈永方、永皋辞归江津,为其祖母作七十生辰,当具寿敬四金。致祝彦和笺,有回字。蔼卿观察来渝,会办教案,不日可到矣。是日雨。

廿五日(8月15日)甲午 张绍苍入泮亲叩。接陈组绶书。旷世英、康朝殿、刘德萃入见。出门拜客,晤李光辅、李善卿、龚昔培、潘季约四广文。是日晴。

廿六日(8月16日)乙未 刘世庄入见。何佑卿太守来谈。与杨尚楷、旷世英、陈明孝饮。徐姓请酒,命鹏儿往。明日,金家亦然。是日晴。

廿七日(8月17日)丙申 翻《得月簃丛书》一过。谭璧光入见。钱允之通守来谈。接易由甫书。杨生明晨返遂宁。是日晴。

廿八日(8月18日)丁酉 梅也愚来谈。李鸿英入见。为作一笺致马绍相广文。闻杨树棻回长寿,覆舟于五柱石溺死,哀哉。是日晴,下晡雨,旋止。

廿九日(8月19日)戊戌 廖秉忠入见。接乔茂蓤刑部书。是日晴。

七月

初一日(8月20日)己亥朔 旭林言学长拟以张某补充,余不乐闻问久矣,无容心也。询李澍吉,知杨树棻事乃讹传。祝彦和交到孙沤舫之夫人讣函。刘世庄入见。看《杨大洪集》。是日晴。

初二日(8月21日)庚子 会讲,到者赵映星、旷世英、徐文郁、杨延鳌四人。刘世庄辞赴定远。胡安笙来。是日晴。

初三日(8月22日)辛丑 黎莼斋观察丈有字至,颇切退志也。冷云飓孝廉过谈。金序笙请看戏,申去子回。接李幼卿函。是日晴。

初四日(8月23日)壬寅 唐杰入泮亲叩。康卫先来托事。张琛挚见。吴簃香学使彼此名刺往还。李澍吉、韩元恺辞回长寿。李鸿英入见。彭嵩三告以父丧,恳为致书其舅氏李少梅观察求助。是日晴。

初五日(8月24日)癸卯 张星平孝廉来谈,恳为其师求开复,允之。刘淦辞回荣昌。廖达源都戎见过。与旭林编修同会。是日晴,午间雷雨交作,少选而止。

初六日(8月25日)甲辰 吴廷宣辞回綦江。莼斋观察所辑《续古文辞类纂》,其中如宋潜虚《画网巾先生传》全袭吾乡李元仲作,管异之《饿乡记》亦与蓝鹿洲略同。是日晴。

初七日(8月26日)乙巳 杨宽甫来托关说留任。贺李善卿教授生辰。与何佑襟同早面。晤杜诚轩广文焕章,论古文久之。酒讫,诣冷云飓一谈。接五弟书。夜,谭璧光辞回綦江。是日晴。

初八日(8月27日)丙午 高凌霄辞回璧山,为张少斋大令出售花园事。作笺托马绍相广文,当有还字。是日晴,夜月。

初九日(8月28日)丁未 陈盛显、徐文郁入见。接陈鲁詹天津书。实甫慷慨渡台,令人闻之气旺,但祝其得手耳。是日晴,夜月甚明。

初十日(8月29日)戊申 接五弟书。吴淞入见。旷世英辞回永川。新购说部书数种,随手翻之。是日晴,夜月。

十一日(8月30日)己酉 程鹏入见。魏芳自省回,明日仍返成都听鼓。寄傅汝砺一笺。是日晴,夜月。

十二日(8月31日)庚戌 清晨,诣黎莼斋观察,与旭林编修不约而同。景先去,余久谈。造杨宽甫少尉、何佑卿大令,均晤。复五弟书,适先公遗诗印成,遂以十部寄之。冉鸿慈入见。比来用不能节,颇形拮据,而取求者偏多,奈何。是日晴,夜月。

十三日(9月1日)辛亥 汤冰持有书借贷,无以应也。是日晴,夜月。

十四日(9月2日)壬子 陈桂馨自江津来,交到张星平书三纸。王蓺庵太守惠谈,与旭林编修同见。日昳,祀祖先。招吴淞、邓彦芬、田维翰共享馂馀。冉鸿慈未至。是日晴,夜月。

十五日(9月3日)癸丑 李均林辞归剑州。以先公《道腴室遗稿》分送道府县及旭林、彦和、子猷诸君。看《履园丛话》。是日阴。

十六日(9月4日)甲寅 会讲,集者九人。看《七修类稿》。李德利自京落第回渝,今始入见,以病迟延耳。金序笙来谈。饭次,与胡安笙推阐孟子"志士不忘在沟壑"之义,为陈明孝致书合州张怡亭刺史。是日晴。

十七日(9月5日)乙卯 看《拜经楼藏书题跋记》。昨阅金陵官报,云河南候补道易顺鼎自山海关来,然则仲实渡台之说,盖讹传也。黎班生函,借吴清帅所著《仿古金鉴》,不唯无其书,且未寓目。是日阴雨。

十八日(9月6日)丙辰 作一笺慰孙沤舫广文失偶,并寄奠仪四金,均托伍崧生编修转交。午后,诣许甸臣谈。索旭林题拙作《吴门销夏记》,检当即写来。接罗安慧禀。是日晨雨,晡晴,夜月。

十九日(9月7日)丁巳 陈明孝辞回合州。朱蕴章入见。江秋舫孝廉来谈。看《四六法海》。寄铜梁陈子臧大令书。是日晴,夜月。

二十日(9月8日)戊午 李善卿教授、梅文伯孝廉来谈。陈桂馨入见。金鹤筹太守辞行,盖盐局裁汰委员司事,渠亦在内也。道府公费,闻亦酌减。复易叔由书。是日晴。

廿一日(9月9日)己未 雷质亭大令自铜梁查案回,谈及子臧多愦愦,窃为危之。张式卿来谈,议论迂谬,令人愤懑,其谓彦和不能效周公诛管蔡,唐太宗杀建成、元吉,是直名教罪人。予辄面斥之,曰"子诚王壬秋之弟子也"!是日晴。

廿二日(9月10日)庚申 张乔生镇军惠临。廖次臣府佐来谈。

由祝彦和交到陈衡山带来顾潜叟信二纸、诗一册。又，傅汝砺函，其向道甚笃，卫道极严，洵可喜。是日晴。

廿三日(9月11日)辛酉　作五言诗一首，代简寄赵尧生编修。下晡，金序笙来，有所请托。是日晴。

廿四日(9月12日)壬戌　吴淞入见。陈衡山大令属祝彦和转赠渠所刻书一册。答傅生书。作七古一首寄易仲实观察。是日晴。

廿五日(9月13日)癸亥　复张济翁信，并代购衣料各件。接五弟函。翻《山堂肆考》，殊为陋率。是日晴，夜微雨。

廿六日(9月14日)甲子　看唐卷子本《春秋左传杜注校勘记》一过。大率误字俱多，无关考订。如"公会齐侯于防"，注在"琅琊华县"。案《地理志》，泰山郡有华县，西晋华县在徐州琅琊国，今作华阴县，岂非巨谬？至"段不弟"，"弟"作"第"；"食舍肉"，"肉"作"完"；"戎子驹支"，"支"作"友"；"立其子光"，"光"作元；"径三百雉"，"径"作"侄"；"而不修德"，"修"作"犹"。皆显然错误，不知何以刻之。近世崇尚考据，遗本逐末，病固非细，然亦未可因噎废食。若径据误书以改易经传旧文，则其害烈矣。接王益吾祭酒六月廿七日长沙函，并所撰《汉书补注》"礼乐""刑法""食货""郊祀""艺文"五志，共四册，前余为是正"天文""律历"两志，亦刊改完善。是日微雨，止还作。

廿七日(9月15日)乙丑　作一笺上黎莼斋观察丈，当有报章。饭后渡江，诣孙养初谈。夜，寄谢瑟堂大令书。是日晴。

廿八日(9月16日)丙寅　刘凤皋来。属作一笺，劝魏芳改省，许之。陈衡山大令枉顾，议论颇相合。桂景昌入见。杨尚楷自遂宁至，招吴淞共饮。夜，往金赓虞家，二鼓去，三鼓回。是日晴。

廿九日(9月17日)丁卯　连江挚见。答卢森麟明经书。日中出门拜客，晤江秋舫孝廉、张乔生军门、王蓺庵太守。接陈子臧大令函，复为数行喻意，交信足带铜。是日晴。

三十日(9月18日)戊辰　冷云飘孝廉来谈。衡山大令以所补郑子尹《亲属记》见示，重为搜辑，以臻完善。是日晴，鸡鸣雨。

八月

初一日(9月19日)己巳朔 闻旭林编修言,周云崑观察有被议之说。诣衡山大令谈。江炳入见。为梅也愚致书何佑卿。是日雨,夜滋大。

初二日(9月20日)庚午 冉鸿慈入见。今晨未会讲,因同事景君考时文面课故也。是日雨,下晡止。

初三日(9月21日)辛未 吴淞、陈庭槐、刘明昭、顾民怀、邓彦芬、许廷瑞、赵映星会讲。上黎观察一笺。又致彦和函,有复字。孙养初来谈。周劭炳入见。夜,阅周式轩师诗,拟选刻。是日晴阴。

初四日(9月22日)壬申 梅黍雨孝廉来谈,吾甚喜其天真未泯也。闻雷仲宣太守管泸州鳌局,求荐者纷纷,皆未之许。是日晨晴,午阴。

初五日(9月23日)癸酉 为胡忠作一笺寄灌县何砚劬大令,盖其旧主,明日前往投之也。祝彦和来谈。是日阴,时有小雨,夜遂大作。

初六日(9月24日)甲戌 莼斋观察有书至。杨尚楷回遂宁。是日雨竟夕。

初七日(9月25日)乙亥 接张诒亭刺史合州函。彦和代班生索先公遗稿,并以龚怀西弟《古印徵》赠之。吴淞入见。是日晴阴。

初八日(9月26日)丙子 黍雨以所作诗寄观。补注《亲属记》讫。诣衡山谈良久。是日晴阴,夜月。

初九日(9月27日)丁丑 饭后出门拜客,晤阮文叔、刘凤皋、金序笙、梅文伯。归来已将上灯矣。是日晴。

初十日(9月28日)戊寅 阅经古馆课卷,江照奎入见。接赵尧生编修书。寄家兄暨易仲实昆弟函。是日晴,夜月。

十一日(9月29日)己卯 复尧生弟书。接伍崧生、孙沤舫函。

是日晴，夜月。

十二日(9月30日)庚辰 康朝殿、刘明昭入见。何符九、金序笙来谈。陈嵩甫舅自长汀来，又增一大累矣。是日晴，夜月，病腹，通宵不寐。

十三日(10月1日)辛巳 阅王壬秋《毛诗补笺》。是日晴，夜月。

十四日(10月2日)壬午 张星平大令来谈。吴淞、赵凌云、桂景昌入见。天顺祥索债，无以应之。是日晴，夜月。

十五日(10月3日)癸未 清晨，与景旭林编修诣文昌楼行香后，门人贺秋禧者，共接见二十八人。下晡，陈子臧大令自铜梁来拜。是日雨。

十六日(10月4日)甲申 拜黎莼斋观察丈，彼此相左，旋以一笺上之，索所著《西洋杂志》。晡，答子臧，坐良久。晤张稚华、许殿臣。闻刘宫保年丈革职，永不叙用。夜，刘世庄、徐文郁入见，面呈郝次封书。是日微雨。

十七日(10月5日)乙酉 昨，新任府经厅朱寿仙鹤龄来拜，失记。梅也愚过谈。接张济翁、叶飞卿暨魏芳、罗安慧函。是日阴，人定大雨达旦。

十八日(10月6日)丙戌 看《文史通义》。大足县桂笃生直牧天培来拜。为徐遇隆事作一笺上张乔生军门，当有还示。金序笙过谈。马希曾入见。是日晨雨，旋晴，夜半大作，冬水当足矣。

十九日(10月7日)丁亥 雷永扬挚见。答桂笃生拜，晤谈良久。复诣子臧、衡山两大令处，坐少选而归。接垫江谢瑟堂函。是日晨雨，旋止旋作。

二十日(10月8日)戊子 刘明昭辞回南川。午后置酒涨秋山馆，招桂笃生直牧。陈衡山、雷质亭、赵悔馀、阮文叔、陈子臧五大令饮，谈宴甚欢。何佑卿以病未至也。戌正归。是日阴，时有小雨。

廿一日(10月9日)己丑 见陈右铭年丈升擢湘抚报，为之欢忭不已。当作一笺寄易仲实,定长沙之游。陈桂馨挚见。周让卿、钱允之来谈。从吴东竹贰守索代张蔼卿上刘仲帅书稿本回。是日阴。

廿二日(10月10日)庚寅 李善卿来谈。张军门送前代撰寿序润笔,收花雕绍酒而已。申正,赴阮文叔席,同座陈衡山、吴幼甫。戌初归。是日阴雨。

廿三日(10月11日)辛卯 旷世英入见,新自永川来也。贻刘凤皋书。劝魏生改省湖南。是日阴,午晴,夜雨不止。

廿四日(10月12日)壬辰 江北卢拔贡元张昨来谒,未见,今又托吴淞面交名条,营谋字水讲席,姑漫应之。是日雨,晡霁。

廿五日(10月13日)癸巳 接五弟书。杨光燏、王世坤入见。看王而农《宋论》。夜,诣金赓虞谈,戌去子回。是日晴。

廿六日(10月14日)甲午 晨,拜黎莼斋观察丈,答钱允之通守,均晤。晡后,赴雷质亭大令饮,同座桂笃生、陈子臧、张稚华。酌酒稍多,饶有醉意矣。是日早晴晚阴,夜半大雷雨。

廿七日(10月15日)乙未 陈桂馨、刘世锡入见。张乔生军门来谈。闻刘仲帅有私逃回籍之说。是日雨,时止时作。

廿八日(10月16日)丙申 复五弟书。李如松、苟汝宽入见。楼蔷盦自省赴忠阅卷,过谈,面交傅生汝砺泸州函。诣何符九、李善卿、梅也愚,均晤。夜,送子臧行,并造衡山,语良久。是日晴。

廿九日(10月17日)丁酉 周泽辞赴涪州安定左营文案。寄傅石君乔梓暨何璞元大令、雷仲宣太守书。是日阴雨。

九月

初一日(10月18日)戊戌朔 与景旭林编修谈,不日将归贵州葬其亲也。吴淞入见。遂宁杨宅联姻已有成说。是日雨,时止时作。

初二日(10月19日)己亥 会讲,到者十二人。旭林来谈。甫去而序笙至,复坐一时许。是日阴雨,夜半有雷声。

初三日(10月20日)庚子 彭嵩山面恳谋事。接妗氏书,催接济。王石珊观察来谈,新自遵义至也。是日雨。

初四日(10月21日)辛丑 看《中外地舆图说集成》。夜诣旭林谈。是日晨晴,晡雨。

初五日(10月22日)壬寅 旭林编修渡江,明晨扶柩行矣。是日雨。

初六日(10月23日)癸卯 答王石珊观察、张乔生军门拜,均晤。是日微雨,晚晴。

初七日(10月24日)甲辰 接陈生士荣南京函。张稚华大令来谈。是日晴。

初八日(10月25日)乙巳 何佑卿大令来谈。陈盛显入见。寄叶兰陔、吴伯琴书。是日阴,夜半雨。

初九日(10月26日)丙午 高凌霄入见。接何璞元、周达三复函。诣天上宫行香。与廖达源都戎、卢森麟明经同听戏,午去酉归。是日阴,晡晴,小雨旋止。

初十日(10月27日)丁未 接傅汝砺书。是日阴,夜雨。

十一日(10月28日)戊申 何佑卿大令过访,新与宜宾对调。祝彦和来,共坐三时之久。桂景昌入见,拟托其代为通融,殊不易易也。是日雨,时止时作。

十二日(10月29日)己酉 杨树棻入见。接叶南陔书。是日晴,夜月。

十三日(10月30日)庚戌 十一舅晋省。吴淞入见。王养丞过访。是日晴。

十四日(10月31日)辛亥 黎班生世弟邀于饭后进署,陪黎莼斋丈谈良久,斯人而有斯疾,令人叹天道之无凭也。上灯归。接伍嵩生、孙沤舫、陈鲁詹书。是日晴,夜半风雨大作。

十五日(11月1日)壬子 接五弟书。舒次鸿有信至,并寄怀五古四章,其情意殷挚,令人心感无已。亟望其子昌颐来此,久无消息,殊增驰系。答叶南陔、孙沤舫函。是日雨,绵绵不止,朔风甚厉,颇似严冬。

十六日(11月2日)癸丑 会讲。是日晴,夜月甚明。

十七日(11月3日)甲寅 接叶飞卿函。潘季约孝廉过谈。是日晴,夜月。

十八日(11月4日)乙卯 马希曾入见。晡后,诣张稚华一谈。旋赴梅也愚玩菊之约,饮宴极欢,二更始归。是日晴,夜月。

十九日(11月5日)丙辰 寄魏芳书。张星平来谈。吴淞、许迁瑞入见。接雷仲宣函。是日晴,夜月。

二十日(11月6日)丁巳 字询彦和前玩菊诗,尚未就。余昨已和文伯孝廉,均二首矣。诣王蓺庵太守、张星平大令谈。寄雷仲宣、何璞元暨傅生汝砺书。是日晴。

廿一日(11月7日)戊午 作一笺致何佑卿,来拜相左。吴淞、许廷瑞、杨延鳌、旷世英、陈庭槐邀饮治园。为评定诗钟十馀联,醉后次黍雨均五律一首。是日晴。

廿二日(11月8日)己未 接家兄书,六月举一子,深为欣慰。夜与鹄、鱶两侄嬉笑为乐。是日晴。

廿三日(11月9日)庚申 周姨师母有信催帮款。接曾棣森复函。是日晴。

廿四日(11月10日)辛酉 新署经历。吴润之述曾来拜,龚氏昆仲之葭莩也。胡安笙入见。夜,诣赓虞谈二时许。是日晨雨旋晴。

廿五日(11月11日)壬戌 复曾棣森函。余与彦和公请赵友渔、悔馀,张式卿、梅也愚乔梓。另设一席,招陈庭槐、吴淞、旷世英、杨延鳌、许廷瑞、徐文郁、胡安笙、冉鸿慈饮。午去亥归,极欢而罢。是日晴阴。

廿六日(11月12日)癸亥 室人生辰,早饮,殊有醉态。乘兴次黍雨均五律二首,颇自喜。是日阴晴,夜雨。

廿七日(11月13日)甲子 许廷瑞面乞为其父作七十寿序。饭后，诣道署彦和处饮，并招班生，询莼丈病状。是日雨阴。

廿八日(11月14日)乙丑　清晨，彦和过访。吴淞持杨尚楷信来见，约于十月十六日下聘。何符九山长惠谈。日晡，赴福建馆听戏，谢子临孝廉所邀也。门人李德利、宋质彬作陪，将二鼓乃归。赵友渔昆仲有诗至。是日晨雨，晚晴。

廿九日(11月15日)丙寅　接傅石君书。作一笺致伍嵩生编修，以鄙事商之。文伯来谈。是日晴。

三十日(11月16日)丁卯　答吴涧之拜。王太守来，适相左。廖子晖过谈。彭世勋入见。是日晴。

十月

初一日(11月17日)戊辰朔　为廖子晖致书何佑卿。阅《申报》，陈右铭年丈，上谕即赴湖南巡抚新任，毋庸来京请训。子馥选授陕西怀远县边缺。函询阮文叔，知东道替人仍是蔼卿观察。是日晴。

初二日(11月18日)己巳　会讲后，复招吴淞语。答何符九拜，晤谈。接叶南陔、吴伯琴回音。是日阴雨。

初三日(11月19日)庚午　作冶园秋宴诗七古，又赠曹漱珊二十八字。赴梅宅饮。申去亥归。是日雨，夜滋大。

初四日(11月20日)辛未　江炳入见。接雷仲宣太守书并诗。杨宽甫来谈。是日阴雨。

初五日(11月21日)壬申　接桂笃生、陈子臧书。复仲宣太守函。陈禅生有字至。何佑卿大令来谈。未正，赴梅宅饮，盖桂景昌作主人也。戌初归。是日阴，午晴，少选即入。

初六日(11月22日)癸酉　《吴门销夏记》刻竣。是日微晴。

初七日(11月23日)甲戌　孙纪云文龙过访，傅生汝砺之堂姊夫也。陈明孝自合州来。江秋舫、祝彦和、李幼卿、张式卿先后至。招吴淞语。是日晴。

初八日(11月24日)乙亥　渡江答孙纪云,未晤。与桂生景昌谈良久。幼卿迁居书院。作一笺复舒次鸿并附诗一律。是日晴,夜月。

初九日(11月25日)丙子　请梅也愚为鹏儿填庚。李生德利、吴生淞作陪。李善卿入座,以事匆匆去。午面,饮酒稍多,颇有醉意。孙纪云辞行。是日晴,夜月。

初十日(11月26日)丁丑　何符九教授来谈。是日晴,夜月。

十一日(11月27日)戊寅　吴生赴双江镇作大宾。张乔生军门来谈。饭后,诣李善卿、祝彦和、金序笙,均晤。是日晴,夜月。

十二日(11月28日)己卯　宋景、李澍吉、杨树棻辞归。是日微晴。

十三日(11月29日)庚辰　接叶兰陔乔梓函。廖秉忠入见。旷世英辞归。寄湖南抚军陈右铭年丈暨伯严吏部、江建霞学使、王益吾祭酒、费屺怀编修书。是日阴雨。

十四日(11月30日)辛巳　陈永皋自江津来。十一舅由省回。寄伍嵩生、顾子远、周达三、何璞元暨傅生汝砺书。廖达源过访,偕杨基厚入见。是日阴。

十五日(12月1日)壬午　何佑卿大令辞行。费绍麟祖炳来谈,傅石君之外甥也。寄叶诚斋、廖季平、王冬生、钱铁江书。是日阴,时有小雨。

十六日(12月2日)癸未　寄瞿子玖学士、徐颜甫编修、梁星海太史书。申正,赴徐宅席,戌初散。李树藩入见,从人借贷不遂。是日阴,夜月甚明。

十七日(12月3日)甲申　以王而农《读通鉴论》交费绍麟寄傅生。饭后,送何佑卿行,已登舟矣。诣江秋舫孝廉、张乔生军门、张稚华大令,均晤。二更往金赓虞家。是日阴,夜雨。

十八日(12月4日)乙酉　国子达大令、王石珊观察来谈。是日阴。

十九日(12月5日)丙戌　刘世庄入见。接傅生汝砺书。舒博斋来谈。吴东竹贰守赠《熙朝宰辅录》一册,当以拙刻报之。为陈明孝作一笺致合州张怡亭刺史。是日晴。

二十日(12月6日)丁亥　吴润之来谈。是日晴。

廿一日(12月7日)戊子　有以非礼之事相干者,拒之。是日阴,夜雨。

廿二日(12月8日)己丑　梅文伯来谈。是日阴,晨雨,夜又作。

廿三日(12月9日)庚寅　高凌霄辞归。邱渊挚见。招舒博斋、祝彦和饮。胡安笙、邓彦芬、刘世庄作陪。二更乃罢。宾主俱有醉意矣。是日阴。

廿四日(12月10日)辛卯　蔼卿观察昨日抵渝,今遣人来候,明晨接篆矣。为彭世勋作一笺致子藏大令。接仲宣太守暨傅生汝砺书。许廷瑞入见。是日阴,时有微雨。

廿五日(12月11日)壬辰　李善卿来谈。是日雨,夜闻雁。

廿六日(12月12日)癸巳　作一笺致蔼老,并附拙刻二本。吴生自杨家过,赓回。是日阴,午晴。

廿七日(12月13日)甲午　舒博斋有字至,"对我生财"。张蔼卿观察来拜,畅谈良久。是日阴。

廿八日(12月14日)乙未　接冉晴谿、赵尧生书。江照奎入见。答蔼卿观察,当命其幼子出拜,并属代撰到任禀稿。诣黎祝衡询莼丈疾。晤王石珊焉。徐次享自广东回,来谒。得王子固孝廉函,即行裁复。是日晴。

廿九日(12月15日)丙申　周树楠挚见。接叶诚斋丈还翰。答赵尧生编修书。送舒博斋赆。索陈禅生债。谢瑟堂大令有信至,当作报章。邹喜来。是日晴。

十一月

初一日(12月16日)丁酉朔 赵悔予大令来谈。吴淞入见。是日晴。

初二日(12月17日)戊戌 及门诸子为余明朝初度,设酒合乐,午集亥散。是日阴。

初三日(12月18日)己亥 张稚华、钱允之、孔觉舫、杨宽甫、祝彦和、许甸臣、梅也愚、李善卿、潘梧冈、刘凤皋先后来贺,拒之不获故也。方佩斋协戎拜会,余已招梨园酬诸生,金序笙又送戏,遂轮演。夜,大醉。是日晴。

初四日(12月19日)庚子 得妗氏书及韩宝莹禀,皆昨期到。饭后出门谢寿。王德斋新署左营游击,来拜。岳林宗有信至,并赠近刻七本。刘德宣入见。是日阴。

初五日(12月20日)辛丑 邹喜去。寄雷太守暨傅生书。是日晴。

初六日(12月21日)壬寅 刘云骧、刘世庄、许廷瑞、吴淞入见。接伍嵩生、周达三书。诣刘凤皋、祝彦和谈。夜,刘明昭辞回南川。是日晴。

初七日(12月22日)癸卯 长至日,与幼卿等饮馂馀。接五弟书。是日晴。

初八日(12月23日)甲辰 为饶其寅亮甫[①]题主。接何砚劬书。寄叶南陔、岳林宗函。专人赴垫。是日雨阴。

初九日(12月24日)乙巳 寄妗氏暨陆锦泉、冉晴溪、桂笃生函。作一笺上蔼卿观察,当有报章。又属拟观风告示。方为许生作寿序,又须少缀矣。是日阴,晨雨。(刘凤皋来谈。)

---

① 饶其寅,号亮甫,重庆人。

初十日(12月25日)丙午 朱蕴章、晏景云、周钧入见。诣王德斋协戎谈。接傅汝砺书。景湘泉直刺来拜。作告示脱稿。采彦和四句。是日晴,夜月。

十一日(12月26日)丁未 张稚华、钱允之来谈。蔼卿观察有书至。邹文明入见。是日阴。(张问渠。)

十二日(12月27日)戊申 诣景湘泉丈谈。寄陆绎之、董慧飒函。邓彦芬辞赴尊经肄业,夜置酒款之。陈明孝、陈永皋同饮。是日阴晴。

十三日(12月28日)己酉 重作观风告示成,当即送蔼卿观察酌定。为陈明孝作一笺致周仪吉,乞减册费。李端臣先生之孙绍前来见。招许廷瑞至,面交寿文。是日晴,夜月。

十四日(12月29日)庚戌 张乔生镇军来谈。邱渊呈所著书,面为指示。接傅汝砺暨谢瑟堂函。赴江秋舫孝廉席,何符九、童芹初、祝彦和、董碧笙及李德利同座。申初往,戌初归。是日阴,夜微雨。(寄广生弟书,交银铭带涪。)

十五日(12月30日)辛亥 吴淞、刘世庄入见。张蔼卿观察来谈。复与景湘丈共语良久。周少房过访。复傅生书。是日雨。(五弟妇暨鹄、鱵两侄归。)

十六日(12月31日)壬子 接明年关聘。王石珊观察、梅文伯孝廉来谈。谢琴堂大令有书至。并假银百金,当作复。金示和入见。诣何符九、李善卿、祝彦和、潘梧冈,均晤。是日晴,夜月甚明。

十七日(1896年1月1日)癸丑 拟观风题完。作一笺致张蔼卿观察。饭后李绍前、江炳入见。王蓺庵太守来拜,与景湘泉直刺同会之。是日晴,夜月。

十八日(1月2日)甲寅 昨廖灿若、陈明孝入见,失记。姜敬斋永清来拜。彭崧山偕其弟面求荐事。寄李春如太守、缪筠荪大令书。慰唁吴宾鹿,并附挽联三十字。又作一笺致乔茂萲刑部。诣金赓虞谈。戌往子归。是日晴,夜月。

十九日(1月3日)乙卯 陈芸轩肇虞、孙紫卿文俊先后来拜,均有所干。接陈次贤书。寄大哥暨杨叔乔、岳凤吾函。是日阴晴。

二十日(1月4日)丙辰 李善卿来谈。诣张蔼卿观察、张乔生军门、王石珊观察,均晤。接傅汝砺书,洋洋千馀言。是日晴阴。

廿一日(1月5日)丁巳 张星平大令来谈。赴徐氏饮。金序笙、林少瑶同座。是日阴。

廿二日(1月6日)戊午 为蔼卿观察拟告示、札文各一,清稿交去,为晓谕居民及保护教学事也。夜,吴淞入见。是日晴。(雷质亭大令来谈。)

廿三日(1月7日)己未 张问渠来干以事,殊不愿闻。赵友渔来谈,将卜居嘉定。答张星平拜。晤梅黍雨暨李生德利,共语良久。访班生,闻莼丈疾,遂诣吴生书馆。张廉卿之孙棣生出见。复往雷质亭处小坐。夜遗张稚华、钱允之书。是日晴。

廿四日(1月8日)庚申 诣饶宅吊丧。遂赴质亭饮,申去亥归。稚华有复字。是日晴。

廿五日(1月9日)辛酉 寄杨生昆仲及傅生函。致陈衡山大令书。唁陈生组绶之子。李承祖贽见。邱渊请益。祝彦和、梅黍雨来谈两时许。是日阴。

廿六日(1月10日)壬戌 接五弟书。赴字水书院,吊邹鲁山年丈。看朱子文集、《同治中兴奏议》。是日晴。

廿七日(1月11日)癸亥 作一笺与蔼卿观察借船,当有报章。旋遣俞管带来面商。金序笙过访。夜诣梅也愚乔梓谈。是日晴。

廿八日(1月12日)甲子 阮文叔、黄花农来谈。寄叶诚斋丈书。杨光燏入见,乞书箴言。是日晴。

廿九日(1月13日)乙丑 巳初偕梅也愚、文伯、黍雨、祝彦和、伯申、鹏、鹗两儿同登重庆关巡船,游大佛寺探梅,甚为欢畅。酉初入城,足不良于行,殆有老态矣。王子固孝廉赠婢一人,年十龄。是日晴。

三十日(1月14日)丙寅 刘世庄入见。复王子固书。接赵尧生函,并游峨眉诗四首。答黄花农、孙紫卿拜,诣雷质亭谈,均晤。闻江北吴贰守与石硅对调。张式卿过访。是日阴,晚雨。

十二月

初一日(1月15日)丁卯朔 吴淞、冉鸿慈、周树楠入见。购得陈章侯画四轴。是日阴,时有小雨。

初二日(1月16日)戊辰 何符九来谈,以画幅质张问渠,深不谓然。赴金序笙饮,黎班生、子甘、祝彦和、夏子猷同座。酒后复偕彦和诣其家稍憩。是日晴。

初三日(1月17日)己巳 作一笺致陈禅生。接叶飞卿书。寄罗安慧函件。保宁李春如太守有信至,当复之。李德利入见。是日阴雨。

初四日(1月18日)庚午 昨接卢森麟明经书,失记。梅也愚徵君以大佛寺诗见示。诣方佩斋副戎、景湘泉直刺、陈子臧大令谈,均晤。陈旋来拜。夜,陈庭槐、梁维翰入见。是日晴。

初五日(1月19日)辛未 看《带经堂诗话》。拟偕文伯、彦和游陈园,以主人未归,不果。致张乔生军门函,以邹文明所书屏对贻之也。从班生世弟索得新刻《拙尊园丛稿》一部。是日阴雨。

初六日(1月20日)壬申 寄雷仲宣太守书。张棣生来谒,并以其祖濂亭先生遗墨见赠。吴润之过谈。是日阴,时有小雨点。

初七日(1月21日)癸酉 为杨筱楼书旧文三通。余静修入见。张蔼卿观察来谈。银明自涪州回。接五弟函。与胡安笙语。诒李耀庭、冉辑五笺。是日晴阴。

初八日(1月22日)甲戌 报恩寺送腊八粥。彦和补前探梅诗四首。邱渊入见。陈永皋辞回江津。是日晴阴。

初九日(1月23日)乙亥 雷质亭大令、张乔生军门来谈。作一笺致何履端。答五弟书。寄李少眉观察、赵尧生编修函。是日晴,夜月甚明。

初十日(1月24日)丙子 景湘丈来。金示和辞归。刘世庄入见。诣徐家,与梅也愚谈。赴黎班生卓园席,大醉。接杨生兄弟函。是日晴。

十一日(1月25日)丁丑 胡安笙、李树藩入见。李耀庭空函回复。舒味三来谈。过行台谒黎莼斋观察丈,病稍愈矣,谈笑久之。是日晴。

十二日(1月26日)戊寅 上张蔼卿观察一笺,并以易笏山先生书牍四册赠之。吴淞、刘世庄、陈明孝入见。陈鲁詹自天津来。夜诣赓虞谈。是日晴。

十三日(1月27日)己卯 张问渠连日来干,又以钱岱两画幅相赠,拟迟日还之了事。彦和、鲁詹来谈。张式卿还所借书二百馀本。是日阴,夜微雨。

十四日(1月28日)庚辰 向名显入见。齐敬斋太守来谈。贺张蔼卿观察大计卓异、国子达大令兼护江北喜,未晤。诣王薪庵太守、陈子臧大令一谈。赴金赓虞席,李生德利作陪,接傅生汝砺暨叶南陔桥梓[①]书。是日阴。

十五日(1月29日)辛巳 寄傅石君桥梓书。省莼斋观察疾。诣乔生军门谈。杨光燏辞归。接陈鲁詹饮,彦和暨吴生陪。是日阴。

十六日(1月30日)壬午 渡江答齐太守拜,未晤。诣舒味三大令谈。接王冬生复书。是日晴。

十七日(1月31日)癸未 景旭林编修前哺自贵州葬亲归,顷来畅谈。梅文伯过访,招徐兆隆语。是日阴。

十八日(2月1日)甲申 清晨,渡江至小函,客送黎莼斋观察丈回里,祝彦和、江秋舫已先至,与班生弟珍重而别。登斗姥阁小坐,午

---

① 桥梓,即乔梓。古称父子为"乔梓"。

后入城。接李春如太守书，当复之。徐二太太过访，室人敦请相见。吴生来，属其转致杨府，明年秋以为期。是日阴，晚晴。

十九日(2月2日)乙酉 复叶南陔桥梓书。封印。遣人各处贺喜。得雷仲宣太守函，当送吴生一阅，商定再答。是日阴。

二十日(2月3日)丙戌 诣旭林编修。吴淞入见。是日晴。

廿一日(2月4日)丁亥 接五弟书。梅也愚来谈。夜偕鹏儿诣赓虞。是日阴，晨微雨。杨问渠来谈。

廿二日(2月5日)戊子 晨访也愚、彦和，均晤。作一笺致蔼卿观察，甫发即有信至，约便衣过谭。申初入署，戌正乃归。托国子达大令转荐银铭于江北，在道衙相值，云事已谐。徐兆隆来。是日阴。接邓彦芬书。

廿三日(2月6日)己丑 廖达源都戎、陈子臧大令先后来谈。接江建霞学使、曾蜀章比部书。是日阴。

廿四日(2月7日)庚寅 覆书仲宣太守暨邓生彦芬书，又答蜀章一函，托许甸臣转寄。午后，王子固孝廉、张蔼卿观察、刘仁斋司马先后来谈。接傅生汝砺、罗生安慧及廖季平信。傅懋元赠《实学文导》一部。子固亦以所撰《诗经古义考》见示。蔼老赠食珍四种。夜，为作致日本领事照会。是日阴。

廿五日(2月8日)辛卯 张稚华来谈。接邱渊禀。照会脱稿。招张棣生、祝彦和、梅文伯昆仲饮。是日雨。

廿六日(2月9日)壬辰 作一笺致张蔼卿观察，交卷故也。刘世庄入见。李善卿、钱允之来谈。前夜与赓虞书借银，至今未报，人情如此，可叹。是日阴雨。接叶南陔书。

廿七日(2月10日)癸巳 答钱允之通守、李善卿教授拜，均晤。复渡江谢刘仁斋司马步，与国子达大令不期而遇，快谈久之。又诣齐敬斋太守，小坐乃归。是日阴雨。

廿八日(2月11日)甲午 诣景湘丈拜生辰，旭林出见。酌数杯而去。吴淞来，拟赠以金。是日阴，晚晴。

廿九日(2月12日)乙未 邹青自铜梁回。为周树楠作一笺致乔生军门，闻其开岁将晋省故也。校《濂亭诗文遗集》毕。成五言律诗二首，奉怀张蔼卿观察，当有报章。是日阴雨。

光绪二十三年(1897)丁酉

正月

初一日(2月2日)辛卯朔　寅卯之交，率家人祀祖先。礼成，诣间壁东川书院文昌楼行香。自癸巳春，应黎莼斋丈聘掌教于斯，四阅年矣。今虽别居，能无桑下之恋耶。是日贺客临门，照例不见。赖耘芝观察暨王子固孝廉独辞不获，遂延入长谈。门人吴筱湄、刘本初、潘子选、董瑞生等亦相继接见。是日阴，时有小雨。

初二日(2月3日)壬辰　朝饭后出门谢步，仅见耘芝观察一人。刘叙伦孝廉、王石珊观察、赖萸卿大令暨门人马兆祥、杨玉田来贺，均晤谈。是日阴。

初三日(2月4日)癸巳　清晨招陈子扬至，属其代书送赖太夫人寿联。饭后过江北谢步，晤刘仁斋司马而归。黎子甘来贺，匆匆一谈。门人桂子馨、周玉亭、许见田先后晋谒。怒责尔鹗。夜读《柳河东集》。是日阴。

初四日(2月5日)甲午　作一笺致耘公，并以拙撰《致用书院记》质之。张乔生军门、吴润之参军、杨绍甫少尉、陈子臧、国子达两大令暨门人张玉如先后来贺，俱会。接赵悔予大令赴，前年尝蒙其命撰《江干集序》，久无以报。到名山任后，两有书至，亦未复，当勉作诔词，藉补吾过。昨夜任逢辛观察进城，遣人以名刺相候，去冬刘佛卿户部曾论及此君，以纨绔目之，未审果何耳。看《五礼通考》及《吕氏春秋》。是日晴。

初五日(2月6日)乙未　刘仁斋丈暨陈幼臧、仲陶昆弟清晨过访。午后梅也愚徵士来贺。耘芝观察惠谈。是日阴。

初六日(2月7日)丙申　接戢本大足县禀。录去岁诗。是日阴。

初七日(2月8日)丁酉　王松生来谈。筱湄入见。张怡庭刺史过访,并惠食物。接五弟云阳函,又脱事,殊为闷损。加藤义三领事约与同诣英国教士新居,畅论良久。寄王益吾祭酒、吴铁樵中书、陈右铭中丞年丈暨伯严吏部书。是日阴。

初八日(2月9日)戊戌　寄大家兄长沙书。饭后诣耘芝观察谈,两时许始归。出示颜鲁公《祭侄稿》真迹,甚佳。去年此日,晤赖于张蔼卿观察座中,今蔼公去世已五月,灵柩回籍。久不得次卿消息,眷怀旧谊,辄为怆然。任逢辛观察、罗少垣大令枉顾,均相左。是日阴,夜风雨。

初九日(2月10日)己亥　复周达三、曾棣森、陈鲁詹书。饭后出门谢步,晤任逢辛观察、张乔生军门、张怡庭刺史、罗少垣大令,每处皆久谈。王安之、洁之昆仲同惠访。是日阴,时有小雨。夜月甚明。

初十日(2月11日)庚子　鹏儿偕其妇往双江镇拜新年。巳正,诣行台贺耘芝观察之节母廖太夫人六十有八寿辰。与周功甫同早面。晚,陪乔生军门坐一席,诸君散后,仍留看戏。复与王槐卿太守、花叔枏、曹洪斋两大令赌酒,子正方回。王蓺庵、陈楚士、齐敬斋、朱序东四太守,张稚华、王柳堂、吴幼甫三大令,暨方佩斋协戎咸会于此。是日阴。

十一日(2月12日)辛丑　清晨,谭尧臣刺史馈土产,旋来拜,盖其尊人与先严为辛亥同年也。冉生借道教道因[①]等碑。廖蓉初、吴筱湄入见。陈子臧大令辞行。何又晋、范叔枏、曾伯厚三大令先后惠访。寄鹏儿谕。是日阴。

---

① 道因:指《道因法师碑》。

十二日(2月13日)壬寅 梅文伯孝廉、许午楼大令来谈。申初出门谢步,未晤一人。遂赴严海峰席,曹洪斋、范叔枬、国子达、梅黍雨同座。范虽初交,意殊殷挚。戌正,诣行台,盖耘芝观察午间即有字相招,兹复催促,不能不一至。子达亦随来,连饮数觥,饶有醉意矣。丑初始归。是日阴。

十三日(2月14日)癸卯 筱湄来,昨在赖观察处,以坐位失当,乞为却聘。立作一笺直达耘老,旋有报章,属代谢过,盖渠实出无心,且因留首座待余,故偶未照耳。荐王铭与尧臣刺史。日晡,贺逢辛观察接印之喜。任之堂伯系先君辛亥同年,固已知之,乃昨闻楚士太守言,伊复有兄是癸丑进士,则当称为老世叔矣,于是改刺晋谒。遇耘芝共谈,少选即去。渡江赴刘仁丈宴,齐敬斋、朱序东两太守,刘晓舲、吴幼甫两大令同席。是日阴,夜月。

十四日(2月15日)甲辰 谭尧臣刺史、曾伯厚大令辞行。刘本初、张玉如、刘学思入见。耘芝观察来,久谈。筱湄旋至,余为解述一切,意始豁然。是日晴。

十五日(2月16日)乙巳 接乔茂蓌刑部嘉州书。张媲萱贽见。申初赴也愚席。散后,诣金赓虞谈,亥正回。是日阴。

十六日(2月17日)丙午 逢辛观察惠临。罗思齐来述星潭观察垂询之意,且言其须鬓多白,极念之。董瑞生挚见。有瞿保清者,系去春汪蓉洲编修所托,坚欲投贽,勉出一见。楚士太守来谈。赴冷云飘孝廉席,申出戌归。治《仪礼》。是日阴,夜雨。

十七日(2月18日)丁未 昨徐叔虞来谒。今晨学思入见,据云渠欲调院肄业。余固尝承其先德琴舫编修之惠,且念孝常早逝,当许之。午间,赓虞约看百戏。门人李义安孝廉已先到,别无它客,坐久之。乃赴子固席,潘季约、曹漱珊、王安之、董璧生、江秋舫皆连日同座者也。酒半仍返金宅,归将三鼓矣。是日阴。

十八日(2月19日)戊申 刘本初、张玉如、邹蕴丹挚见。饭后,茂蓌刑部自嘉州至,即下榻书院,以便快谈。季约孝廉过访。夜,耘芝观察来。接鹏儿禀。是日晴。

十九日(2月20日)己酉 阅曾惠敏公奏疏文集。张稚华大令来谈。胡湘帆挚见。寄门人傅象予孝廉书。下晡,偕茂蓌过耘芝饮,子达、筱湄同酌,二更方散。是日阴,夜月。

二十日(2月21日)庚戌 食时,与茂兄同出太平门,应国子达大令游山之约,耘公已在舟中相候。渡江,首经觉林寺啜茗。少选,至清水溪善庄早面。日昳,抵老君洞,登绝顶。集者有若周功甫、罗莘农、王崧生、刘仁斋、陈楚士、方佩斋、李荩臣、王柳堂、梁耘孙、李耀庭,暨子达之长子与侄孙,凡十六人。谈宴甚欢,入城已上灯矣。赖旋以题名相示。是日晴。

廿一日(2月22日)辛亥 昨于归舟与耘芝观察论及吴柳堂事,不以为然,彼此意见相合,当时朝士如南皮、瑞安皆负重名,乃亦牵于众议,殊可慨叹。王汜九挚见。李峙卿、金卓堂自长寿、綦江至。梅也愚、李耀庭来谈。同茂蓌赴潘梧冈孝廉楼外楼席。遇铃木禄寿,笔谈而去。子固见之,忿然作色,何其隘耶。申往戌归。是日晴。

廿二日(2月23日)壬子 清晨,峙卿入见。刘仁斋司马来谈。晡间偕文伯孝廉访加藤义三,并晤铃木禄寿、高桥橘太郎。饮酒微醺,与茂兄过耘芝观察夜话。是日晴。

廿三日(2月24日)癸丑 朝饭后,同茂蓌过梧冈一谈,即出临江门,往森昌正大柴厂观其工作。邹耿光大令留饮。下晡进城,复应金赓虞约,座客惟义安而已。二鼓归。接江津周伯孚大令书。是日阴。

廿四日(2月25日)甲寅 刘学思、徐叔虞、曾积之、田肇机、黄介三挚见。马绍相、李善卿、罗思齐来谈。陈楚士太守答拜。茂蓌相与议论缫丝一事,惜其将之叙州署任,不获久留此地也。作一笺致费养乔,借观通商贸易总册。偕乔兄赴江北刘仁丈宴,同座府县四校官及其婿颜孝廉。申初集,戌初散。夜寄谭尧臣刺史函。是日阴。

廿五日(2月26日)乙卯 曹漱珊来谈。许见田挚见。梅也愚辞行进省。接汪穰卿进士书，知去冬寄叶柏皋编修函件已转交，并托代销《时务报》。日晡，渡江赴齐敬斋太守席，茂兄仁丈暨马绍相、李耀庭诸君已集。酒半，耘芝观察有字相招。宴终，与乔偕往，及抵行台，漏二下矣。两公为余谋去就，厚意可感。三更乃归。鹏儿自双江镇回，其妇尚在父母家也。是日雨。

廿六日(2月27日)丙辰　耘芝观察命其长男琼、次男瑾执挚，皆美才也。峙卿入见。邹耿光来谈。午后，诣桂花园，盖李耀庭作主人，同游者赖耘芝观察、乔茂蓤刑部、朱序东太守、方佩斋协戎、李荩臣别驾、王柳堂大令、梁云孙参军，暨刘仁斋、国子达两丈，黄昏入城。钱允之交来缪筠孙一函。是日晴。

廿七日(2月28日)丁巳　胡健中挚见。宋芸子检讨自富顺至，仍寓院中。朝饭讫，赴加藤领事午筵，沈秉程、曹漱珊、张问渠同座。散后往高桥、石原二君处一谈。复往耘芝观察行署，芸子及茂蓤已早到。子达、荑卿、筱湄同饮，二鼓醉归。接垫江谢瑟堂大令函。耿光有字属代约宋乔。是日阴。

廿八日(3月1日)戊午　清晨耘芝观察来谈。朝饭后，偕芸子游老君山，集者共十六人，赖有题名。黄昏返城中，同至行台观剧，盖公宴也。夜半醉归，闻午间王蓺庵太守过访相左。接范叔枏大令书。阅电报，惊悉钱铁江病故，四川又少一儒吏矣。是日阴。

廿九日(3月2日)己未　陈楚士太守暨王安之、洁之昆仲来谈。朱必谦、胡达之挚见。吴筱湄、董瑞生、刘本初、张玉如先后入谒。日入，耘芝观察至，与茂蓤、芸子同饮，观余所藏帖，携《昭仁寺碑》去。是日阴雨。

二月

初一日(3月3日)庚申朔　晨起，检点书局藏书，遗失颇多。梧冈孝廉来谈。巳正，赴任逢辛观察醒园席，同座赖芸芝观察、乔茂蓤刑部、宋芸子检讨、杨筱珊刺史、陈楚士太守、王柳堂大令。散后返书院少憩，复应耘公音尊之约。丑初乃归。是日晴。

初二日(3月4日)辛酉 茂蓃起身由嘉定回省。张蓺源、巫少修、刘卿子挚见。招颜稚余、廷伯先、延子光暨赖雪言昆仲饮。是日晴。

初三日(3月5日)壬戌 向帛书贽见。马绍相招饮，缘东川作文昌会，辞之。耘芝观察有字往还。初更方赌酒，芸子亦来观剧，极欢而散。是日阴，夜雨。

初四日(3月6日)癸亥 必谦入谒。冉泽安挚见。饭后，出门拜客，晤钱允之通守、李善卿教授、王安之、洁之昆仲、赖耘芝观察、国子达、王柳堂大令而归。卓堂入见。是日晴。

初五日(3月7日)甲子 清晨，置酒为芸子检讨饯行。泽安作陪。见田蕴丹入谒。耘芝观察来谈。接许午楼大令纳溪函。加藤义三馈鲍鱼。高桥橘太郎偕本君过访。杨宜政、童雯清、潘子选、杨玉田、连泽膏挚见。赴巫叔修广文席。申去戌回。是日阴。

初六日(3月8日)乙丑 复汪穰卿、许午楼函。张乔生军门暨李耀庭先后来谈。董质庵、黎汉文、杨彬然、李峙卿、王心斋、汪仲雅挚见。加藤领事面邀作东洋之游，晤语良久。延童雯清到馆课鹗儿读。见田、必谦、湘帆、子选陪饮。为赖雪言献怀改时文各一首。是日晴。

初七日(3月9日)丙寅 刘仁义暨颜稚馀有字至。沈少涵、刘相曦挚见。本初、玉如同入谒。五弟携家来。申正，赴柳堂大令席，饯耘芝观察也，同座耀庭、功甫、子达、芸生、国新，有量移涪州之喜。亥正散。是日晴，夜雨。

初八日(3月10日)丁卯 接韩次春函。文伯孝廉索《时务报》。陈均挹挚见。延刘焕采为室人诊脉。是日晴，夜月。

初九日(3月11日)戊辰 梁芸生送蕉扇。化红豆蔻、砂仁。陈声祝自江津至。饭后，诣耘芝观察一谈。夜，筱湄入见。往金宅祝赓虞之母寿，因留观剧，丑初乃归。是日阴，夜大雨。

初十日(3月12日)己巳　昨茂蓤比部有书至，托询梧冈孝廉所购石，兹并芸子检讨《渝报》章程送潘阅之。午间往金赓虞家，赴彩觞小坐即归。赋五言一章，赠耘芝观察，旋践其夜饮之约，楚士、子达、柳堂、功甫、芸生同座，赖书屏幅十纸见诒。是日雨。

十一日(3月13日)庚午　何亚卿、陈永言挚见。耘芝观察辞行，为余代筹出处甚详。是日阴，夜雨旋止，有月光。

十二日(3月14日)辛未　接易由甫、黄玉宗书。梁弁入见，询悉笏山先生康强，仲实新得一子，深可喜也。饭后，贺任逢辛观察迁居衙署之喜，并面交代拟经古课题。吴筱湄辞赴省。夜诣耘芝观察话别，明晨行矣坐久之。乃往金赓虞家观剧，饮酒颇多，鸡鸣始返。是日晴。

十三日(3月15日)壬申　赵良臣挚见。梅文伯孝廉辞赴南川专经书院。赵尧生编修自荣县至。是日阴。

十四日(3月16日)癸酉　楚士太守赠鲜荔支一罐。何树汉、刘本初、张玉如入见。是日阴，夜半雨。

十五日(3月17日)甲戌　晨起，逢辛观察丈来谈。旋答尧生编修、文伯孝廉拜，均晤。刘子钦、金卓堂、廖蓉初、张紫相挚见。耿光大令、华南领事过访。是日阴，夜雨。

十六日(3月18日)乙亥　与周功甫、国子达笺言事。陈心之、罗伯良、夏藻亭、陈建章挚见。王蓺庵太守、瞿荫珊大令来谈。未正，赴金赓虞丝竹之宴，丑正归。是日阴雨。

十七日(3月19日)丙子　苏子云、雷雨经、陈德宣、杨子敬、陈荣之挚见。下晡，尧生编修招饮，携鹏儿同往。闻耿光言黎莼斋观察失明，为之欷歔不已，天道固难论耶。是日阴雨。

十八日(3月20日)丁丑　延刘焕采广文为室人诊脉。于德勤、雷敬安挚见。加藤华南有字至，当复之。寄范叔枏、谢瑟堂两大令暨汪穰卿进士书。是日阴。

十九日(3月21日)戊寅 萧履安之子秉恒来谒,备述其父火镜之妙,仆实未之敢信也。见田、必谦入见。晡,赴加藤领事席。子达大令去后,偕耿光诣铃木君夫妇,复款以酒。傍晚过楚士太守夜话。是日阴。

二十日(3月22日)己卯 昨电传瞿子玖补授詹事,深可喜。马赞元、李绣若、刘云程挚见。陈均挹、黎汉文来谒。是日晴。

廿一日(3月23日)庚辰 向仙樵、罗云卿挚见。王子固孝廉、廖达源都戎来谈。送国子达行,并贺王柳堂代理巴县喜,均未晤。周功甫代逢辛观察丈亲赍经古官课卷一百五十本,属为评定甲乙。是日晴。

廿二日(3月24日)辛巳 阅经古官课卷。李晖吉挚见。饭后,渡江游石阳馆,盖赴萧申甫、欧阳子元之约也。董璧生暨门人李义安孝廉已先到矣。园中海棠、木笔盛开。是日晴。

廿三日(3月25日)壬午 萧承鄦挚见。刘仁斋司马丈来谈。是日阴,夜微雨。

廿四日(3月26日)癸未 接忠州桂笃生直刺暨徐辰远湖北书。文伯、漱珊同过访。尧生编修有字往还。是日阴。

廿五日(3月27日)甲申 遂宁韩副贡廷杰交到杨小鲁昆仲函,均补学官弟子员,深可喜也,当作一笺贺之。新署重庆府杨蓉圃太守来拜。陈永言入见。铃木禄寿暨李善卿教授过访。接谭尧臣刺史书,其子奎昌号寿卿者旋进谒。是日晴。

廿六日(3月28日)乙酉 阅经古官课卷毕,共一百五十本。昨季约孝廉来谈,失记。蔡晓澜、余吉甫挚见。是日阴,夜雨。

廿七日(3月29日)丙戌 接钱铁江大令函并书九种,盖新正十一日所作。计距其没不数晨,读之怆然。至其谓拙撰《吴门销夏记》所见实出俞曲园、易实甫诸人之上,尤愧不敢当也。以《蚕桑要诀》贻楚士太守,明日赴叙州府署任矣。诣赓虞观剧,午初往,子正回。是日晴。

廿八日(3月30日)丁亥　苟裕森挚见。午后，过尧生久谈。赴门人李义安席，同座冷、董、江三孝廉。是日微雨，止还作。

廿九日(3月31日)戊子　接铁江讣，盖以新正十八日病故也。李芹香挚见。朝饭后，出门拜任逢辛观察、吴蓉圃太守、张乔生军门、廖达源都戎，均晤谈。李春如太守来榷盐厘，彼此往还皆相左。夜诣客舍，话至更深乃罢。作一笺寄雷仲宣太守。是日阴雨。

三十日(4月1日)己丑　酌定调院生徒名数，正备共四十八人。日中，渡江拜刘叙伦孝廉、刘仁斋司马、齐敬斋太守，均晤谈。仁斋丈以桃源石相赠。返城中，饮董璧山孝廉家。子固、秋舫、云飘、义安同座。是日晴。(生误作山。)

三月

初一日(4月2日)庚寅朔　尧生编修以笺索先公遗稿。陶灼亭挚见。上逢辛观察丈一启支束修。梁云生招饮香国寺货关，刘筱龄、陈凤林同席。午去，酉回。抵院颇有倦意，少坐即寝。是日晴。

初二日(4月3日)辛卯　前早，接梅文伯孝廉南川信，暨门人刘赓虞拔萃入见，均失载。顾子仁挚见。诣金宅，贺其子周晬，遂留听剧。自晡至夜半。是日晴。

初三日(4月4日)壬辰　昨逢辛观察有复函，今晨始寓目。黍雨孝廉自长寿贻书并诗。见田、必谦入见。尧生编修来谈，谤毁之多，固自知之，只有付之不闻而已。然与其壹郁久居，又何若决然舍去之为愈乎？是日雨，夜兹大。

初四日(4月5日)癸巳　意殊不快，盖犹有人之见存故也。作一笺复黍雨孝廉。在陈均珉、杨玉田、夏藻亭等斋舍小坐。永言入见。是日阴，晚晴，夜小雨。

初五日(4月6日)甲午　尧生编修有字往还。接茂菱刑部成都书。是日晴，夜雨旋止。

初六日(4月7日)乙未 萧承鄴入见。吴蓉圃太守来谈,所论多合。逢辛观察属李教授面商送学日期。乔生军门过访。永言索黎莼丈所刻书院章程。是日阴,微雨止还作。

初七日(4月8日)丙申 袁子淹、陈旭东挚见。饭后诣春如太守、加藤领事谈。夜,向仙樵暨杨、许入谒。是日晴。

初八日(4月9日)丁酉 去年此日,蔼卿观察来东川送学,眷怀旧谊,为之怆然。周伯村、王纯一挚见。春如太守来谈。曾蜀章刑部入都过访。闻张子馥去世,子女皆幼,甚可哀也。下晡,偕文卿、必谦、蕴丹、湘帆、心之、声祝,暨鹏、鹗两儿游张氏寓园,归途遇尧生编修出城。接范叔枏大令书。是日晴。

初九日(4月10日)戊戌 清晨,过璧生孝廉。与刘仁丈有字往还。接国子达书。谭尧臣刺史来拜。招蜀章弟饮,声祝陪。昨夜诣金宅贺新房,失记。是日晴,夜月甚明。

初十日(4月11日)己亥 田俊章、晏云骞挚见。张玉如同杨玉田入谒。闻金卓堂病,馈以药赀。是日晴,夜月。

十一日(4月12日)庚子 李叔咸来交书院余款。仙樵、蕴丹入见。陈伯完过访,盖蓉圃太守之婿,佑之太守之子也。答尧臣刺史暨渝郡书院何符九教授之拜,均晤。谭于望前当进省,尚无归思也。是日晴,夜月。

十二日(4月13日)辛丑 池幼仙、云荪、王棨门挚见。照小像。赴张乔生军门席,同座齐敬斋、李春如太守、张稚华大令、李帮带、雍委员。是日晴。夜半大风,雷雨。

十三日(4月14日)壬寅 任逢辛观察、吴蓉圃太守、王柳堂大令于巳正同来送学,经捕两厅、府县四校官咸集。蒋石生大令新委蜀巴县,尚未接篆,亦到书院。诸君去后,与门人小饮,共五席。永言入见。是日阴,时有小雨,夜半滋大且雷。

十四日(4月15日)癸卯 与仙樵、蕴丹立谈久之。稚华有字往还。夜患病,漏四下始安眠。是日阴雨。

十五日(4月16日)甲辰 早起,率诸生衣冠谒圣。此后朔望皆然。积之入见。接《时务报》函,当复之。寄赖耘芝、罗星潭二观察并答乔茂萲刑部书。是日阴。

十六日(4月17日)乙巳 晡间,诣加藤领事、春如太守谈。赴刘子相席,其弟句金,余门人也。同座杨子敬广文,甲辰举人,年八十有二矣。是日晴,夜雨旋止。

十七日(4月18日)丙午 过尧生谈,晤威远黄季渊,论诗良久。王旦周入见。诣容普太守、次臣参军、石生大令,均会。是日晴,夜月。

十八日(4月19日)丁未 季约孝廉、春如太守先后来谈。见田、宅安、玉田入见。尧生编修偕季渊过访,遂邀黄君为室人诊脉。酉正,往道署,盖逢辛观察、容普太守、石生大令公宴四院长、四校官也。亥初归。是日晴。

十九日(4月20日)戊申 高石芝入见。刘子钦回荣昌。同乡陈大令玉森来拜。寄周达三函。午正,赴道署,为加藤义三饯行,并招英美二领事暨翻译。散后复诣华南,舟中话别,渠以己像及妻女小照出赠,余返城中亦题小影贻之。陈伯完投南诏唐碑①一纸、雄精杂佩四枚,属为点订其所撰《春阴新咏》十五首。是日晴。

廿日(4月21日)己酉 开课共出十题,会讲诸生。向楚解"有妇人焉"及"山梁雌雉"二章,甚可喜。是日晨雨,晚晴,夜又作。

廿一日(4月22日)庚戌 延黄季渊为室人诊脉。饭后吊王安之大令,晤春如、仁斋、柳堂、璧生、云驷诸君,于客座略谈即归。子固孝廉枉过,坐颇久。孙养初来拜,惊闻门人傅象予解元前月卒于成都,为之凄怆悲怀,不能自已。夜诣赓虞话。是日晴。

廿二日(4月23日)辛亥 泽安入见。伯完来谈。接宋芸子检讨书,甚盼余至成都一行也。是日晴,夜微雨。

---

① 当指《南诏德化碑》。

廿三日(4月24日)壬子 拟作傅生哀词,久未就。还前假季约礼器。尧生编修招饮。申初往,酉正归。是日晴,夜半雨。

廿四日(4月25日)癸丑 富顺王余钟吉来拜,昨于尧生座上晤之。寄国子达函。接楚士太守叙州书。是日晨雨,晚晴,夜又作。

廿五日(4月26日)甲寅 寄吴筱湄书。媳妇自双江镇返,小鲁同至。是日晴,夜雨达旦。

廿六日(4月27日)乙卯 春如太守有字往还。作一笺致范叔枏大令。赴赓虞席,同座云飘孝廉暨李义安、沈少涵、任子俊三门人。是日阴雨,夜滋大。

廿七日(4月28日)丙辰 诣尧生,贺其尊甫初度。蒋石生大令来谈,据称吴太守请作任太夫人寿文,先属致意。是日阴雨。

廿八日(4月29日)丁巳 容普太守来谈。午后赴谢子临孝廉丝竹之宴。晚归,接叶南陔书,当复之。是日晴,夜雨。

廿九日(4月30日)戊午 薛修五入见。叶府姻戚翁保卿来拜。何符九过谈。招赵尧生、黄季渊、王治谦、李春如、陈伯完、金赓虞、李义安、杨小鲁饮于涨秋山馆。未初去,戌正回。是日阴。

三十日(5月1日)己未 贺乔生军门生辰,未见。遂往李耀庭、吴容普两处一谈。义安入见。伯完有字往还。是日晴。

四月

初一日(5月2日)庚申 代鹿制军作任母陈太夫人七十三寿序。小鲁迁居旅店,制办什物。春如来谈。是日晴,夜雨。

初二日(5月3日)辛酉 会讲诸生。高石芝辞回。璧山、耀庭来,久谈。接星潭观察、茂菱比部书。赴善卿教授席,同座春如、尧生、符九、子固、昔培、叔修。未集酉散。夜,小鲁共饮,并招见田、文卿、声祝。是日晴。

初三日(5月4日)壬戌 过仙樵、蕴丹、均挹谈。饭后渡江,登斗姥阁。赴王直谦席，尧生、子固等已先到。将晚回城。是日晴。

初四日(5月5日)癸亥 清晨，春如太守以公牍面商。晡，璧生孝廉来谈。夜，小鲁辞行，留与饮，必谦共之。是日晴，早间微雨轻雷，夜月。

初五日(5月6日)甲子 闻门人何树德病故，刘子钦回家，不知如何也。黄少卿舍人来拜。是日鸡鸣即大雨，午后始止。

初六日(5月7日)乙丑 谭寿卿兵部挚见。发经古课后，将前代撰任太夫人寿文重为润色，送交容普太守，渠适属伯完函催故也。乔生军门旋亲来托，亦为此事。接梅也愚广文梁山书。张式卿孝廉过谈。为刘卿子作寿联。是日阴，夜大雨。

初七日(5月8日)丙寅 复也愚函。玉田入见。赴春如太守席。散后，过赓虞夜话。是日阴，时有小雨，晡晴。

初八日(5月9日)丁卯 出门拜客，晤逢辛观察、庫青舍人、稚华、柳堂两大令于黄王处。遇式卿、耀庭，招仙樵与语。是日阴。

初九日(5月10日)戊辰 尧生、季渊同过访，久谈。饭后，董质庵入见，与之言学颇详。李晖吉迁入书院。渡江，诣敬斋太守，以哲嗣心庄刺史荣恒家书出示，其宅心仁厚，可敬也。复游吕祖阁而归。寄赖芸芝、罗星潭二观察暨宋芸子检讨函。夜，文卿、声祝、见田、必谦同饮。是日晴，巳午间微雨旋止，夜月甚明。

初十日(5月11日)己巳 录旧作五律十余首，质尧生编修。查诸生有常出院外者，申饬之。五弟生辰，为具酒食，招必谦、湘帆共焉。季约孝廉来，久谈。是日晴。

十一日(5月12日)庚午 为陈伯完书扇。张式卿有字往还。招均埏语。仁斋司马来谈。刘赓虞入见。柳堂大令送《时务报》二十余分，托代销。是日晴。

十二日(5月13日)辛未 代乔生军门撰任母陈太夫人寿序。伯完次余《鲟溪观荷诗》韵作《北楼歌》。接周泽夔府禀。诣尧生弟谈。池幼仙入见，与论程朱陆王同异，并及本朝文派。是日晴。

十三日(5月14日)壬申 汉文入见。作一笺问仙樵疾。伯完来谈。玉田以请道台定书院章程事相商。是日晴,夜微雨。

十四日(5月15日)癸酉 雷敬庵、张蓺源、许见田入见。接范叔枏大令覆函。吴荣自什邡至。闻钱铁老灵榇将到。是日阴。

十五日(5月16日)甲戌 寄邹耿光夔府函,由周泽转交。蓺庵太守来辞行,颇有离别之色。谈及蔼公知遇,凄然泪下,真笃厚君子也。尧生偕李善卿、黄季渊过访,旋招饮。阅其为人所改时文,洵非俗手能及。是日阴,夜雨。

十六日(5月17日)乙亥 会讲。伯完有字往还。阅敖金甫年丈诗文。玉如入见。傍夕,与声祝、幼仙、汉文、均艳、蓺源、见田立谈。是日阴。

十七日(5月18日)丙子 接舒稚鸿孝廉、曾伯厚大令暨门人吴筱湄书。尧生编修为蓺庵太守饯行,邀余及齐敬丈、李春如、王子固作陪。是日阴晴,夜雨达旦。

十八日(5月19日)丁丑 作一笺荐胡忠与范铜梁。下晡,廖蓉初入见。桂子馨音尊之约,命鹏儿前往。是日阴,夜雨。

十九日(5月20日)戊寅 饭后,贺逢辛观察世丈生辰,昨曾以五言十韵为寿也。送蓺庵太守。晤子固、符九两山长于座中。复诣乔生军门、春如太守谈。回院少憩,乃赴稚华大令席,与王石珊观察论时事,深惜其才。是日雨,晡止,夜又作。

二十日(5月21日)己卯 梁升将回湖南。作一笺,寄叔由、玉宗。晡,江兆荣入见。黄季渊为其东家事有字往还。是日晴。

廿一日(5月22日)庚辰 致易仲实观察书。陈友三将应京兆试,辞行。许、杨二斋长入见。梅文伯孝廉来谈。夜过赓虞话。是日雨阴。

廿二日(5月23日)辛巳 曹漱珊、黄季渊偕来。黍雨过谈良久。出城,至钱铁江大令柩前行香,并询其子仲墨临终情形及遗书多寡。赴云贵公所丝竹之宴,盖在渝各局员请道府丞令,邀余作陪也。

夜饮颇醉。是日晴。

廿三日(5月24日)壬午 与耿光一笺,昨闻其归故也。季渊过谈,述王直谦意有所赠,坚却之。刘子钦归荣昌,卒于家,惜哉。是日阴,夜雨。

廿四日(5月25日)癸未 为陈生茂松作一笺致曾蜀章比部。午后,季渊招饮。与尧生编修久谈。是日雨,晡止,夜又作。

廿五日(5月26日)甲申 耿光大令来谈。接汪穰卿进士书,当覆之。夜,叶西平八弟北上过访。是日阴,有微雨。

廿六日(5月27日)乙酉 李峙卿以诗稿相质。尧生为余书扇,其《看大云壑》一诗,直摩王右丞之垒。评向仙樵文。是日晴。

廿七日(5月28日)丙戌 寄家兄暨实甫昆仲书,以七弟托之也。梅文伯、罗莘农、叶西平先后来谈。是日晴。

廿八日(5月29日)丁亥 饭后出门谢步,晤文伯、善卿及高桥橘太郎。下晡,七弟与十一舅同登舟赴长沙。夜,茂蓤抵渝,有字相告,并属代达尧生、梧冈、漱珊诸君。是日晴,晨雨。

廿九日(5月30日)戊子 声祝辞回江津。连泽膏、李义安、向仙樵暨杨、许二斋长入见。江小渊、王崧生、冷云飙来谈。茂蓤比部过访,尧生、梧冈、漱珊咸集,坐四时许乃散。夜,池幼仙告以将归綦江。谭寿卿踵至。其祖父仲宣年丈于二月望日在籍弃养,以哀启讣书乞为斟酌。是日晴。

五月

初一日(5月31日)己丑朔 陈幼臧回福州,过访。饭后,茂兄偕金秀才刚如迁居院中,并交刘芸子检讨信一封。旋同过尧生,与耿光遇诸涂,因共语良久。赵复至我处小饮。是日晴,夜半雨。

初二日(6月1日)庚寅 昨夜李峙卿辞回长寿,失于记载。清晨任逢辛观察来,久谈。会讲后,李耀亭复至。或送茂蓤酒食,招梧冈共之。尧生过语,二鼓乃归。是日晴。

初三日(6月2日)辛卯 接赖耘芝观察暨叶南陔、周达三函。刘仁斋司马来谈。过梧冈,登汇通楼,观其藏书。赴云贵公所邹耿光席,茂蓤、尧生、耀亭已先至。余复在王石珊观察处一谈,乃入座。夜归,金赓虞送食物。是日晴。

初四日(6月3日)壬辰 清晨,同茂蓤诣尧生饮,散后梧冈同至院中,议开渝报馆,且托耿光集股。下晡,渡江赴仁斋司马宴,惟敬斋太守暨乔与余而已。上灯回。是日晴,酷热。

初五日(6月4日)癸巳 尧生编修来,旋答之。门人贺节亦多见者。寄耘芝观察书。五点钟时,偕茂蓤比部、梧冈孝廉诣道署,践逢辛世丈大餐之约。王柳堂、李耀亭同座。是日晨雨,晡晴,夜半又大雨。

初六日(6月5日)甲午 吴容普、齐敬斋两太守来谈。饭后,唁谭尧臣刺史,复过梧冈、黍雨谈。在春如处饮酒。是日晴。

初七日(6月6日)乙未 接垫江谢瑟堂书。逢辛观察惠谈,以改建三忠祠相告,盖陈公士奇为吾乡漳浦人也。耀亭来。日昳,偕茂蓤登北楼,应文伯孝廉之召。酒后步归。在门人李义安家小坐,黍雨同行,留之夜饮。适耿光大令至,遂同座。寄陈子臧函,托金刚如带省。是日晴。

初八日(6月7日)丙申 昧爽,起送乔茂兄至彭水。金刚如回成都。腹泻数次,精神颇惫。午,同室人暨儿女辈照相。晡,为张乔生军门补前代撰任太夫人寿序七行。是日阴晴,雨,夜滋大。

初九日(6月8日)丁酉 钱允之通守、段鹗升大令来谈。出门谢步,诣三忠祠一观,洵宜重修也。是日阴雨。

初十日(6月9日)戊戌 看冯林一《显志堂集》。送陈幼臧食物及书。延刘焕采为鹏儿诊脉。致金赓虞笺。是日阴,午晴,夜月。

十一日(6月10日)己亥 寄芸子检讨、星潭观察书。李晖吉入见。看张介侯《养素堂集》。春如太守来谈。是日晴。

十二日(6月11日)庚子 清晨,逢辛观察惠临。饭后,子选、玉田入见。萧龙友、方骏过访。李善卿、董璧生、李义安来谈。江小渊辞行,赴湖南乾州河溪巡检任。王石珊观察相与论诗。是日晴。

十三日(6月12日)辛丑 为尧生编修之尊人晓楼先生书扇。幼臧辞行。次臣来谈。过赓虞夜话。是日雨,晚晴。

十四日(6月13日)壬寅 以拙刻赠萧龙友。作一笺送小渊行。夜,杨宜政、黎汉文自长寿回,入见。改去岁诗。是日晴。

十五日(6月14日)癸卯 尧生编修有字往还。夜,萧申甫孝廉来谈,殊不愿管其事也。是日雨,下晡止。

十六日(6月15日)甲辰 看陆清献公《三鱼堂集》。晨,应会讲,以东川考面决科故辍。接茂蓤涪州署中书。是日晴。

十七日(6月16日)乙巳 徐吉徵辞赴龙阳。复茂蓤比部函。接国子达刺史书。是日阴,黎明雨,旋止。

十八日(6月17日)丙午 贺任太夫人生辰。尧生编修过访。范叔枏、罗少垣两大令来拜。旋即往答,均晤谈。夜,与许见田、童文卿、向仙樵、陈均挹饮。是日阴雨,晚晴。

十九日(6月18日)丁未 昨张稚华偕其甥路金坡枉顾,失记。李峙卿入见。瞿荫珊大令来谈。周伯孚有字往还。看《王菉友蛾术编》"夏小正正义""弟子职正音""毛诗重言""毛诗双声叠韵说"①,此类书远不及其《说文句读》及《释例》。是日阴雨。

二十日(6月19日)戊申 作一笺上逢辛观察,补送寿联。尧生编修来谈。晡后,赓虞招饮,义安为陪,二鼓乃归。是日雨。

廿一日(6月20日)己酉 易叔由自湘督销局发一电,当复之。王选唐诗,于五言流传佳作遗漏太多,为录上方,以备讽诵。此公弃取,实有不可解者,盖所谓好恶拂人之性者耳。是日阴雨。

---

① 王菉友,即王筠(1784—1854),字贯山,号箓友,山东安丘县人,清代语言学家,文字学家。

廿二日(6月21日)庚戌 接门人姚治安暨魏诵梁、乔茂萲书。赴同庆公所观剧，践沈秉臣、曹潄珊之约，同座刘筱林、张隽葶。未往，亥还。尧生有字至。是日阴雨，午微晴。

廿三日(6月22日)辛亥 邹耿光大令来谈。过尧生编修语。接筱湄书。诒赓虞笺。夜，义安入见。是日阴，时有小雨。

廿四日(6月23日)壬子 吴生文炳以所作《救荒条陈》呈览。寄乔茂萲、杨稚鲁、陆锦亭、傅石君、赵友渔、陈楚士、沈鲁青、吴筱湄、姚治安、魏诵梁书。耿光大令有字至，当送金赓虞一阅。与向仙樵、刘卿子两生立语。是日阴晴，夜雨甚大。

廿五日(6月24日)癸丑 接伍嵩生编修函，当复之。答舒稚鸿训导书。春如太守辞行，赴忠州办赈。冉泽安、许见田、李峙卿入见。是日阴，时有小雨，夜半大作，屋宇多漏。

廿六日(6月25日)甲寅 耿光大令又有字至，仍为劝赓虞捐赈一事也。尧生编修借《王船山全书》。是日雨。

廿七日(6月26日)己卯 接云生七弟宜昌函。饭后谒逢辛观察，晤谈良久。遂拜曹潄珊、廖达源、王子固、何符九、邹耿光、张稚华，各小坐而归。夜，尧生编修偕仁寿杨范九孝廉道南过访。池幼仙昆仲入见。张劭予放四川正考官，京华旧识也。是日晴。

廿八日(6月27日)丙辰 范叔枏大令自铜梁以《秦邮帖》见贻。周达三亦从成都寄所刻时务书数种来。夜，过赓虞谈，留饮园中，义安、子俊同座。归已鸡将鸣矣。是日晴，晚骤雨旋止。

廿九日(6月28日)丁巳 寄陈子臧大令书。代任观察阅经古官课卷。峙卿入见。是日阴，时有小雨。

三十日(6月29日)戊午 接茂轩比部函，当复之。过尧生编修。答范九孝廉，久谈。符九山长枉顾。是日阴雨，将晚颇大。

六月

初一日(6月30日)己未朔 峙卿、见田入见。尧生有字往还，旋又交到茂萲比部一函。与耿光大令笺。招冉泽安、巫少修、池幼仙、刘卿子四门人饮。是日微晴，时有小雨。

初二日(7月1日)庚申 孙养初来谈。接魏诵梁书。黎班生自遵义专函来渝，为张棣生报期会讲。李仲壶郎中本方过访，言次甚相契合。旋往答拜，适笵九孝廉、尧生编修在座，遂相议论，不知更鼓之催也。是日阴。

初三日(7月2日)辛酉 朔日，冷云飊孝廉送所书诗扇，失记。饭后，吴容普太守、邹耿光大令来谈。峙卿入见。答黎班生书。周伯孚大令有函至，当即作复。代任逢辛观察阅经古课卷讫。是日阴雨。

初四日(7月3日)壬戌 寄汪穰卿进士书，托购字模。适李老耀来，遂以银四百金交渠汇沪。阅本书院课卷。是日雨。

初五日(7月4日)癸亥 遣人问张乔生军门疾。诣仲壶、尧生谈。观李眉生年丈所画山水。是日雨，下晡微晴。

初六日(7月5日)甲子 次臣来谈。泽安、仙樵入见。接魏诵梁书。寄赖耘芝观察暨门人吴筱湄函。交仲壶专足递省。阅课卷讫，以此次人数较少，满给奖赀。是日微晴旋雨，夜滋大。

初七日(7月6日)乙丑 接黍雨孝廉书。见田入见。过高桥橘太郎谈。赴字水山长王子固席[①]，同座唯仲壶兵部、尧生编修而已。申初集，酉正散。是日晴，晨大雨，夜月。

初八日(7月7日)丙寅 尧生编修有字至。必谦、宜政、均艳、汉文、云程、本初入见。是日晴，夜月。

---

① 字水为重庆书院之一。江瀚《致用书院记》："重庆为蜀区一大都会，凡设书院三：曰东川，曰渝郡，曰字水，而以东川为最大。"

初九日(7月8日)丁卯　改旧作五律数首,皆作客吴下诗也。李仲壶驾部以小像属题。是日晴,晡,微雨旋止。

初十日(7月9日)戊辰　过仲壶小坐,遂偕尧生至门人刘卿子家观画,畅饮而归。是日晴。

十一日(7月10日)己巳　仙樵、卿子入见。饭后,同李仲壶、赵尧生、杨笵九、赵涣之出临江门,上船至大溪沟火柴厂,赴邹耿光约。申叙五、李耀亭踵到。饮归,天尚未暮也。接宋芸子检讨函,当送仲壶一阅。是日晨雨旋晴,夜又作。

十二日(7月11日)庚午　挈鹏儿同尧生赴仙樵体心堂席。散后回家,刘德宣入见小坐。又至卿子宅饮。早间泽安来辞,夜过其门,因往话焉。是日晨大雨雷,晚霁。

十三日(7月12日)辛未　玉田入见。晡,诣文伯、黍雨,久谈。乃赴冷云飘席。义安先到,赓虞后至。散已二更。是日晴,夜月。

十四日(7月13日)壬申　作五律一首,题仲壶驾部江亭联句图。李峙卿偕王为柱来见,招见田与语。夜过李、杨二君话。是日晴。

十五日(7月14日)癸酉　翻《泰西新史揽要》一过。何履端大令来拜。寄芸子函。为赵尧生、朱守存书扇。是日晴,夜月甚明。

十六日(7月15日)甲戌　会讲,闻张乔生军门去世。尧生有字往还。赴北楼践李耀亭约。李仲壶、杨笵九、王子固已先至。未正集,戌初集[①]。是日晴,夜月甚明。

十七日(7月16日)乙亥　昨夜寅初,鹏儿之妇举一女,大小平安,可喜。是日晴,夜月。

十八日(7月17日)丙子　何亚卿自涪晋省,入见。出门答蒋石生、王柳堂两大令拜,均晤谈。是日晴。

十九日(7月18日)丁丑　接陈子臧大令书。寄汪穰卿函。萧

---

① 此处应为戌初散。

承鬻辞赴乡试。作一联挽张峤生军门。是日晴。

二十日(7月19日)戊寅 文卿、必谦、仙樵辞赴省试。吊峤生军门。与曾虎臣协戎谈。是日晴,夜半雨。

廿一日(7月20日)己卯 评鹭李峙卿诗稿讫。是日雨。(蓺元为人代馆,来辞。)

廿二日(7月21日)庚辰 诣逢辛观察谈。玉田、本初入见。接筱湄函,当复之。钱允之通守来拜。是日晨阴,晡晴。

廿三日(7月22日)辛巳 黍雨孝廉来谈。饭后,挈鹏儿赴刘、杨二生寓园之约。是日晴。

廿四日(7月23日)壬午 作一笺致周功甫,当有报章。玉田引谭东阳入见。翻《国朝六家诗钞》。是日晴。

廿五日(7月24日)癸未 本初入见。周让卿来托说情,为作一笺致曾虎臣,已缓不及事矣。夜,池幼仙辞回綦江。三更后,督邮街失慎。是日晴,晡雷雨,旋止还作。

廿六日(7月25日)甲申 饭后出门谢步,不见一人而归。过金赓虞夜话,遂留饮。门人李义安孝廉陪。是日晴。

廿七日(7月26日)乙酉 尧生编修将返荣县,来辞,旋即往送。下晡,仲壶兵部、善卿教授先后过谈。廖蓉初入见。夜作致宋芸子检讨论商务书。是日阴,晨雨。

廿八日(7月27日)丙戌 寄筱湄函。黍雨以笺告行。夜,仲壶处久谈,观《曾文正公书札》。与笵九论文。是日晴。

廿九日(7月28日)丁亥 接叔枬大令书,当即裁复。王洁之、江秋舫来谈。作一笺寄茂轩比部,告以将至成都。是日晴。

七月

初一日(7月29日)戊子朔 逢辛观察命监院李教授亲送束修来,其委札云:"现当厘定书院章程,以收培植人才之实效,其切要之义莫先于敬礼师儒。”其意深堪感激也。是日晨晴午阴,时有微雨。

初二日(7月30日)己丑 拟三忠祠祝文,盖逢辛观察所属也。玉田、峙卿入见。容普太守来谈,招缃帆同饭。是日晴阴。

初三日(7月31日)庚寅 文伯孝廉、耿光大令先后来谈。夜,均覟辞赴省乡试。是日晨雨旋晴。

初四日(8月1日)辛卯 致逢辛观察笺。夜,仲壶驾部、箎九孝廉方过谈。适茂轩比部自涪至,仍暂馆于我。是日晴。

初五日(8月2日)壬辰 延刘焕彩为儿妇诊脉。许、杨二斋长入见。晚,过仲壶驾部,送箎九孝廉行。二更与茂轩比部同返院,复共语良久乃寝。是日晴,夜雨旋止。

初六日(8月3日)癸巳 茂轩迁与仲壶同居,旋因刘司马仁斋过访,偕来一谈。陈子驭自酉阳至,留饮酒,招许、杨、胡三门人共之。杨宜政、黎汉文入见。董璧生孝廉面托一事。乐山李德新铭三惠顾。夜诣赓虞。是日晴,晨雷雨。

初七日(8月4日)甲午 早间,茂轩比部、铭三大令来谈。接罗星潭观察函、汪穰卿进士电。夜过乔、李,适梧冈孝廉自彭水放赈归,因与筹商《渝报》事宜。是日晴。

初八日(8月5日)乙未 张藾源、杨玉田同辞赴省试。曾积之亦告以将行。出门拜客,仅晤柳堂、子固、梧冈三君。是日晴,夜月。

初九日(8月6日)丙申 作一笺致逢辛观察论书院事宜。梧冈、次臣、子固、耿光、嵩生先后来谈。寄芸子、达三书。渡江至吕祖阁,赴仁斋丈席。茂轩、仲壶、敬老、耀庭已早到。畅饮而归。道府枉拜,均相左。功甫有字至。是日晴,夜雷雨。

初十日(8月7日)丁酉 硕生、柳堂两大令暨梧冈、漱珊、耀庭先后来谈。逢辛观察函告,已属巴县派差护送至省。作一笺与董璧生。是日晴,将晚大雷雨,遂竟夕。

十一日(8月8日)戊戌 寄汪穰卿书,并银六百两。饭后诣仲壶、茂轩辞行。旋与同赴柳堂洪崖洞席,散后又饮耿光家,耀庭两处皆与。二鼓殷勤作别。仁斋司马、子固孝廉有书至。韩次春入见。是日晴。

十二日(8月9日)己亥 罗莘农以笺送行。辰正,自书院起身赴省,十五里浮屠关尖,四十五里白市驿宿。是日晴,食时骤雨旋止。

十三日(8月10日)庚子 晨起,晤王嵩生,始知昨同寓一店。行五十里来凤驿行台尖。张清之妇及两子并出见。四十里马坊桥宿,皆璧山县属,先君旧治也。是日晴,晡雷雨。

十四日(8月11日)辛丑 行五十里永川县尖。拟访何又晋大令,匆匆未果。三十里黄葛树宿。是日晨阴午晴,夜月甚明。

十五日(8月12日)壬寅 行三十里邮亭铺尖。六十里荣昌县宿。为江津李秀才挥汗书折扇一柄。谢瑟堂大令调帘晋省,过此惠谈,深以为快。是日晴,夜月。

十六日(8月13日)癸卯 行四十里安富场尖,即所谓烧酒房是也。六十里隆昌县宿,与瑟堂对店而居,因诣谈良久。更后客寓,有俗人歌唱,颇觉烦扰。是日晴,夜月。

十七日(8月14日)甲辰 行六十里双凤驿尖。三十里椑木镇,买舟上溯三十里,内江县城外宿。连日皆四鼓起身,住店甚早,今以水路迟延,到已上灯矣。是日晴,夜月。

十八日(8月15日)乙巳 行五十里银山镇尖。三十里唐明渡,赶上水船。十里资州宿。登重龙山,询包弼臣广文已进省,凤茀堂直刺方扃门月课,作一笺诣之。是日晴,夜月。

十九日(8月16日)丙午 行四十里金带铺尖。六十里南津驿宿。是日晴,晡轻雷,微雨旋止,夜又作。

二十日(8月17日)丁未 行八十里临江寺尖。六十里简州宿。中途忠州任秀才遵甫与余立谈。是日晴,夜月。

廿一日(8月18日)戊申 行四十五里石盘铺尖。六十里龙泉驿宿。是日晴,夜月。

廿二日(8月19日)己酉 行二十里大面铺尖,遇张子韶、连泽膏。三十里抵省城明源店。筱湄当来,耘芝观察遣人以肩舆相迓。遂坚留住,因与畅饮。雪言、献怀呈近作二篇。夜访小鲁、稚鲁久谈。是日晴。

廿三日(8月20日)庚戌 清晨,陈子臧大令来谈。饭后于耘公座中晤何棠孙维棣,诗孙太守哲弟也。出门拜客,见伍崧生编修、陈伯完秀才、宋芸子检讨、陈衡山大令、周云崑观察。已将黄昏,复在子臧处小坐即行。夜,二杨生入见。是日晴。

廿四日(8月21日)辛亥 寄家书。拜王咏斋、谢瑟堂、曾伯厚、包弼臣、严雁峰,均晤谈。耘公同曹仲惠主事鏸设唐番相款。座中芸子外,有徐秋畦太守麟光、唐月池矿师星球、赵才石直刺文伟暨贺观察。痛饮洋酒,饶有醉意。席散,复与赖、吴共语久之,乃寝。是日晴,夜半大雷雨。

廿五日(8月22日)壬子 清晨,诣二河桥,敬展先墓。日晡始归。赖虞卿、梁云孙自重庆至。曾积之入见。是日晴。

廿六日(8月23日)癸丑 早间,陈子驭入见。何棠孙大令来谈。午后,曾棣森至,略叙即赴杜公祠芸子检讨席。耘芝、稚砥二观察暨仲惠主事、秋葵太守已先到,并晤翁文卿游戎、郭孟育吏部。日暮入城,衡山大令来谈。姚治安入见。是日晴,夜雨。

廿七日(8月24日)甲寅 冉泽安入见。因偕小湄过筱鲁早饭,并约棣森来。复与曾、冉赴雁峰饮,且访陆绎之孝廉。下晡,乃诣福建馆应子臧、伯厚两大令之召,同座谢瑟堂、邵郁楼、黄子修,皆同乡也。是日晴。

廿八日(8月25日)乙卯 泽安来。先出拜客,晤贺稚砥观察、邵郁楼司马。归,又接见黄子修、施少甫,乃与俱至志古堂,遇刘子钦于涂。棣森已久候,雁峰亦踵到,遂饮于恒聚荣字号。散后,便道答刘焕采,少坐即回。旋又赴程渥膏大令之约。酒毕,诣赵友渔一谈。夜,桂子馨、杨稚鲁入见。吴伯琴有复函。是日晴,午雨旋霁,夜又雨。

廿九日(8月26日)丙辰 杨玉田、邓晴皋、沈少涵入见。芸子检讨、棠孙大令来谈。耘公以王麓台为顾退山所作扁舟图出示,洵佳品也。下晡,在小鲁处一谈。赴郁老、子修席。散后,至恒聚荣记访棣森,语良久,二鼓归。是日晴,夜大雨。

三十日(8月27日)丁巳 饭后偕筱湄、小鲁、稚鲁、泽安赴棣森饮,并邀雁峰来。酒半,复践徐秋葵太守、唐月池矿师约。同座芸子检讨、仲惠主事、耘芝、稚砥、仁山三观察、才硕直刺,安仁山亦旧识也。是日晴,夜大雨。

八月

初一日(8月28日)戊午朔 晨起,阅治安所呈公书局条规。评尹聘三孝廉《耕莘草堂诗集》。饭后出门,晤芸子检讨、嵩生编修、孟育主事暨棣森。与小鲁昆仲诣张家仑,叔引外甥辛芸出见,八妹亡已四年矣,对之涕零。陈均艳来,匆语而去。耘芝观察招饮,在座为吴小湄、罗莘农、王崧生、叶清如、陈衡山、梁云孙。是日晨雨午阴。

初二日(8月29日)己未 本拟买舟东归,缘江水陡涨,改从陆行。杨稚鲁、舒彦愉来小湄斋中相送。内侄毛绍年亦自温江至。耘公留早饮,并命二子出叩。隅中登舆,行五十里龙泉驿宿。均艳追送至此。是日阴,夜小雨。

初三日(8月30日)庚申 昧爽起,与均艳别。行三十里茶店场尖,六十五里简州宿。是日阴晴。

初四日(8月31日)辛酉 行四十里杨家街尖,六十里资阳县宿。王晋卿所修花蕊夫人祠竟不及访。是日阴,时有小雨,夜半滋大。

初五日(9月1日)壬戌 赶下水船至资州宿。陆程一百四十里,水路当不至此数。问之,榜人茫如也。是日晨雨,午微晴,夜大雨。

初六日(9月2日)癸亥 仍乘昨舟抵榫木镇登陆。行三十里双凤驿宿。是日晴。

初七日(9月3日)甲子 行三十里迎祥街尖,六十五里李市镇宿。店家乞书楹帖,谢之,盖吴荣为我藏拙也。是日晴。

初八日(9月4日)乙丑 行二十五里安福场尖。一百里邮亭铺宿,已上灯矣。是日晨阴,午雨,晡晴。

初九日(9月5日)丙寅 行三十里黄桷树尖。六十里大安场宿。是日阴雨。

初十日(9月6日)丁卯 行四十里丁家坳尖。过关口有持簿募修桥,以先君旧治,许之。五十里走马岗宿。是日晴。

十一日(9月7日)戊辰 行五十里醪糟铺尖。三十里抵致用书院,举室平安。阅汪穰卿电信及湖南七弟家报。与叶南陔、沈鲁青、宋芸子、周达三、杨璧生函。夜,茂轩偕季约过访,久谈。是日晨微雨,午晴,更深复檐溜有声。

十二日(9月8日)己巳 清晨,李春如太守以将赴酉阳任来辞,意甚殷挚可感。过乔茂轩比部谈。遇曹漱珊。午后诣任逢辛观察、何榴庭镇军、邹耿光大令、曾虎臣协戎、王子固山长、潘季约孝廉,均晤。夜,茂轩来话。少选,赴门人李义安孝廉席,盖为金赓虞饯行也。至三鼓始归。是日晴,晡雨旋止,颇热。

十三日(9月9日)庚午 蒋硕生大令来,久谈。子固旋亦惠顾。许见田、胡湘帆、杨彬然入见。夜过茂轩话。季约踵至。作一笺致赓虞,以贱事商之。是日晴,仍苦暑。

十四日(9月10日)辛未 接吴小湄、曾棣森书。任逢辛观察、何榴庭镇军、吴容普太守、李耀亭商总、张星槎少尉、廖次臣参军先后来拜。茂轩、耿光饮酒于我。是日晴。

十五日(9月11日)壬申 昧爽,刘仁斋司马来拜,犹未起也。寄曾棣森、国子达书。夜诣怀西饮,茂轩已先候于此。耀亭踵至。欢宴过三更乃散。是日晴。

十六日(9月12日)癸酉 李峙卿入见。午后,同茂兄泛舟至香国寺厘卡刘筱陵处赴宴。陈凤林在座。黄昏入城,夜过赓虞话,留小酌。归已丑初矣。是日阴。

十七日(9月13日)甲戌 为赓虞索护照,致仁斋司马、榴庭镇军笺。是日雨。

十八日(9月14日)乙亥 朱序东太守来拜。谢宗山庶常馨,面交陈子藏一函。日晡,诣高桥橘太郎谈,闻加藤领事将归,甚喜。借其书二种观之。赴耿光处,与茂轩、耀亭饮,余作主人也。二更散归。是日晴。

十九日(9月15日)丙子 吴容甫太守、张稚华大令、刘仁斋司马来谈。李序伯入谒。寄陈楚士太守、缪筠荪大令书。早间,乔茂萲比部过访,夜即往答。是日晴。

二十日(9月16日)丁丑 清晨,偕门人李义安孝廉同诣千斯门,舟中送金赓虞行。遂留饮,归作寄费屺怀编修、李少眉观察书。出门答拜,仅晤稚华一人。夜,茂轩、梧冈过话良久。是日晴。

廿一日(9月17日)戊寅 饭后访仁斋司马不遇。晤齐敬斋太守而归。与茂轩彼此往还一次。是日晴。

廿二日(9月18日)己卯 何履端大令、高桥橘太郎来谈。是日晴。

廿三日(9月19日)庚辰 录往返成都杂诗百首讫。杨筱楼入见。茂萲招饮怀西处。申去,亥归。是日晴。

廿四日(9月20日)辛巳 李善卿教授来谈,同过茂轩早面。诣何芑仲大令,贺娶子妇之喜。旋赴梧冈处,盖其女公子亦于午间文定也。同座乔、李外,何符九、王洁之、王子固,黄昏即散席。是日晴。

廿五日(9月21日)壬午 冉泽安入见。寄严雁峰、陈子臧、谢瑟堂函。王洁之大令来谈。是日晨雨旋止,夜又作。

廿六日(9月22日)癸未 接桂笃生直刺函。饭后过茂轩谈,适梧冈在座,为定其所撰《三忠祠碑记》二字。复在序伯处小憩。拜何榴庭镇军、蒋石生大令、吴容普太守,均晤,语良久。邹蕴丹入见。是日阴晴,夜雨。

廿七日(9月23日)甲申 谢宗山庶常、刘甸侯少尉来拜。茂轩比部过谈。夜复与梧冈孝廉偕至。是日晴,晨雨旋止。

廿八日(9月24日)乙酉 过茂轩一谈。早饭后,渡江访仁斋司马,遂留饮,且登级云亭上小楼。是日晴。

廿九日(9月25日)丙戌 季约孝廉、符九山长来谈。旋诣茂轩,晤小陵,因榴庭镇军枉拜,当归迓,畅论久之。寄大家兄暨易仲实观察、叔由明经函。夜,杨宜政、黎汉文入见。峙卿继至。是日晴。

九月

初一日(9月26日)丁亥朔 接舒次鸿孝廉书。王柳堂、乔茂轩、李耀亭来谈。赵尧生编修自荣县至,匆匆一语即去。杨玉田、刘学思、许见田入见。是日晴。

初二日(9月27日)戊子 答刘甸侯,误至刘子良处,遂拜。李善卿、乔茂轩、赵尧生、邹耿光均谈良久。是日晴,夜雨。

初三日(9月28日)己丑 复桂笃生直刺函。以所著往返成都杂诗百首付梓。是日晴。

初四日(9月29日)庚寅 童文琴、朱必谦入见。赴善卿教授席。乔、赵散后,余诣潘一谈。夜,杨、许二斋长入见。是日晴。

初五日(9月30日)辛卯 电传川督开缺,着东抚李鉴帅补授。寄耘芝观察洎棣森、筱湄函。夜招童文琴、杨玉田、胡湘帆、许见田饮,向仙樵以不茹荤,辞去。发长沙电。是日晴。

初六日(10月1日)壬辰 饭后诣茂轩,适尧生在座,共谈。接汪穰卿电。江秋舫惠顾。是日晴,夜半雨。

初七日(10月2日)癸巳 梧冈来谈,遂同赴容普太守席。茂轩已先到,尧生、符九后至。申正集,戌正散。是日雨。

初八日(10月3日)甲午 得穰卿书，言报事甚详，殊不易办也。莘农来谈。夜，峙卿入见。是日阴雨。

初九日(10月4日)乙未 何亚乡、杨筱楼入见。电报吴小湄、高石芝、邓晴皋、杨宜政四门人俱登贤书，可喜也。赴北楼，践王洁之大令登高之约，登桂香阁未果。同座季约、符九暨门人李义安、黄淑泉。夜，见田、峙卿、彬然、湘帆入见。是日阴，晨雨。

初十日(10月5日)丙申 刘卿子入见。饭后，诣茂轩，旋与尧生、梧冈同游长安寺，归饮赵处。与耿光谈。是日晴。

十一日(10月6日)丁酉 饭后诣吴容普太守、何符九山长谈。夜，茂轩、尧生过访。是日晴。

十二日(10月7日)戊戌 接仲实观察长沙电，陈允适馆由甫中式，可胜欣慰。棣森有书至，尚守前说，庶几可恃乎。张少农、李绪伯来谈。朱寅臣、胡湘帆告以棣生昨又抵渝，当遣尔鹏往视。尧生以黄季渊见题《三旬草》之词示诸。夜过茂轩比部，盖耿光大令待余叙话于此也。是日阴，晚雨。

十三日(10月8日)己亥 蒋石生大令过访。作一笺寄严雁峰，促其来渝。季渊、怀西先后惠谈。致夏莜轩、赖耘芝二观察暨张劭予星使、吴筱湄孝廉书。是日阴。

十四日(10月9日)庚子 与曾棣森函。饭后，诣耿光、茂轩、尧生、季渊谈。夜，过宋芸子检讨、杨范九孝廉话良久。是日阴，微雨。

十五日(10月10日)辛丑 昨夕杨宜政孝廉入见。今晨晋省谒房座师矣。午初渡江赴仁斋司马丈席，同座茂轩、芸子、尧生、耿光、耀庭。申正返。是日雨，晡止，夜又作。

十六日(10月11日)壬寅 冉澈谙、杨彬然、李峙卿入见。潘、李均有字往还。是日晨阴，晡晴，夜雨。

十七日(10月12日)癸卯 门人李义安、朱寅臣入见。逢辛观察暨芸子检讨先后来谈。仁斋丈函告将请咨引见，仍深以鄙事为念，当复之。是日阴，夜雨滋大。

十八日(10月13日)甲辰 诣任观察、宋太史暨张绍农谈。答李善卿,未晤。接筱湄书。是日雨,下晡止。

十九日(10月14日)乙巳 义安代筱湄作大宾,送张家礼物来。代金赓虞作致国子达赠马书。从高桥橘太郎借绿呢大轿一乘。接尹聘三孝廉、缪筠荪大令书。尧生贻以仿绍酒二坛,破例收之。是日雨竟夕。

二十日(10月15日)丙午 遣门人李义安孝廉迎张棣生致书院修入贽礼,道府县并来贺,留饮之。客除诸生徒外,唯王石珊观察、宋芸子检讨、乔茂轩主事、邹耿光大令、潘季约广文五君而已。是日阴雨。

廿一日(10月16日)丁未 刘司马来贺。出门答拜。于芸子处晤乔、邹、潘、杨。是日阴雨。

廿二日(10月17日)戊申 何符九教授来贺。接严雁峰函,当亲过茂轩与之一阅。刘柏友叩谢,去年为伊父撰墓志铭。尹聘三暨李幼卿均东下经此,并留快饮。是日阴。(乔彦康来见)

廿三日(10月18日)己酉 接周伯孚大令覆函。茂轩以子达信相示。赵樾村直刺已派五弟司事泸州土税。尧生太史来贺。渡江答刘仁斋司马晤谈。棣生酬客。邹耿光、王石珊、黎子甘、夏芷荪、朱寅臣、胡湘帆均会。是日阴雨,夜滋大。

廿四日(10月19日)庚戌 清晨,偕棣生赴北楼王余直谦席,尧生编修代约也。茂轩比部、芸子检讨、耿光大令、北岩秀才已前至。与赵论文。下晡方归。复严雁峰书。接金赓虞上海电。是日雨。

廿五日(10月20日)辛亥 澈谙久谈。出门答拜,晤方佩斋协戎、张星槎少尉。寄吴筱湄、陆锦亭书。夜,许见田入见,属作书院报销,此事遂废矣。是日雨。

廿六日(10月21日)壬子 室人生辰。与棣生、文琴、见田辈早饮。晡赴邹宅,与耿光、次臣、小陵、柳堂、柱峰公饯茂轩比部。二鼓各归。是日雨竟夕。

廿七日(10月22日)癸丑 闻刘仁斋司马丈交卸在即,作一笺致之,当有报章。怀西来谈,因与同诣尧生处,赴季渊席。同座茂轩桥梓暨永言、棣生,鹏儿随侍。夜归,乔复偕梧冈过访。接芸子字。饯五弟。是日阴。

廿八日(10月23日)甲寅 五弟赴泸州土税局,因寄夏菽轩观察一函。刘本初、沈少涵入见。符九、耀庭来谈。申初,诣邹宅践李约陪乔饮。亥正归。是日晴。

廿九日(10月24日)乙卯 接小湄函,当即作答。峙乡、必谦入见。尧生借观余所手录之古文评语。夜过茂轩话。是日阴,二更雨。

三十日(10月25日)丙辰 饭后出门拜客。晤吴容普太守、王石珊观察、李子恭大令暨耀庭、耿光、芷逌、绪伯。作五言十二韵赠刘仁斋司马行。棣生及鹏儿招乔彦康饮。夜与之谈,真佳子弟也。是日雨。

十月

初一日(10月26日)丁巳朔 清晨,国子达刺史来谈。寄陈楚士、李春如两太守暨杨小鲁昆仲书。是日雨,阴。

初二日(10月27日)戊午 早,偕棣生及两儿出城,至浮图关用饭,看六店子金宅讫,乃游蚕神庙、遗爱祠而归,日犹未落。王石珊观察、乔茂轩比部过访,均失迓。是日晴。

初三日(10月28日)己未 杨玉田入见。刘仁斋司马、国子达刺史均有函至,当作报章。旋即往拜,一贺喜一谢步也。接严雁峰书,闻怀西在茂轩处,亲送与阅。申正赴王子固山长席,亥初回。是日晴。

初四日(10月29日)庚申 晨过尧生编修论文,阅经古堂课卷讫,馆事了矣。芸子检讨来谈。见田入见。夜与茂轩比部话别。其子彦康暨两孙均各依依。是日雨。

初五日(10月30日)辛酉 棣生同两儿出游华严寺。彦康辞行,当往送茂轩登舆。以拙文质尧生。是日晴。

初六日(10月31日)壬戌 接筱湄书,诣高桥橘太郎及芸子检讨谈。下晡,杖与鹏、鹗旋。是日阴晴,晨微雨。

初七日(11月1日)癸亥 为棣生撰寿联。颜致虞来谈。延刘焕采为室人诊脉。向仙樵入见。是日阴晴。

初八日(11月2日)甲子 陈子驭将归酉阳,作一笺托李春如太守。寄曾棣生函。尧生有字往还。是日刘学思、徐叔虞入见。拟作涪州之行。阴,夜月。

初九日(11月3日)乙丑 昨尧生编修为拙文作序,甚佳。刘仁斋司马辞行。诸门人演戏预祝。是日晴,夜雨旋止。

初十日(11月4日)丙寅 赵尧生编修、邹耿光大令招饮。适本午为诸门人演戏公饯,匆匆诣彼小坐,仍归书院,大醉而罢。是日晴,夜月。

十一日(11月5日)丁卯 余仍设音尊酬诸门人。接周伯孚大令函。李耀亭送来严雁峰信二件。是日晴,傍晚微雨。

十二日(11月6日)戊辰 李峙卿、桂子馨、池幼仙入见。芸子检讨有书至。接谢瑟堂大令函,当复之。夜,怀西来谈。是日晴。

十三日(11月7日)己巳 商务开局,芸子招饮,同座何镇军、吴太守、王山长、李商总、潘教习。未初往,亥正回。姚生有笺送子固所作序来观。许见田入见。是日晴。

十四日(11月8日)庚午 芸子检讨辞返成都。尧生编修来谈。是日晴,连夜月色甚明。

十五日(11月9日)辛未 玉田、均艳入见。耿光来谈。寄黎班生暨赵樾邨直刺、国子达刺史书。为张蓺源题画竹,成七绝一首。是日阴,晨雨旋止。

十六日(11月10日)壬申 均艳辞归涪州。吴容普太守来谈。夜,棣生邀何仲虞、冉泽安过饮。是日晴阴。

十七日(11月11日)癸酉　寄何又晋、周伯孚、何棠孙三大令暨舒次鸿广文函。又致赖观察、张仑叔各一笺。耿光送某司马信来，当作复书谢绝之。是日阴。

十八日(11月12日)甲戌　撰《论语》笔记三条。寄金赓虞、曾棣森书。赖耘芝观察为署《三旬草》签。是日晴。

十九日(11月13日)乙亥　玉田入见。接五弟泸州书。任逢辛观察以钧台先生撰述四种见贻。旋送江建霞学使电来，盖聘余主校经堂讲席也，当覆一电。又寄函详言。是日晴。

二十日(11月14日)丙子　江秋舫孝廉过访。诣尧生编修谈。申正赴逢辛观察暨周功甫、王柳堂、李耀亭、劳肇棠公饯之筵。戌正散，金家送白银千两来。是日阴，夜雨。

廿一日(11月15日)丁丑　清理书籍字画。是日雨。

廿二日(11月16日)戊寅　接五弟函，当复之。玉田、必谦入见。出门谢步，均未会。是日阴，晨雨旋止。

廿三日(11月17日)己卯　接夏萩轩观察覆书。陈仲陶来谒。看王晋卿补校《大戴礼记》。是日晴。

廿四日(11月18日)庚辰　曹漱珊、陈伯完来谈。接五弟书。夜，耿光过话。是日晴。

廿五日(11月19日)辛巳　是日晴。

廿六日(11月20日)壬午　接易由甫孝廉、赖耘芝观察、赵樾村直刺书。齐敬斋太守来谈。答伯完拜，并诣容普太守、耿光大令及漱珊，皆晤。雁峰有函至，夜间作三纸覆之。是日晴。

廿七日(11月21日)癸未　晡，尧生过谈，遂同渡江，赴齐敬丈席。与伯完别。夜归，接国子达刺史书，当答一函。是日阴雨。

廿八日(11月22日)甲申　寄五弟书，告以其归。明朝赴泸。是日阴雨。

廿九日(11月23日)乙酉　接大哥、七弟书。日本加藤领事有字往还。杨宜政自省回，面呈硃卷暨筱湄函件。夜，泽安偕宜宾董宾谷士佐来。是日阴。

十一月

初一日(11月24日)丙戌朔 接陆锦亭书。金府送鱼翅席,招童、许、杨、胡、冉共享之。实甫有电,当覆。是日阴雨。

初二日(11月25日)丁亥 寄谢瑟堂书,托蒋硕生专差递去。杨稚鲁自双江镇至。加藤领事来谈。是日晴。

初三日(11月26日)戊子 行年四十有一矣。夜,约加藤君夫妇暨其女,与高桥观剧为乐。是日晴。

初四日(11月27日)己丑 出门谢寿,旋诣尧生编修饮,同座王子固、潘梧冈、李耀亭、向仙樵。夜,峙卿自江津阅卷回。陈声祝得长案,甚可喜。酌酒至三更乃罢。唐漱珊有诗来。是日晴。

初五日(11月28日)庚寅 刘学思入见。王平山来谒。作一笺寄姚治盦。赴蒋硕生大令席。夜,寄易实甫观察书。清晨,加藤领事面请携婘[1]属宴其家,婉言辞之,盖以中外之礼不同故也。是日阴。

初六日(11月29日)辛卯 覆杨守鲁亲家函。诣加藤领事一谈。夜,觞稚鲁及平山,而见田与焉。是日雨达旦。

初七日(11月30日)壬辰 稚鲁回遂宁。王柳堂大令代逢辛观察送贶仪来。李峙卿、张蓺源入见。叶敬叔自京至。是日阴雨。

初八日(12月1日)癸巳 诣敬叔舟中谈。吴小湄孝廉自成都回。李义安大令入见。赵尧生编修来谈。是日阴。

初九日(12月2日)甲午 王子固山长赠诗及序宠行。致蒋硕生大令函。朝饭后,大女偕婿棣生回遵义沙滩黎宅。命鹏、鹗两儿往送一程。是日阴。

初十日(12月3日)乙未 昨接徐辰远、陈笏亭函,未记。吴容

---

① 婘,即眷。

普太守来谈。得谢瑟堂大令复书。是日阴,夜雨。

十一日(12月4日)丙申　招叶敬叔、邹耿光、吴筱湄、朱寅臣、胡湘帆晚饮。是日雨。

十二日(12月5日)丁酉　接邓晴皋书。诣筱湄谈。此二生皆余得意门人也。赴子固孝廉席,同座耿光、耀亭、尧生。饮烧酒稍多,归即寝矣。是日雨。

十三日(12月6日)戊戌　尧生编修招饮,同座齐敬斋太守,外唯耿、耀而已。许、杨二斋长入见。是日晴,夜月甚明。

十四日(12月7日)己亥　朱必谦入见。潘季约孝廉来谈。曹漱珊招饮,同座潘季约、王子固、梅黍雨、董璧生、刘秉君暨李谊庵、吴筱湄二门人。散后复诣渝报局,一叙而归。是日晴,夜月。

十五日(12月8日)庚子　垫江谢瑟堂大令有信至,并假白银三百两,昨专丁来渝也。敬叔来辞。午后赴北楼践吴筱湄孝廉约,漱珊、黍雨暨谊庵、少涵、寅臣诸门人作陪。夜,过耿光饮,敬叔已先到。复举十余杯,遂陶然醉矣。是日晴。

十六日(12月9日)辛丑　出门辞行,晤任逢辛观察、吴容普太守,诣敬叔话别,遇怀西。接棣生綦江函。加藤领事有字至,作一笺答之。是日阴。

十七日(12月10日)壬寅　耀老来谈。蒋硕生大令赠洋圆五十元。诣华南久叙,其夫人亦出陪焉。楚士太守寄来渝平足定银二百,连清所凑共成一竿之数,存天顺祥号中,取有收条为据。是日阴雨。

十八日(12月11日)癸卯　寄舍弟书。致棣森函。许见田、吴筱湄入见。梅黍雨来谈。赴刘卿子席,尧生及其尊人在座。今晨曾率鹏儿投贽赵君也。是日雨阴,寒气颇重。

十九日(12月12日)甲辰　蒋硕生大令、任逢辛观察来送,均晤谈。午后迁居石板街。吴容普太守馈食物。夜,路和清约人坐唱。曹漱珊、许见田、吴筱湄、李义庵、胡湘帆诣贺,遂留饮。是日晴。

二十日(12月13日)乙巳　尧生太史来送,同登楼焉。诣何榴庭镇军辞行,晤谈良久。乃赴云贵公所吃早面,盖潘季约、王子固、萧申甫、董黎笙、梅黍雨、李谊庵、曹潄珊公饯也。夜饮颇醉。是日阴。

廿一日(12月14日)丙午　加藤领事、刘学思、吴筱湄、杨玉田、李峙卿、胡湘帆、刘卿子诸门人入见。高石芝亦自省中式回。午后吴功甫来谈。出门拜客,仅晤江秋舫一人。赴耿光、耀庭席,齐敬丈及尧生、子固已先至。薄暮散归。金畊馀之母又有赆仪。是日阴。

廿二日(12月15日)丁未　何榴亭镇军颁赐多珍,旋来拜答。吴幼甫大令晤谈。潘季约、邹耿光、金序笙、钱允之、张稚华先后过访。寄瞿子玖学使、李春如太守书。加藤领事之夫人请余夫妇,六钟时偕两儿及瑄女同往,甚为欢洽。是日阴。

廿三日(12月16日)戊申　昨尧生编修有字索书,意甚肫挚。今勉为集曹、陆句一联留别,工拙非所论也。谢子临、李谊庵、曹潄珊、梅黍雨、朱寅臣、梅文伯先后来送。晚,赴吴功甫席,稚华同座。散归,复与石芝、潄谙、见田、峙卿、湘帆饮。是日阴。

光绪二十四年(1898)戊戌[1]

正月

初一日(1月22日)乙酉朔 住湖南省城长沙县右署大兄任所。门人魏兰皋来贺。看《质学丛书》。是日阴雨。

初二日(1月23日)丙戌 周孝怀副贡有函至，当复之。易仲实观察、王壬秋山长先后惠顾。晚，赴黄公度廉访席，同座湘绮、楚颂[2]暨袁叔瑜农部、张伯纯贰守、皮鹿门孝廉、梁卓如教习。是日晨雨，晡晴。

初三日(1月24日)丁亥 早起出门拜年，皆循例不见。饭后魏生邀游左文襄公祠。小饮于三受降城畔。是日晴。

初四日(1月25日)戊子 王镜荃孝廉过访，癸巳重庆旧识也。谒年长何相山方伯，视徐研甫学使疾，均晤谈。并在孝怀处小坐，缘其有去志，研甫属代挽留。夜作一笺致公度廉访。是日晴，有新月。

初五日(1月26日)己丑 八指头陀来谈。乔茂萲比部自鄂来湘，吊陈年伯母黄夫人之丧，偕其子彦康过访。研甫学使、公度廉访有字往还。鹿门以所著经训书院自课文见诒。是日晴。

---

① 该册封面题“戊戌日录”。

② 楚颂当指易顺鼎，其有《楚颂亭词》。按江瀚本日所见计易顺鼎(笏山、楚颂)、王闿运(壬秋、湘绮)、黄遵宪(公度)、袁绪钦(叔瑜)、张通典(伯纯)、皮锡瑞(鹿门)、梁启超(卓如)，皆大家名流也。

初六日(1月27日)庚寅 孝怀过我,同朝饭。王益吾祭酒来谈。陪茂蘐游贾太傅故宅,遂至抚署。是日晴。

初七日(1月28日)辛卯 茂蘐、孝怀有字往还。诣王壬老谈,遂同出北门游开福寺,即马殷会春园故址也。遇徐叔鸿观察于殿门。易笏山先生及仲实已先到。偕上陈程初军门望生亭观碧浪湖,晤郑赞侯大令暨哲嗣叔献孝廉。入城将上灯矣。夜,魏生过话。是日晴。

初八日(1月29日)壬辰 翻胡君元玉[①]所刻《沅水校经堂课集》一过。看《灵鹣阁丛书》。熊秉三庶常有函至,当答之。诣陈笠堂观察丈谈。夜,步入抚署候右铭中丞年伯起居。与茂蘐同至伯严吏部苫次,语良久,二鼓乃归。晡间,徐学使遣人送沅州府关聘来,岁脩六百金。去冬,江建霞曾电申湘水校经堂讲席之约,缘余函辞,又有此举,就否尚难自决矣。是日晴。

初九日(1月30日)癸巳 食时,偕茂蘐父子及孝怀出大西门,渡湘水,经道林故址入岳麓书院一观。魏生追至,由爱晚亭上山,万寿寺小憩,品白鹤泉,访六朝松,已失。登绝顶云麓宫望湘亭,瞻眺良久,乃返常静和尚处用饭。自小西门归,日犹未落。接客腊十五儿辈家报。夜,步月造仲实长谈。是日晴。

初十日(1月31日)甲午 乔氏父子及益吾祭酒先后来谈。赴粒唐丈席,同座王壬老、易仲实外,胡、李二翰林与林贞伯之公子。申集戌散。是日晴。

十一日(2月1日)乙未 壬老撰联见赠,云:"奇气远尘俗,先心密退藏。"实甫有字往还。茂轩桥梓同孝怀过我,往游左文襄、曾文正二公祠,复与乔践秉三庶常之约。皮鹿门、邹沅帆、梁卓如、张伯纯共饮。是日晴。

十二日(2月2日)丙申 晨诣茂轩谈。饭后,彦康来,托询轮

---

① 胡元玉,字子瑞,号镜珠斋,湖南湘潭县人,有《驳春秋名字解诂》、《汉音钩沉》、《郑许字义异同评》及《雅学考》等。

船，匆匆而去。出门拜客，无所遇。与公度廉访、仲实督销有字往还。晡，作一笺致蔡伯浩观察。夜，魏生入见。易叔由孝廉新自龙阳至，特过访，欲结伴往沪，许之。发第五号家书。是日阴，夜半雨。

十三日(2月3日)丁酉 伯浩有复函。茂轩以电钞开特科诏旨见示，凡手毕往还者三次。夜，谢锺英孝廉来谈，明晨由湘北上。是日阴，晨雨旋止，夜半大作。

十四日(2月4日)戊戌 午，过茂轩，与沅帆、秉三、仲实、叔由不期而期，聚谈良久。是日阴，晨夜雨。

十五日(2月5日)己亥 沅帆来谈。致瞿子玖学使、金赓虞大令书。仲实观察约观剧，陪易先生座。晤龙芸生、俞恪士、胡眉寿、叶奂份、袁叔瑜、乔茂轩、郑湛侯、陈粒唐、皮鹿门、蔡伯浩诸公，由甫傍晚始来，自未至子，极欢而罢。是日阴，晨大雨，夜月甚明。

十六日(2月6日)庚子 贻书研甫学使、益吾祭酒，并有报章。诣右铭中丞年丈辞行。在茂轩处小坐。谒笏山先生，适出门。晤仲实、粒唐、叔瑜，郑重而别。夜，魏生来送，乔、易有字往还，作一笺与伯严吏部、公度廉访。是日晴。鸡鸣始寝，枕上闻雨声。

十七日(2月7日)辛丑 清晨辞兄嫂、七弟及十一舅，与中表登长龙炮船。良久，蔡伯浩观察、汪颂年编修、胡翔卿孝廉始至。日晡，解维行，三十里遂泊。是日阴雨。

十八日(2月8日)戊寅 过靖港，感曾文正覆师事，泊湘阴县上。是日阴。(壬误作戊)

十九日(2月9日)癸卯 未正抵磊石，移舟晤谢钟英、张劭熙。谢回常州，张赴江阴应瞿学使之聘。是日阴晴。

二十日(2月10日)甲辰 候由甫不至。未正开舟，以慈航轮船拖行。夜半泊新堤。是日晴。

廿一日(2月11日)乙巳 日晡，抵武昌，泊鲇鱼套。是日晴。

廿二日(2月12日)丙午 锺英、劭熙结伴而去。入城即到户部巷叶宅。南陔得堤工差出省，并挈龙甥前往，袁姊留饭。陆锦亭及元甥陪拜罗郃岘、沈伯华,均晤谈。仍返叶宅用晚膳,初更归。过织布纺纱等厂,不及往观,程子大通守已早候舟次矣。以近刻见赠,絮语至鸡鸣,始对床而寝。是日晴。

廿三日(2月13日)丁未 食时,子大入城,遂渡江,缘伯浩与旗昌西栈陈香亭交好,故主其家。此来不谒张孝达、梁星海,余无歉焉。惟访张次卿观察,未晤,无从询蔼公灵榇回籍后情形,至用怅怅。饮月华楼。是日阴。

廿四日(2月14日)戊申 伯华、印伯有书往还。黄昏偕伯浩、颂年、翔卿登元和轮船,门人吴筱湄、邓晴皋、高石芝三孝廉亦搭此至沪,同来谒。是日阴,晚雨。

廿五日(2月15日)己酉 九江舟中,晤文芸阁之五弟霞浦及其外甥梅撷云、斐漪昆仲。是日阴。

廿六日(2月16日)庚戌 夜与龚禹宾太守话。是日晴。

廿七日(2月17日)辛亥 晤徐凤九大令钧溥,盖稼生太老师之第六子也,奉芗帅檄往东洋考验工艺。因作一笺,寄张会叔亲家。申初抵上海,伯浩仍坚约同住广荣生庄内,嫌其逼仄,迁居泰安栈。夜,与筱湄游四马路,遇陈伯完同行,子正乃返。是日阴雨。

廿八日(2月18日)壬子 朝饭后,同伯完坐马车,至天顺祥陈润夫处小坐。访陈敬如,晤谈甚欢,遂游张园、愚园而归。发重庆电报十四字。夜,伯浩招饮,缘伯完预约,遂先陈后蔡,而江建霞编修亦相逢酒次,复邀小酌,回寓已寅初矣。金赓虞过访,相左。是日晨雨,晡晴。

廿九日(2月19日)癸丑 饭后坐马车出,建霞编修留共中膳。诣赓虞久谈,时务报馆访汪穰卿进士。适敬如在坐,正拟枉拜也。并遇沈爱仓观察、曾敬诒太守。复至伯完处小坐。夜赴敬如约,爱仓、建霞、敬诒同饮,建霞又联一局。子正始各散归。是日雨。

三十日(2月20日)甲寅 接鹏儿初四日禀。黎莼斋观察于十二月二十日去世,惜哉。伯完邀坐马车至张园看貌儿戏,复在赓虞处小憩,约与同赴劭祁生孝廉席。散后赓虞又招饮,复践颂年之约,子正返寓,颇有醉意矣。接鹏儿电。是日阴雨,午微晴,夜又雨。

二月

初一日(2月21日)乙卯朔 门人杨宜政孝廉来见。梁述斋惠访,穰卿、伯完、祁生过谈。建霞约与同船至苏,以事牵,不果。夜,招穰卿、敬诒、赓虞、伯完、祁生饮,伯浩以字辞,颂年、翔卿至,已散席,偕敬诒、赓虞薄游。归又子正矣。是日阴雨。

初二日(2月22日)丙辰 郑介臣送赆仪。吴申甫来谈。闻缪筱珊编修将至,余不及候矣。筱湄、晴皋、石芝、宜政走相送。因辞伯完及陈豫名孝廉,走别蔡、汪、胡三君,皆出门。赓虞尚高卧。门人任子俊陪坐,少选遂至天妃宫大桥,登轮舟拖船。晤邓澐渠大令,武冈州人也。酉初开行。是日阴。

初三日(2月23日)丁巳 隅中抵苏州盘门。偕同舟武冈邓澐渠大令寓学士街庆陞店。饭后拜客,晤郑小坡、曹邃翰、李少梅。谒瞿子玖学使,适已扃门。少梅留住蘧园,遂迁居焉。夜,与彦伯话。是日晴。

初四日(2月24日)戊午 费屺怀编修、沈旭初观察有字往还。游圆妙观。夜,元和李子璈大令招饮。是日晴。

初五日(2月25日)己未 作一笺致俞荫甫编修,且以近作就正焉。杜云秋观察来谈,适少梅观察设筵相款,遂留与屺怀、邃翰二编修同饮。子璈大令、旭初观察惠顾,午集酉散。屺怀复至寓斋夜话,将三鼓乃去,情意周洽可感也。是日晴。

初六日(2月26日)庚申 借阅毛生甫《休复居诗文集》。出门拜客,于旭初观察处遇荫甫先生,适蒙惠访,幸值是间,因辔谈久之。复诣屺怀编修及载庵、叔彦昆仲。至一枝春西菜馆,已上灯矣。李三、张大陪饮,漏二下乃返蘧园。是日晴。

初七日(2月27日)辛酉 晨,过云秋观察谈。晤万砥庄、朱竹石、沈旭初三观察焉。少梅观察陪面。建霞编修来谈,拟明午至沪接家眷也。是日雨竟夕。

初八日(2月28日)壬戌 下晡,诣潘谱琴世丈及莫宋叔一谈。访荫老不值,见其文孙阶青孝廉。春在堂新悬楹联云:"计蒲柳衰龄加入两闰年自谓老夫八十岁,稽蓬莱旧籍遇有六恩榜人称前辈廿三科。"赴旭初观察、屺怀编修席。少梅观察、载庵编修已先到。子正散坐。是日微晴,夜月朦胧。

初九日(3月1日)癸亥 食时诣王旭庄太守久谈,并闻罗少畊观察尝访余于庆陞栈中也。晡,与少梅商鄙事。云秋设酒东震谿堂,同践其约,晤罗蓬甫及旭初、屺怀。杜云竹石观察[1]亟称许下走,拟邀一聚。是日阴,时有小雨。

初十日(3月2日)甲子 早起,银光灿烂,屋瓦积雪甚深。昨,屺怀编修约游丝纱两厂,顷有字至,以春寒凌厉,不便登览,期之晴后。旭庄太守来谈。作四纸留致止盦学使。是日阴,夜雪。

十一日(3月3日)乙丑 天寒仍衣狐裘。作五言诗二首赠云秋观察。又附长句呈俞曲园先生、费峐怀[2]大兄。晚,旭庄招饮,共两席,皆乡人。以寄瞿学使函托孙述庭太守转交,盖渠方充院试提调故也。是日雨,夜滋大。

十二日(3月4日)丙寅 看淄川张历友《明季百一诗》、姚姬传《惜抱轩诗文》。与屺怀笺,当有报章。荫甫编修和昨诗。宋叔来谈。云秋请午宴,少眉同赴。在座朱竹石、朱修庭、朱诜伯、蔡仲然四观察。竹石颇豪饮,甚为欢畅。刘子真太守来谈。寄赓虞书并函托穰卿电。伯严辞讲席。是日雨。

十三日(3月5日)丁卯 旭初和作诗。诣竹石谈。少梅约与载

---

① 此指杜俞(云秋)转述朱之榛(字竹石)之言。

② 费念慈(1855—1905),清书法家、藏书家。字屺怀,一署峐怀。

庵同午饭。述亭太守来拜，盛称子玖学使雅意殷拳。崈怀以所刊景宋两种暨近撰墓铭四通见示，复来斋出诗数十首，属为点定。看刘融斋《持志塾言》、刘孟容《思辨录疑义》。顷患腹泻，自主方服之。是日晴，夜月。

十四日(3月6日)戊辰 谱琴太史丈惠顾。少梅观察约与叔彦舍人同午饭，曹痛诟康有为、梁启超及蒯光典，颇推重梁节盦云。晡，出盘门，同屺怀编修观丝纱两厂。陆凤石祭酒所经营也。是日阴，晡微雪旋止。

十五日(3月7日)己巳 云秋观察来谈。看《竹汀日记钞》刘燕庭评语、汤西厓《使黔草》、《刘文清公应制集》、《慎思居存稿》。屺怀编修有书至，并和拙诗。下晡，偕少梅观察诣谱琴太史处小坐。赴宋叔席，子真晚到。晤李果斋、郭子华暨仲武、楚生。将三鼓始归。接旭初观察函。是日晴。

十六日(3月8日)庚午 翻《孙麻山遗集》、《筠溪牧潜集》及王文诰见大[①]《苏文忠公诗编注集成》《苏海识馀》一过。曹载庵编修、莫仲武观察惠访。造旭初谈。复诣荫老，留小吃，以《丁酉岁诂经精舍开课诗》见示。是日阴，晡雨夜雪。

十七日(3月9日)辛未 作一笺致述亭太守，当有报章。日昳，屺怀来，同登少梅书楼，观商周铜器。余门外汉也，瞎赞而已。看洪忠宣公《鄱阳集》。是日雨，午后止，夜月甚明。

十八日(3月10日)壬申 偕少梅、云秋赴竹石观察之招，酒肴俱佳。散后过屺怀久谈，乃诣子贞太守夜饮，同座仲武、楚生、果斋、少梅，并晤赖宝臣大令。是日晴。

十九日(3月11日)癸酉 晨起濯足。紫璈大令暨费幼亭丈先后来谈。少梅招陪仲武、宋叔、载庵、叔彦饮。述亭太守有字往还。看宋新建裘万顷元量《竹斋诗集》。是日晴阴。

---

① 王文诰(1764—?)，清代学者、画家、诗人。字纯生，号见大。

二十日(3月12日)甲戌 屺怀编修送所书楹帖及致盛杏荪函来,并叠余前韵诗一首。葆臣大令过访。旭初、云秋二观察惠谈。阅《左传义法举要》,殊不谓然。少梅请湖南陈、李两君便酌,邀余作陪。午集申散。是日雨雪。

廿一日(3月13日)乙亥 偶成七律。屺怀编修来同中饭,谈至黄昏始去。是日晴。

廿二日(3月14日)丙子 云秋观察奉中丞檄,出省点验营兵,留书相告。同彦伯游怡园,饮茶于元妙观前之云露阁。是日晴。

廿三日(3月15日)丁丑 看眉生年丈所评苏诗。旭初来谈。饭后买小舟,出葑门至青阳地庆乐园听戏。上灯入城,闻少眉观察言茂轩比部至。夜,诣述亭小坐,遂谒子玖学使,畅论而归。是日晴。

廿四日(3月16日)戊寅 子玖学使来,久谈。少眉观察招陪茂轩比部、屺怀编修饮。述亭太守亦请午宴,不能赴也。夜,践葆臣大令之约,同座陈雪庭、林肖瞻、衡甫、张沛如、梁伯通、郭南云,均福州籍。酒颇佳,归即醉眠。是日晴。

廿五日(3月17日)己卯 朝饭后,建霞编修、旭初观察有字往还。与少眉别。彦伯送出盘门。在商务公司会屺怀,久谈。傍晚始同茂轩登舟,旋开行。是日阴雨,夜雪。

廿六日(3月18日)庚辰 午初,抵上海。茂轩居长春栈,立登海舶北上。余下榻赓虞处。下晡,饮于一品香,晤冷云飘、梅文伯、王子固、董璧生、萧申甫及门人李义安,尽公车也。顾印伯寻至番菜馆,对酌一巨觥而去。旋游衍四马路之间,子正返寓。接鹏儿、琼女禀,暨张棣生、严雁峰、李耀庭函。寅初方寝。是日阴。

廿七日(3月19日)辛巳 晨,过蔡伯浩观察,汪松年编修。留早饭。易仲实亦遇于此,同座尚有李体乾主政、庄忻盦观察。复与颂年游张园,至暮始归。夜发电信十三字。看昌谷歌诗。是日晴。

廿八日(3月20日)壬午 八钟时,诣何梅生太守辔谈,同访仲实督销,遂饮于一品香番菜馆。拜蒋少穆观察,相与话别后事良久。

独游张园，遇伯浩、颂年、体乾。甫归，少穆适至。夜，易又邀集一品香，蔡、汪、李已先到。晤刘伯崇殿撰、薛次申观察。散后复少游衍乃返。与赓虞话至寅初。是日晴，夜微雨。

廿九日（3月21日）癸未　寄江建霞、费屺怀、陈伯严书。颂年、伯浩来久谈，遂与同出。遇刘伯崇、魏铁山，偕赴秉乾仪部老旗昌之局。仲实、次申未至。夜半与易同车，送余抵寓。是日晴阴。（“体”误作“秉”，李名秉瑞也。发第六号家书暨致李耀庭函。）

三月

初一日（3月22日）甲申朔　郑苏盦贰守来谈。饭后仲实观察邀与同车往市购书，偕赴薛次申处。践伯浩之约，同座忻庵、颂年、体乾。酒罢复至四马路，未出丑归。子俊力劝出山。姑听天安命，因时制宜，可也。事有前定，何必妄求。是日晴，夜半雨。

初二日（3月23日）乙酉　亭午，仲实来，同乘车马至徐家汇师范学堂，并观法国教士所设书塾及天文台、博物院。是日阴。

初三日（3月24日）丙戌　侵晨，诣伯崇殿撰久谈。饭后访梅生、苏堪，未遇。至陈润夫处小坐。遂独游张园踏青。与易实甫、刘达泉、庄忻盦、蔡伯浩、汪颂年、李体乾诸君不期而会，旋同赴次申观察席。伯崇后到。酒罢易复邀饮。周夔墀相逢郊外，面订夜局，不能应也。归，接屺怀编修书，看赓虞乘脚踏车。寝已鸡乱唱矣。是日晴。

初四日（3月25日）丁亥　体乾仪部、伯崇修撰暨润夫先后过访。仲实观察以马车来迓，徜徉于衢市间久之，乃诣伯浩观察。晚饭遂与颂年编修俱出饮，盖仲实作主人也。伯崇亦至。夜半归。又接屺怀书，据云聂仲芳布政极倾倒鄙人，约在上海一会，当作报章。是日阴。

初五日（3月26日）戊子　食时，仲实来谈，遂同车而出。次申宅中朝饭，晤李幼山。易、薛复约游龙华寺。归途过制造局，访少穆焉。次申邀上太和馆，已初更矣。伯崇招饮，夜半方罢。作第七号家书，交德生义寄。是日晴。

初六日(3月27日)己丑 早起，过颂年谈。伯浩留与实甫同饭。游张园。归，接屺怀函。仲芳方伯馆事已定，岁奉千元。夜，四马路略为勾留即返。易、蔡之局以思休息故，未往也。是日晴。

初七日(3月28日)庚寅 饭后，过仲实，同赴少穆观察一品香之约。晡，始入座。散归，寄李少眉、费屺怀、沈伯华书。夜，颂年来邀，俱至万年春番菜馆，盖伯浩为仲实、伯崇作饯也。子初，送仲实登江裕轮船，郑重而别。订匡庐后游，不知能如愿否。是日晴。

初八日(3月29日)辛卯 买棉衣。颂年编修招在杏花楼晚饮。伯浩观察、体乾仪部同座。复赴赓虞酒局。是日雨。

初九日(3月30日)壬辰 伯浩观察邀过伊朝饭。与颂年同出游衍，傍晚乃归。梅生太守来谈。是日雨，下晡止。

初十日(3月31日)癸巳 早起，为伯浩拟信稿一件。午，出门拜客，晤曾敬诒、王旭庄二太守，龚伯新、仲勉两庶常昆弟，旋赴伯浩惠秀里酒局。体乾复招饮万年春，与蔡、汪同往。汪子渊、钱晋甫、余易斋屡接杯酒，今始交谈。戌正即回。赓虞出话，待我不可谓不厚。是日阴，时有小雨。

十一日(4月1日)甲午 敬诒来谈。与赓虞乘马车游张园，遇伯浩、颂年、体乾，并晤少穆。始过访，相左也。晚，招金、蔡、汪、曾、李暨陈敬如饮西荟芳周家。接少眉观察函。承汇到英洋百元。是日晴。

十二日(4月2日)乙未 清晨，过伯浩观察、颂年编修谈。午刻，旭庄太守招饮一品香，苏堪司马已先到。晤文道希学士、黄仲弢编修暨农学会蒋伯孚、罗叔蕴二君，散后复诣敬如军门、子渊编修，快论良久始归。晋甫观察惠顾，彼此相左。为蔡作信稿。是日阴，时有小雨。

十三日(4月3日)丙申 寄乔茂轩、易由甫、吴筱湄书。少穆观察招游龙华寺,候赓虞偕行,迟至申初始登马车,人已散将尽矣。桃花万树,洵大观也。晚,赴一品香,践次申观察之约,晤伯浩、颂年、晋甫暨郑陶斋、沈幼彦诸君。是日晴。

十四日(4月4日)丁酉 起稍晏。寄任逢辛观察、国子达司马、赵尧生编修书。晋甫观察以所著《卷园书牍》见示。夜,伯浩观察、颂年编修辞赴广州。是日晴。

十五日(4月5日)戊戌 次申观察邀游龙华,未往。旭庄太守来谈。接云秋观察函。怀西庶常有字往还。夜,子俊邀同赓虞在鸣鹤茶园听戏。是日晴,夜月。

十六日(4月6日)己亥 晨,旭庄来谈,同访芸阁学士,并晤建霞编修。饮于宝丰楼,散归。下晡,复与王游张园。仲勉过访,不值,留字订宝德番菜馆一聚。晚,出询不得,怅怅而返,足见饮啄前定,皆非偶然也。是日晴。

十七日(4月7日)庚子 朝饭后,屺怀编修来访,芸阁学士踵至。旋同诣农会报馆蒋伯孚、罗叔蕴处一谈。费、文先行,余复造次申观察,景张、怀西庶常,梅生太守,苏龛司马,均晤。晚,赴敬诒海天春之约。穰卿新自长沙返,亦不以湘事为然也。赓虞末至。李白珍、陈子嵩尝同座于蘧园,与赵竹君论试办农会一事,颇有见。午出亥归。覆云秋观察书。是日晴。

十八日(4月8日)辛丑 晚,伯斧、叔蕴招饮万年春同芸阁,践旭庄约。晤余易斋、罗诚伯、志仲鲁、洪荫之。是日雨。

十九日(4月9日)壬寅 次申来谈。作一笺致建霞,当有报章。夜,赴易斋酒局,同座皆昨晚所会诸君,唯增姚赋秋及敬诒耳。散后,偕曾游衍,复小酌而归。是日晴阴。

二十日(4月10日)癸卯 寄屺怀函。子渊编修过访,谓葑门之葑,非有府音,盖鲟门也,说极是。梅生来谈。致雷仲宣太守书。夜与赓虞话。是日晴。

廿一日(4月11日)甲辰 旭庄辞回苏州。且云沈子培属代致意。叔蕴来谈。夜,怀西招饮一品香。是日晴。

廿二日(4月12日)乙巳 作一笺乞子渊书楹帖。晡,入洋行观货,皆所谓奇技淫巧以悦妇人者也。是日晴。

廿三日(4月13日)丙午 诣建霞快谈,接屺怀覆书。同赓虞乘马车游张园,中途遇芸阁、敬如。晚,饮海天春番菜馆。散后留连于歌吹间,夜半始返。是日晴。

廿四日(4月14日)丁未 聂仲方藩伯侵晨来拜,谈一时许乃去。杨范甫过访,以《译书公会报》见诒。发第八号家书,交天顺祥寄。接屺怀编修函。是日晴。

廿五日(4月15日)戊申 清晨答拜仲芳方伯,晤谈。寄郑让卿大令、沈伯柎观察函。诣蒋少穆、郑介臣、李提摩太、刘华亭。发第九号家书,并小皮箱一口。是日晴。

廿六日(4月16日)己酉 少穆观察来谈。夜,汪穰卿暨其从弟仲虞招饮范家。散席后,芸阁学士邀同敬诒太守手谈,余不解此,勉徇其意,延至鸡鸣乃归。是日晴。

廿七日(4月17日)庚戌 答范甫,以俟实学堂章程出示。华亭来访,共晚饭。赓虞久谈。是日晨晴,午阴晡雨。

廿八日(4月18日)辛亥 晚,华亭招饮海天春。复赴万年春践杨范甫、陶月如之约,同座渊若编修、梅生太守。晨,作一笺致芸阁学士,以其索观拙著故也。是日阴,时有小雨。

廿九日(4月19日)壬子 仲方藩伯遣人来搬行李至天后宫行台,告以翌午搭公司小轮赴苏,可无庸也。夜,建霞约与同乘马车一品香小酌。鸡将鸣,赓虞出谈。是日晴,晡雷雨。

三十日(4月20日)癸丑 陈润夫招饮,辞之。蒋伯斧来商创办农学会事。建霞编修有字往还。申初上船赴苏州幕,逾一句钟始开行。舟中阅近出《经世新编》及康有为《桂学答问》。是日阴晴,江浦多风,仍须衣棉。

闰三月

初一日(4月21日)甲寅朔 巳正抵盘门。午,仍寓庆陞栈。晡,访李少眉观察、费屺怀编修,未遇。晤杜云秋观察。致罗少畊观察、王旭庄太守笺,均有报章。夜,张彦伯来谈。是日晴阴。

初二日(4月22日)乙卯 清晨,旭庄来谈,并以近诗出示。饭后出门,晤沈旭初、罗少畊二观察,孙述亭、王旭庄两太守。发重庆电报十三字。是日晴阴,夜半雨。

初三日(4月23日)丙辰 屺怀有字至。彦伯以扇索书。李紫璈大令来,久谈,旋招饮。署中晤刘子贞太守。是日雨。

初四日(4月24日)丁巳 昨穿珠皮袍,今稍暖矣。述亭太守暨云秋、少眉两观察来谈。次旭庄韵。是日晴。

初五日(4月25日)戊午 同栈王仲衡大令来谈。仲芳方伯之次子隽威造谒,执子弟礼甚恭,且天资高妙,深可喜也。饭后,访俞荫甫编修,适病腰,未见。诣潘谱琴世丈小坐,遂过屺怀快叙,其夫人以所绘团扇出观,花卉、翎毛并佳。是日雨阴。

初六日(4月26日)己未 旭庄过访。闻仲公方伯自沪回,作一笺与之。致瞿子玖学使函,托紫璈交去。屺怀、子贞相继来谈。是日阴雨,颇寒,着灰鼠皮袍。

初七日(4月27日)庚申 清晨,谒仲芳方伯久谈,并见其二子隽威、云台。饭后,访云秋、少眉,均晤。是日阴。

初八日(4月28日)辛酉 郭南云大令来拜。谱琴太史丈惠谈。晡,赴少畊观察席,同座陈雪庭、龚仪甫、王旭庄、孙述亭、郑肖彭、林恒甫,二更回。是日晴。

初九日(4月29日)壬戌 食时,造朱竹石观察久谈,遇少畊于此。复过屺怀小坐,见其二子,子一、叔谦。下晡,少眉招饮,云秋、屺怀踵至。上灯时,金赓虞始到。盖余昨有字约之也。是日雨。

初十日(4月30日)癸亥 旭庄太守来谈。日昳,任子骏谒见,旋出阊门,访赓虞于舟次,遂游留园,与汪渊若编修快论良久,薄暮乃去。登桥畔酒楼小饮。是日晨雨,午晴,夜又作。

十一日(5月1日)甲子 未刻,仲芳方伯遣人来搬行李,遂迁入藩署,当晤语久之。隽威、云台并出见。夜,仲公复过谈一时许。是日雨阴。

十二日(5月2日)乙丑 看王益吾祭酒所编《咸丰朝东华续录》。贻少眉、赓虞书。隽威、云台相继来谈。是日微晴。

十三日(5月3日)丙寅 以廖季平《四益馆丛书》赠隽威。批常熟县禀二件。诣赓虞,同游虎邱寺及吉勇烈公祠。是日晴,夜月。

十四日(5月4日)丁卯 隅中,仲芳方伯邀议公事。少畊观察来谈。下晡,过隽威、云台。夜拟正谊书院经古月课题六道。是日晴。

十五日(5月5日)戊辰 拟发各属农学报札。饭后,诣俞荫甫编修,贺其文孙阶青捷南宫之喜。昨,赖葆臣大令有字来,未作覆,特往答之,并过紫璈大令、旭庄太守一谈。接门人吴筱湄孝廉京师书。云台话至上灯始去。夜,隽威又来,是日晴。立夏,晡间微有雨点。

十六日(5月6日)己巳 葆臣来谈,拟信稿二件。隽威携拙稿去。为少畊撰上海三山会馆楹联。接本月朔日平安家报,欣慰实深。赵尧生编修暨门人胡湘帆、李峙卿并有书寄余也。是日晴,小雨旋止。

十七日(5月7日)庚午 少眉有字至,当复之。作一笺致赓虞,送其游杭州西湖。是日大雨,午晴,俄又檐溜有声。

十八日(5月8日)辛未 隽威、云台来谈。寄汪穰卿进士书,共列十一条咨之。是日晴阴。

十九日(5月9日)壬申 晡,晤仲公,遂偕隽威、云台游署西□[1]园。旋诣云秋、少眉谈。晚,赴葆臣席,同座韩蔼堂、黄石孙、王旭庄、郑肖彭、林衡甫、郭南云。是日晴。

二十日(5月10日)癸酉 清晨,肖彭大令来拜,其尊人与先公辛亥同榜。隽威、云台相继过谈。从少眉观察假得郭云鹏《济美堂重校河东先生集》,是日晴。

廿一日(5月11日)甲戌 食时,出胥门,旭庄太守暨肖彭、南云、衡甫三大令已先候于舟中,石孙编修继至。遂开往留园。过渊若编修谈良久。乃泊阊门。蔼堂亦到,欢饮忘归。人定入城。接初六平安家报。是日晴,时有小雨,夜滋大。

廿二日(5月12日)乙亥 诣三山会馆进香,同乡咸集。因留朝饭。复拜客谢步,并贺李元和调江阴之喜。云台送《集成报》来阅。石孙编修惠谈。作家书。致李春如太守暨湘帆、峙卿二门人函。次胡生韵。隽威过话。是日晴,夜雨。

廿三日(5月13日)丙子 阅正谊书院经古课卷。隽威来谈。寄尧生编修书。是日晴,夜雨。

廿四日(5月14日)丁丑 发第十号家书,由上海托刘华亭转寄重庆。云台送《时务日报》来阅。紫璈有书,嘱为酌定《训蒙韵语》。隽威面交和余之诗。是日晴,夜雨。

廿五日(5月15日)戊寅 前萧龙友拔贡来拜,未见。昨遣人持帖谢步。清晨,旭庄太守面恳参校其祖父文勤公年谱。下晡,将书院课卷一百三十三本阅讫。张彦伯惠访。夜,隽威来谈。是日大风雨。

廿六日(5月16日)己卯 将诸卷覆阅一过。送仲公榜示。诣隽威、云台。接穰卿覆函,知建霞已于月之十二日入都复命矣。夜,隽威以石印曾惠敏、李苏邻墨迹见赠,据称乃其尊人意也。是日晴,

---

① 苏州布政使衙门位于明代大学士王鏊怡老园别墅,然此字似“即”不似“怡”,存疑待考。

枕上闻雨声。

廿七日(5月17日)庚辰 旭庄、衡甫先后来谈。致紫璈书,复作一笺送石孙行。翻林晋霞所评《学古堂日记》,多系校勘,无关宏旨也。云台和余前作。是日晨雨,午晴旋阴。

廿八日(5月18日)辛巳 隽威、金玉来谈。与仲公笺。夜赴元和署饮酒。紫璈准朔日行矣。是日晴阴,晡,大雨旋止。

廿九日(5月19日)壬午 寄字询费子一,当有报章。云台、隽威来谈。诣仲公话。是日晴阴,晡大雨。

四月

初一日(5月20日)癸未朔 撰与聂仲芳方伯论苏州设中西学堂书。隽威来谈。诣旭庄太守、少眉、云秋两观察暨彦伯,延至上灯,始赴葆臣大令饮。是日雨。

初二日(5月21日)甲申 卓午,造荫甫编修。晤盛旭人封翁,年八十五矣。较俞尤健,尚能步行二三里。寄子玖学使函。隽威凡三次过谈。是日晴。

初三日(5月22日)乙酉 阅佐杂官月课卷五十二本。隽威来谈。梅黍雨孝廉自京至,遣人送礼入署。是日雨,夜滋大。

初四日(5月23日)丙戌 黍雨来,共朝饭,遂与乘舟。先至蘧园,约彦伯偕游留园。归饮一枝春番菜馆。隽威过谈。寄穰卿、梅生、敬如函。是日晴,夜大雨。

初五日(5月24日)丁亥 清晨,云台来谈。仲方布政招饮,同座韩蔼堂、张介眉、黄定甫、叶听松、张砚铭,宾主甚欢。散后,复为诸君邀与同出,直至人定始归。是日阴,昧爽大雨如翻盆,隅中方止。

初六日(5月25日)戊子 寄杨叔峤侍读函。隽威来谈。晚与黍雨小酌。拟信稿二件。是日阴,夜半大雨达旦。

初七日(5月26日)己丑 朱竹石观察招饮,同座许豫生,罗少畊两观察，王旭庄太守，郑肖彭、林衡甫、郭南云三大令。斗酒自午至申始罢。造屺怀编修久谈。叶听松孝廉过访。隽威、云台后先来。是日阴晴。

初八日(5月27日)庚寅 作一笺致子渊编修，当有报章。饭后访黍雨不遇，遂独游元妙观及怡园而返。夜，饮吴县署，足疾复发，仍在左，几不能步，此后出必肩舆矣。是日晴。

初九日(5月28日)辛卯 肖彭惠顾，葆臣以年伯卞颂臣制军奏议见赠。夜，隽威过话。是日晴。

初十日(5月29日)壬辰 接穰卿复书。黍雨、砚伯偕来。隽威惠我。看《砚云甲乙编》，明人小说也。是日晴。

十一日(5月30日)癸巳 先君八十阴寿。旭庄过访。诣黍雨谈。拜豫生、少畊、子贞，均未遇。隽威、云台夜话。屺怀之室徐琴娟夫人为画长幅一条、团扇一柄，费代题款。有书至，当复之。致仲芳方伯笺。是日晴。

十二日(5月31日)甲午 晨起买舟，偕黍雨孝廉出盘门，至木渎登灵岩山。去则风日清美，归则灯月交辉。诵张孟晋“知是人生第几回”句，有同情也。是日晴。

十三日(6月1日)乙未 闻费幼丈于辰刻去世，当即往唁屺怀。夜，与隽威话。是日晴。

十四日(6月2日)丙申 看《西政丛书》。黍雨以笺属假鹰扬廿元。寄第十一号家书，并银百金。因旭庄赴沪之便，托其交德生义记汇渝。撰挽费幼丈联。是日晴。

十五日(6月3日)丁酉 清晨，诣桃花坞吊丧。晤述亭太守、子渊编修、云秋观察、葆臣大令。旋过黍雨孝廉送行。接旭庄太守笺。肖彭大令馈一品锅。隽威、云台来谈。作学堂议农政策各一通。是日阴，午大雨，少选霁。

十六日(6月4日)戊戌 豫生观察惠访。购藤儿一具。过仲芳方伯谈。是日晴，夜月甚明。

十七日(6月5日)己亥望　日库使及理问枉拜,未见,当走答,失记。隽威来谈,造少畊观察,坐久之,乃访松本精轩论诗,并晤片山浩然,皆日本国人也。看李莼客《越缦堂骈体文》常熟刻本。是日晴。

十八日(6月6日)庚子　和松本精轩五言诗一首。饭后,诣云秋、豫生两观察及荫甫编修谈。与隽威夜话。是日晴。

十九日(6月7日)辛丑　晡,仲芳方伯来,久谈,其宅心之厚,见理之明,可佩也。拟函稿成,适云台至,遂交渠转达。是日晴。

二十日(6月8日)壬寅　接罗叔蕴、蒋伯斧及刘华亭函。豫生观察有书至,当复之。子贞太守来谈。叠松本前韵。渠亦有和余之作。隽威、云台咸集。是日晴。

廿一日(6月9日)癸卯　豫生观察招饮舟中,留园约子渊编修与俱。午出亥归。是日晴,晨雨晡又作,旋霁,大风。

廿二日(6月10日)甲辰　诣屺怀、子渊书。偕隽威于饭后游怡园,中途遇少眉,立语而去。复买舟出阊门,在留园流连久之,日落始入城。饮一枝春楼上。是日晴。

廿三日(6月11日)乙巳　戏和豫生观察诗韵。隽威来谈。晡,访少眉观察,遂游学古堂沧浪亭而归。是日晴。

廿四日(6月12日)丙午　阅佐杂月课卷。诣屺怀。遇旭初,访玉山人。贺荫老文孙阶青探花及第之喜。旋赋七律一章诒之。是日雨。(隽威来谈。)

廿五日(6月13日)丁未　与豫生观察有字往还。叠前先字诗韵。夜,为隽威携稿去。是日晴。

廿六日(6月14日)戊申　录旧作古近体诗五十一首于纸。与少眉笺。接本月初九日家报,暨尧生编修、棣生女倩函,以拙刻赠听松。夜与隽威话。是日晴。

廿七日(6月15日)己酉　少眉观察有书至。隽威来谈。接穰卿进士函。是日阴,时有小雨。

廿八日(6月16日)庚戌　复穰卿书。豫生和前贺曲园文孙及第诗。隽威、云台后先过我。是日晴,微雨止还作。

廿九日(6月17日)辛亥 作一笺致松本,亦当有复函。隽威云将发湖南信,因寄王壬父孝廉、王益吾祭酒书。是日晴。

三十日(6月18日)壬子 隅中,邀豫生同过少眉看书画。复与云秋偕往,晤钱伊甫观察。日将落始归。过听松小坐。致竹石笺,当有复字。隽威来谈。是日晴。

五月

初一日(6月19日)癸丑朔 述亭太守代肖彭大令乞撰其太夫人七十寿序,以近诗质云秋观察。前在上海,杨范甫孝廉曾具说帖,言竢实学堂经费一事,久搁箧中,顷始检得,当作一笺送仲方藩伯阅之。立有还翰,如余所议,许其第三、四两条也。是日晴。

初二日(6月20日)甲寅 寄眉荪函。云秋有字至。接穰卿复书。仲公赠荔枝。隽威、云台后先诣我。是日晴。

初三日(6月21日)乙卯 云台来言,垫付《农学报》费一事。适接叔蕴、伯斧函,立复之。独游三茅观。夜与隽威话。是日晴。

初四日(6月22日)丙辰 葆臣大令送角黍、熏肉。夜,隽威出农学会报函相示,催费故也。是日晴而风。

初五日(6月23日)丁巳 云台、隽威先后来邀,饮节酒。晤李晓帆茂材。席罢,与仲公方伯长谈,旋同诸郎乘舟至青阳地跑马车。复步行登某氏楼听歌,返署将上灯矣。隽威挈其四弟管臣见过。接子璈、璧生两大令函。是日雨。

初六日(6月24日)戊午 隽威以《曾惠敏公遗集》见贻。诣衡甫大令,贺其嗣君炳章留馆之喜。晤吴仓硕[①],其铁笔甚工,闻名久矣。访子贞太守久谈。遇少畊观察,遂邀过伊寓中小酌。夜归,知晡

---

① 吴仓硕,即吴昌硕。

间仲公有事相商,因即往叙,并敬瞻其尊甫年伯遗像。是日雨。

初七日(6月25日)己未 拟稿一件。饭后,视屺怀,遇述亭,访朱石豫生不遇。夜,隽威来谈。农会寄所制美犁一具至苏,当告云台同往观之。是日阴晴。

初八日(6月26日)庚申 昌石、衡甫来谈,拟稿二件。致云秋、少眉笺。隽威以袁爽秋《浙西村舍丛刻》出观。是日晴。

初九日(6月27日)辛酉 清晨,仲公邀往议事。作郑母李太恭人七秩寿序。偕隽威、彦伯饮三茅观巷。未初出,酉初归,可谓神速矣。发第十二号家书,交邮政局递重庆。夜,与隽威言人隐事,口过宜戒。是日晴。

初十日(6月28日)壬戌 昨二更后,仲芳方伯以停止八股改试策论上谕出示。今晨,云台来,不胜欢欣鼓舞。接前月廿五日鹏儿禀。作七律一首,寄怀加藤义三。夜,隽威持某君所撰寿言属为改定。是日晴,下晡,微雨旋止。

十一日(6月29日)癸亥 发第十三号家书。入市,购苏州城厢图。接肖彭大令函。是日晴。

十二日(6月30日)甲子 晨,诣述亭太守、仓硕别驾、豫生观察,均晤谈。饭后,库使谢岳崧过访。夜,隽威与管臣偕来,并和余寄加藤诗原韵二首。是日晴。

十三日(7月1日)乙丑 食时,挈二周泛舟昌门,游留园,日落入城。彦伯共晚饭。是日晴。

十四日(7月2日)丙寅 葆宸有字往还。午后诣荫老长谈。吃面讫,乃赴豫生席。晤黄海楼观察,左文襄旧部也。同座蔼堂、云秋、伊甫,饮酒颇多。归即寝,旋为奴子呼起。阅信则易由甫孝廉手书,当作数字覆之。是日晴。

十五日(7月3日)丁卯 晨,过蘧园,与由甫谈,少眉匆匆一晤。早面后,遂约易六买舟出游,薄暮借一枝春番菜馆为渠作生辰,返署将二鼓矣。是日晴。

十六日(7月4日)戊辰 代仲公润色《邳州孔刺史母何太夫人寿言》。由甫、云台先后来谈。夜,作一笺致隽威。是日晴。

十七日(7月5日)己巳 旭初观察有字至。叔由来,同早饭,遂与出城,徜徉于青阳地租界内,日落回舟。复饮三茅观前,三鼓乃归。得隽威报章,盖新抱清恙也。是日晴。

十八日(7月6日)庚午 申正,由三茅观赴恽季文家,为叔由牵率,上灯后始至吴县,践少畊、葆宸之约。豫生、雪庭、宣甫、南云已入座矣。述亭有字往还。是日晴。

十九日(7月7日)辛未 晨,云台来谈。饭后由甫邀同吴文鹿孝廉、杨襟山大令泛舟阊门,落日登虎阜,返署已二更矣。是日晴。

二十日(7月8日)壬申 圆妙观拍照讫,赴文幼峰饮。叔由、文鹿先后至。散席复折回三茅观,临崖勒马,危矣哉。黄昏驰去。与隽威夜话。出考通同州县月试题论与告示各一。是日晴,晚,雷雨旋止。

廿一日(7月9日)癸酉 润色云台所著论,适其晚间过访,遂付之。隽威借《砚云甲乙编》。是日晴。

廿二日(7月10日)甲戌 晡,游三茅观。晚,赴少眉席,假座恽宅。叔由早到,谒季文之太夫人焉。是日晴。

廿三日(7月11日)乙亥 与由甫有字往还。晚,步行观市,二更入房,炎气犹炽。是日晴。

廿四日(7月12日)丙子 晨,答谢岳崧拜后,诣云秋谈,晤少畊焉。过叔由话。少眉留午饭。荆山邀同文鹿泛舟阊门,游留园。夜饮凤皇衖①高家。是日晴。

廿五日(7月13日)丁丑 由甫有字往还。接农学会函。当作一笺转致仲公。夜,隽威来谈。是日晴。

廿六日(7月14日)戊寅 翻黄庆澄《东游日记》一过。范甫孝

---

① 凤皇衖,即凤凰巷。

廉自无锡来访。夕,应叔由约,造恽宅谈,闻昆曲。入座饮数钟即归。是日晴。

廿七日(7月15日)己卯 幼峰、由甫偕来,遂邀至一枝春小饮。晡,浮瓜于三茅观。晚,诣恽宅同易赴葆宸席,晤黄仲苏大令,儒吏也。是日晴。

廿八日(7月16日)庚辰 为文鹿、襟山、由甫、幼峰饯行,已初出胥门,登舟游于盘葑间。亥初返署。接鹏儿禀、七弟函暨逢辛观察书。是日晴。

廿九日(7月17日)辛巳 发第十四号家书,并复逢辛一函,均托德生义转寄。接西荟芳周信二纸,殷殷询建霞与由甫笺。隽威夜话。是日晴,下晡,雷雨旋止。

三十日(7月18日)壬午 将有上海之行。诣三茅观前小坐,遂辞叔由、少眉归。检行李。仲公约谈。拟禀一件。漏二下始登胥门舟中。渭璜、少云、石孙已先到。子正就枕,挥扇久不寐。留书许豫生观察。是日晴。(隽威、云台均尝过从)

六月

初一(7月19日)癸未 黎明,仲芳方伯登舟,遂开轮,晤蒋椒卿大令,查办法界事之随员也。黄昏抵上海,当迁入天妃宫行台。是日晴。

初二日(7月20日)甲申 清晨,少畊观察晤谈。椒卿偕邓鸣谦郡丞过访。饭后,诣陈润夫、何梅生、郑苏盦、李伯元、陈敬如、罗叔蕴,均会。归途遇汪穰卿。返行台,与仲公立语久之。黄昏时出,寻曾敬诒,因与饮。逢胡翔青,询伯浩消息。是日晴。

初三日(7月21日)乙酉 昨鸡鸣始寝,起较迟。穰卿、敬诒、翔青来谈。汪面责仲,有古人风。椒卿回苏,造刘华亭、龚怀西于德生义记。接鹏儿禀。夜,润夫过话。少畊与袁海观太守偕临。袁曾任上海，别八年矣。是日晴。

初四日(7月22日)丙戌　晨，迁洋务局，与仲公连床。饭后，访敬诒于时务报馆，遂同游衍。晤叔由、幼峰，饮海天春。复践曾及穰卿清和坊之约。酒罢，偕敬如在燕庆里小坐始归。是日晴。

初五日(7月23日)丁亥　食时，由甫乘马车来，约与同坐，遂访海观太守，与少畊不期而遇。一品香早饭，尚仁里小憩。偕易及姚寿慈孝廉，重赴一品香践袁之约。罗亦在座，并晤何诗孙观察。复于幼峰席间逢张炳枢郡丞，其尊人尝令蜀，乃先公故交也。是日晴，未申大雷雨。

初六日(7月24日)戊子　少畊观察来谈。今夜回苏。晡，过敬如，与之偕出。遇叔由于途，代魏藩室招饮，小坐，即邀敬诒往海天春，小酌各归。是日晴，时有小雨。

初七日(7月25日)己丑　于官厅遇少眉之甥鲁介彭，因论萧履安事。蒋伯斧来谈。看孝达尚书《劝学篇》。是日晴。

初八日(7月26日)庚寅　昨，寄隽威函及拟覆盛京卿咨，并失记。伯元来谈。晚，立局门树下，看游张园马车。是日晴。

初九日(7月27日)辛卯　过穰卿谈。是日晴。

初十日(7月28日)壬辰　无所事事，殊为闷损。是日晴。

十一日(7月29日)癸巳　朝饭后，践敬如之约。复同敬诒、伯元游衍。晚，蒋伯斧、汪甘卿招饮万年春，同座穰卿与王君九。人定始归寓。是日晴，午未大雨。

十二日(7月30日)甲午　夜，与少云、石孙游张园看影戏，遇门人张玉如，坐谈良久，同观焰火。是日晴。

十三日(7月31日)乙未　寄蔡伯浩观察函。翻薛叔耘笔记一过。偕敬如诣敬诒午饮。新北门购眼镜。拟禀稿。是日晴。

十四日(8月1日)丙申　饭后，乘马车出，在华亭处小坐。诣梅生、苏堪久谈。访张季直殿撰，噻论一时许。乃偕敬诒游张园，归饮万家春，并招伯元、云峰焉。是日晴。

十五日(8月2日)丁酉 清晨,季直殿撰来久谈。晚,镜诒[①]副郎招饮,同座袁榆生观察,曾文正婿也。敬如、海观外尚有二客,皆湘人。是日晴。

十六日(8月3日)戊戌 蔡二源太守同晚饭。是日晴。

十七日(8月4日)己亥 玉如来谒。拟信稿一。晡,幼峰约游张园,上灯方散。四马路遇萧申甫大令及门人李义安,盖亦自京引见到此,将需次江西。是日晴。

十八日(8月5日)庚子 昨夕饮一品香,失载。陈子钧观察、蓝子方大令偕德生义刘、程二君见访。夜登书馆。是日晴。

十九日(8月6日)辛丑 清晨,门人李义安大令来谒。汪渊若编修有字至,当复之。饭后,诣子方、华亭、丽生、景张、怀西谈。下晡,偕申甫、义安游张园,晤李体乾、莫仲武、宋叔。旋为陈杏村邀往吉祥春小酌。文幼峰招饮味纯园,不及赴也。敬诒同大餐。接尔鹏禀及隽威函。是日晴。

二十日(8月7日)壬寅 午,赴敬诒海天春之招,同座敬如暨李少眉父子。散后游张园,晤榆生、仲武、宋叔、炳枢、鸣谦、体乾、伯元、杏村、申甫、义安。晚,华亭、丽[②]生邀饮一品香。萧、李、曾及子方咸集。是日立秋,忽晴忽阴忽雨。

廿一日(8月8日)癸卯 拟禀稿一。昨早,子渊编修来谈,明日将回常,未克走答,以一书贻之。偕少云、石孙游愚园、张园。晚,赴敬如饮,同座少眉、敬诒。乘轿归。是日雨,午霁,夜又作大风。

廿二日(8月9日)甲辰 饭后出门拜客,仅晤敬诒、穰卿。旋游张园,与少眉不期而会,又遇仲武、宋叔。晚,饮海天春,李作主人,曾、汪、陈外,余复代邀子渊。是日风雨。

廿三日(8月10日)乙巳 昨晨濯足时,适郭南云大令来谒方

---

① 镜诒,即敬诒。

② 丽:旁又书“仪”字。

伯，不及趋避也。晡，借杏郇小车赴燕庆李家，会敬如、敬诒、少眉诸君，并为作一笺致茂轩、叔乔。诣申甫谈。是日雨。

廿四日（8月11日）丙午　发第十五号家书暨致金赓虞函，均托德生义寄。又作一笺与少畊观察、子渊编修，当有报章。海观太守、伯斧茂材来谈。少畊将回江宁。过访仲公，留共晚饭。拟禀稿一件。是日晴，晡雨旋止。

廿五日（8月12日）丁未　下晡，偕石孙愚园听戏后，薄游张园。是日晴。

廿六日（8月13日）戊申　寄瞿子玖学使、李紫璈大令书。晡，石孙、少云邀往愚园听戏，仍游张园。夜，杏郇招饮，同座伊峻斋、陈子钧、萧岷生、李义安、曾敬诒。是日晴，连朝秋热。

廿七日（8月14日）己酉　接鹏儿禀。日昳，偕子方访沈，遂同游张园。晤龚禹宾观察、张炳枢郡丞暨岷生、义安、玉如诸人。晚，招伯元、敬诒饮海天春。是日晴，晡雨旋霁。

廿八日（8月15日）庚戌　与江建霞有字往还。夜，集尚仁中，邀灵兼、子钧、敬诒、穰卿、杏郇、峻斋饮。接葆宸书。是日晴。

廿九日（8月16日）辛亥　答葆宸书。作一笺致炳枢及幼峰。晡，与石孙出游。夜赴一品香，应伊峻斋、陈子均、龚景张之约。奔驰三处，颇形劳碌，可噱也。晤建霞、敬诒、穰卿、子方、仲虞诸君。复与蹇仲常久谈，黎莼丈戚，重庆旧识。是日晴。

七月

初一日（8月17日）壬子朔　下晡，偕少云游张园。晤钱晋甫及子方、岷生、炳枢、仲常。晚，文幼峰招饮一品香。是日晴。

初二日（8月18日）癸丑　寄赓虞、茂轩、叔峤书。敬诒来邀，同凤夔九太守游张园，听貌儿戏。来往皆步。晚，赴日新里子钧之约。穰卿复招饮楼上，建霞到最迟。归已子初矣。是日晴，夜大雷雨。

初三日(8月19日)甲寅 致梅生太守、建霞编修、子钧观察笺。幼峰刺史来谈。是日雨。

初四日(8月20日)乙卯 接梅生复函。致敬诒、穰卿、华亭笺。蔡二源、伊峻斋、陈杏邨晤谈。陈润夫约在鹤鸣茶园听夜戏。子初，登大王庙舟，仲公旋亦到，寅初开轮。是日晨晴，旋阴雨。

初五日(8月21日)丙辰 申正舟抵胥门，当即入署。接梅生书并苏堪诗幅。又紫璈复函，云子玖侍郎拟举余经济特科也。隽威、云台来谈。是日晴。

初六日(8月22日)丁巳 答紫璈书。旋又接其在前一信。得笵甫孝廉、少畊观察书。晡，诣三茅观巷，访玉山人。与季文有字往还。阅州县各官月课卷讫。听松来谈。是日晴。

初七日(8月23日)戊午 幼峰刺史来，共午饭。诣衡甫大令、述亭太守、云秋观察谈。遂赴季文舍人席。其尊上洗蕉老人以近诗出示。饮至二鼓乃归。是日晴，夜月。

初八日(8月24日)己未 昨，陆荫宇大令面约一局，申刻先往其宅拜之，乃共出饮。亥正回。清晨，云台奉仲公命，持稿来商。夜，隽威过访，相左。是日晴，晡雨旋止。

初九日(8月25日)庚申 阅《学古堂日记》。诣葆辰大令、荫甫编修、竹石廉访、谱琴庶常谈。与荫宇有字往还。隽威夜话。次韵竹老《读大苏集》七律一首。是日晴。

初十日(8月26日)辛酉 接子璈复函。下晡，访玉山人，日落始返。夜，隽威以黄仲苏《辨新学伪经考》出观。是日晴。

十一日(8月27日)壬戌 清晨，石蕠来谈。日昳，云台代其外舅托觅馆师。晚，招李少眉、陆荫宇、王幼畊、恽季文、支仲云、叶听松、张砚农饮玉山人家。散后，带醉至凤皇衖小坐。是日晴。

十二日(8月28日)癸亥 寄门人邓晴皋、高石芝二孝廉书。拟信稿一。隽威来谈。致仲公笺。饭后，子渊编修约在鸿福楼茗话。旋诣费宅，看屺怀于苫次，语良久。季文有字至，盖录其太夫人七律，意在索和也。是日晴。

十三日(8月29日)甲子　作一笺致少眉,当有复字。寄紫璈大令、子钧观察书。岳崧、听松先后来谈。夜饮账房,与隽威昆仲话。仲公方伯属拟武科改制详稿,竹石廉访有函相推也。南洋六条殊无取。是日晴而风。

十四日(8月30日)乙丑　莫宋叔有字至,当复之。岳崧邀与同出,遇仲苏大令,立语而去。遂与步月久之。是日晴。

十五日(8月31日)丙寅　寄金赓虞书。托刘华亭转达。彦农来,共晚饭。夜,与隽威、管臣话,所谈皆时务也。是日晴。

十六日(9月1日)丁卯　述亭太守来谈。拟《武科改试枪炮》详稿成。岳崧招饮九曲里。酉往子归。少眉观察有书至。是日晴。

十七日(9月2日)戊辰　有程遹号子骏者,云是辛亥年家,昨来拜,谢之,今晨又至,遂延入,果有所干也。仲公约过闲谈。夜,与隽威话。发第十六号家书。竹石廉访致方伯函,于拙稿大加揄扬。是日晴。

十八日(9月3日)己巳　清晨,衡甫大令来谈。成诗一首。复少眉笺。荫宇次先字韵两律颇佳。阅紫阳书院课卷。接鹏儿禀。是日晴。

十九日(9月4日)庚午　购得《杜樊川诗集》。作一笺致松本精轩。夜,竹石有字至,当复之。隽威和作诗,旋来话。是日晴。

二十日(9月5日)辛未　云(谈)[台]来谈。季文和昨诗。下晡,诣玉山人。归过听松,坐良久。看富阳夏伯定《悔言》。是日晴。

廿一日(9月6日)壬申　晨,仲公约谈。饭后,隽威奉命持稿相商。少梅次余和竹石韵。接鹏儿禀。寄赓虞华亭函。家报称此届重庆岁试,及门诸子获取高等者二十馀人,入庠新生亦复不少也。是日晴。

廿二日(9月7日)癸酉　清晨,长婿张棣生之叔父会叔亲家自日本归,特来相访。下晡,走答并邀其友查玉阶同至三茅观前小饮。

颜麟阁、谢岳崧、支仲云上灯后始到。玉山人意颇殷勤,要当持以定力耳。是日晴。

廿三日(9月8日)甲戌 季文昨有诗来。麟阁、玉阶、宋叔先后过谈。以宫岛大八、松平康[①]国文示隽威。午饭讫,诣会叔,同乘小舟游留园、虎邱。夜归,饮阊门酒楼,带醉别去,抵署已二鼓矣。阅电钞,为叔峤喜。是日晴。

廿四日(9月9日)乙亥 阅紫阳书院课卷讫。听松以改立学堂详稿一件面商。夜,与隽威话。是日晴。

廿五日(9月10日)丙子 饭后出门,在凤皇街小憩。遂至玉山人家候会叔。上灯时,始赴盛泽码头,应麟阁之招。晤萧惠农观察,仲公之亲家也。是日晴。

廿六日(9月11日)丁丑 昨紫璈有字来,今晨始接得,盖其自江阴至苏时,子玖侍郎面属致候,且速北行,此事殊费踌躇也。拟批顾光昌请改学古堂为师范堂禀。葆辰以书相贺,当答之。下晡,会叔偕查翼甫郡丞过访,久谈,遂与同赴宋叔席,晤赵仲莹修撰。二更返署,作诗送会叔。是日晴。

廿七日(9月12日)戊寅 清晨,与紫璈大令于官厅中晤语。饭后,诣屺怀编修久谈。至玉山人处候会叔亲家。玉阶刺史同赴凤皇街高家饮酒,宋叔踵至,盖余为张、查饯行也。极欢而散,呼门乃入。是日晴,下晡微雨。

廿八日(9月13日)己卯 寄茂轩比部书,昨发,今补记。竹石廉访招陪沈爱苍观察。午初赴约,同座许豫生、福和笙,至仲芳方伯则亦主人也。未正,先离席。于玉山人处与会叔同登舟,玉阶偕行,抵青阳地。宋叔、楚生已久候。遂登利园酒楼话别,及送会叔返船,

---

① 康:原误作"麟",后旁改作"康"。按宫岛大八是近代日本汉语教育史上著名的汉语教育家,曾留学中国,师从张裕钊,东归后,在日本创善邻书院,松平康国曾在其中教授汉学。

则小轮已开矣。于是仍回周家。戌正，余复践豫生约，饮九曲里，爱苍及余共眷人甚相昵也。沈旭初、朱诜伯、王鹿峰同座。子初散。与会叔同榻玉山人处，生平未借宿狭斜，此四十年第一次也。是日阴，晚晴，午微雨。

廿九日(9月14日)庚辰 晨，诣豫生。督销局送爱苍行。爱苍以诗赠别。与衡甫同朝饭，郑重而别。返周家，陪会叔小饮。挈玉山人同买舟相送出城。查玉阶、钱冠瀛、片山、浩然均到。余候至黄昏开轮，乃与会叔分襟，望其过吴门桥，始回。夜，隽威来谈。罗少畊观察两次惠访，皆不值。闻午间已解维至上海矣。是日晴。

三十日(9月15日)辛巳 发第十七号家书。寄建霞京卿函。阅正谊书院经古课卷。是日晴。

光绪二十五年(1899)己亥

七月

初一日(8月6日)丙午朔 清晨,蒋筠轩观察、林镜如大令先后过谈。未初入署。王新甫送像片来。读《史记》、杜诗。下晡,诣秦稚樵,赴其门人章厚卿席,同座少瀛暨张春山、吴荔邨、陆观甫、张松山、王勉斋,共九人。戌正归。是日晴。

初二日(8月7日)丁未 上乐峰制军书,论整顿中西学堂事宜。午正,诣镜如一谈。遂入署,勉斋辞赴永川幕,当往送行,并造春山、厚卿、松山、稚樵。酉初归。阅李杜生大令《寿鹤山房四六文集》,略为加墨。接沈鲁青太守函。是日晴。

初三日(8月8日)戊申 早起,周孝怀副贡将有东洋之行,来辞。辰正往昭觉寺,应夏朗溪军门、王爵棠方伯、蒋筠轩观察之招。刘幼丹、潘晟初二观察亦在主人之列。吴子修学使先到,伍嵩生、罗扬庭两山长踵至。谈宴甚欢。戌初入城,接井户川辰三函。与罗桐侯司马夜话。作一笺慰叶敬叔丧弟。是日晴。

初四日(8月9日)己酉 门人陈生崇功新食廪饩,衣冠入见。徐静庵大令两次来拜,均拒之。兹又走访,不能不一会矣。食时,朗溪军门来久谈。作昭觉寺诗,次小罗浮山馆韵二首。未初入署,春山过访,代荔邨转托一事。与子修学使有笺往还。批呈二件。酉初,赴刘季良席,汪朗斋主政、陈紫钧观察、周宝臣刺史同座。亥初归。接孙仲海孝廉函,当复之。是日晴,夜雨旋止。

初五日(8月10日)庚戌　观甫有字至,因夏陶园百期,其弟在文殊院诵经,约同往吊。遣人送奠仪。作一笺与爵棠方伯。造琅溪军门答拜。孝怀明经送行,均晤谈。与胡雨岚编修不期而遇。寄赵尧生编修书,并答井户川星北函。是日晴。

初六日(8月11日)辛亥　接爵棠方伯复函。致幼丹笺,索书屏幅。为门人陈定西改论一首。未初入署,访春山未遇,过少瀛、观甫谈。以陈子武事托乐帅,许为属藩司寓书东道。酉初归。子修学使有诗至,当即裁答。旋枉报章。紫钧过我。镜如将赴江油任,来辞,为作一笺与吴容普太守。是日晴,夜半小雨。

初七日(8月12日)壬子　清晨,子修学使来,久谈。黄子权过访。未正入署,陈小平、邓雨人两大令偕来,荔邨、春山先后过谈,乐峰尚书招与言事。下晡,赴春山席,同座徐季同大令暨少瀛、观甫、稚樵、荔邨、雨人。戌正归。是日晴阴。

初八日(8月13日)癸丑　午初出城,至双孝祠,盖马绍相广文招饮也。同座有文翰臣、杜成轩、包铁孟三校官。酉初入城,造嵩生编修一谈,乃归。接罗少畊观察、潘幼畲太守书。杜生大令连有三函,凡四叠腰字韵诗,当作一笺复之。罗莘农明经偕门人吴筱湄孝廉过我夜话。是日晴。

初九日(8月14日)甲寅　昨,晟初观察以某面托,复申之书。兹作一笺答之。与祝彦和有字往还。叠腰字韵赠子修学使,旋获报章。未初入署,以少畊函送乐帅一阅。蔡杏衢巡捕索和自寿诗。雨人来谈。少瀛、稚樵属代定酒席,拟信稿二件。酉正归。仲海孝廉过访。是日阴雨。

初十日(8月15日)乙卯　爵棠方伯、筠轩观察赠《四川忠义总录》,全部以之转贻紫钧。午初,造子修学使谈,筠轩踵至,坐一时许,始入署。过文案处,小作勾留。乐峰制军招与言事。季同邀共少瀛、春山、稚樵、荔邨、观甫饮。戌正归。是日晴阴。

十一日(8月16日)丙辰　四叠前韵和子修寿幼丹之作,并以四友遗诗诒之。午正诣紫钧、定西昆仲,坐良久。乃赴子权相国祠之招,同席曾松乔、陈子臧、林梦秋、陈子武、俞子和。戌初归。松乔旋过访。是日晨雨,午晴。

十二日(8月17日)丁巳 徐问涛书记、李杜生大令、李叔芸太守、伍嵩生编修先后来谈。五叠前韵,简爵棠方伯。未初入署,子修学使有字往还。贺春山纳宠。少瀛、稚樵、观甫公饯季同,招余与张、吴作陪。戌正归。是日阴,夜半雨。

十三日(8月18日)戊午 子修学使叠韵见赠。与杜生有字往还。录近诗质王咏斋丈,盖昨于江楼遇儿子尔鹏,属其缮呈也。晡,子权邀饮松乔宅,子武亦在座。初更归。幼丹观察有函至,并两和拙作。筱湄以所撰某君寿文就正。是日晨雨,晚晴。

十四日(8月19日)己未 晟初来谈。与咏斋有字还往。复幼丹昨笺。午初入署,置酒习静轩,招季同、少瀛、雨人、春山、稚樵、荔邨、观甫饮。戌正归。爵棠方伯和余前韵,并以赠子修学使诗见示。是日晴。

十五日(8月20日)庚申 陈声祝带领綦江陈生大观挚见。刘小舲大令来谈。作一笺与筠轩观察。午正出门,答拜李春如太守、沈伯梣观察,均晤。未正入署,批呈一件。诣春山、稚樵、少瀛。酉初归。紫钧遣人两次相邀。晚饭后,点灯往,始知曾敬诒副郎、凤夔九太守自京至,遂留共饮。漏二下回。接周云崑观察诗简。是日晴,夜月甚明。

十六日(8月21日)辛酉 夔九太守来拜。敬诒副郎过访,遂留朝饭。拟折稿一件。接涪州胡孝博刺史函。申初,爵棠方伯招饮,陈紫钧、潘晟初两观察、汪朗斋主政、傅源叔庶常、宋赓平副戎同座。散后,爵公复留语久之。戌正归。是日晴。

十七日(8月22日)壬戌 拟折稿一件。朗斋农部、云崑观察先后来谈。未初,赴薛涛吟诗楼,应伍嵩老、马绍相、周宝臣之招,宝臣以病未至。陈紫钧、罗扬庭、赵汉卿、汪朗斋同座。酉初归。是日晴。

秋气颇燥。

十八日(8月23日)癸亥 吴伯熙来谈。六叠前韵赠爵棠方伯兼简子修学使。午正入署,诣乐峰制军言事,坐良久。少瀛奉其尊人命,饯季同,请余等同饮。马丕卿大令相邀,已辞之在先。戌初归。敬诒驾部、紫钧观察偕访。接何佑襟大令复函。五弟亦有书至,当草三纸答之。是日晴。

十九日(8月24日)甲子 接齐敬斋太守函。未初出门,答汪朗斋、蓝子彦、曾敬诒、陈志钧,均晤谈。孙仲海招饮龚氏园,有伍嵩生山长、李仁宇太守在座,游谈久之,乃辞去。复拜客数处,酉正归。是日晴。

二十日(8月25日)乙丑 杨幼畬大令来谈。作一笺,寄杨守鲁亲家。午初入署,季同来辞行,旋往送。晤少瀛、观甫、雨人,小苹、杏衢诸君。造春山、稚樵谈。诣乐帅言事。批呈三件。酉初,赴紫钧饮,夔九已悻悻去。敬诒强作主人,定西及鹏儿侍。亥正归。是日晴。

廿一日(8月26日)丙寅 爵棠方伯暨徐莼翁均和余诗。子权来谈。晟初观察有字往还。申初,赴藩署饮,同座敬诒、紫钧、云崑、筠轩,酉正归。稚樵贻书,告以议增脩金一节,当复之。筱湄过我夜话。是日晴。

廿二日(8月27日)丁卯 朝饭讫,入署。春山、少瀛、荔邨、小苹、雨人来谈。过稚樵小坐。乐帅遣人相招,语良久。申正,赴马丕卿刺史席,同座雨人、小苹,外有荣仲文直刺、赵季芗大令。戌正归。复与曾棣森、郝丹初夜话。是日晴,三更雨,旋止。

廿三日(8月28日)戊辰 敬诒同至志古堂一行。晟初、朗斋、紫钧先后来谈。稚樵、观甫有字往还。致爵棠、方伯书,旋获回简,约明朝晤商。翻《翼教丛编》,议论多相合。是日晴,夜雨。

廿四日(8月29日)己巳 清晨,筠轩观察来谈。午正,诣爵棠方伯,适已枉拜,相左。遂访冯慰农、徐莼垲,并晤李叔芸、曾敬诒、王海槎、潘晟初，留共小酌，待爵公回。申初始入署，造乐峰尚书一谈，春泉亦在座。福持斋前遇少瀛、荔邨、小苹、雨人。电贺聂仲方护苏抚喜。酉正归。是日晴阴，夜半雨。

廿五日(8月30日)庚午 游草堂寺杜公祠，盖观甫宴敬诒、紫钧二君也。余与雨人、小苹、杏衢作陪。午正往，酉正归。夜，与棣森、丹初话。是日阴晴，晨小雨，夜又作。

廿六日(8月31日)辛未 朝饭后入署，诣稚樵、春泉谈。午正，赴紫钧、宝臣江楼之约，曾敬诒、伍嵩老、严瀑琴、傅沅叔已先到。酉初归。杨稚鲁有信至，又接聂隽威函并小照一张。夜，闻赖耘芝观察之家督[1]雪言夭折，为之凄然。是日阴，午雨旋止。

廿七日(9月1日)壬申 清晨入署，贺乐帅之夫人初度。稚樵处朝饭，薄饮微醺。制军招与言事。杨玉如、陆观甫来谈。晚，入席，同人咸集，少瀛陪。夜归，接杨守鲁亲家、吴蓉圃太守函。是日阴，夜雨竟夕。

廿八日(9月2日)癸酉 幼畬来谈。饭后，观甫过我，偕赴协同信赵栋臣处践敬诒之约。晤宝臣、紫钧、荛垲、晟初、慰农，暨李芋卿、魏伯琴诸君，连席轰饮，大醉。夜归。是日雨。

廿九日(9月3日)甲戌 隅中入署。旋偕春泉、荔邨、观甫赴相国祠，盖稚樵邀陪彭时甫饮也。下晡，应伍嵩生编修之招，同席敬诒、紫钧、朗斋，黄昏归。是日雨，晚晴，夜又雨。

三十日(9月4日)乙亥 拟通饬札稿一件。刘小舲、赵栋臣、马绍相来谈。午正入署，乐帅招与言事。敬诒过访，适慰农代海槎、伯琴、芋青邀饮，遂同诣藩署。酉正入席，亥初归。作一笺与棣森，促恒聚荣号移徙。是日雨，夜滋大。

---

① 家督：指长子。

八月

初一日(9月5日)丙子朔 午初,诣曹仲惠观察贺喜,晤谈。出门遇云崑,彼此拱手而去。遂赴紫钧早面。敬诒在定西书斋,为鹏儿翻译英文照会。未正席散。入署,过春泉小坐。批呈二,拟稿一,酉正归。是日晴,夜半雨。

初二日(9月6日)丁丑 接朱少英、叶飞卿函。未正,过子臧小坐。遂赴相国祠爵棠方伯席,朱登瀛观察已先到,敬诒兵部、紫钧观察、崧生编修踵至。酉正归。是日阴,夜雨。

初三日(9月7日)戊寅 清晨,敬诒、东旋偕紫钧过我,因留小酌,遣鹏儿往送江干。次蔡杏衢六十自寿诗原韵六首之二。未初入署,诣乐峰尚书一谈,并造小苹、稚樵。酉初,赴小舲席,亥初归。是日阴雨。

初四日(9月8日)己卯 孙玉仙郡丞以诗见赠,由观甫交来。傅沅叔庶常过访。午正入署,批呈二件。春泉来谈。申正赴曾迪勇大令席,同座杜生、雨人、杏衢、小苹。亥初归。接紫钧观察函,当即裁复。是日阴雨,夜滋大。

初五日(9月9日)庚辰 与紫钧有字往还。松乔、栋臣来谈。午正入署,乐帅招与言事。造稚樵、春泉、荔邨、观甫、少瀛,均晤。作一笺致晟初,申正归。仲惠观察过访。是日阴,时有小雨。

初六日(9月10日)辛巳 成五言律一首,送李杜生大令之合江任,并以费刻景宋本唐诗二册诒之,当有报章。春如太守来谈。午正,赴相国祠,践伍嵩生、罗扬廷两山长、傅沅叔庶常、汪朗斋户部、陈紫钧观察公宴王爵棠方伯之约。申正归。接邹耿光大令函。是日晴。

初七日(9月11日)壬午 黄子权过访。次徐莞阶五十自寿诗六首之二,又步周云崑观察东征凯旋原韵。作一笺致王爵棠方伯。

饭后,吴筱湄入见。午正,答赵栋臣拜,小坐即入署。春泉、观甫、稚樵、少瀛先后来谈。拟稿一件。酉初归。接沈鲁青函,当复之。夜,与杜生话,甫去,迪甥至,明晨将赴叙州办理保甲也。是日晴。

初八日(9月12日)癸未 接王方伯覆函。包弼臣广文来谈。午正入署。荔邨、春泉过我。诣雨人、小苹。阅考吏攒卷四十一本讫。酉初归。作奉贺爵公开府三晋诗一首,盖新得京电也。杜生有书至。是日晴。

初九日(9月13日)甲申 晡,紫钧观察来谈。爵棠中丞和余昨诗,遂于申初往贺,并以入川近作见示。酉正乃回。是日晴阴,夜半雨。

初十日(9月14日)乙酉 罗莘农自嘉州返,以蜡像诒我。孙昌蕃椒侯来拜。午正,诣紫钧、定西。未初入署,闻观甫得电局总办差。同少瀛、镜宇昆仲登文昌阁看演洋操。造乐公制军暨春泉谈。酉初归。过松乔小坐。是日晴阴,夜雨。

十一日(9月15日)丙戌 接赵尧生编修、王松斋大令函。午正入署,诣观甫、稚樵、荔邨谈。乐帅招与言事,属造爵棠中丞面商,晤谈良久,并承关垂出处,深为感激。复乐帅命后,旋赴陆饮。是日雨,夜滋大。

十二日(9月16日)丁亥 寄王旭庄太守、罗少畊观察书。午正入署,乐峰制军招与言事。过春泉小坐。批呈三件。申初,偕观甫往毘桥巷看住宅。遂访春如太守谈久之。乃践萧藻塘大令之约,同座王实君、江介夫。亥初归。杜生和余赠爵棠中丞诗。接张婿苏州函。是日雨。

十三日(9月17日)戊子 复棣生书。午正入署,拟稿一件。观甫、雨人来谈。过稚樵小坐,偕少瀛登文昌阁。酉初归。冯协中为徐治安事来访。是日晴,夜半雨。

十四日(9月18日)己丑 昨曾生鸿宝奉其父之命投挚于门,今晨回金堂矣。率成长句,题王爵棠中丞《入川鸣驺草》,并作一笺上之。午正入署，诣春泉谈。接鹤似大令函，当即裁复。申初归。夜，杨小鲁来遣人送杜生行。是日晴。

十五日(9月19日)庚寅 陈筹九、严雁峰贺节，见之。巳正入署，宴稚樵处，少瀛陪。散席，过春泉久谈。接徐季同、沈幼岚两大令函，当复之。为人作书致雷质亭。申正归。守鲁有函至。晚邀小鲁同饮。是日雨。

十六日(9月20日)辛卯 作一笺致朗斋农部，当有报章。接爵棠中丞诗函，遂又有出山之意矣，立答二纸。未初入署，诣雨人、小苹谈。晤少瀛、玉如、观甫。酉初归。是日雨。

十七日(9月21日)壬辰 晟初来谈。未初入署，小苹、雨人同过我，春泉踵至。旋又往谈，并诣稚樵、少瀛。酉初归。作一笺与紫钧。是日雨。

十八日(9月22日)癸巳 中秋前，罗云五尝函示旧作索和，竟自遗忘，因于饭后往拜，又值出门。晤罗桐侯郡丞、李仁宇太守而归。紫钧观察来，久谈。接林镜如函。是日晴，夜半雨达旦。

十九日(9月23日)甲午 入署，造春泉、稚樵、少瀛、观甫谈。雨人转述筠轩观察语，当告荔邨知之。乐峰制军招与言事。未出酉归。同紫钧夜话。是日阴，晨雨午霁，夜又作。

二十日(9月24日)乙未 锺聘玉孝廉惠顾。未初入署，批呈二件。阅锦江书院课卷一过，略为更易名次而已。申正归。蒋筠轩观察、何棠孙大令来谈。是日阴雨。

廿一日(9月25日)丙申 清晨，栋臣来谈。午正，过畴九小坐。遂入署，晤雨人、小苹、杏衢。诣乐帅，以仲方方伯电出示，九月初当入觐也。宴少瀛、稚樵、荔邨、观甫、厚卿诸君，春泉以病未至。戌正归。雷质亭大令暨筱鲁、声祝、莘农、筱湄夜话。接鲁青太守函。是日晴。

廿二日(9月26日)丁酉 代奎乐峰制军次吴子修学使游昭觉寺诗韵。午正，出门访罗扬庭编修，适患病，未晤。答伍崧生编修拜，坐久之。乃入署,诣春泉一谈。酉初归。接广生五弟万县报,当复之。是日阴,昧爽雨。

廿三日(9月27日)戊戌 设早面二席,请恒聚荣诸人,以其将迁故也。未初入署,过雨人、小苹、荔邨、春泉谈。阅尊经书卷课卷讫。稚樵邀与步行入市,往返仅数里,颇形疲惫。甚矣,吾衰也。酉正归,是日阴晴。

廿四日(9月28日)己亥 清晨,畴九来谈。作送王中丞序。申正,紫钧招饮,同座仅识汪朗斋、陈酉生二人。戌正归。是日晴。

廿五日(9月29日)庚子 早起,挈两儿赴东校场看秋操。同舍咸集。午饭讫,遂归。下晡,造爵棠中丞谈。夜,松乔过我。是日晴。

廿六日(9月30日)辛丑 未初,出门,在协同信、天顺祥二票号小坐,乃入署。闻棠孙已到文案处,遂访之,并晤雨人、小苹、少瀛、玉如。复诣乐帅暨稚樵、春泉谈。观甫过我。夜,紫钧来久谈。甫去而小鲁又至。是日晴,枕上闻雨声。

廿七日(10月1日)壬寅 作送王中丞诗三首。未初入署。棠孙、雨人、玉如、荔邨、春泉、稚樵、观甫先后来谈。夜,与筱湄、莘农话。是日晴。

廿八日(10月2日)癸卯 致吴子修学使、陈子午明经书。接曾棣森函。庆聚当招在浙江先贤祠听剧,未出亥归。是日阴,晨雨旋止,午微晴。

廿九日(10月3日)甲辰 饭后,过筱鲁一谈,遂入署。批呈二、拟稿一。春泉、荔邨、稚樵、观甫来访。诣协同信记,留吃晚面讫,乃回。与崧老、彦和笺,均有还翰。是日晴。

三十日(10月4日)乙巳 作寿蒋筠轩观察诗。午正入署。诣春泉、荔邨,晤小苹、雨人、棠荪、稚樵、玉如诸君。少瀛过谈。申初归。答刘叙伦广文拜,早间曾来访也。接敬彊学使函。李叔芸太守面有所托。畴九以紫钧所批商务说帖质问可否。是日晴,夜半雨。

九月

初一日(10月5日)丙午朔 午正入署,诣稚樵。酉初归。作一笺与筠轩,索和拙作。鹤舫来谈。恒聚荣记迁。晡,拟折稿一件。是日阴雨,夜滋大。

初二日(10月6日)丁未 看左文襄公奏稿。子武明经过访,并以长歌见赠。晡,诣敬彊学使谈,并答吴幼甫大令拜,以拙刻诒夏琅谿军门、荣仲文直刺。是日雨,阴。

初三日(10月7日)戊申 接五弟函。午初入署观剧。乐帅之仆设宴款诸同舍。酉正归。是日晴。

初四日(10月8日)己酉 昨,崧生编修和余《送王中丞诗》,今又有函,并属转寄丁慎五方伯一书。黄子权来谈。午正入署。棠荪、雨人、小苹、玉如偕过我。荔邨托代办菜肴。申正归,夜与小鲁话。是日晴,二更微雨旋止。

初五日(10月9日)庚戌 清晨,敬彊学使来,久谈。陆生渐鸿暨车星五先后过我。饭后,诣夏菽轩观察,未晤。在质亭大令处小坐,与罗云鸬不期而遇。归途见冯味农,徘徊路侧,遂邀其至舍茗话。下晡,赴曾松乔饮。子权已先到,大醉而回。是日阴雨。

初六日(10月10日)辛亥 王凤喈、翁铁梅、罗莘农、吴筱湄来会。午正入署,批呈四件。荔邨、春泉、雨人、小苹过谈。酉初,访廖季平,不遇,遂归。小鲁迁居舍下。是日雨,阴。

初七日(10月11日)壬子 录旧文一通。杨幼畲大令来谈。午正入署,诣春泉、观甫、少瀛、稚樵谈。酉初归。是日晴,夜雨。

初八日(10月12日)癸丑 傅辉亭自温江至省,特来相访。廿年不通问矣。廖季平见过,留共早饮。未正,出门拜客,晤朱登瀛统领、刘幼丹观察、王怀馨太守。酉正归。黄子权来,告以新委夔府经厅。昨见陈生时济论及北碑,兹以包氏《艺舟双辑》诒之。作一笺上爵棠中丞。夜,造陈子臧大令,祝其五十寿。是日阴,夜雨。

初九日(10月13日)甲寅 去年此[①]由苏州回蜀,抵上海客寓。午正入署。荔邨设酒作重阳,偕同人登文昌阁。戌正归。子权来谈。季平以所撰《地球新义》见示。是日晴。

初十日(10月14日)乙卯 吴伯熙参军、李叔芸太守、沈伯村观察先后来谈。与爵棠中丞笺,当有还翰。未正,步至商务局,访莘农、筱湄,适凤喈、小鲁亦在此,遂留饮,并招季平、燮敷。戌正归,颇有醉意矣。是日晴,夜半雨。

十一日(10月15日)丙辰 接叶斐青函。云崑观察借留声机器。筠轩观察来谈。午正入署,诣乐峰制军暨少瀛、雨人、小苹、棠荪、稚樵、春泉。申初,造爵棠中丞,适叔芸在座。酉正归。夜,子权来。是日阴,晨雨,夜又作。

十二日(10月16日)丁巳 季平来谈。银铭自绵州告假复返。未初入署,批呈三件。诣稚樵、棠荪、雨人、小苹、玉如、少瀛。观甫过我。酉初归。夜,过紫钧坐,至二鼓乃回。燮夫、莘农、筱湄已在舍久候矣。是日阴,晨雨。

十三日(10月17日)戊午 清晨,夏菽轩观察、王怀馨太守先后来谈。陈乾三、曾松乔均面有所托。陈生永皋辞回江津。访崧老,不遇。答凤喈拜而归,晚,协同信记招饮。是日阴,夜半雨。

十四日(10月18日)己未 寄金赓虞及加藤义三书。敬疆学使有字至,当复之。午正,过棠荪谈。晤少瀛、观甫、雨人、小苹,王如。接杜生人令合江函。批呈四件。申正,赴商务局燮夫、莘农、筱湄、刚如之招。适紫钧在座,晤语久之,乃去。季平、凤喈同席,杜诗笠广文后至。亥初归。是日晴阴,夜雨。

十五日(10月19日)庚申 作一笺,荐吴文鹿舍人与爵棠中丞。申正,幼丹观察、怀馨太守招饮,于府署葛园赏菊。亥初归。是日阴,

---

① "此"之后似遗一"日"字。

夜雨。

十六日(10月20日)辛酉 清晨，子权以改委遂宁县捕厅来谢。与崧生山长书，当有复札。午正入署。棠荪大令设酒于习静轩，同人咸集。戌初归。子武有字至。楼蔷庵大令见过。是日阴，夜雨。

十七日(10月21日)壬戌 董璧生大令自重庆至，去秋九月在汉口舟中一别，匆匆经年矣。午正，答蔷盦、棣森、鹤舫、浩然拜，均晤。未正乃入署，诣乐峰尚书及荔邨一谈。申正归。紫钧观察已久候，承其关注，良用铭戢。作一笺与叔芸太守。是日阴雨，夜滋大。

十八日(10月22日)癸亥 接李少眉观察书。季平属代谋馆，当复之。敬彊学使有字往还。罗济川大令见过。叔芸太守与夔夫、莘农、筱湄先后来谈。作一笺致崧生山长。未初入署，核题本四件。偕稚樵、少瀛同诣文案处小坐。申正归。夜，撰《王中丞寿序》。是日阴雨。

十九日(10月23日)甲子 叔芸太守来谈。筱湄辞赴大竹县学官任。爵棠中丞有书至。未初，诣子修学使，与崧生山长不期而遇，坐一时许。乃过紫钧观察，兼答璧生大令拜，又坐一时之久，乃归。闻乐峰制军相招，复趋入署。匆匆而出，及赴幼甫大令席，已上灯矣。同座吴东竹、李仁宇两太守。亥正归。是日阴，夜雨。

二十日(10月24日)乙丑 作一笺，并寿序草稿寄幼丹观察。饭后，谢乾初教授来谈。午正入署，春泉、雨人、小苹、棠荪、少瀛过我。乐帅招与言事。批呈二件。申正，诣莘农、筱湄一叙，即应周浩然、曾棣森、鹤舫之约。亥初归，与棠荪同行也。是日晴。

廿一日(10月25日)丙寅 遣人贺菽轩观察生辰。曾伯厚大令来谈。接马丕卿函。午正入署，核详三十六件。申正，紫钧招饮，罗云五、廖季平、董璧生、刘季良同席。戌正归。接潘梧冈暨门人朱寅臣函。是日阴。

廿二日(10月26日)丁卯 致书夏琅谿军门，谋与公饯爵棠中丞。寄威远杨佑甫大令函，为荐廖季平主讲纬经书院也。罗少垣之孙成信来见。午正入署,诣春泉一谈,晤荔邨。遂出答拜,仅见叔芸太守、伯厚大令。申正归。是日阴,晡微雨旋止,夜又作。

廿三日(10月27日)戊辰 李卓如太守见过。陈生时济踵至。未初入署,诣稚樵、雨人、小苹、棠荪、玉如,申正归。接敬彊学使函,并赠乐峰尚书诗暨和余之作,当复一笺。少垣来谈。声祝有字至,作数行答之。与紫钧观察笺。夜,敬彊学使又有书来。是日阴,夜雨。

廿四日(10月28日)己巳 琅溪军门有字至。子修学使、筠轩观察来谈。未初,诣紫钧,适璧生将行,恰好相值。答济川、蔷龛、子权,均晤。申正归。作一笺与陈子武明经,当有复。是日雨,夜滋大。

廿五日(10月29日)庚午 接筠轩观察诗函,当报以二纸。午正出城送敬彊学使行,尚未登舟,留刺而去。由江楼观新建之五云仙馆,遂入署。棠荪、雨人、小苹来谈。观甫具衣冠过我,大行其礼,旋与稚樵、春泉、荔邨偕往电报局贺其接办之喜,因留饮。戌正归,为室人祝寿。是日雨。

廿六日(10月30日)辛未 读《逊志斋集》。子臧大令直入客厅来贺,不得已见之。门人陈、杨二生同早面。未正入署,诣少瀛、新甫、棠荪、雨人、小苹、玉如,晤稚樵、杏衢、观甫。酉初归。乾三游戎来谈。接覃琢臣教授函。是日晴。

廿七日(10月31日)壬申 饭后入署。批呈三件。适子臧、介夫两大令在园对本,因过谈。辜子威来访。申正归。旋赴李春如太守席。戌正带醉而回。是日晴,夜半雨。

廿八日(11月1日)癸酉 王咏斋库使、黄子权帮带来谈。未初入署,棠荪、雨人、观甫过我。诣乐峰制军暨稚樵、荔邨。申正,陈炳谦招饮,同席蔷龛、棠荪外,惟李浣云大令曾识一面。亥初归。济川以所刻《呻吟语》见赠。是日阴。

廿九日(11月2日)甲戌 清晨,春如太守来谈。旋即出门谢寿,并答少垣拜而归。下晡,诣爵棠中丞,将上灯始去。夜,作一笺致济川大令,谢赠书并附近作。夜,质亭过访。是日晴。

十月

初一日(11 月 3 日)乙亥朔 接五弟信,当复一笺,并寄朱提接济。上爵棠中丞一书言事。午正,造紫钧观察谈。燮夫、莘农适至,小坐遂入署。批呈三件。酉初归。是日阴,微雨。

初二日(11 月 4 日)丙子 卓如太守以文具食物见遗。松乔来谈。午正入署,核题稿一件。过雨人小坐。晚,章厚卿得官运盐局聘,招饮,少瀛、春泉、荔邨、玉如同集稚樵屺云轩中。戌正归。是日雨阴。

初三日(11 月 5 日)丁丑 贺爵棠中丞调补安徽巡抚之喜,旋以一诗上之。未初入署,过观甫、少瀛谈。复与稚樵同会于文案处。申正归。乾三游戎来谈。接家兄长沙函。易仲实交卸督销。蔡伯浩署理粮道。是日阴雨。

初四日(11 月 6 日)戊寅 伯厚大令来谈。午正入署,批呈五件。过春泉、雨人、小苹谈。晤少瀛,荔邨同诣。稚樵招晚饮,以早有雷大令一局辞之。酉初,赴质亭席,同座仅识春如太守一人。玉润田大令虽是首县,亦初见也。戌正归。伍崧生编修以五言古诗见赠。是日阴雨。

初五日(11 月 7 日)己卯 清晨,陆锦亭来见。午正入署,过春泉、稚樵。晤少瀛、雨人、小苹、观甫。申正,赴筠轩观察席,荣仲文、赵才石两直刺,李春如、金鹤筹两太守,何棠荪大令同座。亥初归。晡间,和崧老见赠原韵成,当即录正。有字与我,大灌米汤。是日阴雨,午微晴。

初六日(11 月 8 日)庚辰 饭后,出北门,至金绳寺吊刘幼丹观察哲兄之丧。晤长如亭、安仁山、周云崑、蒋筠轩诸观察,王怀馨、李卓如、金鹤筹、朱序东、李春如诸太守,周介卿、荣仲文、赵才石诸直刺,暨罗云鸬、蔡杏衢、王黻卿、刘翰仙诸君。甫归而邓雨人大令至。

王爵棠中丞见和前赠诗韵,其收句云:“安得一舟同李郭,与公筹笔济倾危”,用意良厚。作一笺谢之。夜,曾棣森来谈。是日阴。

初七日(11月9日)辛巳 廖季平教授来谈。未初入署,春泉过访。申正归。夜,由爵棠中丞交到敬彊学使眉州舟中用鄙韵寄怀五律三首。是日阴。

初八日(11月10日)壬午 发长沙家书。紫钧观察以乐峰制府奏保会办矿务商务总办保富公司,已奉硃批俞允来告。接叶子义大令函。午正入署,诣稚樵、春山、观甫暨文案三子与巡捕二官。酉初归。次鲁来见。是日阴。

初九日(11月11日)癸未 吴伯熙又来面干,奈何。朝饭后,小鲁迁往裕成店,与次鲁同居。未初入署,乐峰尚书招,偕同舍三堂听戏。子初归。是日晴,夜月甚明。

初十日(11月12日)甲申 作一笺与仲文。接雁峰字,当复之。午初入署,至文案处小坐,仍在三堂听戏。子正归。是日晴。

十一日(11月13日)乙酉 昨接李杜生大令函,并惠土物。兹作一笺谢之。晡,出门答拜,均未晤。与陈衡山遇诸途。是日晴。

十二日(11月14日)丙戌 清晨,子义大令来拜。未初入署,乐峰制军招与言事。诣玉如、雨人、棠荪、小莘、春山。申正,造爵棠中丞,酉正归。夜,过紫钧观察话。接五弟万县家书。是日阴,时有小雨。

十三日(11月15日)丁亥 午初入署,诣乐帅一谈。旋过稚樵,晤少瀛、观甫。作一笺托文案三君荐仆。春山有字往还。拟片稿一件。申正,出访小鲁昆仲而归。叔芸太守适至。述爵公意,甚可感也。夜,严雁峰过话。刘焕然广文持潘季约函来访。是日阴。

十四日(11月16日)戊子 陈励吾新委成都县县丞,来拜。伯熙又有字至。午初入署,过春泉小坐,舒石如、江介夫两大令在园对本,同访。与少瀛、观甫立语。申初归。复诣爵棠中丞,并晤叔芸太守、慰农直刺。酉正方回。季平以所撰《易辞诗说》见示。复五弟函。

十五日(11月17日)己丑　清晨,子臧、锦亭先后来谈。午正入署,诣乐帅暨荔邨谈。晤少瀛、新甫。以《裨农最要》一册赠春泉。酉初归。是日阴,夜雨。

十六日(11月18日)庚寅　拟片稿一件,约二千馀言。于伯山直刺来访。下晡,紫钧观察见过。旋出门答雁峰、焕然,均晤谈。鹏儿招徐子忠及小鲁昆仲晚饮。接张婿棣生函,大女于八月十七日举一男,深为可喜。是日阴雨。

十七日(11月19日)辛卯　午正入署。乐峰制军遣人送所书楹联斋额来。接加藤义三书。春泉、少瀛、玉如、小苹、雨人、棠荪、杏衢见过。批呈六件。酉初,偕稚樵、春泉赴小苹饮。观甫先到,荔邨末至。戌正归。是日阴,晡晴。

十八日(11月20日)壬辰　吴幼甫大令、潘季约孝廉先后来谈。午正出门答拜,仅晤伯山、子臧、紫钧。申正归。味农有字往还。复加藤义三书。刘焕然以五律二首题拙作《南游草》。夜,稚鲁入见。是日晴阴。

十九日(11月21日)癸巳　清晨,少垣过访。卓如太守来,因言及少眉观察近事,为之浩叹。午初入署,诣乐帅,适但紫萸直刺在座。过春泉,晤雨人,匆匆一谈即出城,至杜公祠应爵棠中丞招陪制府之约。海楼观察已先到。席散后,复偕至青羊宫一观,盖乐帅此游,为入川以来第一次也。申正归。石如大令有诗见赠。又赖耘芝观察函托代撰爵公寿文,当复之。是日晴。

二十日(11月22日)甲午　安仁山观察来谈。午正,答季约孝廉海楼观察拜,均晤。旋入署,批呈五件。雨人、小平、玉如、棠荪偕来,观甫迁局,差帖而已。造少瀛、春泉、稚樵。酉初归,季平有字往还。是日阴,夜微雨,少选止。

廿一日(11月23日)乙未　与味农直刺通谱,亦其先施也。锦亭来谈。午初入署,遇少瀛、新甫、棠荪,过稚樵、春泉。申正归。观甫踵至,遂偕赴紫钧观察席。蔡杏衢、吴芝麓、张少仙同坐。戌初回。

是日阴。

廿二日(11月24日)丙申 作一笺与周子昇大令荐仆,当有复函。午初,诣叔芸太守,贺其太夫人寿。同乡咸集。早面后,造伯椰观察、仁宇太守一谈,仍返李宅夜饮。亥初归。接张仑叔书,托为谋馆,殊不易也。是日阴,夜雨。

廿三日(11月25日)丁酉 吴芝麓、刘小舲两大令来谈。章厚卿过我。午正入署,过棠荪、雨人、小平、玉如、春泉,晤少瀛、新甫焉。乐帅招与言事。申正返寓,更衣即赴少垣席,蒋、周二观察已久候矣。戌初归。叔芸太守与子藏大令邀在会馆听戏,以晏未往。琅溪军门有字往还。接重庆金宅函。是日阴。

廿四日(11月26日)戊戌 清晨,蒋筠轩观察、陈衡山大令、夏琅溪军门先后来谈。陈生时济将有合江之行,入辞。午正,诣紫钧观察,晤语久之。乃造爵棠中丞,适它往,因托味农直刺转达。旋入署,覆乐峰制军。接刘子贞太守太夫人之讣。晚,荔邨招饮稚樵处,同人咸集,盖为厚卿、松山作饯也。观甫过我。戌正归。是日阴。

廿五日(11月27日)己亥 连接李杜生二函。少垣来谢。寄张婿棣生苏州书。申正,赴周子昇大令席,杏衢、雨人、棠荪、小平暨夏又琅、陈子文同座。设撰甚盛。亥初归。作一笺与紫钧送行,盖往綦江购地耳。是日阴,夜雨。

廿六日(11月28日)庚子 陈乾三、万斐臣见过。午正入署,诣春泉一谈。作一笺寄谢瑟堂大令。晡时,松生招饮。戌正归。季约有书往返。是日微雨。

廿七日(11月29日)辛丑 昨,卓如太守以近诗见示,拟和之,苦无暇也。周子昇大令来谈。寄金府函。午正,过小鲁、稚鲁昆仲一谈。即入署,在文案与棠荪、雨人、小平、玉如话久之。申正归。赴罗桐侯司马席,周成甫暨子臧、励吾、伯厚同座,将二鼓始回。耘芝观察催代撰寿文甚亟,发愤为之,子正脱稿乃寝。是日阴。

廿八日(11月30日)壬寅 焕然广文托为致函瑟堂大令,荐掌书院。海楼观察来拜。旋以袍褂料及京货等件相贻。今兹为息妇生辰,其兄稚鲁过我,共早面。未初入署,晤棠荪、雨人、小平、少瀛、稚樵诸君。送厚卿行。申初返舍后,旋即造爵棠中丞久谈。复诣叔芸太守,酉正归。接佑甫杜生书。早间曾作一笺,答李合江也。是日阴,晡晴。

廿九日(12月1日)癸卯 清晨,正拟出门,罗少垣大令适来。莘农、燮夫踵至。饭后,始诣谢宝森通守,刘赞臣直刺,刘揆云孝廉,刘筱林、曹洪斋两大令,均晤谈。申初入署,少选,即偕稚樵、松山赴荣仲文直刺席,同座雨人、棠荪、质亭三大令。亥初归。是日晴阴。

三十日(12月2日)甲辰 昨,耘芝属增寿文七行,睡稍迟,故晏起。仁宇太守来商增设东文教习事。午正赴袁玉田通守花园,应周子升、刘赞臣、谢宝森之约。海楼、筠轩二观察已先到,爵棠中丞踵至。申初散席。诣幼丹观察久谈。酉初归。励吾转述华健安观察议婚一节。叔芸奉王中丞命,属函致紫钧商办保富公司事,盖为调停陈、徐起见也。恒裕银号交到乔茂轩刑部京师电。是日阴。

十一月

初一日(12月3日)乙巳朔 宝森通守来谈。午正入署,少瀛为拍小照。过文案处及春泉小坐。批呈六件。诣乐帅谈,因访荔邨。申正归。旋赴春如太守席,刘筱林、罗少垣、耿斗南同座。戌正回。接曾迪甥南溪函。是日阴。

初二日(12月4日)丙午 拟片稿一件。吴雨亭、陈励吾来谈。午正入署,棠荪、玉如来谈。诣稚樵谈。酉初归。是日阴。

初三日(12月5日)丁未 味农来贺生辰,少坐即去,惟二杨生共早面。玉田来谈。寄茂轩、紫钧书。是日晴。

初四日(12月6日)戊申 接威远杨佑甫大令函,当即裁复。又作荐书一处。午正赴相国祠听戏,盖幼丹观察、怀馨太守同约也。与沈印榆、刘翰仙、陈茗民、刘杏邨、王小怀一席。亥初归。早间,刘揆云过访,托为代图周方伯馆,正拟为舍五弟谋,姑应之。是日阴。

初五日(12月7日)己酉 昨,车星五、吴伯熙均有函相干。清晨,答琅溪军门拜,未晤。因访耘芝观察、秋畦太守而归。适叔芸太守至,奉爵棠中丞命,以罗汉一堂相助,只得愧领。午正入署,过春泉久谈,晤少瀛、荔邨、玉如、棠荪、雨人、观甫、小苹、新甫。申正归。作一笺谢王抚军。是日阴。

初六日(12月8日)庚戌 与筠老有字往还。午正,赴旗奉直东会馆听戏。熊菊如、玉润田两首县所约也。同座印榆、茗民、翰仙、小怀暨张伯翔。晤荣仲文、雷质亭、袁玉田、谷诚斋、范厚之。以剧不佳,戌初即归。接赵尧生编修重庆函。是日晴。

初七日(12月9日)辛亥 接周伯孚大令函。与春泉有书往返。午正,赴提署,践琅溪军门、寿卿都统、海楼、筠轩、云崑三观察、叔芸太守、子升大令陪爵棠中丞观剧之约。晤周成甫、吴莼仙、施瑞峰、冯味农、李芋卿。亥初归。是日晴阴。

初八日(12月10日)壬子 午初入署,诣春泉、稚樵一谈。晤棠荪、小苹、少瀛、新甫。申正归。夜过乾三游戎了一事。及返,六弟妇已去世矣,哀哉哀哉。料理棺敛,夜分乃寝。是日晴。

初九日(12月11日)癸丑 张于卿大令来访,福宁府新以大挑到省者也。接揆云函。午正入署,过稚樵、春泉、少瀛坐久之。观甫来谈。批呈五件。酉初归。是日晴。

初十日(12月12日)甲寅 撰五言十四韵赠王爵棠中丞行,旋有报章。刘赞臣直刺辞赴唐家沱厘卡。午正入署,过文案处小坐,稚樵、春泉、少瀛、观甫偕来,遂同饮荔邨。散席后,复与秦、张、吴游夜市,踏月各归。沈鲁青太守已在舍久候,谈至二更始去。接杨守鲁、舒次鸿、黄自权函。是日晴。

十一日(12月13日)乙卯 春泉有书往返。未初,出门拜客,晤袁玉田、周伯孚、李春如、张于卿,归已暮矣。卓如太守来谈。味农馈洋酒、荔枝。是日阴。

十二日(12月14日)丙辰 午初入署,晤少瀛、棠荪、雨人、小平。过春泉,适章介眉来拜,稚樵、荔邨亦在座。味农辞行。申正归。接吴筱湄书,当复之,并作一笺与季约。夜,质亭来谈。是日晴。

十三日(12月15日)丁巳 接曾敬诒驾部函。罗莘农、刘季良、李卓如、周伯孚、赵才石先后来谈。叔芸观察面告昨夕椒生中丞以鄙人出处转商乐峰制府一节,良深感激。晡,答周玉山方伯拜,并贺履任之喜。适出门诣爵公,亦未晤。在味农处久坐。夜与乾三游戏话。春泉、稚樵有书往返。拟折稿一件。是日晴。

十四日(12月16日)戊午 少垣之孙成信来见。范叔枏大令过谈。午正入署,适章介眉相拜,复诣春泉、稚樵。晤少瀛、荔邨、棠荪、雨人、玉如。酉初归。叔芸观察又以爵棠中丞语转告。夜,徐海方面交宋芸子检讨鄂渚一函。晡间,莘农邀至总府街看紫钧所购之宅,拟改修作矿务总局也。是日晴。

十五日(12月17日)己未 接王子固孝廉函。松乔来谈。午正出城,送爵棠中丞行,留书为别。在味农舟中坐久之。复答才石拜而归。夜,陈楚士太守过访。是日晴。

十六日(12月18日)庚申 作玉润田之母鄂拉拉太夫人寿序成,当送质亭转交菊如。未初入署,春泉、稚樵来谈。诣乐峰制军,坐一时许,申正归。夜,过春如太守送行。接五弟书。是日晴。

十七日(12月19日)辛酉 于卿偕其戚过访。午正,至薛涛井赴马绍相约。席设五云仙馆,同座伍崧生、何贡三、罗云五、心馀、胡鉴堂、王樵也。酉初归。与春山有书往返。是日阴,夜微雨。

十八日(12月20日)壬戌 清晨,乐帅招与言事。仍回寓。朝饭讫,入署。玉如、棠荪、雨人来谈。同稚樵、春山公请介眉及雨亭昆仲,荔邨坚欲联名,并邀少瀛、观甫饮。玉山方伯已允舍五弟馆事,发一电催其晋省。席散后,拟信稿三件。乃归,将三更矣。是日晴。

十九日(12月21日)癸亥 质亭大令、叔芸观察、鲁青太守先后来谈。拜吴蓉圃太守、郭晓江大令,均晤。于卿有字至。朱序东太守招饮,晤翰仙久谈,谢宝森、熊菊如、许葛甫同座。申正往,亥初回。是日晴。

二十日(12月22日)甲子　昨夕叔芸函,述爵棠中丞盛意,促余速作出山之计,今晨复之。云崑观察来谈。午正入署,批呈六件。春泉、松山过访。申正归。次鲁入见。是日晴。

廿一日(12月23日)乙丑　卯刻,六弟妇出殡化成寺。玉润田大令来谈。午正入署,锺聘玉过访,观甫踵至。诣春泉一叙。拟折稿,申正归。质亭、菊如送寿文润笔,作一笺谢之。是日阴。

廿二日(12月24日)丙寅　玉山方伯送五弟关书来。朱搢珊、王石麟过访,交到张会叔及王石珊函。接聂隽威书,仲芳方伯已于前月十六七出京矣。申初,践乾三游戎听戏之约,在座皆乡人。席散,诣楚士太守久谈,亥正方归。是日阴。

廿三日(12月25日)丁卯　玉山方伯生辰,差帖往贺,并致介眉一笺。朝饭后,诣黄海楼、刘季良一谈。乃入署,过观甫、稚樵小坐。与徐海方书。晚间,乐帅招听戏,因在春山处饮啖讫,偕同人至东箱房,剧已登场矣。松山明晨赴泸,即于座次送之。漏三下方散,及归颇倦。是日晴。

廿四日(12月26日)戊辰　起稍晏,质亭大令、筠轩观察来谈。于卿大令入谒,执弟子礼甚恭,愧不敢当也。小鲁昨夕辞归遂宁,未得晤,今晨行矣。出门答拜,晤范叔栩、潘荫孙、李卓如,未往酉回。是日阴,晡小雨,旋止。

廿五日(12月27日)己巳　昨夜,雁峰来述雪上人之丧,会者三万人,可谓盛矣。叔芸观察来谈。午正,诣浙江先贤祠,祝玉润田大令之母鄂拉拉太夫人生辰。晤王冬生、祥子清、袁玉田、伍嵩生、程绂卿、杨幼畲、赵笠珊、吴芸麓、薛丹庭、文海云、谢宝森、陈励吾诸君。王怀馨太守早晚均同座。夜,与许郭甫、雷质亭、李雅泉、沈子克、熊菊如斗酒,甚欢畅,众客皆散,戏亦将完,乃归。是日阴,晚雨。

廿六日(12月28日)庚午 朝饭后,过次鲁小坐,即入署。批呈三件。与少瀛立谈。造春山,话久之,遂返寓。润田复招观剧,作一笺辞之。接紫钧重庆函。是日晴。

廿七日(12月29日)辛未 为张松山致书万廉访荐馆。午正入署,诣乐峰尚书一谈。稚樵、春山过访。晤少瀛及玉如、棠荪、雨人、小平。申正出,纡道造叔芸,言鲁青之事,归已黄昏矣。复紫钧函。夜,次鲁辞行,因作尺书寄徐季同。是日雨。

廿八日(12月30日)壬申 润田大令、叔芸观察先后过访。午正入署,稚樵、春山、雨人、棠荪、少瀛、观甫来谈。晚,乐帅招陪章介眉饮。亥初归。是日阴雨。

廿九日(12月31日)癸酉 出门拜客,晤玉山方伯及章介眉、周成甫、史廉泉、罗莘农、沈伯樗、安仁山、郭晓江诸君。午出申回。与郭甫有字往还。是日阴。

十二月

初一日(1900年1月1日)甲戌朔 去年今晨,自重庆由合州晋省,流光如驶,令人无任蹉跎之感。拟信稿三件。午正,挈鹏儿入署。过观甫、少瀛谈。雨人、小平、玉如、棠荪偕来。春山过商公事,因诣乐帅一谈。申正归。与质亭夜话。拟折稿一件,缮清始寝,已三更矣。是日阴,下晡微雪,夜半滋大。

初二日(1月2日)乙亥 叔芸观察来访。午初入署,批呈二件。造稚樵、少瀛、雨人、棠苏、小平、玉如、春山谈。申正归。是日雪。

初三日(1月3日)丙子 阅《中外日报》。江建霞于十月十九日在苏寓病故,亦可哀矣。午正入署,小坐即出。在志古堂书坊遇王寅伯,谈久之。郭甫招饮,归已二更。是日微晴。

初四日(1月4日)丁丑 清晨出门答拜,晤润田、云五而归。发致万廉访函。未初入署,过春山谈,适介眉在座,稚樵踵至。申正返寓。是日微有雨雪。

初五日(1月5日)戊寅 莘农来谈,并以于晦若寄渠书出示。午正入署,小平委署江油,设席习静轩,招余及少瀛、观甫、稚樵、春山、玉如、荔邨饮,戌初散席。乐峰制府遣人送至爵棠中丞电来,因访叔芸观察,并过鲁青太守,谈至亥正始归。朝饭时,罗桐侯郡丞辞行,暨金堂余兰谷枉拜,均失记。是日晴。

初六日(1月6日)己卯 食时出门,晤陈励吾而归,晓江来谈。未初入署,诣乐峰小坐,春山、稚樵偕过习静轩,晤少瀛、新甫。申正归。是日阴,晡雪,晚滋大。

初七日(1月7日)庚辰 华健安观察以其贤郎所著论五篇交厚卿寄阅。午正入署,携鸡酒在稚樵处,招春山、少瀛、观甫同晚饮。亥初归。是日阴,午微晴。

初八日(1月8日)辛巳 清晨,徐海方面托荐馆。未初入署,棠荪、雨人、少瀛来谈。偕观甫过稚樵,复诣春山小坐。申正归。是日微晴,旋阴。

初九日(1月9日)壬午 舒味三大令来谈。午正入署,造乐峰制府,面上一笺,复与少瀛立语。晚,偕稚樵赴李卓如太守席,同座章介眉、杨子赓、赵汉卿、耿斗南诸君,皆旧识也。亥初归。是日阴,夜微月。

初十日(1月10日)癸未 检点旧书,质亭过访。午初入署,诣春山一谈。园中遇少瀛、观甫、聘玉。拟信稿一件。稚樵来,以松山馆事相属。申初归。旋往拜秋畦、叔芸二观察,均晤。造周云老,未值,留书而去。遂赴舒石如大令席,有杨小山、黄厚田及傅、吴、陶三姓同座。戌初即回。是日晴,夜,月色甚明。

十一日(1月11日)甲申 看《梦溪笔谈》。遣人送陈小平大令行。午正入署,诣稚樵、春山二君小坐,申正归。五弟自万县至。与莘农有书往返。是日晴。

十二日(1月12日)乙酉　清晨,命五弟谒见玉山方伯及同事诸君。刘青圃来拜,其胞叔邵武太守乃辛亥年伯也。未初入署,少瀛过我久谈。旋同春山赴稚樵晚饮,观甫末至。戌初归。是日酿雪不成,微有雨,夜月甚明。

十三日(1月13日)丙戌　入署,于文案处晤棠荪、雨人、玉如、少瀛、观甫,复过稚樵一谈。汪提督东升来谒,与之论兵事甚悉,午往申回。夜,车心吾见访。是日晴。

十四日(1月14日)丁亥　于卿来谒。午正入署,过稚樵一谈。甫归,乐峰尚书遣人相招,仍入署。申初归。万莲初廉访来拜,久谈。少瀛有字至,当复之。是日阴。

十五日(1月15日)戊子　答莲初廉访拜,晤谈,并诣味三,小坐而回。陈鲁詹大令自京至,叔芸观察、鲁青太守接踵见过。五弟迁往薇园。午正入署,乐帅适约论事,稚樵、春山、少瀛、棠荪、雨人、观甫均先后往还。甘质先、王啸农同访。以莲老谢恩折托缮,当交玉如代办。申正归。夜,陈紫钧观察由渝返省来谈,莘农继至。是日晴。

十六日(1月16日)己丑　接叶斐青外甥函。午后,答啸龙、质先,均晤。代五弟拟信稿二件。申正,赴晓江大令席,同座皆乡人,陈幼海直刺久闻其名,今始相识也。戌初归。啸龙来访,盖莲老有所商也,当作一字告稚樵。是日阴。

十七日(1月17日)庚寅　张仑叔、刘揆云有书往返。菊如大令来拜。午正,答紫钧与燮甹,不期而遇。入署,造乐帅久谈,并过春山、少瀛、稚樵小坐。质先送折来,当属玉如面为包封。申正归。接覃琢臣函。旋赴菊如席,同座沈子克、赵雨田、许郭甫、戴少堂、李雅泉,回寓已二更矣。是日阴。

十八日(1月18日)辛卯　代五弟拟信稿一件。介夫以事相托。午正入署,棠荪、玉如来谈。诣春山论松山馆事。乐帅两次相邀,亦为此也。属观甫为发重庆一电。申正造臬署,贺莲初廉访接篆之喜，并晤肖农、质先，上灯始归。乾三过访。寄何佑卿大令函。是日晴。

十九日(1月19日)①

① 以下至岁末未记。本册末有字两行："闻泰西立国有君主、民主、君民共主之别。试就百年来所主孰利孰害综核以对。"大约是所拟某次考题。本册中尚夹有一张浮签，上书挽联一幅："财赋汇三巴，李赞皇节度筹边，轸恤民生关国计；羽毛高万古，武乡侯指挥定策，仰瞻遗像忆先芬。光绪二十七年二月，年家子长汀江瀚拜撰。"

光绪廿七年(1901)辛丑

正月

初一日(2月19日)戊辰朔　昧爽,祀先讫,入督署贺年,自依乐峰尚书幕府三载于兹矣。与阿子祥太守,饶季英、邹鹤似两大令,暨黄海楼、贺稚岷、刘幼丹、李叔耘四观察遇诸涂,匆匆一揖。诣同舍,仅晤陆观甫、秦稚樵、吴荔邨,并文案徐季同、杨仲珊、周岐山,巡捕杨玉如、王黻卿,管带亲兵何耀亭。食时归,看《同治朝东华续录》,吾友王益吾祭酒所编也。夜与室人及小儿女博,因念尔鹏客川东道幕,初次离家度岁,正不知作何消遣耳。是日阴。

初二日(2月20日)己巳　接邱小农刺史、陈乾三游戎函。朝饭后出门拜年,惟幼丹观察处登堂,并晤稚岷、海楼及沈荫榆,其余拜门而已。海楼旋过我。与张仲仁有字往还。所江来。是日晴。

初三日(2月21日)庚午　张春泉邀游薛涛井,为冯慰农祖饯。日中往,铨少瀛、钱松泉、刘苓舫暨荔邨、稚樵、观甫均已到。酒罢拍照。下晡,偕少瀛、松泉至观甫电报局小坐。复同入署,诣乐帅久谈。夜与所江饮。是日阴。

初四日(2月22日)辛未　清晨,仲仁来谈。友人何眉荪称其不为世俗之学,洵不诬也。安仁山星使过我。午后出门,适幼丹惠顾,遭于道,遂诣夏叔轩廉访,未晤,此公近年举动殊不可解。造王黼庭都戎及闪军门丈,坐一时许乃归,晚,入署赴少瀛席,同人咸集,王新甫亦在座。甫反寓而与章至,漏二下始去。覆小农函。是日阴,夜半雨。

初五日(2月23日)壬申 周叙卿观察送满汉席为别。隅中,亲往送行。极赞鹏儿云栈题壁诸诗,坐久之。复诣邹鹤似、阿子祥、缪石逸、希莱,均晤。归已日昳矣。旋赴成绵道署,与张伯翔、沈荫馀、陈茗民诸君公饯幼丹,请稚珉作陪,人定回。是日阴。

初六日(2月24日)癸酉 看周竺君所译《拿破仑言行录》讫,省李铁船京卿疾,并晤哲嗣直绳太守及其戚邹星石焉。宋韵九来拜,其憔悴殊可闵也。门人徐璧斋训导率陈生象垣贽见。日中入署,诣乐帅谈。过稚樵,与季同、春泉、荔邨、芩舫博。黄昏回。接鹏儿暨刘陶钧禀。是日晴阴。

初七日(2月25日)甲戌 作一笺①与伯翔,属其劝李仲壶驾部出办饷捐。食时,借海楼马乘至草堂寺,应稚樵杜祠之约,少瀛昆仲诸同舍及文案巡捕咸集,外客仅曹石琴、冯味农而已。此筵散后,复赴许郭甫席,同座严瀑琴、沈子克暨与章、所江。酒罢,携所江游双孝祠,遇马绍相、罗芸鸥,啜茗而去。遂同入城,日甫落也,留共晚饭。沈幼岚直刺有书至,当复之。是日晴,夜月。

初八日(2月26日)乙亥 黄九如、黄梅修、李叔耘、高璞岑、吕笙楼先后来谈。寄胡孝博大令书。幼丹观察辞行,旋即往送,并造味农话别。甫归,适乐帅相招,遂入署,盖言吴春海事。蜀人鄙陋,殊可哂也。接鹏儿禀,立书二纸谕之。又得王子固暨门人许见田函,为铁船京卿拟折稿一件。是日晴,夜月甚明。

初九日(2月27日)丙子 接彭撷林大令函。陈紫钧观察来谈,当以昨乐帅所言春海事告之。辜子重面乞谋馆。日中入署,访观甫、少瀛、松泉而归。晡出谢步,晤叔芸、韵九,赴丁公祠,践罗济川之约。年伯文诚公专祠,其请建疏稿出余手也。同座陈楚士太守、芸鸥、绍相,馀不识。人定散席。是日晴,夜月。

---

① 笺,即笺。以下同。

初十日(2月28日)丁丑　晨,楚士来久谈。午诣周宝臣,贺其太夫人寿辰。晤伍嵩生山长,因与论邛州修志一事。李雅泉、谢乾初、冯协中、刘玉坡、周华圃、钟聘玉均会于此。紫钧、辅庭、瀑琴、观甫、郭甫同饮。戏将罢方去,已三更矣。接鹏儿电及陈梓樵大令书。是日晴。

十一日(3月1日)戊寅　致宝湘石观察一电,并谕鹏儿。饭后过所江,同至段宅赴瀑琴之约。郭甫、子克等已先至。晡,席散各归,饶有酒意,遂作笺与少瀛,属其代辞谢绶堂协戎之招。夜到宝臣家观剧。绍相、协中募中莲池灾捐,余为飞书,紫钧助如下走。所捐之数,唐炳吾、陈子文、饶季英、姚寿伯暨辅庭、观甫、雅泉、瀑琴、子布共四筵。十二句钟始回,已入醉乡矣。是日晴,夜微雨。

十二日(3月2日)己卯　复梓樵书。与郭甫有字往还。午入署,何棠荪自射洪至,遇于春泉座中。旋偕季同过稚樵博。晡罢,晤荔邨、新甫,看少瀛试马。黄昏反寓,接鹏儿电及周孝怀函。海楼赘婿,遣人贺之。是日晴。

十三日(3月3日)庚辰　晡,赴紫钧、叔芸席,晤铁船京卿。同座吴春海、陈剑秋、但紫芋、程绂卿、李直绳、金刚如。人定归。接夏阆溪军门韩侯岭书。是日阴,夜雨。

十四日(3月4日)辛巳　冯协中、李绪伯、黄九如先后来谈。食时,骑马至东关外一弓园,赴文案徐、周、杨三君席。同舍自少瀛昆仲以次均到,外客仅棠荪,亦署中旧文案也。席散,复游宋文宪祠,并谒其墓。方正学亦坿祀于此,其旁为古净居寺。日入,进城,与紫钧笺。是日阴。

十五日(3月5日)壬午　清晨李云孙观察来谈。出门谢步,均未晤。遇曹仲惠,彼此舆中拱手而已。维州都司面交门人孔伯良函。接幼岚电。所江二更始至,留之饮。是日晴,夜月。

十六日(3月6日)癸未　鹤似招饮署斋,陪玉润田饮,同座严瀑琴、许郭甫、王辅廷、荣华峰、李雅泉,斗酒甚欢。润田自富顺至,昨枉驾相左,因与久谈。午往酉归。夜复践郭甫约,过与章小酌。是日晴。

十七日(3月7日)甲申 接鹏儿禀。郫县教谕周杰森来谈。午入署,诣观甫、季同,晤少瀛、稚樵、岐山、仲山、荔邨。申出,遂赴郭甫音尊之招,属所江代余与润田、鹤似及濮丹吾诸君拇战,醉者颇众。散席将四更矣。是日晴。

十八日(3月8日)乙酉 陆锦亭乞荐阅卷馆。希莱辞赴邛州。与伯翔有字往还。朝饭后造郭甫观剧,仅两席,夜半乃罢。李杜生大令代撰丁文诚公祠联。是日晴阴。

十九日(3月9日)丙戌 开印之期。食时入署,同人宴于习静轩,日昳回。作一笺与郭甫。夜,润田约于金蓉生处话别,遂定昆弟之交。是日晴。

二十日(3月10日)丁亥 接张于卿、黄范亭函。晨,出门谢步。晤崧老、辅廷。午,唐海樵、黄海楼、陆观甫先后来谈。晡,赴曹果臣假座许宅之约,所江已先到。夜醉归。是日晴。

廿一日(3月11日)戊子 凌晨,林和叔观察自重庆回省来拜,并传乐帅意,以井户川辰山拟开学堂一事见商也。隅中出北门,至昭觉寺,盖绂卿、玉如两巡捕招同署诸人宴此也。闻聂仲方中丞调补江苏,深为之喜。席散,复游丞相祠而归。下晡,赴沈子克约,郭甫、瀑琴、果臣等已早至。酒罢,偕所江步行,与章追及,遂俱过我,将三更始去。是日晴阴。

廿二日(3月12日)己丑 洪叔雨大令来谈。春如太守邀饮一弓园,午往申归,大有醉意。马丕卿、王新甫之筵,均不能赴矣。接黎班生、罗桐侯函。是日晴。换棉衣。

廿三日(3月13日)庚寅 晨起,璧斋入见,亦有所求也。午入署,过春泉、新甫,晤月轩、观甫、荔邨,诣乐帅久谈。晡,至所江家,盖汪梦僧假座招饮,同席有寿伯、郭甫、子克、瀑琴。酒罢,余复留连至三更乃返。是日晴,夜半雨。

廿四日(3月14日)辛卯 昨夕接鹏儿、移婿及驻渝日本领事山崎桂函,今晨均复之,并寄井户川辰三、宝湘石观察书。吕笙楼面有所托。午,直绳邀观剧,盖承其尊人铁船京卿意也。同座李叔芸、但紫萸、陆观甫、陈志钧、剑秋、玉长。晤金刚如、何渊若。夜半方散。是日晴。

廿五日(3月15日)壬辰 刘伯海太守来久谈。晡,直绳复邀观剧,小坐遂赴辅廷游戎席。伯海、观甫暨唐耀珊太令相与拇战。酒罢,仍至矿商总局。紫钧、剑秋、直绳复行觞政,所江代余猜拳,连饮两地,归即醉眠矣。是日晴。

廿六日(3月16日)癸巳 作一笺告春泉,以舍弟已于昨晨挈眷赴渝,并询味农消息,当有报章。辅廷来谈。接庸儿密电。所江过我,正拟同践积厚长号孟玉如丁公祠之约,适乐峰尚书相招,乃属其先行。入署言事讫,即驰往,与许郭甫、雷石庵复游诸家花园。与章始至,同座尚有寿伯、果臣、龚藩、侯魏、子骞诸君。此席散后,又至郭甫家,夜半乃各归去。是日阴。

廿七日(3月17日)甲午 发重庆电。午正,赴唐耀山席,并游其园亭,同座曹仲惠、刘伯海、雷子布。酉初散。与辅廷笺。夜,直绳邀观剧,三更乃罢。是日阴,人定雨。

廿八日(3月18日)乙未 晨出谢步。晤李杜生、王咏斋、李云荪、黄海楼。在杜生处遇陈小平。饭后入署,诣乐帅谈。过稚樵、春泉、少瀛、荔邨、观甫、季同,均会。晡归。复出门答和叔拜。夜为拟致井户川辰三书。门人陈子裕入见,据云酉阳告荒,州牧不理,整顿吏治,洵今日急务矣。是日阴,夜雨。

廿九日(3月19日)丙申 代乐峰制军拟应诏陈言疏成。周宝臣、陈紫钧来谈。接庸儿电。过所江饮。申初往,子正归。得鹗儿禀及周孝怀、沈君俞书。是日阴,夜半雨。

二月

初一日(3月20日)丁酉朔 李杜生大令,蒋筠轩、陈志钧两观察来谈。梁云生、翁保卿均久不见,忽过访。吴蕊邨、陈幼海亦有信来。日中入署,诣乐帅言事。因至文案处小坐,同舍咸集。晡,小平宴我辈于习静轩,上灯各散。接庸儿重庆禀、鹗儿泸州电。熊菊如刺史自广安专丁送银信至,当复之。所江陪我夜话。是日晴。

初二日(3月21日)戊戌 前日寄唁叶伯皋编修函并赙,失记。接裴戟森大令书。署中书吏在衙神祠演戏,稚樵、春泉邀少瀛昆仲及诸同舍饮,午集申散。余复至矿商总局,为铁船京卿父子音尊公饯。夜与志钧、直绳角酒。所江至,我已醉,三更后方回。是日晴,夜半雨。

初三日(3月22日)己亥 巳正入署,与荔邨、苓舫、观甫复借衙神祠观剧,请稚樵、春泉、少瀛昆仲暨文案、巡捕诸君。申初席罢,诣秦一谈,并至季同哲嗣质夫处,小坐乃去。夜,直绳招饮,剑秋、玉长、紫萸、刚如、所江同座。《桃花扇传奇》有云:"天下大事去矣,吾辈且看春光。"是日阴。

初四日(3月23日)庚子 晨,出门晤冯协中、蒋筠轩、翁保卿。午,王鲁泉来拜。晡又出门,晤周伯孚、华健庵、高少农、马丕卿、李莀臣。是日晴。

初五日(3月24日)辛丑 接井户川辰三书。海楼观察来谈。午入署,过少瀛、松岩、春泉、稚樵、荔邨,并晤季同、岐山、苓舫、绂卿。晡归。夜与所江话。是日晴。

初六日(3月25日)壬寅 周伯孚大令来谈。直绳太守晨馈洋酒、荔支。晡过辞行。是日晴。

初七日(3月26日)癸卯 朝饭后,入署诣乐帅及春泉,一谈即出。紫钧过我小坐,借所江宅,请瀑琴、寿伯、梦僧、子克、郭甫、果臣,盖还席也。未初往，亥正归。是日晴，可着夹衣。

初八日(3月27日)甲辰　昨荩臣军门赠麝香及铜器，今昭觉寺僧天信又以食物相遗。海楼招同秦稚樵、张春泉、吴荔邨、章厚卿、张松山饮于南关外之武侯祠。隅中至，铺时始散。昏，接庸儿电。代乐帅拟覆稿一件。是日晴，夜月甚明。

初九日(3月28日)乙巳　宋韵九、余耀庭、黄九如来谈。作一笺致邛州陈楚士太守论修志事。午入署，过少瀛、松岩小坐。晡，出拜客，晤鹤似、直绳。夜，子裕、宿航入见，门人杨小鲁自遂宁双江镇至。是日晴阴。

初十日(3月29日)丙午　读《杜樊川诗》。与鲁泉笺。日昳，信步入市，遇陆绎之孝廉，立谈良久。伯皋由嘉州来，以秦中土产见遗。为九如作致沈幼岚直刺书。晚，所江过我。是日晴，夜月甚明。

十一日(3月30日)丁未　接庸儿电，当作一笺告紫钧、少瀛。招小鲁及所江饮，并㩓蒲焉。是日晴，夜月甚明。

十二日(3月31日)戊申　出东门，至薛涛井。送李铁船京卿、直绳太守行，紫萸直刺亦偕往。矿商总局诸君咸集，并晤汪朗斋农部暨嵩生、瀑琴。巳初到，未正散。入署诣乐峰制军一谈。复过少瀛、松岩、苓舫，遂答小鲁而归。读文文山《指南录》，令人感怆。是日晴，夜半大风雨。

十三日(4月1日)己酉　接乔茂萲比部京师函。日昳，同小鲁过所江饮。杨去，余仍留，夜半始回。是日晴。

十四日(4月2日)庚戌　复孝怀、君俞，并谕鹗儿。与陈子文有字往还。晨，诣叔芸观察，贺其夫人寿。同乡诸君均在。答少农太守、耀庭大令。访晋臣军门、筠轩观察，皆晤谈。复于蒋处遇闪[1]及稚珉。日昳，入署，与少瀛、松岩、观甫、苓舫、荔邨、稚樵、季同笑语久之，日入乃出。杨仲山署合州，函荐一仆，非所愿也。是日晴，夜月

① 闪，即闪晋臣军门。

甚明。

十五日(4月3日)辛亥 张纬臣、汪朗斋、郑伯章来谈。午入署,访春泉,已出游。因诣乐帅,并过观甫及少瀛昆仲。接棠荪书。晡,应稚珉观察机器局观剧之招。晤安仁山、林和叔、罗芸鸥、周宝臣、王辅廷、雷子布、李雅泉、张松山诸君。酒罢已二更矣。所江早在舍相候,其病状深可怜。是日晴,夜月。

十六日(4月4日)壬子 食时,挈妻女至二河桥展墓,经二仙庵花市,匆匆一览。日昳入城,接井户川辰三电,当复之。作一笺问所江疾。日入,赴机器局听戏,盖稚珉宴其同官,为余与辅廷、雅泉另开一席也。人定归。是日晴,夜月。

十七日(4月5日)癸丑 送仁山星使藏卫之行,适值出门,彼此舆中拱手。廖黼卿来订交。饭后入署,诣乐帅及春泉、观甫谈。晤少瀛、质夫、苓舫。甫归,华阳王子章大令枉拜,言论颇相契。夜与所江话。是日晴,晚雨,少选止。

十八日(4月6日)甲寅 答黼卿,久谈,成五言诗一首《寄怀日本山崎桂》。又作二纸,覆井户川辰三。张仲仁以长句见赠,并其弟一鹏所撰《普通学歌诀》。接楚士书。小鲁过我。是日晴。

十九日(4月7日)乙卯 覆楚士太守、茂轩比部函。朝饭后,出门谢步,稚珉观察、辅廷参戎、伟臣大令、伯章郡丞均会,于王座中遇云孙。读《王文成公全书》。是日雨,夜半滋大。

二十日(4月8日)丙辰 送鹤似行,并晤赵汉卿。接张会叔、何棠荪函。下晡,郭甫招饮,约所江同往,已先去矣。是日晨大雨,晡晴,夜又雨。

廿一日(4月9日)丁巳 饭后入署,稚樵处小坐,季同、春泉访我于习静轩。阅尊经书院课卷。日入归,与所江夜话。是日阴,晚雨竟夕。

廿二日(4月10日)戊午 昨,大女自东京有书至。接孝怀及鹗儿函。辅廷与陈子文先后来谈。复棠荪书。看《中外日报》,惊悉何眉孙于正月十一日忽然逝世，当作一笺告仲仁。午，入署阅卷。申出赴保臣饮，晤协中、黼卿并徐辅三、杜诗笠诸君。所江亦至。余因其病，抚而劝之，遽致流泪，使我心戚，遂醉而反。是日晴。

廿三日(4月11日)己未 叶西平、罗纪培过访。日昳，赴丁公祠，盖健安观察招余及稚樵、春泉、荔邨、苓舫、厚卿饮也。黄昏归，接五弟暨山崎桂函。读《杜工部集》。所江来，病稍减矣。是日晴阴。

廿四日(4月12日)庚申 隅中入署，以山崎领事函呈乐帅一观。旋即与观甫同邀少瀛、松岩、镜宇、稚樵、春泉、荔邨、苓舫、质夫游花市，饮于二仙庵。遇嵩翁、冬生，立谈而去。下晡，进城，复赴廖五兄之婿易云黼席。同座包弼臣及芸鸬、保臣、诗笠、所江。连日皆醉，洵非摄生所宜也。是日晴，夜小雨。

廿五日(4月13日)辛酉 接吴敬疆编修西安函并赠诗，且悉瞿子玖尚书已于新春抵行在。胡孝博大令有书，当复之。招黼卿、弼臣、子布、保臣、小鲁宴张宅。所江又病。午出，亥回。是日晴。

廿六日(4月14日)是壬戌 赴马绍相双孝祠席，同座雅泉、子布、郭甫。于花市遇谢瑟堂、刘云生、杨小山。日中集，日晡散。入城步行，省所江疾。将上灯时，始往践与章之约，略饮十馀杯，先诸君行。接五弟及三儿书。荩臣有函相托。是日晴。

廿七日(4月15日)癸亥 前年花市与王爵棠中丞饮马家祠，去年复同周玉山方伯、万莲初廉访、夏琅溪军门、恩寿卿都护、刘幼丹观察游衍其间。今诸公散处四方，万则已归黄壤，见在省垣者，唯余与筠轩而已。王兴邦入见。饭后进署，过稚樵、少瀛、松岩、观甫小坐，春泉来谈。旋出拜客，晤叔芸、冬生、子文暨叶伯皋昆仲。上灯始归。接金序笙函。庸儿自渝回。夜，遣人问所江病状。是日晴，人定雨。

廿八日(4月16日)甲子 马丕卿、王咏斋、黎班生先后来谈。日中，答瑟堂拜，省所江疾，均晤。看何沃生启《〈劝学篇〉书后》，虽不无偏激，亦颇有中肯綮处也。是日晨雨旋止，夜又作。

廿九日(4月17日)乙丑 作一笺与菽轩廉访，当有报章。午入署,在松岩处小坐。遇绂卿,立谈久之。接门人邓晴皋孝廉京师函,尚困守南学,殊可念。是日晴阴,夜半雨。

三十日(4月18日)丙寅 食时出门,仅晤朗斋农部而归。少农太守来谈。日昳过所江,坐良久。乃诣紫钧,托为庸儿代捐。是日晴阴,夜半雨。

三月

初一日(4月19日)丁卯朔 接李愚安书。伯章郡丞、稚珉观察来访。日中入署,造乐帅谈。过少瀛昆仲及春泉,并晤季同、苓舫。晡,答刘子贞太守,适其病。在班生处小坐,遂赴叔芸席,同座韩敬夫、陈志钧、剑秋、蒋筠轩、荣仲文。酒殊劣,粥亦冷,肴尤不佳。是日阴雨,夜滋大。

初二日(4月20日)戊辰 筠轩、敬夫二观察先后来谈。日中入署,诣乐峰制军一谈,并过少瀛、松岩、荔邨、观甫,皆晤。晡至所江家,人定始归。接鹗儿暨刘陶君禀。是日阴,夜半雨。

初三日(4月21日)己巳 江楼修禊,共四席,唯余与济川籍隶闽粤,余皆蜀人也。午往,申反。少农有书,为丕卿说项。以化红贻所江。接罗莘农京师书。夜,子贞来久谈。是日晴。

初四日(4月22日)庚午 与五弟及三儿书。午出门,省所江疾。复至恒裕银号一行,乃入署,晤少瀛、松岩、稚樵,同春泉、荔邨、观甫赴陈炳熙丁公祠席。遇济川,立谈而去。黄昏酒罢。访子贞,又值它往,遂回寓。是日晴,晚微雨旋止。

初五日(4月23日)辛未 荩臣来述苦况,碍难为力,奈何。饭后出门谢步,无所遇。晡入署,黄梅修初到文案,杨仲山新委合州,因诣来喜轩一谈。松山、质夫假座习静园,同署诸君咸集,共两席。初更散。班生赠物四种。是日晴。

初六日(4月24日)壬申 看黎莼丈所著《西洋杂志》。伍崧生太史、王也樵大令均有诗来。午入署，批呈四件。过稚樵、少瀛，小坐即出[①]。步至所江家省疾，约一时许始反。是日阴，夜雨。

初七日(4月25日)癸酉 清晨出门，谢赵笠珊大令步，未遇。午，紫钧、郭甫先后来谈。寄叶南陔函。晚过所江夜话。是日晴。

初八日(4月26日)甲戌 复李愚安、王子固、金序笙书。接井户川晋省电，当作一笺告子贞知之。饭后入署，诣乐帅及稚樵、春泉、少瀛昆仲谈。晚省所江疾。是日晴，夜雨。

初九日(4月27日)乙亥 仲仁来谈，并述吴蔚若学使之意。崧生山长过我。日昳，答杜生拜，以所撰乐帅寿序见示。是日晴。

初十日(4月28日)丙子 饭后过所江，坐一时许。乃入署，少瀛宴同舍于习静轩，归已二更矣。是日晴，夜月甚明。

十一日(4月29日)丁丑 与崧老及仲仁笺。午入署，阅锦江书院月课，诣稚樵，晤少瀛昆仲暨诸同舍。下晡回。晚，子贞来久谈。是日阴，夜雨。

十二日(4月30日)戊寅 入署，诣乐峰制军谈，承以所书楹帖见赠。过春泉、稚樵、荔邨、观甫及少瀛昆仲。秦新买妾，命其出见。晡至所江家小坐，因与郭甫公请季英故，匆匆去。宴至二更乃罢。座有某令，深鄙其为人，终席不与言。是日晴。

十三日(5月1日)己卯 车心吾、潘荫生来，均有所请托。接五弟书。日昳，拜会晋臣军门、蔚若学使，久谈。晚饭后过所江。是日晴，夜月甚明。

十四日(5月2日)庚辰 早起，蔚若侍讲来，久谈。门人覃琢臣拔萃入见。饭后至署，晤少瀛、梅修、苓舫、季同、春泉，并以孝怀乃兄雅生之事面托周岐山郡丞。下晡，蒋筠轩观察招饮丁公祠，同座邓纯峰、谢澍泉及小平、乐山，谈宴甚欢。初更酒罢。协中有字往还。是日晴，夜月甚明。

---

① 此处墨笔勾去“拟诣春如，慰其罢官，未果”十字。

十五日(5月3日)辛巳 昨紫钧初度,遣庸儿代往,今来谢,照例不见也。凤岐峰、伍崧老来拜。日中出门谢步,晤辅廷、岐峰、丕卿、筠轩、叔芸。林晖如即寓李处也。与仲惠遇诸涂。纯峰有字往还。辞季英翌午柬。作一笺致蔚若送行。接孝怀电、厚卿函,俱复之。步访所江,适它往。是日晴,夜月甚明。

十六日(5月4日)壬午 接陈梓樵、黄紫绶函,当作答。午入署,过梅修、苓舫、季同、少瀛、松岩、春泉,并晤观甫、荔邨。申出,李紫璈大令暨门人高石芝孝廉有书至。发一电与沈幼岚直刺,询孝怀疾。诣所江。酉正往,子正归。是日晴,热至九十度,夜半雷雨。

十七日(5月5日)癸未 崧老有字往还。杜生来谈。饭后入署,入署[①]诣乐帅及春泉一叙。晡归,与荫生、紫钧笺。旋赴郭甫饮,遭所江于道,不期而与俱。同座季音、寿伯、瀑琴、石庵、与章,酒罢诸君仍摴蒲,余暨所江先去。接鹗儿禀。是日晴,夜月。

十八日(5月6日)甲申 邓雨人来谈。曾棣森、吴绍青均有书托谋事。杜诗笠属题《看剑图》。复石芝函。所江过我,携纸笔及欧帖而去。晡入署,祝乐帅六十寿。接幼岚回电,云孝怀发落,病在忧时,麻疯之说盖讹传也。是日晴。

十九日(5月7日)乙酉 清晨入署,贺乐帅生日。春泉、梅修来谈。宴稚樵处。酒罢,出访仲仁。复至存义公票庄李甲三处一行。谢步雨人,未晤。初更,所江来。临帖二张。是日晴,晚雨旋止,夜半大作。

二十日(5月8日)丙戌 次韵《敬彊太史留别诗》及《题诗笠广文〈看剑图〉》。晡,造子贞一谈。是日大雨,晚霁。

廿一日(5月9日)丁亥 饭后诣紫钧及所江小坐。乃入署,过春泉谈,覆紫璈书,并咨吏部文一角,由存义公票庄寄。是日阴。

廿二日(5月10日)戊子 门人张子良入见。林晖如大令因其

---

① 此处“入署”二字似衍,原文如此。

哲兄赞如升任云南藩司，在会馆演剧款同乡诸君，并邀稚樵、荔邨、松山、敬夫、炳熙。午集，戌散。所江旋过我夜话。是日晴。

廿三日(5月11日)己丑 换四品顶戴。日中赴天上宫进香，同乡咸集。看戏至更后，偕所江步归。是日晴。

廿四日(5月12日)庚寅 谢绶堂请看春操，未赴。甲三来拜。申入署，岐山宴同人于习静轩中。戌出，寄鹗儿信物。是日晴。

廿五日(5月13日)辛卯 作致王益吾祭酒、蔡伯浩观察书。仲仁有笺至，并以《日本维新史》见赠。与春泉有字往还。寄所江一纸。紫钧来谈，为拟详稿焉。是日晴阴。

廿六日(5月14日)壬辰 接梓樵函，当复之。寄易实甫观察、沈伯华大令书。午入署，过春泉、稚樵、少瀛、松岩、观甫、季同一叙。老[①]三过我谈，乐帅招与言事。闻井户川到省，在寓相候，当[②]回商论资送学生出洋一节，旋即走答。夜，所江过我。比相见甚勤，逾夕不晤，便形惘惘，虽情之所钟正在我辈，亦不可不防其过也。是日晴。

廿七日(5月15日)癸巳 清晨，陈澍甘大令来拜，隽丞抚军之公子，西川良吏也。小鲁来贺庸儿生日，因留早面。酒罢入署，赴稚樵洗儿喜筵。接尔鹗电，当告幼岚，令其回省。所江邀饮，郭甫、果臣、子布同集其宅。与章未至。未往，子归。是日晴。

廿八日(5月16日)甲午 答叙卿观察、嵩生太史拜，均晤。接汪穰卿书。昨于官厅前遇子贞，言井户川事，饭后特诣井一谈。乃入署，梅修宴同人于习静轩，初更席散。甫归，井大尉来访。五弟有函至，宝湘石相待甚优，深以为慰。与所江夜话。是日阴晴。

廿九日(5月17日)乙未 云荪观察来谈。饭后出门谢步，晤春如、云鬴、杜生。是日晴阴。

---

① 老：疑为“甲”之误。

② 此处墨笔删去一“即”字。

四月

初一日(5月18日)丙申朔 作寄瞿子玖大司空书,又复敬彊太史一函。纯峰来谈。拟入署,因候子贞,下晡始至,遂不果。晚接渝电,广生五弟于本日未刻病故,哀哉哀哉。当发一电与湘石观察,恳为经纪其丧,并告以日内当遣庸儿前往也。井户川、所江过我。是日,昧爽大雨,隅中止,黄昏又作。

初二日(5月19日)丁酉 凌晨,辅廷来,勉见之。杜生以所撰散体文函示。绪伯答拜,本挡驾,仆人误请入。作一笺与晋臣军门,遣庸儿送子贞行。寄楚士太守、润田大令书。接湘石观察电。昨所发尚未到也。所江来伴,自申至亥始去。是日阴雨。

初三日(5月20日)戊戌 与少瀛笺。井户川大尉来,久谈,盛称乐帅之明达。看《南史》。是日晴阴。

初四日(5月21日)己亥 筠轩、叔芸、和叔三观察先后来慰。井户川过我。致宝川东书。与所江夜话。是日晴阴。

初五日(5月22日)庚子 与春泉笺。晋臣军门来慰。观甫过谈。晡,鹗儿自泸州回。接幼岚直刺函。是日阴,晨雨,午霁。

初六日(5月23日)辛丑 庸儿赴渝。春泉有客至。嵩生太史来慰。覆幼岚书,并作一笺与孝怀,以解其惑。井户川、所江过我。是日晴,晚雨竟夕。

初七日(5月24日)壬寅 仲仁有字至,当复之。咏斋、杜生先后来慰。为曾伯厚致书吴榕圃太守。夜与所江谈。是日晴,晚雨。

初八日(5月25日)癸卯 昨小平来慰,失记。饭后造井户川,适纯峰在坐,一叙即入署。诣乐帅久谈,诸同舍均晤。是期为浴佛日,去年饮江干,所江大醉,犹历历目前也。作一字谕庸儿。是日晴,夜半雨。

初九日(5月26日)甲辰 筠轩、和叔、纯峰、叔芸公宴井户川于丁公祠，独余不衫不履。申往，酉归。接子贞简州道中书。所江过我。是日阴雨。

初十日(5月27日)乙巳 凌晨，鹗儿偕原田铁游青城。午入署，造少瀛昆仲暨稚樵，晤苓舫、荔邨、观甫。晚践郭甫约。所江已先到。是日晴。

十一日(5月28日)丙午 莼峰招同井户川及筠轩、叔芸、和叔三观察游昭觉寺。巳往，申归。接叶子义函。仲仁过我。夜诣郭甫谈，所江未至。是日晴阴。

十二日(5月29日)丁未 看《十七史商榷》。小鲁来谈。署中同事公饯少瀛，以疾未赴。接隽威函，云迁署后已择雅室，虚左以待矣。深感其意，当作一电与仲方中丞，托观甫拍苏。夜过瑟堂，与所江饮。是日晴。

十三日(5月30日)戊申 汪朗斋农部、刘揆云孝廉来谈。接琼女禀。饭后造井户川及紫钧一谈。遂诣郭甫，看其与寿伯、与章、所江博。酒罢，余患胃痛，先去，尚未二更也。少瀛有字至。是日阴雨。

十四日(5月31日)己酉 昨鹗儿自灌县回，余归已寝，今晨始见之。接少农函。汪易门有书相干。申入署，荔邨饯少瀛、松岩、苓舫，余与秦张陆作陪。初更席散。井户川已在寓久候，以小像赠之。同筱鲁、所江饮，闻止盦尚书充政务处[①]大臣。是日晴。

十五日(6月1日)庚戌 门人陈子裕入见。辅廷来谈。日前伯厚辞行，未及走送，兹与一笺致意。发谕庸儿缄。筱鲁约至伊处，共所江博。午往，子归。杜生送五弟挽联。是日晴。

十六日(6月2日)辛亥 颇觉胸怀壹郁，十年学道之谓何。郭甫有字往还。午入署，造乐帅久谈。复过且居、夐轩、春泉、澄盦。晚，井户川大尉来访。再寄子玖尚书函。是日晴。

十七日(6月3日)壬子 接庸儿重庆电。李云孙、沈伯杼两观

---

① 此处墨笔删去“议政”二字。

察先后过我。致张子馥书,并询胡砚生、傅彤臣近状。与所江夜话。紫钧、郭甫均有字往还,且以《西洋杂志》二部分赠之。是日晴,人定雨。

十八日(6月4日)癸丑 饭后入署,面托少瀛寄西安函件。过苓舫、稚樵,小坐遂出。接刘甸侯函,当复之。诣小鲁,邀所江博,自申至子。是日晴。

十九日(6月5日)甲寅 接楚士复书并邛州月试卷。与济川有字往还。甸侯来谈。得庸儿电。晡,小鲁、所江过我,遂偕至杨寓博。井户川突入,匆匆笑语,不暇细论也。夜半回。昨为小鲁致书施瑞峰,已出勉强,宁可再干他人耶。是日晴,晚,微雨旋止。

二十日(6月6日)乙卯 饭后入署,访且居、月轩,未遇,留字而去。诣稚樵、春泉、观甫一谈,以《入都纪程》赠苓舫。晡归。覆楚士书。是日晴。

廿一日(6月7日)丙辰 食时出北关,公饯且居、月轩、苓舫赴行在,同人咸集。午入城,咏斋有字至,当答之。昨晚杜生代撰文君井琴台瓮亭楹联,顷脱稿见示,俱工雅。致辅廷书,为人言事,非得已也。日昳,所江过我,邀至其家小饮。与筱鲁遇诸涂,遂偕往。酒罢,杨先去,余留连至夜半始回。是日晴阴。

廿二日(6月8日)丁巳 接孝怀函。井户川过我。日昳入署,在观甫处小坐,遂出。答甸侯拜,晤其兄虞臣而归。是日晨雨,旋晴。

廿三日(6月9日)戊午 阅邛州月试卷讫。济川来谈。所江过我,因约小鲁同博。自申至子。是日晨雨旋晴,夜半又雨。

廿四日(6月10日)己未 饭后入署,造乐峰制军及观甫谈。赴云龢饮。为作一笺与少瀛,时辅卿、保臣在座也。覆孝怀函。是日晴。

廿五日(6月11日)庚申 昨访井户川,失记。午入署,阅正印各官课卷。诣稚樵,贺其得子弥月之喜,适昼寝,因留字而去。践保臣之约于所江家,同座辅卿、郭甫及李爱周也。是日晴,晨小雨。

廿六日(6月12日)辛酉 撰闪晋臣军门六十有七寿序。伯章、丕卿来谈。仲仁有字至。公祝钱莪伯太夫人生辰,观剧,申往戌归。是日晴。

廿七日(6月13日)壬戌 杜生来谈。致楚士函。诣钱宅拜生,午往亥归,戏犹未罢也。两夕均所江同饮。是日晴。

廿八日(6月14日)癸亥 与仲仁笺。鲁詹来谈。未正,至所江家,邀黼卿、郭甫、寿伯、瀑琴、子布饮。酒罢,余至子初始归。接庸儿禀及山崎领事函。久不成寐。是日晴,夜雨。

廿九日(6月15日)甲子 起稍晏,以拙刻贻张芋圃,当有报章,并赠所著书为谢。日昳入署,作一电谕庸儿。造春泉一谈。返寓后复诣井户川小坐。与郭甫笺。是日晴,夜半大雨达旦。

五月

初一日(6月16日)乙丑朔 饭后出门答拜,晤王怀馨太守与晋臣军门、伯章郡丞及和叔、筠轩、稚珉三观察。接梓樵函。仲仁、咏斋有字至。润田自自流井[1]假我《毛诗》一部。是日晴,夜半雨。

初二日(6月17日)丙寅 接楚士覆函。杜生有字至。饭后出门答拜,晤济川、芸鸬、崧生、朗斋。晡,怀馨来谈。晚,小鲁过我。是日阴,夜雨。

初三日(6月18日)丁卯 心吾来谈。午,小鲁至,甫去而所江来,与少坐。遂入署,造乐帅及观甫。乃出,复访井户川而归。晡,践郭甫,其相助厚谊深可感。同饮,有陈幼石大令暨姚、钱、曹诸君,与章、所江陪。酒罢步回,已二更。是日晴阴,鸡鸣大雨。

初四日(6月19日)戊辰 接夏朗谿军门太原函。质斋面托,为谋出洋学生。稚珉来久谈。饭后谢李仁宇步,未晤。在小鲁处遇所

---

① 自流井:四川自贡市自流井区。

江一叙。晡,井户川辞行。筠轩以书招饮,缘与所江有夕话之约,故却之。黄昏,所江至。是日阴,微雨止还作,夜半滋大。

初五日(6月20日)己巳 子裕来贺节。招井户川及小鲁早饮。酒罢同出,送井行,遂至杨寓与所江博,自未至子。是日晴。

初六日(6月21日)庚午 昨庸儿有禀至,今作一电,命其回省。饭后入署,过春泉、稚樵谈。接周岐山函,覆润田书。是日晴。

初七日(6月22日)辛未 看《绝妙好词笺》。饭后出门,晤云荪、班生、纯峰而归。接庸儿电。鲁詹来谈。与所江夜话。是日微晴旋雨。

初八日(6月23日)壬申 晨起,为包铁孟、高少农书扇。过小鲁,共所江博,自午至子。接子义姻丈函。是日雨阴。

初九日(6月24日)癸酉 日中入署,诣春泉、观甫,一谈即出。贺紫钧得三品卿衔喜,未晤。接门人孔伯良函。仲房以事来托。是日晴。

初十日(6月25日)甲戌 班生过我,隅中偕小鲁、所江至濯锦楼饮博。日落入城,在杨处晚饭讫乃归。是日昧爽雨,午霁。

十一日(6月26日)乙亥 门人姚治盦及李任父来见。紫钧、咏斋先后过谈。饭后入署,晤春泉、观甫,夜与所江话。是日晴,二更微雨。

十二日(6月27日)丙子 覆子义函。午诣仁宇、筠荪、石逸、春如、咏斋谈。接彭撷林、邱小农书。晚过小鲁,共所江博。是日阴,夜半雨。

十三日(6月28日)丁丑 为所江书扇。饭后入署,遂至关庙践耀庭观剧之约。下晡又赴山西馆子布戏筵,晤陈蓬仙及刚如、甲三、石庵。酒罢,偕所江至其家,醉眠良久乃归。是日阴晴,时有小雨。

十四日(6月29日)戊寅 贺徐季同署岳池喜,未见。遂答拜叙卿观察,晤谈而归。廷栗斋来访,庸儿川东同事也。仲房又有所干。为乐峰制军复李木斋星使及日本国民同盟会书。过小鲁,同所江饮博，自申至子。是日晴，夜半雨。

十五日(6月30日)己卯　叔芸观察来谈。贺晋臣军门寿，未晤。答栗斋拜，亦适它往。饭后入署，造乐帅及春泉、稚樵，语良久乃出。小鲁过我，所江踵至，遂共饮博，夜分始罢。是日晴。

十六日(7月1日)庚辰　作一笺与紫钧京卿。仁宇来久谈。午出，贺怀馨权嘉郡喜，并答叔芸拜，均未晤。在筠轩处遇紫钧焉。覆小农信，连得茂轩两函及尧生书，赵且有诗见怀也。夜，筱鲁催为谋事。是日晴，天渐热。

十七日(7月2日)辛巳　昨损庵有字询周孟侯大令，兹作一笺寄去，当有报章。日昳，庸儿自渝回。晡赴段宅，盖蓬仙、刚如招饮也。所江已先至，同座子布、甲三、郭甫、瀑琴。二鼓归，颇有病意。是日雨阴。

十八日(7月3日)壬午　致诗舲函。孟侯、怀馨来谈。午入署，诣季同、澄盦，并答新甫，盖自襄阳接眷初回也。玉如访我于习静轩。接子固、筱湄书。晚饭讫，小鲁同所江博。人定各归。是日晴。

十九日(7月4日)癸未　看《四朝闻见录》。接罗桐侯暨门人陈伯承书。赴郭甫与所江、与章饮博，午往亥返。是日大雨。

二十日(7月5日)甲申　少农来谈，遂诣季同，贺其为子纳征之喜。秦、张、吴、陆踵至，晤刘幼芬、何又晋，自巳至酉。寄孝怀函。是日晴阴。

廿一日(7月6日)乙酉　阅张季直《变法平议》一过，颇有可采。紫钧及笃君、弢甫来谈。饭后出门，答栗斋、耀庭拜，俱晤。昨于季同处遇仲惠，据云亟思一叙，今拟访之未果也。夜与所江话。是日晴。

廿二日(7月7日)丙戌　清晨，廖镜堂来访。门人孔伯良自新保关至。午入署，过春泉、观甫谈，季同率其子亮甫入见，坐良久乃去。下晡，所江共博酒罢，小鲁始到。散已三更后矣。是日晴。

廿三日(7月8日)丁亥　寄章厚卿书，托绋卿转递。筠轩观察来谈。门人陈深之、胡文澜自重庆至。日中赴与章家，践郭甫约，同博者果臣、所江，人定回。是日雨，夜滋大。

廿四日(7月9日)戊子 耀庭来谈。与紫钧有字往还。接峨伯书，当复之。叙卿招饮，连日皆不暇，作一笺辞谢。日中入署，造春泉言事，遇季同，以例酒相邀，留笺而去。至所江家，留连久之，乃同赴瀑琴段宅之约，同座蓬仙、刚如、子布、甲三、郭甫、与章，申往亥归。是日晴，夜雨。

廿五日(7月10日)己丑 昨仲房缘新得商局文案来谢，失记。赴浙江馆先贤祠，为春如预祝，共七席。未初到，客已将斋，亥正戏完，已有酒意。偕所江步行。是日晴。

廿六日(7月11日)庚寅 龚畊馀、陈石溪来拜。饭后答又晋，未晤，造崧生山长一谈。与郭甫笺，订明日摸牌之约。接张会叔函，具述仲方中丞相爱之厚、为谋之忠，属其致书劝驾，感念知己，不禁心驰吴下矣。日昳入署，与同舍公饯季同。是日晴。

廿七日(7月12日)辛卯 清晨出门，仅晤晋臣军门而归。日中至所江家，郭甫、与章已先到，果臣迟来。博饮既罢，客俱去，余独留，漏三下始返。是日晴，夜半雨。

廿八日(7月13日)壬辰 畊馀、紫钧、寿伯来谈。接幼海函。春泉、筱鲁有字至。寄隽威、会叔书。是日阴雨。

廿九日(7月14日)癸巳 前日松泉之室举一女。今晨乐帅招饮署。巳往申回。接门人高石芝函。所江因其子病，遣人两次来取药。是日雨，午霁。

三十日(7月15日)甲午 看《铁围山丛谈》。门人连泽膏入见。作一笺谢雅泉招饮。饭后至所江家小坐。乃入署，正拟过乐帅，闻筠荪在舍相候，遂出会谈。接甸侯信及苏州电。是日晴阴。

六月

初一日(7月16日)乙未朔 晋臣军门来谈。两得筠荪字，皆为春如聚饮一事也。日昳,过小鲁与所江博。人定偕步至我处取洋参。是日晨雨,午霁。

初二日(7月17日)丙申 接棣生日本函。与筠荪有字往还。赴果臣饮博,所江踵至,郭甫、与章偕来。酒次甚欢,午集亥散,微有醉意。与所江同行,同①提督街口,乃坐肩舆返。是日晴。

初三日(7月18日)丁酉 隅中,至文殊院,贺春如生辰,共素面两席。酒罢,过段宅,进内小憩,乃衣冠拜客。晤辅廷、蓬仙、诗笠、紫钧,归已下晡矣。接曾棣森函,当复之。是日雨,晚霁。

初四日(7月19日)戊戌 沈幼岚直刺来久谈。程家爵进见。接厚卿、孝怀复书。寄筱湄函。日中入署,造乐峰制军暨春泉、观甫。夜与所江话。是日晴。

初五日(7月20日)己亥 寄止盦尚书、敬彊编修函,托幼岚带行在,明朝行矣,有字往还。镜堂来谈。饭后至所江家,招郭甫、果臣、与章饮博。酒罢客去,将三更始返。是日晴。

初六日(7月21日)庚子 辅廷来谈。午入署,过稚樵、春泉、观甫。出,至志古堂书坊小坐。访仲仁,不遇而归。复具衣冠,往贺叔芸合州摧厘喜,晤语久之。小鲁过我,留之饮。夜与所江博。畊馀送合江新鲜荔枝。是日晴,三更小雨。

初七日(7月22日)辛丑 看王定国所记杂事②。畊馀来谈。所江过我,遂邀小鲁饮博,自未至子。是日晴,时有小雨,夜半滋大。

初八日(7月23日)壬寅 清晨,子布、小鲁、丕卿来谈。日中出门,无所见,入署过荔郕小坐。新巡捕刘子木进谒。接治安函。与门人陆景荃及郭甫有字往还。所江夜话。是日阴,晡大雨旋止,夜半又作。

初九日(7月24日)癸卯 看陆务观《入蜀记》。出门拜客,仅晤

---

① 同:应为"至"。

② 当指王巩所撰《甲申杂记》《闻见近录》《随手杂录》等。

朗斋而已。和叔观察来谈。晚,所江过我。是日晴,夜月微晕。

初十日(7月25日)甲辰 门人覃琢臣来饭。巳,造所江及瑟堂、仁宇、筠荪久谈。仲仁有笺至,并以《便蒙丛编》六册见诒。矿务总局招饮,辞之。小鲁面有所托。是日昧爽大雷雨,午霁,夜月。

十一日(7月26日)乙巳 晨起,为小鲁致孙树臣、徐季同书,旋自来取。午后所江过我饮博。夜,景荃至。是日晴,夜月。(仲仁来)

十二日(7月27日)丙午 云荪观察来谈。日昳入署,晤观甫、荔邨、梅修。接井户川函。鹗儿生辰,早晚俱饮。夜月,是日晴。

十三日(7月28日)丁未 看朱新仲《猗觉寮杂记》。济川来谈。过小鲁,同所江博,自未至子。是日昧爽大雨,食时晴,夜月甚明。

十四日(7月29日)戊申 朱越卿来拜。答治安书,并作一笺与赵萼楼荐仆。复井户川函。午后入署,过春泉、稚樵、子木。晚,邹绍陶入见,为致书仁宇,举其出洋肄业。共所江话。是日晴,夜月甚明。

十五日(7月30日)己酉 接仁宇覆书。今晡,庸儿与邹、陈、胡诸生同谒乐峰制军矣。郑昆生来访,其署江北同知时,余方掌教东川也。石逸过我久谈。晚,所江至。寄陈幼海、胡孝博函。瞿子玖调外务部尚书,并授为会办大臣。是日晴,午雨旋止,夜月。

十六日(7月31日)庚戌 招新知、文澜、蔚丹三门人早饮。接容普太守、紫绶大令函。作一笺寄孝怀。晚,仁宇之次子仲通奉命入见。笃君来辞。是日晴,夜大雨。

十七日(8月1日)辛亥 晨出门谢步,晤云孙观察、丕卿大令、昆生刺史。午入署,造乐峰尚书谈。昨观甫来舍,今特过之。晚独坐,有所思。甚矣,情之为累也。是日晴,晡雨旋止,夜半大作,雷尤震。

十八日(8月2日)壬子 杜生来谈。寄湘石观察、爵棠中丞书。又与耀庭、炳熙笺。是日雨,下晡方停。夜梦纷纭,忽在所江家,忽在苏抚署,讵心中只有此两事耶,可发一笑。

十九日(8月3日)癸丑 晨出门谢步,晤济川。接季同大令岳池书，当复之。看黄公度《日本国志》。晚，所江来。是日晴，夜月甚明。

二十日(8月4日)甲寅 何伯垂暨紫钧京卿来。午入署，过观甫，一谈即归。所江踵至，遂招小鲁饮博。是日晴。夜月。

廿一日(8月5日)乙卯 小鲁亲送季同覆函至。接棣森书，其人不知进退，殊可怜笑也。所江过我，午来子去。是日晴。

廿二日(8月6日)丙辰 贺和叔观察生期。过小鲁，与所江博，自日昳至夜半。接李仲壶驾部开县函。荔郇告以庸儿等保折奉准，明朝借火神剧宴稚樵、镜宇也。是日晴。（郭甫来）

廿三日(8月7日)丁巳 食时入署，造乐峰制军，谈及时务，帅意亦谓不变法决无振作之机也。同荔郇、春泉、观甫在衙神祠，邀稚樵、镜宇、梅修、新甫听戏。下晡散席。接杨仲山合州函。夜，所江来。是日晴。

廿四日(8月8日)戊午 晨，造稚珉观察久谈。筠荪招饮，辞之。饭后入署，稚樵、梅修约听戏，饮酒颇多，醉眠园中，不及候所江，遽归。接汤冰持、邹鹤似暨治安函。是日晴，下晡大雨。

廿五日(8月9日)己未 看《巴黎茶花女遗事》。食时出门谢步，晤曹仲惠观察、吴成一大令及郭甫。日昳入署，访春泉未遇。遂过观甫小坐。夜，所江过我。是日晴，日入骤雨，旋止，更深复作。

廿六日(8月10日)庚申 覆仲山、鹤似函。刚如来拜。午正过所江，坐两时许。复诣紫钧久谈，乃赴班生席。同座仅识李仁宇、何伯垂、高鹤君、祝彦和。戌正回。是日晴，夜半雨。

廿七日(8月11日)辛酉 接楚士太守书。筠轩观察、伯垂大令、志钧京卿先后来谈。约郭甫、果臣、与章饮博于所江家中，自午至子。得赵萼楼大令覆函。是日晴。

廿八日(8月12日)壬戌 琢臣来见。贺辅廷、耀廷、杜生、鹤君喜，均未晤。是日晴，热甚。

廿九日(8月13日)癸亥 与郭甫、刚如笺。仁宇来谈，有訾蔚丹者。日昳入署,过春泉、观甫、荔邨、梅修谈。接筱湄函。是日晴。

七月

初一日(8月14日)甲子朔 寄富顺玉润田大令书。夜,所江过我。是日晴,下晡大雨,旋止。

初二日(8月15日)乙丑 杜生大令、紫钧京卿来谈。午初入署,旋即赴孙玉仙郡丞少城关庙赏荷之约,稚樵、春泉、荔邨、观甫、梅修已先到席,设杯渡航,酒罢复至将军衙门一观,时乐峰制军正兼署斯缺也。申正回。是日晴。

初三日(8月16日)丙寅 接伯浩、孝博函。凤岐峰、胡子琴、严瀑琴来谈。胡君,前于班生座中相识,其戚也,荐周泽于鹤君。赴与章饮博,同郭甫、果臣、所江自未至亥。是日晴。

初四日(8月17日)丁卯 发一电与胡砚生,询仲实消息。申初赴耀庭席,同座钟聘玉、王植三及所江,亥正步归。是日晴。

初五日(8月18日)戊辰 伯垂来谈。昨廖问渠广文过访,失记。午入署,诣春泉小坐。与荔邨笺。夜与所江话。去岁八月此日同游桂湖,宿澄心阁畔,流光如驶,忽一年矣。是日晴。

初六日(8月19日)己巳 撰《邛州重修琴台记》。畊馀、棨卿来拜。是日晴阴,夜微雨。

初七日(8月20日)庚午 梅修来谈。饭已,出门谢步,晤子权、班生、子琴、叔芸、纯峰,下晡始归。观甫赠藏香、藏菰,作字谢之。接敬彊太史书。与所江夜话。是日阴,晨雨旋止。

初八日(8月21日)辛未 撰《邛州通泉殿记》。少农太守来谈。午入署,上乐峰制军书。过春泉、澄盦一叙。下晡赴梅修席,同座玉仙、杜生、宝臣、观甫。是日晴。(紫钧有书至。招仙洳川行□[①])

---

① 招仙洳川行□:日记原文如此,然此数字笔迹歪斜不整。

初九日(8月22日)壬申 丕卿来谈。未初至所江家，招蓬仙、瀑琴、子布、郭甫饮，刚如以嫂丧未到。子正乃返。接耀廷函。是日晴，夜半雨。

初十日(8月23日)癸酉 看樊云门《樊山集》。午入署，过稚樵、观甫、荔邨谈。为朱柳桥致书商柱臣。是日阴，时有小雨，夜半大作。

十一日(8月24日)甲戌 食时赴丁文诚公祠，与寿伯、果臣为郭甫预祝四十生辰。所江午后始至，人定各回。接砚生覆电，仲实尚在西安候简也。孝怀有书，促鹗儿至泸。是日阴。

十二日(8月25日)乙亥 春如招饮马王庙，筠荪以疾未至，有诗寄余。共两席，所江、与章同座，以石逸赌酒，大醉。申集亥散。是日晴。

十三日(8月26日)丙子 甫出门，遇杜生来辞。诣丁公祠，贺郭甫生辰，自巳至戌。酒罢复与所江同赴许宅，坐久之，始归。接棣生函。昨答紫钧拜，既晤商，复迭有书来。今午，梅修续娶，亦未亲往也。是日晴，人定雨，夜半滋大。

十四日(8月27日)丁丑 覆楚士太守函，并代撰通泉殿匾联。饭已，入署诣乐帅久谈，大有保荐鄙人特科之意。过荔邨、观甫，适新委文案李星浦大令来拜，遂同会之。复造春泉，小坐而归。门人陈伯承入见。是日阴，微雨，止还作。

十五日(8月28日)戊寅 作一笺与紫钧京卿，旋有报章。畊畬[1]来谈。日昳，赴叶公祠，应郭甫音尊之招，同座王梦兰郡丞及瀑琴、寿伯、子布。酒罢复邀至与章宅少憩。遂偕所江步行返寓。时街衢灯火犹盛，不见月光也。是日晴。

十六日(8月29日)己卯 筠轩观察因庸儿保案奉准来贺。出门谢步，无所遇。饭已，紫钧来谈，小怨太明，何其褊浅。日昳，入署，

---

① 畊畬，即畊馀。日记中同一人名多有异写。

适冯慰农访我于习静轩。甫归而云孙观察至,亦贺喜也。石逸书询乃兄消息,旋遣其第四侄入谒。得湘石观察覆函。晚,曾棣森又以事干。与所江夜话。是日晴,夜月甚明。

十七日(8月30日)庚辰 接新知文澜函。畊畲面请后日阳明祠早宴。所江过我,遂留饮,申来亥去。是日晴。

十八日(8月31日)辛巳 紫钧、纯峰来谈。复新知文澜函。作一笺与仁宇,为蔚丹辞留学东洋。吴季和过访,新委筠连廖荪塘大令亦枉拜。下晡,赴叔芸观察饮,同座皆乡人也。是日晴。

十九日(9月1日)壬午 日中,畊畲大令招饮尹王二公祠,同座紫钧、剑秋京卿昆仲,馀不相识。晡,席散乃入署。践慰农习静轩之约,颇觉不胜杯杓矣。是日晴,晚雨竟夕。

二十日(9月2日)癸午 出门谢步,仅晤廖问渠而已。伯承辞回石桥,蓬仙有字至。饭已,入署,造乐帅及春泉、观甫谈。携日本冈本监辅所著《铁鞭西学探源》归。吴春海观察来拜,真所谓八股先生也。与所江夜话。是日阴,时有小雨。

廿一日(9月3日)甲申 郭甫来谈,旋以佳梨见赠。日昳,因家有女客,遂造所江家晚饭,夜半始归。是日晴。

廿二日(9月4日)乙酉 饭已,入署。过春泉,遇季同之子亮甫。复诣澄盦,一谈即回。季和来,为作书荐之叔芸。又与紫钧笺。电传上谕乡会试重废八股文,自明年始。昨筠荪有信至,并画纨扇贻所江,其意不易答,奈何。是日晴。

廿三日(9月5日)丙戌 松泉之太夫人生辰,食时入署申贺。乐帅命镜宇陪饮于稚樵斋中。酒罢,偕秦、张、吴三君游书肆。因诣仲仁,久谈。是日晴。

廿四日(9月6日)丁亥 读《后汉书·党锢传》。晚饭后左肋忽作痛,不知其由,殆受寒耶。所江过我。是日雨,夜滋大。

廿五日(9月7日)戊子 季和、紫钧来谈。饭已,入署晤春泉、观甫、梅修。二更,所江至,盖为其亲索参也。是日晴阴,夜雨。

廿六日(9月8日)己丑 日中出门谢步，晤春海、班生。接孝怀电，属鹗儿缓行。与所江夜话。是日晴。

廿七日(9月9日)庚寅 食时入署，贺乐帅夫人生辰。酒罢偕味农省叔芸疾，于榻前略语即去。伊准出月二日行矣。为人致云孙一笺言事，旋有报章。阅正印各员月课卷，共十三本。午闻邓雨人大令尝访我于习静轩也。所江夜携带至新都之夹衣来。是日晴，夜半雨。

廿八日(9月10日)辛卯 饭已，诣郭甫宅，所江已先到，与章踵至。日昳启行，于北关外遇彦和。抵桂湖，上灯矣，宿澄心阁。是日雨不绝，涂中泥泞殊甚。

廿九日(9月11日)壬辰 县尹曹洪斋来，旋馈菜一席。湖中桂花仍未开。有与所江同名者，郭甫特招侑酒。是日雨。

三十日(9月12日)癸巳 偕郭甫答洪斋大令拜。午后曹又过谭，匆匆而去。是日雨，晡乍晴旋阴，夜又雨。

八月

初一日(9月13日)甲午朔 日昳启行，天回镇小憩，泥泞难行。将至驷马桥，天已黑，戌正始抵舍。是日阴，夜半雨。

初二日(9月14日)乙未 昨前两日，紫钧、京卿均来访，今特于饭后过之，适出门，与其哲弟剑秋一谈。遂入署，闻苓舫自行在回。诣文案处，询近事，并晤梅修、星浦，据云燕平谒子玖尚书，蒙殷殷垂问，甚可感也。返寓具衣冠，往徐宅贺季同第四子完姻，同舍咸集，仲惠、济川、伯孚、雨人、小平、子权俱会于此。余于闹新房时先遁归，所江旋至。是日雨阴，夜滋大。

初三日(9月15日)丙申 顾兰培通守来拜，盖蔚若学使友也。紫钧过谈，旋为作书致春泉、荔邨、观甫。张有回字。陆旋来谈，有旨停捐例，甚盛举也。接铁船京卿广州函，寄资阳、重庆书告贷。与所江夜话。是日阴,微雨止还作。

初四日(9月16日)丁酉 清晨,叔芸观察辞行,稚珉观察答拜,均晤谈。陈粒唐观察丈自益阳来,承先施作一笺与海楼观察,荐幕友也。紫钧京卿有字往还。日昳出门,晤辅廷、云孙、春如、雨人。夜,所江过我。是日阴雨。

初五日(9月17日)戊戌 成五言小诗一首《寄怀止盦尚书》。榘卿、季和来谈。午入署,与紫钧笺,旋有回字。晚,星浦招同人饮,假座习静轩,共两席。酒罢,饶有醉意矣。是日晴。

初六日(9月18日)己亥 食时答粒唐丈拜,久谈。遣人送叔芸行。日昳,步行入署,过春泉、稚樵小坐。从科甲巷回,遇聘玉于途中。与所江夜话。是日晴。

初七日(9月19日)庚子 接诗舲大令覆函。饭已,访冬生库使、紫钧京卿,均晤谈。遂至所江家饮,盖其母明日生辰也。夜半方回。棣森、梅修折柬相招,皆辞之。是日晴。

初八日(9月20日)辛丑 云孙观察来谈,作一笺谢刚如弥月喜酒。午入署,诣春泉、观甫、荔邨一叙。与紫钧函。赴郭甫音尊之约,晤石君、瀑琴、蓬仙、子布、甲三、寿伯、果臣诸君。二更后与所江俱去。是日晴,夜半雨。

初九日(9月21日)壬寅 闻春泉昨夕举一子,擘笺贺之。紫钧京卿以得乐帅保奏来谢。日昳,诣郭甫饮,所江已先到。夜半回。是日雨阴。

初十日(9月22日)癸卯 乾初,孟侯来拜。午入署,造乐帅久谈。贺春泉喜,并晤苓舫、稚樵、观甫、荔邨。夜,所江过我。是日阴,晡乍晴。

十一日(9月23日)甲辰 春泉开汤饼筵,属朋儿代赴。饭已,耕畬来谈。日昳,至所江家坐久之。乃同造段宅,践子布、甲三之约。刚如、瀑琴、郭甫先后到。人定各归。是日阴雨。

十二日(9月24日)乙巳 出门谢步,晤吴润之、凤岐峰、周孟侯，归已日中。甫欲早饭而易云黼又至，小鲁亦来商援例事。托观甫发渝电。夜，所江过我。是日阴，更深雨。

十三日(9月25日)丙午　作一笺与筠荪，当有还翰。复穰卿书。下晡，乐峰制军招入署，议事讫，乃诣观甫，遂与偕出。三致紫钧京卿函。接门人孔伯良禀。是日晴阴，夜雨。

十四日(9月26日)丁未　王敬庵暨紫钧、粒唐、质斋先后来谈。饭已，所江忽至，坐良久乃去。遂入署，诣春泉一叙，引庸儿谒乐帅，雅意殷拳，甚可感。送仁宇太守行，未晤。询任父，亦出门。协同信交到金宅汇款。与济川有字往还。夜，演影戏，招小鲁、所江饮。和叔观察过我。是日阴，夜半雨。

十五日(9月27日)戊申　贺节之客，例不相延。筠轩观察、慰农直刺以为庸儿送行，排闼而入。燕平、松泉昆仲自行在引见回，遣两男出郊迓之。日中，赴稚珉观察机器局丝竹之宴。下晡，偕所江啜茗于绘图房。晚饮，云孙、伯翔、雅泉、和叔同座，二鼓归。接润田、楚士函。是日晴，夜微月。

十六日(9月28日)己酉　苓舫来拜。寄井户川、叶南陔、聂隽威书。覆楚士函。周弢甫来辞，颇尽忠告之道。庸儿游学东洋，日中启行，命鹗儿送之江干。日昳，诣机器局听戏。下晡入署，赴春泉为燕平昆仲洗尘之席。酒罢仍践稚珉约，属所江、与章代猜拳，并晤周云崑、陈景生暨筠轩、云孙、紫钧、少农、伯孚、笈楼、味楼、伯翔、松山，醉归即眠矣。是日阴，侵晨小雨旋止。

十七日(9月29日)庚戌　晨访崧生太史，甫归，紫钧京卿来谈。午入署，燕平交到子馥大令覆书，并述止盦尚书之意，深盼余出也。晚，苓舫招饮，假座习静轩，同人咸集。郭甫、春海有字往还。是日晴阴。

十八日(9月30日)辛亥　丕卿来谈。饭已，出门贺云荪观察、少农太守喜，适它往，仅晤春海、郭甫。下晡入署大餐，荔邨为燕平洗尘，仍设园中。接邱小农刺史函，当复之。是日晴阴。

十九日(10月1日)壬子 题玉长《锦喜词》七绝一首,交门人道舟。昨棣生自日本有书至。高少农、胡子琴、陈志钧、周叙卿、张仲仁、傅石君、张笏珊、李云孙、杨小鲁先后来谈。与小湄电。覆润田函。味农、冬生均有所托。雨人、小平、梅修、星圃招陪燕平昆仲,辞之。出门答拜,不见一人而归。夜,所江过我。是日晴。

二十日(10月2日)癸丑 代楚士太守撰《邛州直隶州志序》脱稿,并作一笺托李星浦交新任带去。晨过紫钧言事。小鲁来谈。玉长辞行。下晡,赴春海观察席,玉长已先到,道舟踵至,二更始散。敬庵已候于家。接筱湄函。是日晴,昧爽雨。

廿一日(10月3日)甲寅 饭已,入署,燕平来谈,过春泉、稚樵、观甫,一叙即出。访粒唐观察,与咏斋遇诸涂,于舆中共语。遂践郭甫约,所江、与章皆早至矣。晤瀑琴、寿伯、果臣,二更醉归。接门人吴筱湄太令电暨子修编修函。是日晴。

廿二日(10月4日)乙卯 清晨出门谢步,仅晤叙卿观察。遇紫钧京卿于涂,旋来拜。门人左生鸣玉自合州至。接楚士太守函。午入署,阅尊经书院课卷。燕平、观甫过我。诣乐帅久谈。偕味农造春泉、稚樵。与荔邨有字往还。蓬仙以书托事。夜共所江话。是日晴。

廿三日(10月5日)丙辰 辞王新甫等招饮。与味农、紫钧有字往还。日昳,诣所江家,郭甫、与章偕至。夜半回。是日晴。

廿四日(10月6日)丁巳 汪孟生率其子振声挚见。巳初入署,同稚樵、味农公宴燕平、松泉、镜宇三昆仲,春泉、荔邨、观甫、苓舫、星圃、梅修作陪。所江到园一叙。戌正戏止。是日阴,小雨。

廿五日(10月7日)戊午 阅课卷。日昳,诣子布,遇甸侯、耀山。入署,与所江在习静轩小憩。遂赴春泉、荔邨、观甫暨诸文案、巡捕音尊之约。人定返。云孙观察有笺至。是日阴雨,夜滋大。

廿六日(10月8日)己未 唐耀山邀为子布作生日及张于卿招饮,均辞之。覆云孙观察笺,荐宋稚九于少农太守,当有允书。日中,紫钧京卿来谈。即入署访荔邨、春泉,遂同所江践郭甫之约。同座寿伯、梦僧、聚五、与章。黄昏酒罢，仍偕所江入署。燕平、松泉、观甫招饮，稚樵散去，余留观剧，夜半方回。是日晴。

廿七日(10月9日)庚申　聚五来拜，并面交其兄峨伯函件。汪伦伯请业。接诗林函。出门谢步，晤辅清、子琴、梦僧。日昳入署，慰春泉丧兄。吴驾六招饮，假座习静轩。定更后归。连得金亲母书。与所江夜话。是日晴阴。

廿八日(10月10日)辛酉　覆诗林函及答金亲母书。小鲁来谈。所江过我，匆匆一叙。饭已，入署，荔邨招陪幼岚直刺午酌，盖新自行在引见回也。述子玖尚书意，甚可感。酒罢偕味农、稚樵造春泉。晚，何耀廷、刘仁树公饯燕平，盛设大餐。是日晴阴，二更雨。

廿九日(10月11日)壬戌　葆良、心斋奉其叔父云孙观察命来拜。石逸过访。午至协同信记一行。乃入署，面辞观甫招饮。遂造小鲁，略叙而归。(伯承入见。)送燕平礼物。夜，所江来，留连久之。寄棣生东洋书。接庸儿重庆电。是日晴，夜半雨。(椝卿来)

九月

初一日(10月12日)癸亥朔　寄楚士函。少农太守来谈。饭已，过紫钧京卿、瑟堂大令，均晤语。遂赴许宅祝郭甫之夫人寿，所江已先到。听戏、饮酒，将三鼓始罢。季同有书至，盖谢前贺其子授室也。是日阴，时有小雨。

初二日(10月13日)甲子　隅中，出东门，送燕平观察往日本，同人咸集濯锦楼。日昳返舍，复为致书山崎桂，交幼岚追带泸州，乐帅意也。接曾伯厚大令奉节函。晡，践郭甫音尊之约。人定与所江偕去。是日晴。

初三日(10月14日)乙丑　清晨，仲仁有书至，当复之。仑伯请益。午入署，过春泉小坐。造乐帅久谈，乃赴郭甫观剧。同所江、与章博，酒罢复酌，归已三更矣。是日阴，夜雨。

初四日(10月15日)丙寅 张于卿大令、赵樾邨观察来拜。接鹤似涪州函。晡,仍赴许宅听戏。与粒唐丈有字往还。夜偕所江步行至街口,乃各乘舆而归。是日阴。

初五日(10月16日)丁卯 得聚五笺。江介夫暨少农、紫钧来拜。午出门[1],晤筠荪、石逸、樾邨,仍赴郭甫音尊。所江已到。(云荪观察同座)。夜归,接沈伯华长沙函。是日阴。

初六日(10月17日)戊辰 门人黄九如入见。黄梅修、周伯孚、乔英甫、廖季平来谈。午入署,晤春泉、荔邨、观甫、月轩。日入,赴英甫、宝臣席,李光甫广文新捐道员,亦在座。接庸儿重庆禀。是日阴,夜雨。

初七日(10月18日)己巳 覆鹤似函,并寄挽幛。送伯孚行,未晤。诣郭甫,小坐而归。所江来。饭已,复至其家,同造段宅饮。瀑琴踵至。二更散席,仍返所江处,留连久之乃去。接莘农京师函,谓俄约实不出合肥手云。是日阴,夜雨。

初八日(10月19日)庚午 陈孟甫鸿胪之叔畅九广文来见。午赴徐宅,贺季同之第五子完姻,以咳辞归。彭撷林大令交卸内江,过访。夜与所江话。是日阴,夜雨达旦。

初九日(10月20日)辛未 昨寄孝怀笺,失记。饭已,至天上宫进香。所江继到。招紫钧、剑秋昆仲暨蓬仙、瀑琴、刚如、郭甫饮。二更戏罢,复至矿局小坐而归。紫钧奉旨以五品京堂候补。是日阴,夜雨。

初十日(10月21日)壬申 志钧京卿来拜。午入署,月轩、镜宇、观甫、春泉、荔邨。覆峨伯函。晡,过所江,偕赴聚五饮,同座寿伯、郭甫、刚如。是日雨,夜滋大。

十一日(10月22日)癸酉 阅《拳匪纪事》。筠轩观察来谈。饭已,出门谢步,无所遇。日昳,所江来,遂同践蓬仙约。郭甫、瀑琴、石

---

① 此处墨笔划掉"入署"二字。

逸踵至。酒罢，与诗笠久谈。将三更始返。是日晨晴旋阴，夜又雨。

十二日（10月23日）甲戌 昨春泉以苓舫捐事相托。今晨刘复亲来，为作一笺与紫钧。旋即过商，遂以其意报张。食时，小鲁入见，撰四川设大学堂议成。下晡，所江至，共饭讫，偕步践郭甫酒馆之约。席散，在西昌公所小集。是日阴，夜雨。

十三日（10月24日）乙亥 庸儿抵宜昌，昨有电至。季平亦留一函，为人说项。作一笺上乐帅。饭已，过小鲁一谈。遂至所江家饮酒。人定回。是日阴，夜雨。

十四日（10月25日）丙子 为紫钧润色折稿，旋来谈。适筱湄自重庆至。午入署，诣乐峰尚书及观甫、月轩而归。春泉有字往还。畊畬过访。云荪观察辞行，相左，因以一笺贻之。是日晴，旋阴雨，夜滋大。

十五日（10月26日）丁丑 辅廷过我[①]。与郭甫有字往还，刚如代发生请酒，送礼而不赴席。下晡，云孙观察招饮，同座陆观甫、黄梅修、刘苓舫、李雅泉、恩惠臣、长慎斋，黄昏散归。小鲁来谈。所江踵至。是日晴，夜月甚明。

十六日（10月27日）戊寅 筱湄、刚如来谈。饭已，出门答拜，晤赵阶平大令暨樾村、丕卿。接云孙笺，当复之。与所江夜话。是日晴。

十七日（10月28日）己卯 饭已入署，过春泉、稚樵谈。松泉来商保案一事。夜与紫钧笺。二鼓，所江来，匆匆一谈。是日阴。

十八日（10月29日）庚辰 伯翔来谈。饭已，造紫钧、筱湄、刚如、蓬仙，均晤。夜与所江饮。是日阴。

十九日（10月30日）辛巳 致润田书，托阶平专差寄富顺。郭甫亲送《兰谱》来。午入署观剧，春泉、稚樵留饮，以佛手柑赠所江。二鼓，余先去，夜风颇剧故也。接梓樵函。是日阴雨。

---

① 此前墨笔圈掉“筱湄来谈”四字。

二十日(10月31日)壬午　刘幼吾、林和叔两观察暨冯味农招饮洋务局,作一笺辞之。筱湄来谈。寄季同函。日昳,践郭甫约,谈宴甚欢。漏三下,偕所江俱去。是日阴。

廿一日(11月1日)癸未　清晨,诣嵩老、济川谈。于罗座晤伍介康大令。夜,所江来。是日晴。

廿二日(11月2日)甲申　孝怀来谈。日昳,赴所江家,盖刚如招饮也,同座郭甫、蓬仙、筱湄、瀑琴。人定即归。是日晴。

廿三日(11月3日)乙酉　笠唐观察送易仲实自西安所刻诗来。托文擅湖携致也。昨谢乾初有函至,渠新由教授擢升安溪县知县,探其缺优劣。午入署,询稚樵,因诣乐峰尚书及春泉谈。观甫、镜宇过我于习静轩。庸儿十八抵上海,廿七放洋。晨答孝怀,夜复命鹗儿前往,并寄赵尧生函。是日阴,晚雨。

廿四日(11月4日)丙戌　朝饭后,尔鹗随孝怀东行。介康来谈。所江匆匆一叙。出门拜客,晤晋臣军门。下晡入署,赴春泉席。夜,小鲁过我。是日晴。

廿五日(11月5日)丁亥　九如辞回涪州。午,出门,晤味农、寿伯。夜,为内子预祝,演灯影戏。小鲁暨其从弟伯纯来,所江亦在座。是日晴。

廿六日(11月6日)戊子　耿平南大令及粒唐丈来谈。饭已,所江至,邀赴柯宅饮,以家有女客也。酒初罢,闻紫钧云有要事相商,遂过之。刚如适亦在此。话讫即归,已二鼓矣。接季和合州函。是日晴。

廿七日(11月7日)己丑　饭已,入署,松泉来谈。过春泉小坐。未正,赴郭甫饮,所江已早到,瀑琴、寿伯、聚五、果臣、梦僧同座。亥正回。是日阴。

廿八日(11月8日)庚寅　清晨,晋臣军门来谈。昨致菽轩廉访笺,当有报章。寄鹗儿函件,托邹蔚丹转交。下晡,乐峰尚书招入署言事,并晤松泉、观甫、荔邨。归,作一纸与紫钧京卿。接山崎桂领事重庆书，行将移驻汉镇矣。是日晴。

廿九日(11月9日)辛卯 作一笺上乐帅，告将作南游。济川、仲仁来谈。未初，至所江家，招郭甫、聚五饮。亥正醉归。是日阴。

三十日(11月10日)壬辰 和叔、耕畬来谈。荐周升与叶子义丈。饭已出门，晤咏斋而已。黄厚田及小鲁过访。夜，筱湄来。甫去，所江至。是日晴。

十月

初一日(11月11日)癸巳朔 与曾棣森、子祥、班生、乾初书。饭已，小鲁来谈。旋即践郭甫东大街观城隍会之约。(遇蓬仙[①]。)下晡，饮于正丰园。上灯后缓步而归。接鹗儿泸州电，当复十七字，托观甫拍发。是日晴。

初二日(11月12日)甲午 晨诣菽轩廉访谈。复在炳熙处小坐。日昳，入署，造乐峰制军一叙，并晤月轩、镜宇，留字春泉而去。接叔芸观察函。鹗儿有电至，当复之。与郭甫笺，棣森回书言上陞街住宅事，其词甚忸怩也。是日晴。

初三日(11月13日)乙未 稚珉、樾邨两观察先后来谈。贺宝丰银号乔英甫开张之喜，听戏，自未至戌。唐伯川偕我同去，在舍啜茗久之。伯纯辞回遂宁，小鲁踵至。所江留连，过三更乃行。稚樵还书二种。是日阴。

初四日(11月14日)丙申 菽轩廉访来谈。日昳仍赴英甫听戏。晤筠轩、辅廷、蓬仙、敬旉、诗笠、乐山、伯川、瀑琴、紫钧、刚如、郭甫、岐峰、子布、甲三诸君，所江晚至。将三鼓始归。是日阴雨。

初五日(11月15日)丁酉 饭已，小鲁来，为作一电寄茂轩(此昨日事)。出门拜客，晤伯村观察、厚田大令而归。下晡，复入署诣乐峰

---

① 以下数字模糊不可辨。

制军及春泉、稚樵一谈,与月轩、镜宇立语。夜,所江过我。是日阴。

初六日(11月16日)戊戌 为汪生改论一首。日昳,观甫来谈。与炳熙笺,当有复字。赴所江家饮,伯川、郭甫、瀑琴之集。自未至亥。是日阴。

初七日(11月17日)己亥 汪生来。罗已培函商印书机器一事。饭后欲访紫钧京卿,适过我,遂久谈。入署,春泉代筹居行之费,意极可感。小鲁入见,夜与所江话。是日阴。

初八日(11月18日)庚子 清晨汪易门、余麓屏来拜。百川亲送《兰谱》至。所江以事相属。昨在子布处,遇其同乡赵观察,其人似颇明白也。下晡,赴星圃席,同座稚樵、春泉、荔邨、苓舫、雨人、梅修。酒罢,复诣楚士谈,至二更始归。是日阴。

初九日(11月19日)辛丑 饭已,造剑秋、雅泉一谈。遂入署,适春山在稚樵处,因同小饮。月轩邀听戏,留晚饭,晤乐帅焉。戌正,回,接潘子选、廖湛华函。是日晴。

初十日(11月20日)壬寅 作一笺谢谢绶堂总戎。所江过我。饭已,筱湄、保臣来谈。致筠轩书。乐峰制军设筵饯行,且合乐焉。自未至子。是日皇太后万寿,晴。

十一日(11月21日)癸卯 瀑琴、郭甫、咏斋先后来谈。日昳入署,造乐帅及春泉一叙。夜,演灯影戏。招小鲁、筱湄饮。所江后去,已一点钟有奇矣。是日晴。

十二日(11月22日)甲辰 志钧京卿暨芗泉协戎等二十一人公宴于唐家园。寅午[1]所江音尊。是日晴。

十三日(11月23日)乙巳 笠唐丈来谈,小鲁踵至。饭后,出门拜客,晤筠轩、樾村而已。遂赴郭甫之约。所江已先至。是日晴。

十四日(11月24日)丙午 莜轩廉访赆以四十金,昨志钧赆百两,辞之,缘已收多仪故也。稚珉、辅廷、阶平、筠轩先后来。

---

① 此处"寅午"二字不知何义,姑妄断之,以俟高明。

十五日(11 月 25 日)[丁未] 志钧、瀑琴、郭甫、蓬仙、百川、筱湄同饮所江家。午集,子散。

十六日(11 月 26 日)[戊申] 樾邨观察有诗赠行。行色匆匆,未能奉和也。

光绪二十八年(1902)壬寅

辛丑十二月廿日(1月29日) 夜抵安庆,次晨入抚署,匆匆岁除,今为光绪二十八年矣。石翁山民。

正月

初一日(2月8日)壬戌朔 昧爽起,仲方中丞暨哲嗣隽威云台管臣均亲来贺年。徐质初、金芸台邀同走答文案诸君及各巡捕。取黎莼丈《续古文辞类纂》读之,其重刻本将鄙人与王益吾祭酒、王晋卿大令文增入,其板尚在金陵也。寄郑苏堪观察书,又作一笺,属杨小鲁转谕鹗儿速即来皖。下晡,谭亦张、聂渭璜过我。是日晴。

初二日(2月9日) 朱蓉生《无邪堂答问》,论学术能持汉宋之平,且熟于西北舆地,惟谓游历为无益,测量临阵仍无所用,及以日本之变服色易徽号皆所以媚西人,则尚有未达耳。寄奎乐峰制军暨张春泉、秦稚樵、陆观甫书。接陈润夫函并家报两封,知室人定计南来,正合我意,当详写二纸,仍托天顺祥转达。聂镜潭来。夜与隽威云台话。是日晴。

初三日(2月10日) 批点县廪贡生程朝仪禀一件。寄费屺怀编修书。日昳,步行入市,遇王松斋大令,立谈数语。遂出西门,登大观亭而归。隽威来谈。是日阴。

初四日(2月11日) 又发家书一封。看门人胡文澜等所译《欧罗巴通史》,甚疏略。作一笺与陈玉长观察借小说。隽威来谈。首府石叔冶太守请翌午春宴，辞之。所谓“人自敬丞相长史”[①]也。是日晴。

初五日(2月12日) 隽威、云台暨蓝熙安大令、杨鄂生孝廉过我。观聂伯元相马，遇亦张[②]。

十八日(2月25日) 接大女函。邹蔚丹又有信至，隽威、云台过我，下晡，造仲方中丞谈。玉长观察辞赴北京。是日晴。

十九日(2月26日) 仲帅及芸台、质初、亦张、隽威昆仲俱以开印来贺。接小鲁电，告以廿五北上出署一行。夜饮西书房。是日晴。

二十日(2月27日) 遣价送玉长行。复小鲁函。寄袁海观、杜云秋两观察书。隽威来谈。仲帅索蜀制薛涛笺。是日晴，二更雨，有轻雷。

廿一日(2月28日) 看《泰西教育史》。接孝怀、江永舟中函。鄂生交到天顺祥转寄成都家报一封，并附伯浩信二纸，盖托黄爰棠观察惠我通商《约章分类辑要》全部也。隽威以客腊寄瞿子玖尚书书所取回条相付。是日阴，晚晴。

廿二日(3月1日) 隽威来谈。做《读论孟随笔》毕，凡六阅日。成书之速如此，庸可信乎。非细加修改不可示人也。是日雨阴，颇寒。

廿三日(3月2日) 代仲公拟信稿二件。隽威过我。夜，璧生有字来，明晨赴六安州办理筹款事，当复之。与鹗儿商作日本之游，踌躇未决。是日微晴。

廿四日(3月3日) 接伯浩观察及琼女函。诣鄂生、仲华、鹤九暨隽、云昆仲谈。是日晨雨雪，下晡晴，旋阴。

廿五日(3月4日) 看益吾祭酒《荀子集解》。春台主政以藏书楼全图暨书目表详细章程见示。夜有所思，久不寐。是日晴。

---

① 见《三国志·蜀志·张裔传》。

② 文下缺漏。之后直到十八日始续接。

廿六日(3月5日) 春台、隽威来谈。作一笺与仲帅,即为藏书楼一事也。是日晴。

廿七日(3月6日) 寄止盦尚书函。交邮局挂号。隽威来谈。又致许郭甫、陈紫钧书。偕云台、亦张至武备学堂看操。是日晴。

廿八日(3月7日) 得庸儿报。隽威请为其四弟出论题二道。藏书楼招饮,同座梁旭东、蓝熙安、姚石荃、黄隽三、何春台、舒怡笙。申出亥归。是日阴。

廿九日(3月8日) 晡,入市游衍,此间有东西花园,今始见之。隽威、管臣过我。是日晴。

三十日(3月9日) 仲华、小泉、隽威来谈。是日晴。

二月

初一日(3月10日)壬辰朔 云台以在日本看操所照像出观。镜潭偕其本家岳生过访,盖新自温州来也。是日晴。

初二日(3月11日) 与隽威谈。复诣岳生、仲华小坐。春台有字至。是日晴。

初三日(3月12日) 看《黑奴吁天录》。隽威四昆仲暨亦张均过我。接成都电,当复十四字。造仲方中丞久谈。是日晴。

初四日(3月13日) 接金赓虞广州函。已过道班,将回籍省亲,约在沪一会。张麟阁观察来拜,曩在成都曾相还往。隽、云过谈。是日晴。

初五日(3月14日) 仲帅生辰,过质初、云台,同早面。接庸儿禀。以拙刻三种贻麟阁。是日晴。

初六日(3月15日) 为云台、管臣评骘所著论。寄庸儿谕。隽威来谈。鄂生面言会课一事,其意甚朓。是日晴,旋阴。

初七日(3月16日) 麐阁观察来辞,并赠六安茶一箱。庸儿又有禀至。晚饭后,隽威、云台、管臣过我送行。戌初,上趸船,逾一点,江孚到。子正过大通。是日晴。

初八日(3月17日) 卯正,停芜湖验关。午正抵南京下关,当坐马车入城。寓大行宫马路口斌贤栈。旋即具衣冠出门,晤缪筱珊编修、陈伯严吏部,谈久之。访徐叔鸿、胡砚生二观察及戴子和大令,均未遇。上灯始归。是日晴。

初九日(3月18日) 晨起,乘轿出朝阳门路,经明故宫,谒方忠文、钱忠定、景忠壮、练忠肃祠,并瞻血石,遂至孝陵。复游灵谷寺、礼志公塔。在龙王庙品八功德水,住持源浩以面食相款。巳初往,申初回。旋诣筱珊,同登秦淮河小舫。伯严偕欧阳笠斋踵至。放舟青溪,叩吴园门,未得入,因裵回[①]于其下之桥头。柳桃沿岸,风景绝佳。入城,饮金陵春番菜馆,其地距钓鱼巷最近也。返寓已二更。是日晴,夜月甚明。

初十日(3月19日) 筱珊、伯严同游清凉山,观南唐保大井栏,字已模糊,登扫叶楼,望莫愁湖,遂饮于此。复访顾石公广文于乌龙潭之深柳读书堂,过桥即薛庐,慰农年丈所筑也。石公豪于酒,坚留小酌,乃同至小仓山寻随园遗址,在简斋墓凭吊良久。午出酉归。夜,赴戴子和大令席,座客无一可谈。是晡,叔鸿、砚生又来拜,胡并馈一品锅焉。是日晴,夜半雷雨。

十一日(3月20日) 题石公《松花江上踏雪寻诗图》二截句。日中造叔鸿、延仲二观察久谈。晚,践伯严秦淮舟上之约,晤俞恪士、张伯纯、陈伯弢,皆旧识也。饮极欢。酒罢,筱珊先行,余与石公复过桃子家小坐,已夜半矣。是日阴,时有小雨。

十二日(3月21日) 饭后过筱珊、伯严辞行。夜,招石公、伯纯、伯弢饮桃叶渡,午间均尝见访也。顾有诗纪事。张彦伯昨来一谈,今又诣我,适相左。是日阴雨。

十三日(3月22日) 辰正,坐马车至下关,彦伯追送于此。午

---

① 裵回,即徘徊。

正,吉和轮船到,遂附以行。酉正,镇江小停,看研孙[①]《苾芗词集》。是日雨而风。

十四日(3月23日)　午初抵上海,寓泰安栈。文道希学士同住,诣谈良久,并承以所著《纯常子枝语》暨诗词等出示。夜,春仙茶园听戏。是日雨,夜滋大。

十五日(3月24日)　作一笺寄屺怀。托周汇三换日本银圆,接济庸儿。又属朱必谦代购书籍。道希来谈,饭后王旭庄太守招饮,遣马车相迓,同座赵香圃观察、孙幼谷太守。酒后,复在清和坊二巷花家碰和。往返均与道席同车,未二更即回。缘有戏局,余辞不赴故也。是日雨,晚止。

十六日(3月25日)　彦伯有信至。借旭庄肩舆往拜王爵棠中丞久谈。访任逢辛观察,未晤。旭庄、爵棠先后来答,均延入。以砚孙所赠《山右石刻丛编》转遗芸阁学士。晚,饮江南村番菜馆,招汪穰卿,以疾未到。夜,观东洋戏。是日阴。

十七日(3月26日)　清晨,香圃、汇三、必谦来谈。芸阁招饮九华楼,晤王子展、陈仲谦。酒罢同赴公阳里凌钰卿家碰和。晚饭后,复践旭庄清和坊之约。是日阴。

十八日(3月27日)　巳初,坐马车至制造局,拜毛实君观察,遂留早饭。晤杨荆山大令,吴文鹿戚也。未正回寓,蔚丹已久候,略语。遂赴王旭庄、孙幼谷、林质侯、许申季、刘宣甫松柏园,同座罗少畊、赵香圃二观察,皆乡人尔。饮酒过多,饶有醉意,及践爵棠中丞聚丰园,李芋卿再三相劝,已不能多酌,仍与芸阁同车去。又诣清和坊花家,盖逢辛观察暨其亲家杨子萱合东也。忙忙奔走,可谓劳矣。是日晴夜月。

十九日(3月28日)　昨逢辛座上晤汪子渊编修,失记。蔚丹、必谦偕至,余适感冒,头眩身热。玉长、实君来访,均未延入。香圃、

---

① 胡延字长木,号研孙,有《苾刍馆词集》。按"刍"同"芗"。

道希招饮，更不克赴。有昨日之忙，故有今日之闲。静观物理，时复一笑。安庆有电促归。是日晴。

二十日（3月29日） 薛次申、俞恪士二观察俱匆匆晤言。与芸阁同访屺怀，小坐即归。实有不支之状。近二十年从未如此，大病也。仲谦、玉长、实君招饮，并辞之。是日雨。

廿一日（3月30日） 看南皮《张宫保政书》。芸阁过视。次申有约，不能践也。玉长、芋卿来谈，闻轮船已无房舱，正拟托子渊转商该局，适来访，当面属之，复恐不可恃，又函请爵棠中丞为我代谋。汇三一品香之约，谢以疾。是日晴。

廿二日（3月31日） 病稍减，晨起作一笺，留川源通交金赓虞。房舱卒赖爵棠力，子渊亦与该帐房议妥，但未持局票来耳。欧阳笠斋自南京至，过我，次申接踵来谈。旭庄、必谦、芋卿先后送行。酉正登江孚轮船，卯初开。是日晴。

廿三日（4月1日） 与次申彼此过谈，香圃亦同舟。申正通州，戌正江阴，寅初镇江。停轮似甚久，何时开行，则睡不及知也。是日晴。

廿四日（4月2日） 午正南京，戌初芜湖，寅初大通。是日晴。

廿五日（4月3日） 巳初抵安庆，当即入署。仲访中丞来谈，至三点钟之久。云台邀吉甫为诊脉。隽威于十三日又举一男。管臣、鄂生、鹤九、镜潭均过我。接李铁船京卿讣暨伯华安福县复函，并庸儿禀。是日晴。

廿六日（4月4日） 疲倦以极，隽威来谈。是日晴。

廿七日（4月5日） 清晨，仲帅亲来问疾，余滋愧矣。管臣请出题。是日晴，下晡雨。

廿八日（4月6日） 核学堂清单，共黏签六。造仲帅谈，并过隽威、云台、管臣。看《保全生命论》及《女子教育论》。是日晴阴，夜雨。

廿九日（4月7日） 隅中，偕伯元骑马至制造局，看程提督文炳操兵。文子源留饮于此。酒罢，复诣大王庙视河工，访小泉大令而归,晤石叔冶太守。是日晴。

三月

初一日(4月8日)辛酉朔 昨春台有字至及亦张过我,均失记。晡,赴照相楼一行。伯元、隽威、云台先后来谈。是日晴,夜大雨而风。

初二日(4月9日) 管臣过我。是日雨,仍著皮衣。

初三日(4月10日) 接正月廿五日家书。伯元、隽威、云台、春台先后来谈。阅佐杂官月课卷,复为云管昆仲所作策论加墨焉。是日晴。

初四日(4月11日) 闻聂年伯母太夫人将于后日归长沙,因以银耳、竹荪为献,并以蜀锦被料赠伯元,为管臣出题数道,盖同回籍秋试也。云台、镜潭过我。是日晴。

初五日(4月12日) 仲帅过问。饭后诣隽威昆仲一谈。是日晴。

初六日(4月13日) 隅中,聂年伯母暨伯元、管臣返里。家眷在成都,亦拟于今日东行,不知起程否,深为悬念。阅佐杂官月课卷讫。看《中国四十年来大事记》,又名《李鸿章》,亦奇作也,无撰人姓名。是日晴。

初七日(4月14日) 春台又有字至。致郭甫、伯华、爵常、赓虞、汇三书。为于福料理回川行装,遣丁荣同往。下晡四句钟,搭宝华轮船赴汉口。是日阴雨。

初八日(4月15日) 阅敬敷书院甄别卷。璧生前自六安有信来,屡催覆函,今始作数行答之。隽威过我,散步安园,云台相从。为藏书楼事作一笺与仲方中丞,旋来面谈。是日晨晴俄阴,日中雨,竟夕。

初九日(4月16日) 复春台函。镜潭来小坐。与仲华立谈。

夜作一书寄紫钧京卿。前阅新闻纸,有川省矿务大臣已派沈翊清之说,想其甚郁郁也。是日微晴,旋雨。

初十日(4月17日) 接子福汉口函。吾非太上,讵能忘情哉。隽威、春台先后来谈。是日雨,午间止,晡又作。

十一日(4月18日) 庸儿有书与尔鹗,知前谕并汇纸已收到矣。寄乔茂轩、汪颂年、吴子修、于晦若函。云台、镜潭来谈。是日晨雨,旋晴,夜月甚明。

十二日(4月19日) 复门人吴筱湄大令去年书。作一纸谕庸儿。夜,与隽威月下立语久之,乃入房,殊岑寂也。是日晴。

十三日(4月20日) 夜观《万国宪法志》及《宪法精理》。从云台假汤氏《危言》校对课卷,盖多剿袭其说故耳。是日微晴,晚小雨,少选止。

十四日(4月21日) 代仲公答日本子爵长冈护美诗七律二首。唁李直绳,托陈润夫转寄。隽威来谈,仲华过我,匆匆数语而去。接麟阁观察凤阳函。看《埃及近世史》。是日晴。

十五日(4月22日) 此次甄别卷,仲华代阅二百本,鄂生一百本,吉甫五十本。午间均送还,并来小坐。覆校一遍,遂定甲乙,如释重负矣。安园过仲帅立谈。以眷属将至,遣云台同相住宅。是日晴,下晡骤雨。

十六日(4月23日) 看《日本维新三杰传》。前以春泉家眷在广德州,曾托陈冠卿刺史代为照料,兹卸任回省,特作一笺询之。清晨有覆函,尚无入川消息也。隽威来谈。寄赓虞广州书。是日午晴旋阴。

十七日(4月24日) 子福行经旬矣。作一书寄成都,托郭甫面交。隽威来,重相住宅,遇鄂生、汉生、云台。看斯密亚丹《原富》,严几道译。仲华衣重裘,亦张告以奏调安省。夜与云台话。是日阴,晡大雷雨。

十八日(4月25日) 亦张、云台先后过我。是日忽晴忽雨,夜大作。

十九日(4月26日) 发一电贺乐峰制军六十晋一生辰。聂年伯母亦今日寿期。在质初处与芸台同吃早麵。庸儿有信与尔鄂。接春泉电,眷属昨始由成都启行。下晡过隽、云小坐。覆麐阁观察函。是日雨。

二十日(4月27日) 寄春泉函。诣鹤九、吉甫一谈。晤熙安。是日晴阴,下晡微雨。

廿一日(4月28日) 读济美堂本《河东先生集》。隽威来谈。是日雨。

廿二日(4月29日) 亦张、隽威过我。是日晨雨午晴。

廿三日(4月30日) 安徽农务公所乞书榜,请鹤九代笔。云台彼此过从,盖将有扬州之行也。是日晨晴晡雨,夜滋大。

廿四日(5月1日) 汇三有书至。接爵棠中丞函,将于月内入都,当作一笺寄之。隽威、鹤九来谈。是日雨。

廿五日(5月2日) 看《小方壶斋舆地丛钞》。汉生、鹤九过我。夜,枯坐无聊,长顾却虑,万感交集。庄生云"知不可奈何而安之若命,唯有德者能之"。是日晴。

廿六日(5月3日) 诣仲方中丞暨隽威,久谈。安园遇亦张。是日晴,夜大雷雨。

廿七日(5月4日) 接二月廿五日成都家报,琼女亦有书与鹗儿。云台来。是日晴。

廿八日(5月5日) 熙安过谈。夜,阅求是学堂课卷。是日晴。

廿九日(5月6日) 阅求是学堂课卷讫。早饭时,仲帅以鲥鱼分饷,鹗儿盖初尝此味也。下晡入市一观。《论孟卮言》今始写定,拟寄沪排印。是日晴。

三十日(5月7日) 仲帅之德配曾夫人生辰。同质初、芸台早麵。曾岳松观察来拜,文正公犹子也。隽、云先后过访。是日晴,晚雨旋止。

四月

初一日(5月8日)辛卯朔 过镜潭有所商。云台赴扬州，携鄙撰《论孟卮言》去，将以交上海商务印书馆。与隽威谈。夜临《隋元公姬氏合铭》。是日阴晴。

初二日(5月9日) 重庆有电至，眷吉。隽威来同相住宅，准后日修理。致止盦尚书函，论广西事。是日阴，微雨。

初三日(5月10日) 命鹗儿至宜昌接眷属，并作一笺。宋芸子观察派亲兵一名同往。晚饭后乃上趸船。鹤九来谈。是日雨。

初四日(5月11日) 小泉、亦张过访。得庸儿禀。诣隽威久谈。是日晴。

初五日(5月12日) 拟复信稿二件。是日晴。

初六日(5月13日) 寄燕平观察暨庸儿书。是日雨。

初七日(5月14日) 阅王壬秋所作《陆建瀛传》，其论甚公，文仿《后汉书》，亦直摩蔚宗之垒。接鹗儿及琼女禀，子福行一月矣。夜得伯元书，并赠漆竹器。是日阴晴，午小雨。

初八日(5月15日) 造仲帅久谈。是日晴。

初九日(5月16日) 质初、芸台、吉甫同来小坐。接直绳复函。隽威奉仲公命，属拟大学堂孝廉附课题。是日晴，晡微雨旋霁。

初十日(5月17日) 取谢客儿[①]诗读之。质初、隽威过我。是日晴。

十一日(5月18日) 先君诞辰。阅大学堂孝廉附课卷。夜，与隽威话。是日雨。

十二日(5月19日) 闻隽威云，林赞虞擢滇抚。是日晴，夜月甚明。

---

① 谢灵运幼时被寄养在外人家里，族人名之为“客儿”。

十三日(5月20日) 接伯华复书暨鹗儿宜昌禀。寄顾印伯大令函。是日晴。

十四日(5月21日) 作一纸谕鹗儿。安园遇仲帅,立谈。隽威过我。晤汉生、鹤九。夜,得宜昌电,眷已安抵,良用欣慰。是日晴。

十五日(5月22日) 亦张、鄂生先后来谈。晡入市,购蒲席。是日晴。

十六日(5月23日) 得茂轩沪上函。寄郭甫、子福书。过隽威久谈。是日晴。

十七日(5月24日) 庸儿有禀至。午后忽得丁荣上海狱中书,乃知前与子福同行,转至申江,子福回川,伊仍留沪,致酿事端。虽其咎由自取,若子福不至申,则亦无此事矣。且念其独归,复作一书寄之。与镜潭、隽威立语。夜,接汉口电,今夕眷属搭江宽轮船来皖,前何其迟,后何其速,汽机之为利大矣。是日晴,天气骤热,著绸汗衣,犹挥扇不止。

十八日(5月25日) 葛崑生大令以某君所撰其太夫人家传,乞为点窜。亦张来谈。隽威为匀拨家具。遇鹤九、永斋,立而语。是日晴,下晡大风微雨。

十九日(5月26日) 寄蔡和甫星使及汇三函。隽威又以木器假我。申正,内子率儿女媳孙辈抵署。是日晴阴。

二十日(5月27日) 由眷属带来张仲仁、陈紫钧、王辅廷、乔茂轩、蒋筠轩、曾棣森各函。隽威、仲华、永斋、鹤九、吉甫、汉生、煦庵、清山、镜潭来贺。寄赓虞上海书。成都传余与子福事,多失实,可发一噱。是日晴阴,下晡小雨旋止。

廿一日(5月28日) 看魏默深《古微堂集》。崑生来谢。接麐阁函,当复之。是日晴。

廿二日(5月29日) 作一笺与钱松泉太守。过永斋、含生、鄂生谈,隽威亦适在座。仲帅之曾夫人馈内子一品锅焉。是日雨。

廿三日(5月30日) 亦张来谈。接庸儿禀。是日阴,微雨止还作。

廿四日(5月31日) 寄燕平书。隽威来谈。造仲方中丞暨鹤九、吉甫。是日晴。

廿五日(6月1日) 仲公赴皖南大阅。亦、隽过我。晚,与永吉晤言。是日晴。

廿六日(6月2日) 以《丁文诚公奏议》赠隽威。是日晴。

廿七日(6月3日) 晨,偕质初、隽威、镜潭、岳生游安园。周玉山擢东抚,惜其衰老,恐不足有为也。接春泉电。晡,入市一行。夜,永斋来谈。是日晴。

廿八日(6月4日) 仲华过我。从清山、肖泉假得家具数事。王莲塘大令来拜。是日晴。

廿九日(6月5日) 寄金亲母暨汇三函。隽威来谈。是日晴。

五月

初一日(6月6日)庚申朔 看《南史》。晚饭后与永斋、鄂生、隽威立谈。子福回川久无消息,令人悬念殊深。是日晴。

初二日(6月7日) 亦张过谈。肖泉来,适用中饭,未延入。是日晴。

初三日(6月8日) 看《文献通考》。是日晴。

初四日(6月9日) 取《论衡》阅之。晤隽威、镜潭。是日晴,二更雷雨。

初五日(6月10日) 同署诸君彼此贺节。往还与隽威、亦张、煦庵手谈。夜,饮质翁处。是日晴。

初六日(6月11日) 亦张以武备学堂收录卷属定弃取。是日晴。

初七日(6月12日) 复伯元函。以隽威、亦张、含生、煦庵为摸牌之戏,夜分乃罢。是日晴。

初八日(6月13日) 清晨,仲方中丞自皖南大阅回,当过我,言宣城谢楼之胜,旋以茶枣及小孩要意相遗。隽威、亦张来谈。晤鹤九。接庸儿所寄像片。春台有字至,云姚石荃观察、夏穗卿大令、黄隽珊太守拟约余一聚,诺之。夏为汪穰卿戚,久闻其名,未见也。是日晴,夜半雨。

初九日(6月14日) 作致陈粒唐、贺稚珉二观察书。是日大雨,下晡止,夜微月。

初十日(6月15日) 石荃、隽威先后来谈。接庸儿禀。作致李叔芸、杨子端二观察书。与含生、永斋、吉甫立而语。汉玉之难,盖作伪者多故也。是日晴。

十一日(6月16日) 晨起,同隽威兄弟及亦张至临江寺观水操。复偕含生过彭新三刺史课桑园,遂留饮,日昳始归。接和甫星使覆函。是日雨,自巳至申。

十二日(6月17日) 寄庸儿及汇三、筱湄函。面托镜潭兑银至上海。隽威来谈。作致蒋筠轩观察、王辅廷游戎、沈幼岚直刺书。晡,赴隽珊、石荃席,与穗卿论颇合。是日晴。

十三日(6月18日) 璧生过我久谈。林洵甫大令来拜,文忠公之孙也。作致吴荔邨及春泉、郭甫、子福书。是日晴,夜微雨旋止。

十四日(6月19日) 昨夕云台自扬州回,今晨来谈。中饭后过之,遇于隽威处。寄赓虞上海书。看包慎伯《安吴四种》。是日晴阴,夜小雨。

十五日(6月20日) 晨起晤仲方中丞。看《中国商务志》《中国现势论》。是日早雨旋晴。

十六日(6月21日) 午后出门答拜洵甫、璧生、石荃,均晤谈。梁旭东以所刻书见赠。是日晴。

十七日(6月22日) 接庸儿禀。璧生馈六安茶。是日阴,微雨。

十八日(6月23日) 闻隽威言颂年视学广西,深为之喜。安园遇仲帅,谈至两点半钟之久。是日晴,夜月甚明。

十九日(6月24日) 云台、亦张来谈。接汇三、小鲁、粒唐函。莲塘大令投以诗。是日晴。

二十日(6月25日) 复小鲁函,并作一笺寄旭庄。夜,璧生来,有所干。是日晴,晚小雨旋止。

廿一日(6月26日) 寄张燮钧学使、许豫生观察书。是日阴晴,午雨旋止,申又作。

廿二日(6月27日) 接棣生、琼女函。隽威来谈。洵甫辞赴任。是日晴。

廿三日(6月28日) 复阅大学堂投考卷。是日晴。

廿四日(6月29日) 武备学堂看操。安园与隽威立谈。是日晴。

廿五日(6月30日) 拟晓谕通省示文一通。覆仲仁书,并讯吴蔚若学使。晤隽威。陪仲帅安园看浇花,久谈。俞階青典试四川,荫甫孙也。是日晴。

廿六日(7月1日) 云台、亦张来谈。晚与永斋、鹤九、隽威立语。是日晴,夜微雨旋止。

廿七日(7月2日) 偕隽威、昆仲暨鹤九、吉甫、永斋诸君到四牌楼观赛会,以张仙为名者居多,殊不可解。是日阴,时有小雨。

廿八日(7月3日) 仲方中丞来,久谈。云台过我。是日晴,铺雨旋霁。

廿九日(7月4日) 看《北史》。夜,偕隽威、永斋、吉甫至熙安宅观赛会。是日晴,时有雨点。

六月

初一日(7月5日)己丑朔 早起,晤仲方中丞。寄子玖枢密书。

隽威告以爵棠擢桂抚,亦可喜。得子富[①]到成都电,甚慰。是日晴,隅中小雨。

初二日(7月6日)　寄郭甫、子富书。是日晴。

初三日(7月7日)　作一笺与刘幼丹观察。看《稗海》。是日晴。

初四日(7月8日)　偕永斋、熙安、含生、鹤九、隽威入市一行。回署遇仲帅。接棣生日本函,汇款已收到。是日晨雨旋晴。

初五日(7月9日)　晤云台。是日晴。

初六日(7月10日)　仲帅赠蟠桃。质初过我。夜,与隽、云、亦、永、鹤话。是日晴。

初七日(7月11日)　武备学堂教习、日本陆军步兵大尉晴气市三来会。隽威、永斋,立谈。仲帅以并体兰花出示。夜招亦张语。是日晴。

初八日(7月12日)　临帖一纸,汗出不已。此课拟暂停矣。是日晴。

初九日(7月13日)　接庸儿禀。寄赓虞及任子俊、刘华亭函。安园遇云台,立谈。隽威过我,夜话。是日晴。

初十日(7月14日)　隅中,诣武备学堂答晴气大尉拜,并访亦张。东坡诗云"世事饱谙思缩手",有味乎其言之。是日晴,夜月甚明。

十一日(7月15日)　铺,仲方中丞来久谈。是日晴,晚微有雨意。

十二日(7月16日)　鹗儿生辰。晨,亦张过访。是日入初伏,晴。

十三日(7月17日)　接赓虞复函。夜与隽威、云台、亦张博。散后复共永斋、鹤九话久之,丑初始寝。是日晴。

---

① 子富,即前之子福。

十四日(7月18日) 李玉山大令来拜。亦张两次过商,为晴气也。是日晴。

十五日(7月19日) 金亲母有信至。晤金芸台暨隽、云、亦、永、含、鹤诸君。是日晴。

十六日(7月20日) 仲帅过访,两次皆未值。饭已,乃闻之,因诣一谈。质初以病将返宜兴,往省之,见其哲嗣焉。云台来。是日雨,晡大雷。

十七日(7月21日) 云台以管臣所著策论就正。隽威奉仲帅命,属拟大学堂孝廉生童课题。闻质初卒于芜湖舟中,可哀也已。是日晴,夜雨。

十八日(7月22日) 近颇疏懒,亟宜振作。士行运甓,吾之师也。是日雨。

十九日(7月23日) 删定《论孟卮言》。是日大雨。

二十日(7月24日) 接茂轩到沪啸电,当作一笺与旭庄,托代致意。寄爵棠中丞函。造芸台一谈。午间晤隽、云昆仲,匆匆未及交言也。是日阴,夜半雨。

廿一日(7月25日) 阅大学堂课卷。玉叟赏尚书衔。诣仲方中丞谈。是日晴。

廿二日(7月26日) 云台来谈。下晡,与隽威、亦张、熙安博,鹤九、永斋、吉甫并在座。夜,复赓续为之。是日晴。

廿三日(7月27日) 接庸儿禀,月杪由日本归觐。又得李芋卿电,云椒公起程在即,望速驾。夜,与鹤九暨隽威兄弟博。是日晴。

廿四日(7月28日) 阅大学堂课卷讫。夜复与隽、鹤博。是日晴,黄昏雨,旋止。

廿五日(7月29日) 造仲帅。辞赴上海,仅晤隽、云、亦、永、吉、鹤。申正,出小南门候舟。酉正,元和轮船始到。忆戊戌初春偕蔡伯浩观察、汪松年编修同搭官舱至沪,忽忽五阅年矣。是日晴,夜大雷雨。

廿六日(7月30日)　芜湖上货。食时乃启轮，南京、镇江均略停。是日晴，夜小雨。

廿七日(7月31日)　吴淞口西医察疫，停轮一时许。午正抵上海，当谒爵棠中丞，久谈。旋即更衣出门，过芋卿观察，匆匆数语，驰至川源通。庸儿适自日本归，正拟偕小鲁赴皖，因我至乃止。诣赓虞、穰卿，均晤。与彭小泉饮于金谷春。晚，又践石荃万年春之约。赓虞复邀同小鲁、庸儿游张园。庸儿宿栈中。是日晴。

廿八日(8月1日)　清晨，过芋卿、小泉、汇三。饭后造旭庄谈。访任逢辛、汪子渊、罗少畊，均未遇。遣庸儿至苏。与钱松泉一笺。发家书及隽威函。沈幼岚擢守成都，深可喜。偕小鲁避暑张园。晤刘星阶学士。日入，饮于万一品香上(万字误也)，招赓虞，酒罢至伊店中，小坐即归。盖已倦矣，小泉一局未能赴也。酷热，久不成寝。前在元和舟中晤刘赞臣，失记。是日晴。

廿九日(8月2日)　寄敬彊编修杭州书。石荃过访。辰正诣制造局，与实君长谈。午初赴旭庄饮，未正回栈，颇有酒意，正思偃息，小鲁适至，芋卿踵来。酉正，偕李同践爵棠中丞聚丰园之约，同座任逢辛、郑陶斋、高寿农。散席后复至宝树胡同谢云娥家，盖赓虞招饮也。手谈至丑正方归，小泉之邀未能往也。是日晴。

三十日(8月3日)　代椒公拟复刘岘庄宫保一函。清晨，旭庄、陶斋来谈。隅中，罗少畊观察招饮于朱宝珊之慎裕号，晤李正则观察，盖勉林中丞犹子也。延至下晡始散。答拜石荃，即造爵帅辞行，此老坚欲邀余相助为理，此殆不可不审耳。过赓虞，同车至清和坊陈凤云家小坐，即到宝树胡同宴客。集者芋卿、小泉、璧生、赓虞、小鲁、石荃。酒罢，穰卿始到。复诣陈家践小鲁约，及归已三更后矣。午间逢辛、寿农有书相邀。是日晴。

七月

初一日(8月4日)己未朔 偕小鲁出,适庸儿自苏返,遂共朝饭于宝丰楼。陶斋观察送官舱免票,逢寿复函订初三日之局,当作一笺谢之。下晡,赓虞来,因挈庸儿饮于江南邨,遇旭庄匆匆一谈。饭讫,乃赴璧生迎春坊林家之约,酒半辞去,登江永轮船。甫亥正,小鲁踵至。子正,赓虞同云娥来送。丑正启轮。蔚丹曾来舟会,补记。是日晴,晚雨旋止。

初二日(8月5日) 夜半始到镇江。是日晴。

初三日(8月6日) 隅中过南京,晤何棠荪、黄鲁儒及陈仁斋、佐斋昆弟。是日晴。

初四日(8月7日) 遇恽季申,立谈久之。食时抵安庆,与棠荪、佐斋别。入署,接筱湄、松泉函。诣仲方中丞并隽威、永斋、熙安、含生、吉甫、鹤九诸君。铺,挈庸儿同小鲁游安园。电传乐帅开缺。寄椒公、芋卿书,辞其聘。是日晴。

初五日(8月8日) 阅决科卷。寄旭庄函。作一电与乐峰制军,云"意外之动,安知非福。小儿自倭回。铨伤愈,请释念",共廿七字。昨清山来谒,失载。是日晴。

初六日(8月9日) 亦张晤谈。是日阴雨。

初七日(8月10日) 铺时小鲁辞赴金陵。是日晴。

初八日(8月11日) 命庸儿致筱湄、燕平函。是日晴。

初九日(8月12日) 作一笺寄紫钧。是日晴。

初十日(8月13日) 阅决科卷讫。接洵甫大令、石埭函。夜偕室人等游安园。是日晴。

十一日(8月14日) 仲帅以万令祖恕所著《垦荒篇》出示,为签九条,并力劝仲公坚持定见,期于必成,且以扩充习艺善堂为请。看名学。是日晴,晨雨旋止。

十二日(8月15日)　看户水宽人《法律学纲领》及加藤弘之《讲演集》、那特砥《政治学》。吉甫过我。造仲方中丞长谈。夜作书致止盦枢密。是日晴,时有小雨,夜月甚明。

十三日(8月16日)　寄郭甫、子富书。接伯华、敬彊函。是日晴,夜雨旋止。

十四日(8月17日)　过隽威谈。晤亦张、含生、吉甫。致伯华、敬彊书。夜,谭来属代仲帅拟一电与张制军。是日晴。

十五日(8月18日)　早起晤仲帅。看英国穆勒约翰《名学部甲》,其说可谓奥衍矣。电传邸钞幼丹与湘石对调,刘虽廉干,不谙外交兵备,川东殆不胜任。政府用人如此,可为颓叹。是日晴,夜月甚明。

十六日(8月19日)　从镜潭假银百金,作儿辈赴东瀛肄业之费。接胡生景伊日本片濑函。是日晴,夜苦热。

十七日(8月20日)　晤隽威,询松疾。夜,亦张来谈。代仲帅拟复日本驻沪总领事小田切万寿之助函,盖为晴气大尉事也。是日晴,仍苦热。

十八日(8月21日)　亦张之弟典虞暨胡琴岩偕隽威过我。玉山大令以所著《变法平议酌》《皖志便览》等书见赠。是日晴,下晡大雨,少选仍霁。

十九日(8月22日)　看加藤弘之《政教进化论》。食时,挈庸、鹗两儿及民孙出西门,登大观亭。寄铨燕平观察书。是日阴。

二十日(8月23日)　隽威奉仲帅命来送两儿程仪,并述准保余特科之意。拟覆泰东同文局一函,寄月轩太守书。是日晴。

廿一日(8月24日)　寄赓虞、茂轩函。酉初,庸、鹗两儿侍其母登江宽轮船赴沪,俟室人至苏,伊等于廿七放洋也。安园遇清山。是日晴。

廿二日(8月25日)　清晨散步安园,与仲帅立谈。姚叔节解元交到伯严手书。季申太守来拜。晤含生、永斋、鹤九、吉甫、隽威。是日晴。

廿三日(8月26日) 吉甫偕陈仰樵过我。寄琼女函,告以明日将同仲方中丞至南京。造小泉、叔节谈。作一笺与云台,面交隽威转寄。是日晴。

廿四日(8月27日) 早起料量行李,与同署诸君别。辰正至东门舟中,鹤九已先到。仲方中丞逾时乃来。旋即展轮。晚,距芜湖四十里泊。是日晴,秋阳骄甚。

廿五日(8月28日) 午正抵金陵汉西门,当入监临行台,在淮清桥大街。夜与仲帅同饮,后复诣谈良久,始归寝。忆春间偕子富游此,今天各一方,能无慨然。是日晴,仍热。

廿六日(8月29日) 寄瑛女书。研孙观察以所著《长安宫词》《绛县志》见赠。下晡,诣伯严谈。晤罗邠岘,闻薛次申得大通掣验差,今夜行矣。是日晴阴,晨雨。

廿七日(8月30日) 隅中,陈伯弢大令过谈,适仲帅至,因匆匆去。供给所委员来见。日昳,访筱珊编修,晤语久之。是日阴,微雨,饶有秋意。

廿八日(8月31日) 中饭后,偕鹤九游鸡鸣寺,憩赏荷别墅,望元武湖,访台城故迹。步上北极阁(许仙屏开藩时移十庙牌位于此,增曾文正焉),登旷观亭,全城大都在目矣。复绕至妙相庵而归。适接伯严字,以曾重伯到宁约一聚,遂即前往,谈良久。乃诣金陵春番菜馆饮,晤陶榘林、张伯纯。酒罢,与鲰庵棹小舟,桃叶渡寻旧人,小桃尚能相识也。以夜深先曾去,返察院已漏三下矣。是日晴阴,连夕大风。

廿九日(9月1日) 彦伯暨伯严、伯纯先后来谈。晚,俞恪士观察招饮金陵春,同座曾、陈、张、陶。酒罢,重伯复欲冶游,遂逃归。夜患腹泻。是日晴,风不息。

八月

初一日(9月2日)戊子朔 午后重伯来谈,为彦伯致次申书。过桃子家,看其梳头。是日阴雨,清晨风仍烈。

初二日(9月3日) 代仲方中丞出考试帘官题,覆阅优贡卷。去秋昨日同子富、郭甫、纫秋自桂湖返成都,忽忽一年矣。伯严有字至,适仲公在座,当与转商,盖为安省大学堂事也。闻沈爱苍观察自淮安来,作一笺与之,旋有报章。入三山街大功坊一观。夜批诸生公禀。是日晴。

初三日(9月4日) 晨,造访爱苍久谈。午,子和来,又证明彦伯所言之虚。下晡诣觙庵、伯严,旋同赴椝林席,秦淮歌舫往来棂外,并招妓侑酒焉。窓士①面订陆师学堂看操之约。夜归,复过仲帅,话至三更。是日晴。

初四日(9月5日) 阅帘官卷。作一笺与爱苍观察。接瑛女暨子富函,当复之。庸、鹗两男亦有禀至。晚,伯严邀饮觙庵处,伯弢同座。是午刘赞臣来言事,已为转达,仲帅甚不谓然也。是日晴,夜骤雨,少选止。

初五日(9月6日) 恪士有书,约在陆师学堂看操。饭已,乘马车前往。觙庵已先到,伯纯踵至。学生中有善化章士钊者,年十九,阅其课卷,才气纵横。工程队尚不失整齐,归已更后矣。与伯严有字往还。筱珊编修赠《经义模范作义要决合刻》十分。是日晴。

初六日(9月7日) 辰正早饭,致赓虞书。巳正进试院,仲方中丞午初始同主考入闱。偕鹤九周视各所及号舍,深叹矮屋之难。夜诣砚孙提调谈。是日晴。

初七日(9月8日) 昨在至公堂遇椝林观察。阅《同文沪报》,

---

① 窓士:即恪士,皆俞明震之字。

云上月东历三十号，邮船社会某丸由上海开行，遇飓风漂至朝鲜某岛，幸而无恙，庸、鹗两男盖受惊不小矣。夜，仲帅以郭春榆函见示。是日晴。

初八日(9月9日) 独登明远楼。读《顾亭林诗集》。是日晴。

初九日(9月10日) 颇苦无聊。是日晴，夜月甚明。

初十日(9月11日) 自入闱，始似有痔疾，深用为虑。下晡于受卷所遇叔鸿监试，立谈良久。是日晴。

十一日(9月12日) 寄爵棠中丞、隽威字及瑛女书。是日晴。

十二日(9月13日) 到弥封所一观。是日晴。

十三日(9月14日) 看《李沧溟集》。电传邸钞建昌镇开缺，岂闪晋臣有他故耶？乐帅特参庸劣各员，如锺如绮、陆邦垌、林清照、徐锺祐，均极确当。锺之情状，盖自我揭之也。是日晴，此数天中觉秋气颇燥。

十四日(9月15日) 与鹤九夜话，待仲帅发题纸后始寝。是日晴，仍热，着绸汗衣。

十五日(9月16日) 成金陵试院中秋七律一首，挥汗录稿，索叔鸿、延仲两观察和。酒后独登明远楼望月。仲方中丞谈至三更。徐、胡先后送和诗来。是日晴。

十六日(9月17日) 游九云大令，前在河厅同座，顷每于受卷所晤之。渠明晨出闱，托其转致窸士、椝林，并索和拙诗。是日晴。

十七日(9月18日) 作一笺与伯严。诣叔鸿谈，顷又叠韵二首见赠也。收掌所启闭官梁国鼎劭衡亦有和诗。夜，代仲帅拟信稿一件。延仲复叠韵酬我，有"尘劳偏抱采薪忧"之句，盖伊正在病中耳。是日晨微晴，旋阴雨，天气骤凉。

十八日(9月19日) 发致隽威函暨家书一封。伯严、九云和拙诗。申初出试院，访伯严，遇于金陵春酒楼，并晤曾咏周、朱乔生两观察。酉正回。是日阴。

十九日(9月20日) 外帘官林肖瞻、黄朗如和拙诗。是日阴雨。

二十日(9月21日)　看郭筠仙侍郎奏疏。作一笺与伯严。是日晴。

廿一日(9月22日)　为鹤九改七律二首。隅中过伯严。早饭晤范肯堂,详问故友朱曼君身后家况,仅有一妾抚九岁孤儿,赖伊与张季直佽助为生。余遂面许岁贴银圆廿枚,明晨即送交。旋同陈、范登淮舫,为桀林补祝五秩生辰,有薛次申、何诗孙、蒯礼卿、曾泳周在座。以傍晚试院仍须扃门,不及待入席,匆匆而去。是日晴。

廿二日(9月23日)　巳正造伯严,偕肯堂坐马车至陆师学堂,践窓士约。缪筱珊、徐积馀已先到,桀林踵至。晤日本高等师范学校校长嘉纳治五郎、驻宁领事天野恭太郎、上海三井洋行御幡雅文、学生柿绍政太郎。酒罢共拍一照,复往格致书院,浏览久之,乃各别去,回院甫酉初也。黄朗如再和拙作,至公堂巡捕何仲莼亦有诗。是日晴。

廿三日(9月24日)　倭什洪额和拙诗,与恪士有字往还。晡,伯严招饮金谷春酒楼,次申、肯堂同座。小桃与焉,缘提调、监试请陪。监临叠次催促,遂先辞归,然已上灯矣,当即入席。叔鸿殊健旺,延仲渐形不支,甚矣,鸦片之为害也。二更乃罢。是日晴。

廿四日(9月25日)　看《元遗山集》。下晡,访桃源,啖菱角,归途遇鹤九,为其友强拉至金谷春,吃一菜即至金陵春践仲莼,同座有伯严、诗孙,余不识,更后始散。延仲为书扇,并画双钩兰,且系以词。是日晴。

廿五日(9月26日)　仲帅以引疾见商,旋于未初出闱,拜客后,即行回皖。余移居长安栈,当过伯严,同诣肯堂,偕访天野恭太郎。遂至金陵春,并招筱珊、仲莼、诗孙饮,小桃侍酒。桀林有诗函相谢。席罢与小桃、伯严、肯堂郑重而别,诗孙步中秋韵赠行。是日晴。

廿六日(9月27日)　昨彦伯来夜话,今晨其妹婿陶与文大令衣冠枉拜,以余行色匆匆,未获畅叙。辰正乘马车出仪凤门,在下关候船。午初吉和方到，有人满之患。申初至镇江，始得房舱，亦不易也。看《湘绮楼文集》。是日晴。

廿七日(9月28日) 隅中抵上海，当造川源通取家信，得庸儿、瑛女禀暨幼丹观察、筱媚大令书。小鲁亦在此，留共朝饭，乃至吉陞栈，已将房看定，每日需洋一元八角，火食尚在外，可谓贵矣。小鲁旋来，闻赓虞仍高卧，于是作愚园、张园之游，遇汪渊若、钱经甫，相与立谈。夜，与小鲁及徐辰远饮于一品香，招谢云娥焉，复至其家，小坐乃归。小泉、赓虞先后过谈，金尚未有归期，彭以购挖河机器羁此也。是日晴。

廿八日(9月29日) 子渊、旭庄来谈。同店有蜀人彭蕴玉者过访。同小泉践涂次黾金谷春之约，芋卿在座。午集申散。诣汇三，偕小鲁登舟赴苏，傍晚启轮。是日晴。

廿九日(9月30日) 辰刻抵苏州盘门，小鲁返寓。余乘小舟至西白塔子巷，住张宅。室人及琼女当出见，盖悬盼久矣。饭已，拜朱竹石廉访、费屺怀编修，均晤谈良久。暮归，会叔自同里来，话至深更，是固为余跋涉也。并同访旧识数家，渠属意小兰，不便再与周旋矣。是日晴，可着单衣。

三十日(10月1日) 隅中携室人、琼女坐玻璃快游留园。铺时，复饮于荟南春番菜馆，酒罢会叔又邀至丽华茶园看戏，大致似上海，惟少电气灯耳。夜半入城，竹石、松泉俱有函为订。是日晴。

九月

初一日(10月2日)戊午朔 竹石招同屺怀饮，午正集申初散。复出阊门，践松岩华六房之约，上灯后乃赴会叔叶寓之席，晤徐子静、王元常。酒罢偕小鲁听戏，松岩已久候。有卖书女子口操京音，伶俐可喜。是日晴。

初二日(10月3日) 屺怀来送，遂同中饭。遂携内子登舟，琼女临别泪下。会叔、小鲁送于盘门外,为留书朱吉人、罗少畊。是日晴。

初三日(10月4日) 辰初抵上海,同室人坐马车游愚园、张园讫,乃至吉陞栈。饭已,出门,晤钱晋甫、汪子渊、高受农、缪筱珊,旋同筱珊重游张园,饮于雅叙园,子渊、受农同座,颇有酒意。诣宝树胡同一行,遂归。赓虞来,久谈。晨间旭庄过我,肖泉同寓曾相往还。是日晴。

初四日(10月5日) 门人潘子选来见,昨邂逅于味莼园。日昳,云娥至寓,与室人谈一时许乃去。下晡赴泰和馆周汇三席。后又到一品香践旭庄约,受农、筱珊已早至。复偕缪同过万年春,盖穰卿招饮也。及应肖泉惠秀里一局,人将定矣,待余至,始设筵。夜半与赓虞同车回。李少仙云清晨曾枉顾。是日晴。

初五日(10月6日) 早起,肖泉来谈,御幡雅文过语,嘉纳明晨可自杭返沪也。下晡访李芋卿于惠秀里贺家。寄瑛女书,告以改期。晚赴受农九华楼席,筱珊、旭庄同座。穰卿饮于间壁,以刘岘帅出缺之耗闻,南洋继人殊难其选。晤朱晓南观察,新经岑云帅奏调,行将入蜀。酒罢偕赓虞天仙茶园听戏。是日晴。

初六日(10月7日) 黄石孙太守自京来此,特过访,适旭庄有字订一品香之约,遂同赴之。与晓南有字往还。造宝树胡同小坐。晚赴晋甫观察席,晤许小砚,由皖北道降调,尝充李鉴堂勤王之师营务处。是日晴。(闻仲帅调浙。)

初七日(10月8日) 隅中入市一行,旋赴晓南一家春之约,小山、穰卿同座。铺时,闻少瀛抵沪,当往福兴栈会之。两儿均有禀。晚,筱珊招饮九华楼,晤莫仲武观察及旭庄、晓南。散后偕赓虞天仙[茶园]听戏,夜半始归,复久谈乃去。是日晴。

初八日(10月9日) 饭后过汇三,托寄庸、鹗两儿留学费暨筱湄函。又诣燕平谈,其夫妇即日同赴苏州。筱珊赠文集。访仲武,坐久之。内子先登江孚船,余体不适,偃息于云娥家。黄昏始赴江南村践仲武之约。晤吴挹清及小山、旭庄。散后过赓虞,重至江南村,人定遂同上船,郑重而别。穰卿来送。蒋少穆不期而遇,携其弟候补浙江知府名德璜者来访。是日晴。

初九日(10月10日) 昧爽启轮。饭后造晓南、少穆,久谈。晤施子英,昔已闻其名矣。有黄君衡堂,名永巩,昨在仲武观察席间同座,今来访,在上海工程局当差。船中有卖小说书者,购二种阅之。是日晴。

初十日(10月11日) 食时至江宁,送少穆登岸。闻云秋亦在此,吊刘忠诚也。晚始知芸台同舟,旋来谈,且招饮。辞晓南。晤吴季卿观察。晓南旋枉过,并为作浙函,甚可感。是日晴,夜半大雨。

十一日(10月12日) 鸡鸣而起。辰初始抵安庆。芸台先行。余与室人同入署,大小平安。接易仲实、陆观甫、吴子修、许郭甫、吴筱湄、杨子端、陈笠唐、吴季和函。下晡,诣仲方中丞及隽威、云台昆仲。夜,璧笙来谈。是日阴雨。

十二日(10月13日) 季卿观察过访。为居停拟稿五件讫,乃造诸同舍,仅晤仰樵一人而已。是日晴。

十三日(10月14日) 鹤九、吉甫、凤山来谈。晤镜潭、隽威。过永斋,适熙安、亦张在座。客沪时感冒风寒,顷复作咳。是日晴,日昳骤雨旋霁。(寄庸、鹗两儿书。)

十四日(10月15日) 寄敬彊编修哲弟子和大令书。复幼丹观察函。玉山大令以所撰《浙志便览》见赠。璧笙有信至。是日晴。

十五日(10月16日) 先公忌辰。永斋、含生、玉山暨廛阁观察来访。是日晴。

十六日(10月17日) 过仲帅暨隽、云兄弟谈。寄赓虞书并为致莫楚生太守一函。熙安、含生、亦张、隽威先后诣我,久坐。是日晴。

十七日(10月18日) 昨阅浙江乡试题名,章一山中式,子玖尚书之门人也。拟稿一件。寄小鲁、季和暨曾棣森书。廛阁来谈,且有别敬。是日晴。

十八日(10月19日) 拟稿一件。闻亦张丁父忧,偕含生、鹤九、吉甫、熙安往唁之。夜与隽威手谈讫,复共永斋话。是日阴,时有小雨。

十九日(10月20日) 接易由甫金陵函。隽威过我,以《经义模范》赠之。铺时,闻乐峰尚书坐威靖兵轮,当至码头晋谒。适仲方中丞已先在座,晤谈之,顷感慨系之,遂同晚饭。复过少瀛、荔邨话旧,将二鼓始辞去。是日晴。

二十日(10月21日) 石荪太守来久谈。由甫又有函至,并赠诗作二纸,复之。散步安园,遇隽威、云台,立语一时许。夜拟稿一件。是日晴,下晡雨,更深滋大。

廿一日(10月22日) 先母忌辰。昨叔节孝廉问,见江南乡试题名全录否,并告以吴挚父京卿日内将到此,当已复函。接子和大令书。屺怀编修之子毓桂中式,前在苏曾出见也。隽威、含生、永斋、吉甫来谈。作一笺上仲帅。是日雨。

廿二日(10月23日) 清晨,仲方中丞以方存之《柏堂遗书》见示,内有强先生所撰家传,言念故人,不胜惘惘。夜,鹤九以其去就相商,寒士生涯可为慨叹也。隽威邀与摸牌,三更始罢。是日雨。

廿三日(10月24日) 饭已,与隽威摸牌,输去龙圆五枚。云台过谈。下晡,造石孙太守,读其纪庚子京师拳匪之变七律诗二十四首,真自有历史以来未有之笑话也。损庵题其卷端。夜颇倦,早眠。是日晴。

廿四日(10月25日) 鹤九、隽威先后来谈。是日晴。

廿五日(10月26日) 删定所撰《论孟卮言》讫,稿凡三易,乃粗可观。甚矣,著书之难也。忆去年此夜演灯影戏,不胜离合之感。是日晴。

廿六日(10月27日) 清晨具衣冠,为室人寿。接张春泉函,由其兄肖鸾交来。并庸儿保案部覆核准行知。是日晴,二更雨。

廿七日(10 月 28 日)　寄赓虞书。新增文案桐城方佩兰来会。读《王船山先生遗书》。造仲方中丞久谈,以春榆侍郎函出示。是日阴。

廿八日(10 月 29 日)　得由甫九江函。仲帅赠菊花暨江南闱艺。以一册贻叔节焉。石孙太守来谈,其志节深可佩。下晡诣肖鸶小坐。夜,隽威邀打麻雀牌,输去龙圆十一枚。是日晴。

廿九日(10 月 30 日)　拟稿一件。夜,仲帅命隽威来询经济特科一事。是日晴。

十月

初一日(10 月 31 日)丁亥朔　隅中,朱桂辛自武昌回京过此,子玖尚书戚也。饭后肖泉来谈。晡,在隽威昆仲处聚语。是日晴。

初二日(11 月 1 日)　作一笺与止盦枢密。过隽、云及桂辛,旋同饮于帐房,佩兰、清山均在座。酒罢,始知石孙太守来辞行,因致书道歉。是日晴。

初三日(11 月 2 日)　诣桂辛,晤仲帅,谈良久。寄乐峰制军暨燕平叔与汇三函。夜,隽威来,旋又同桂辛过我,即送其上趸船。石孙亦于此夕赴沪,余欲祖帐未能也。是日晴。

初四日(11 月 3 日)　接旭庄太守函,云豫生观察谓余以挈眷到浙为便,当于公所腾挪一区,无须觅屋,然则可不必在苏卜宅矣。寄琼女书。是日晴。

初五日(11 月 4 日)　夏琅溪军门仍返湖北,苏军留广西。过隽威、云台谈。是日晴。

初六日(11 月 5 日)　检理旧藏书籍,多为蠹蚀,为怅悒者久之。是日晴。

初七日(11 月 6 日)　万芳钦大令过访。晡,永斋辞回苏州,旋即往送,并与隽、云及佩兰、吉甫、鹤九、熙安、含生谈。是日晴。

初八日(11月7日)　接叔节函,知吴挚甫京卿已至,寓方伦叔家。是日晴。

初九日(11月8日)　食时,访挚老于伦叔宅,均晤谈,并会早川新次暨李光炯、叶玉澄及芳钦、叔节,日中始归。下晡,复赴藏书楼践桐城诸君子之约。挚甫、早川已先至武备学堂。新聘教习岸田大尉云在沪上识我,初不记忆也。王少谷大令辛卯夏同张子馥送我于苏州阊门外木轮舟上,流月不居,忽忽十馀载矣。回首当年,不胜感喟。王子裳、恽申季亦在座,饮宴甚欢,返署已二更后矣。是日晴。

初十日(11月9日)　以拙著就正挚老。致廖阁函。肖鸶来拜。与隽威立谈。阅四川乡试题名录,及门获售者共十四人。接汇三复书,并庸儿所带留学生会馆章程一册。去年此日,乐峰制军在成都督署为余合乐饯行,兹闻其明朝由沪北上矣。是日晴。

十一日(11月10日)　瑛生期。《新闻报》谓泸州经纬学堂毫无成效,周孝怀束伏学生,几如地狱,范围教习,又如囚奴云云。缪筠荪选遂宁,梅也愚选渭源。是日晴。

十二日(11月11日)　隅中,子裳太守惠访。寄庸、鹗两儿暨叔兴、汇三书。铺时,挚甫京卿来久谈,子美诗云"文章有神交有道",岂虚哉。是日晴。

十三日(11月12日)　以旧作古文一册曾经黎莼斋观察丈所评者质之挚老,其源亦出桐城也。云台过我。是日晴。

十四日(11月13日)　《新闻(纸)[报]》云,乐峰制府尚在沪,且有简放粤督之说。是日晴。

十五日(11月14日)　饭已,接石荪太守函。当诣仲方中丞一谈。梁君国鼎有书至。下晡,子裳、申季招饮藏书楼,早川、挚甫、叔节、伦叔诸君已先到。是日阴而风。

十六日(11月15日)　拟折稿一件。得小鲁复书。仲帅邀陪早川新次、挚甫京卿,并晤李仲仙中丞、赵伯远太史及伦叔,饮颇畅。未集酉散。是日阴。

十七日(11月16日) 由汇三寄到庸、鹗两儿禀。复石荪函。钱鉴卿来谈,即所聘徽州府署刑钱幕友也。夜,与隽威话。是日阴,晡雨旋止。

十八日(11月17日) 去年昨午由成都启行,船泊吟诗楼下,今日始开至中和场。感旧怀人,能无怅怅。答鉴卿,适出门,在芸台处小坐。是日阴,侵晨小雨。

十九日(11月18日) 挚老以所撰《深州风土记》见赠,遂于饭后走访,圈谈一时许。复过芳钦,少憩而归。是日晴。

二十日(11月19日) 花厅外与仲公立谈,旋邀往议事,以子玖、春榆来函出示,晚复为酌改修信稿一件。是日晴,夜半雨。

廿一日(11月20日) 索挚老书扇,旋有函来,评骘拙文,甚为推许,并赠《李文忠事略》。梁旭东大令惠访,以前和余中秋诗出示。寄乐峰制军桥梓暨紫钧京卿书。小鲁信至,当复之。与仲帅有字往还。是日阴雨。

廿二日(11月21日) 晨起,作一笺与挚甫,当有报章。前见子裳文集笃守南皮之说,与鄙论多不合,兹因其过访久未走答,故贻书致歉,且媵以拙撰《吴门销夏记》及蜀中新出土之《舍利塔铭》焉。鹤九来谢余赠书。接观甫索债之函。过隽威谈。是日阴。

廿三日(11月22日) 寄筱湄函,托其转交尔鹄等家用之款,由镜潭属同康汇上海。日中,挚甫来,邀同早川新次往观旧武备学堂。是日晴。

廿四日(11月23日) 子裳以所作诗文六本见贻,据云刻未竣也。夜间粗阅一过,似韵语较佳。来书以鄙著为兼高邮之博,余固读书不多,王氏亦非通识。是日晴。

廿五日(11月24日) 自改旧文二篇。挚老又有书至,当送仲帅一阅。接戴子和书,盖有所请托。夜看《元文类》。是日晴。

廿六日(11月25日) 接紫钧京卿上海电,云拟开年入都,保奏闻准。晡,出署访六潭太守,未遇。寄郭甫、子富函。过云台谈。是日晴。

廿七日(11月26日)　与六潭书论学。禺中,陈务唐来见。前,实甫曾以其弟之事函托,无能为力也。看《南山集》,其《画网巾先生传》,盖吾乡李元仲作,特稍加删节耳。《寒支集》具在,可覆按也。是日晴。

廿八日(11月27日)　大儿妇生辰,室人为置酒。余自本年以来,酒户顿小,略饮而已。挚甫京卿赠诗一首,有"对子恍如亲二妙"之句,盖谓张廉卿、黎莼斋两公也,当即作复,请为书上扇头。夜观《望溪文集》,实未可轻议,惟谓刘歆窜乱《周礼》及《史记》,未免臆断耳。是日晴。

廿九日(11月28日)　六潭太守以所撰《书序考异》《答问》[1]二种见示,并索为叙。挚老书来,谓余函牍称谓谦退,深抱不安,当作一笺复之,有"今之后生好自高大,走窃耻之"云云,又言"即以年齿论,亦何敢雁行乎"。夜与隽威话。是日晴。

三十日(11月29日)　寄紫钧京卿、叔兴观察书。观《刘海峰集》,虽文气恢张而根底未厚。夜次挚老韵,久不作诗,殊吃力。是日晴。

十一月

初一日(11月30日)丁巳朔　清晨隽威过我,属为拙著《论孟卮言》题签。读《唐文粹》。铺时,挚甫招饮,晤早川新次暨子裳、申季、叔节诸君。是日晴。

初二日(12月1日)　接务唐自大通来函。筱鲁有信至,当为致少畊观察一书,叠前韵代简挚老。旋入署,谒仲帅,适会属吏,余出暂

---

① 王咏霓,原名王仙骥,字子裳,号六潭,浙江黄岩人,著有《书序考异》一卷、《书序答问》一卷。

陪，因畅谈，深言小官之难，即郡守亦多压制，谓非道员不可轻出也。是日晴。

初三日(12月2日) 为余四十六岁初度，留须矣。去岁今朝昨夜，皆金亲母设酒合乐，正泊舟重庆时也。挚甫叠韵见酬，有“使君天下一英雄”及“鹦鹉郎君才不忝”之句。是日晴。

初四日(12月3日) 拟再叠韵未就。过云台谈。是日晨雨，旋晴，俄阴。

初五日(12月4日) 云台来话。昨今两造仲帅，皆值有客。晤隽威、佩兰、熙安。挚老有字往还。连夜皆不能安寝，殊不自解。是日晴。

初六日(12月5日) 接汇三复函暨庸、鹗两儿来禀。挚甫京卿惠谈。仲方中丞属出考大学堂学生题。是日晨晴，旋阴雨竟夕，始著灰鼠皮衣。

初七日(12月6日) 早起甚寒，屋瓦有积雪。作一笺与挚老，送其回桐城，当有复字。隅中，云台过我，云其县官近开学堂，伊意欲聘张仲仁充教习，余为致书其弟云抟，询渠归否，且取进止。是日晴。

初八日(12月7日) 阅调考大学堂肄业举监生童卷，共十四本。是日阴。

初九日(12月8日) 复子和书。接石荪、汇三函及鹏儿禀，留学日本，吾闽竟有三十人之多。近议开译书会，须寄银与两男作捐赀。仲帅属出考孝廉策论题两道。是日晴，夜微月。

初十日(12月9日) 夜作致玉山尚书、晓南观察函。是日晴。

十一日(12月10日) 筱鲁有信至。接万芳钦大令芜湖书，并以其师邓弥之《白香亭诗草》二册见赠。夜，作致赵樾邨观察、王子固孝廉函。是日晴阴。

十二日(12月11日) 近寝易醒，未曙即不成寐，眼颇不适。作寄庸、鹗两儿书，及致伯严并与挚甫唱和诗。金陵游好如范肯堂、薛次申、陈伯弢、陶榘林、俞扂士、何诗孙诸君，均托其代为致声，未暇另函也。是日阴,夜雨。

十三日(12月12日)　诣镜潭,托其汇银至上海,交汇三转寄日本东京。接麐阁观察书。作致曹漱珊、吴筱湄、周达山、陈润夫函。夜隽威来,奉仲帅命过我。是日阴。

十四日(12月13日)　仆人请假回川,为修荐书与李叔芸观察。饭已,有汀州同乡来见。作致益吾祭酒函。是日晴,夜月甚明,始衣羊裘,著棉鞋。

十五日(12月14日)　早起,过仲方中丞立谈。旋于午后过我,话至一时许之久。复又遣隽威来,其意固良厚也。复芳钦大令书。是日晴。

十六日(12月15日)　拙作《论孟卮言》排印成,分寄李仲仙中丞、张孝达宫保、梁节庵太守各一册。致子玖尚书、茂轩比部函。季卿观察来拜。李光炯孝廉过访,有客在座,遂去。旋有信至,并挚甫京卿自桐城寄笺,云:“前赠《吴门销夏记》未及奉读,昨途次敬读一过,识解闳雅,持议平恕,粹然有道之言。王伯厚、顾宁人遥相唯诺,此不可以卷帙多寡论也。其于国朝汉学诸公,订其误谬,补其疏略,使诸公见之低头下拜。近今大家诸学之末流,未有如我公之深醰精审者。方仪卫文辞繁冗,恣口唾骂,似讼牒中语,对公此编,瞠乎后矣。此虽简短,必传之作也,敬服无量。所谓米汤如醍醐灌顶者,其如是乎。”接汇三及筱湄复简。是日晴。

十七日(12月16日)　寄沈幼岚太守、吴蔚若学使函。光炯来谈。阅《新闻报》,樾村署盐茶道矣。有候补知县贫老而卒,首府等为出公启求助,余虽不识其人,亦稍效绵薄焉。是日晴。

十八日(12月17日)　作一笺与六潭太守,并缴还大著。寄旭庄、穰卿、紫钧、赓虞函。又以鄙撰遗爰苍、实君两观察。卓午季卿来谈。接麐阁书。安园遇吉甫。遂造隽威、云台。夜见黄总兵呈祥与人书,言广西军事,当摘钞一纸,函寄止盦枢密,并附陈愚见。是日晴而风。

十九日(12 月 18 日) 昨信有未周处，清晨复易之，乃交邮局。连夕无佳眠，殆有所思虑故耶。是日烈风密雪，晚始止息。

二十日(12 月 19 日) 读《十朝圣训》。是日晴。

廿一日(12 月 20 日) 鹗儿有信至。云台过我，告以今夕将赴上海。光炯赠《李文忠公海军函稿》，当写一笺谢之。复麔阁观察书。诣仲帅谈。是日微雨。

廿二日(12 月 21 日) 写一函寄无锡李紫璈大令。是日晴阴。

廿三日(12 月 22 日) 接伯华大令函，余前于七月复伊之件，顷始收到，可谓迟矣。寄罗济川主政书，并询伍崧生编修近况。六潭太守来谈极久。是日阴晴。

廿四日(12 月 23 日) 长至节。刘文卿大令自京持缪石逸函来见。饭已，隽威暨仲华过我。麔阁交部从优议叙，已见《申报》，折弁犹未回，以书告之。是日晴。

廿五日(12 月 24 日) 鹤九辞行，盖回里省亲也。适接叔兴镇江电，约在江宽船一晤，遂于戌刻赴趸船候之，并送鹤九行，含生、吉甫、熙安、清山均会于此。诸君散后，余遂高眠，而人声嘈杂，迄不成寐，时取《李文忠海军函稿》阅之。夜半大风，寒气颇重。是日晴。

廿六日(12 月 25 日) 未初，江宽始到。鹤九忙甚，呼之不应。登舟晤叔兴亲家，匆匆一谈，珍重而别。返署早饭。日本岸峰阿山以纸乞书，属吉甫代笔。是日晴。

廿七日(12 月 26 日) 作一笺与仲方中丞，论送京师大学堂肄业学生。饭已出门，遭叔节解元于道，因同访光炯孝廉暨早川教习，坐未久，适挚甫京卿自桐城至，又谈一时许始返。夜，阅俞荫甫《茶香室丛钞》。寄金亲母函。安仁山因病开缺，年垂七十，藏地既远且艰，归亦不易也。是日晴。

廿八日(12 月 27 日) 和早川东民途中诗元韵，有“知君心切同洲谊，不待登临已慨然”之句。《新闻报》言蜀乱未靖，深以为念。仲帅属拟“舆地”“政治”二题。是日晴。

廿九日(12月28日) 永斋自吴门至,并晤隽威、含生、熙安、仲华。《中外日报》言子修入政务处。接子富函。是日晴。

三十日(12月29日) 阅咨送大学堂学生复试卷。去年此日在汉口过武昌拜客,翌午则苏盦观察招饮铁路局,酒后即附鄱阳轮船至上海。是日雨。

十二月

初一日(12月30日)丁亥朔 晨晤仲方中丞,阅孝廉课卷。挚甫京卿来谈,并以所撰《东游丛录》见赠。接筱鲁昆仲函。是日阴,微晴。

初二日(12月31日) 挚老有书至,当送仲帅览之。接紫璈复函。是日晴阴。

初三日(1903年1月1日) 民孙生辰,晡,挈之同瑄女往观白鹤。仲帅闻声出谈,立多时,客至方去。安园遇隽威,匆匆一语。是日阴。

初四日(1月2日) 前午曾致筱珊编修函,失记。下晡出门,于大堂遇凤山,立语久之。乃造六潭太守谈,拟托其带拙著与砚孙观察,并以《文章指南》寄艺风也。挚老又有缄来,当作数字复之。是日晴而风。

初五日(1月3日) 看《明史纪事本末》。寄乐峰尚书丈暨观甫函。仲仙中丞以三品顶戴署黔抚。是日阴,颇寒。

初六日(1月4日) 率成五律一首赠子裳,渠今晚将赴金陵见孝达宫保。铺时过隽威谈,管臣亦在座,盖新自长沙归也。是日晴。

初七日(1月5日) 写一缄与守鲁亲家,并复稚鲁书。下午观招审,遇隽威、含生。夜览《科学丛书》第一集。是日晴。

初八日(1月6日) 偶检陈幼海《回飘日记》阅之,议虽未尽中节,要为吾闽通人,惜于今年七月死矣。是日晴,夜月。

初九日(1月7日) 诣仲方中丞久谈,深慨政以贿成,钻营之风无大无小,仆因言某公用人类皆亲旧。果其贤也,原不必有意避嫌;其如庸劣何,虽云不受请托,亦将何以服观听者之心乎!况且未能不受请托也。是日晴,夜月甚明。

初十日(1月8日) 接观甫北京电,催讨旧债。造挚甫京卿谈,自申至酉,见其手评《经史百家杂钞》,云张廉卿初见曾文正,文正为高声读荆公《许主薄墓志铭》,顿挫抑扬,不待评论,而文之高妙自见。廉卿闻声顿悟,虽其天姿高人,亦实由精读也。复与言及文道希、张季直之事,为慨叹者久之。是日晴。

十一日(1月9日) 以鹰洋十元寄大女,作度岁之用。复小鲁书。是日晴。

十二日(1月10日) 写一缄唁亦张,并赙洋六圆。隽威过我,即交其转达。接庸儿禀。小鲁亦有信,告以得海运差,昨已见《新闻报》矣。挚老借《撍绅》。是日晴。

十三日(1月11日) 看下田歌子《家政学》,中国古书言此者多矣。后儒骛高远,遂致郁而不明,亟宜阐发之。寄袁海观、杜云秋二观察函,并各附拙作一册。复写五纸示庸、鹗两儿。是日晴,夜月甚明。

十四日(1月12日) 挚老有字至,当为转达仲帅。日前旭东大令与余函,盛称鄙撰《卮言》,拟寄湘发刻,且作序文一通,其意深可感也。《中外日报》云,北洋奏调实君开办银行,其制造局差已委苏盦矣。电钞川督奏紫钧认垫巨款,延不交清,请饬回川等语,窃为危之。是日晴。

十五日(1月13日) 早起,晤仲帅。看《英俄印度交涉书》。铺时遇隽威,立谈而去。是日晴,寒气稍减,微有燥象,久无雨故也。

十六日(1月14日) 仲帅招与言事,缘客至,意有未尽,复作一笺陈之。含生过我。面请吉甫书春联。是日晴。

十七日(1月15日) 寄石荪太守徽州函。夏穗卿自京返皖,申初往访,谈一时许而归。夜看《欧洲东方交涉记》。是日晴。

十八日(1月16日)　鹗儿有禀至。寄敬彊编修、松岩太守函。皖北委员持廖阁观察书来见。春泉之兄肖鹭业经委办怀远口税务,当复谢之。览《支那教育问题》,亦今晨由庸儿寄到也。是日晴。

十九日(1月17日)　封印之期,文武巡捕等来贺。庸儿有禀至。接敬彊太史书,云上月张劭予副都疏荐特科十五人,下走与焉。当以原函送仲方中丞一阅。寄叔兴缄,又与挚甫笺。是日晴。

二十日(1月18日)　吉甫于今晚附轮船回家,特往送行,并晤隽威、永斋。看《帕米尔图说》。接伯严函,谓鄙撰《卮言》大抵枨触古今,折衷群说,其调合之谊,独辟之虑,时时与之暗合。日本芦藤太郎《孟子演义》援据西事以证圣言,略于拙著相近,然立言尚有倚着,未若此刻得孔子贵公之恉也。又云刻本太劣,殊非文明之象,宜别营精椠,以辉煌润色之,固不必定与黎莼斋、缪筱珊立异同耳。此虽滑稽,前所排印亦实粗恶也。挚老来久谈。是日晴。

廿一日(1月19日)　寄漱珊、守鲁、叔兴、子修、伯严书。文卿前来谒,恐其干求,因谢不见,今又投刺,始会之。潞生过我。是日晴。

廿二日(1月20日)　六潭太守将赴和州运漕厘局,来辞。是日晴。

廿三日(1月21日)　写一缄代送子裳行。电传,昨日上谕实甫补授广西右江道,深为欣慰。是日阴,夜半小雨。

廿四日(1月22日)　云台自沪归,以沙田柚、新会橙等诸食珍相馈。接筱鲁、汇三函。仲方中丞过我,谈颇久。是日雨阴。

廿五日(1月23日)　客厅前遇仲帅,因与论种树,述及峨眉、西湖之胜。过云台,并晤管臣及熙安焉。王少谷来谈。是日晴。

廿六日(1月24日)　午后出署,答少谷拜,适挚老在座。因得读其近撰《李文忠公碑志》二通,劝余勿仕,又欲荐为大学堂总教习自代,二者皆未能也。遂同晚饭,畅谈曾文正幕中旧事,将二鼓始归。

是日晴。

廿七日(1月25日) 饭已,遇隽威立谈。接筱珊函,芗帅促其带同教习往东洋,自云“悻悻而去,茫茫然归,于学务有益与否,则不敢知也”。又言“南皮此来,于两江毫无益处,近日一味颐指气使”云。伯严书至,有须复者,当报之。夜,云台以订教习事来托。是日晴,旋阴,晡大风竟夕。

廿八日(1月26日) 隅中,云又过我,拟在湘就近延访,余亦甚不欲与闻也。金陵前至公堂巡捕何仲纯有信至。接海观复书。是日阴雨烈风。

廿九日(1月27日) 潞生来坐。是日大雪。

三十日(1月28日) 开销各项讫,尚有盈馀。从仲帅索得佳酿二瓶,又有水仙花两盆之赠。夜隽威、云台来贺岁,并以所制墨见贻。是日晴阴,人定雪。

光绪二十九年(1903)癸卯

正月

初一日(1月29日)丁巳朔　平旦具衣冠,率同妻女暨孙辈诣祖先香位前叩首,礼成。造仲方中丞及隽威、云台、管臣贺年,均小坐。旋来拜,亦如之。仲帅见壁间顾印伯所书横幅,深赏之。且言去腊子玖尚书有信至,云小有不适,以枢府诸公咸患衰疾,因未敢请假也。教习、账房、文案、巡捕等皆晤揖。是日晴。

初二日(1月30日)　沈茂初面交刘葆良观察函件,并称其言及鄙人,雅意殷拳。得琼女书,当复二纸。又致会叔、筱鲁各一缄。是日微雪,少选止。

初三日(1月31日)　升官图之戏,其来已久。《唐文粹》有房千里《骰子选格序》,所谓选格即此。盖亦以骰子掷之。昨潞生相问,曾举是告焉。温习旧书,非看新出版者不记,特发凡于此。是日晴。

初四日(2月1日)　候补中有来见者,咸谢之。寄松岩太守书。是日晴。

初五日(2月2日)　食时,诣云台一谈,示庸、鹗两儿。复写信托漱珊代付尔鹄等用费。夜,增拙著《论孟卮言》一条。是日晴。

初六日(2月3日)　隽威晤语。云台以所作书牍就商,因托其代汇东洋银圆五十枚。是日晴。

初七日(2月4日) 与叔兴笺。隅中,浼[1]镜潭兑银百金,还观甫。遂过仲帅久谈。饭已,柳小汀大令来拜,其尊人尝与先君同官蜀中也。作一纸寄旭庄太守,甫发,适伊函至。已奉檄署理南通州,拟二月初旬由沪履新。接伯严吏部书并录示雪夜诵余与吴挚父京卿唱酬之作次韵有寄二首。是日晴,夜月甚明。

初八日(2月5日) 接庸、鹗两儿禀暨女夫棣生函。隽威来贺立春。是日晴。

初九日(2月6日) 为云台录旧作。自箴并识数语。麐阁观察惠访,以年已五旬有六,尚只一女,因亟思引退。夜,写一缄与止盦尚书。是日阴。

初十日(2月7日) 寄乐峰制军及荔邨、观甫、幼岚、季和书。麐阁观察来谈。与云台夜语。是日晴。

十一日(2月8日) 午出署,答麐阁观察拜,晤谈良久。今晚返凤阳。是日晴。

十二日(2月9日) 邓宝真观察来拜,并交到会叔一函。隽威过我,出示绍予副都奏荐经济特科名单,连余共十九人。是日晴阴,夜微雨。

十三日(2月10日) 托镜潭汇银圆至苏,作赁房押租。复会叔书,并为致缄砚孙。晡,宝真来谈。接筱湄、筱鲁、筱汀函。是日晴。

十四日(2月11日) 仲方中丞以早川新次函见示。挚父京卿于月之十二日晨在桐城署第去世,不胜骇惜。佩兰复来,述其病状。遂过仲帅久谈。是日雨而风。

十五日(2月12日) 饭已,光炯孝廉过访。电传乐公补授理藩院尚书。隽威邀观所出灯谜。接石荪太守书。是日晨雨,午霁,夜月。

十六日(2月13日) 接松岩复函。是日晴。

---

① 浼:恳托。

十七日(2月14日)　答伯严书,并和见寄之作。刘文卿屡来见,始一会之。是日晴。

十八日(2月15日)　袠回安园,颇觉荒寂。是日晴阴。

十九日(2月16日)　寄庸、鹗两儿字,并复棣生函。答光炯拜,已赴枞阳。因入市一观。夜,仲帅招饮开印酒,适经用饭,故谢之。是日晴。

二十日(2月17日)　食时,云台过我。晡,晤隽威、管臣、永斋、仲华。是日晴。

廿一日(2月18日)　前得上海怡丰厚号刘仲宣函,今始裁答。是日晴。

廿二日(2月19日)　阅《新闻报》所载蔚若学使示文,极为持论名通。是日晴。

廿三日(2月20日)　电传吴书年补授山西河东道。庸儿有禀至。是日晴。

廿四日(2月21日)　忽患胸肋胀痛,饭后大呕,乃稍愈。得郭甫、子富及汪易门书。伯严再叠前韵。曾仙亭大令,盖尝闻云秋观察称诵也,因过访。川督劾黄海楼贪狡把持,治军无术,洵属的当,其馀亦皆不诬。是日晴。

廿五日(2月22日)　云台偕曾理初比部过访,谈甚畅,旋走答。同隽、管及文案诸君看云演试自制水雷。晚,仲方中丞招与理初同饮,其从弟咏周观察亦适自江宁来。酒罢,复共仲帅久话,二更乃于二堂送曾氏昆仲行。是日晴。

廿六日(2月23日)　得雨峰函,当复之。寄伯严、云秋书。是日晴。

廿七日(2月24日)　为小鲁致书吴子备太守,甫发,适有电至,云以赴申,因重作一缄寄仲宣处转交。是日阴雨,夜滋大。

廿八日(2月25日)　从云台借《新小说》,亲为送来。是日雨,午晴,下晡又作,旋止。

廿九日(2月26日) 作一笺复郭甫、子富。晡,仲帅招饮,赵、杨、凌三观察同座。是日晴。

二月

初一日(2月27日)丙戌朔 筱鲁又有信至。是日大雨竟夕。

初二日(2月28日) 接庸儿禀。隽威过访,相左,饭已,诣之。川督保举特科十人,伊名与焉。并晤云台。夜,赵屿秋直刺来谈,十八年前旧识也。是日阴。

初三日(3月1日) 答屿秋、叔节,均未晤。过彭肖泉,小坐而归。姚来相访,适甫出门。作一缄与乔茂轩比部。是日晴。

初四日(3月2日) 夜少佳眠,体微不适,岂所谓阴阳之患耶。是日晴,人定雨。

初五日(3月3日) 仲帅生辰,遣帖往贺,晤熙安,新委署潜山,并与仲华谈。遇徐勤生,彼此一揖,今年尚初见也。是日雨,铺时止。

初六日(3月4日) 为易门致书樾村观察,托其吹嘘。佩兰偕光炯过我。挚甫京卿之哲嗣辟疆[①]已返桐城。与汤凤山商预定招商轮船房舱事。晚,杨青山招饮,在座皆同署刑、钱、文案诸君,酌颇畅。是日晴,夜半大风。

初七日(3月5日) 隽威因永斋今晚附轮船回苏,置酒饯之,亲来邀余。仲华、熙安、佩兰已先到。酒罢,复诣汪谈,并托其代觅住宅,旋来辞。晤云台、管臣。是日雨雪而风。

初八日(3月6日) 昨前连晤云台及勤生之兄霖生,本年竟未往还,可谓咫尺天涯矣。接庸儿禀,始知乐丈之夫人于上月廿五日逝世,少瀛已由东奔京。云台以排印样本来视。与隽威立谈。是日阴,晚晴。

---

① 疆:原误作“彊”。按辟疆为吴闿生之字。

初九日(3月7日) 作一缄慰乐峰尚书,并唁燕平。安园遇仲帅,遂过谈极久。凤山因其子拟留学东洋,来探情形。寄筱鲁书。是日晴阴。

初十日(3月8日) 西国律法,鼠可杀,钉其四足者有罚。昨报四川温江县吴麟昌以活门神之私刑治匪徒,虽非作始,实野蛮之为也。隽威两次过我,亦张自粤来。是日晴,旋阴。

十一日(3月9日) 体又微有不适,盖未老先衰矣。是日阴,半夜雨,微雷。

十二日(3月10日) 铺,造隽威一谈。晚,熙安设席文案处。是日阴。

十三日(3月11日) 夜,隽威来辞行,即夕搭轮船返长沙。是日晴。

十四日(3月12日) 含生过我小坐。接琼女、鹗儿禀。是日阴,晨雨,夜月,枕上闻淅沥声。

十五日(3月13日) 饭已,叔节孝廉来谈。晚,阅大学堂甄别卷。是日雨。

十六日(3月14日) 拍一电与叔兴。晡,熙安辞行。是日阴雨,夜滋大。

十七日(3月15日) 早起颇寒,制帐一悬。挽挚甫京卿函,托叔节转致,本拟亲往,以阅卷未能也。仲华过我久谈,君子人也。是日阴。

十八日(3月16日) 安庆府桂玉堂来拜,略谈。仲华以安福阮侯亭《听松涛馆文钞》出示,有强赓廷序一通。是日阴,晨雨旋霁,夜又作。

十九日(3月17日) 肖泉来谈。是日雨。

二十日(3月18日) 寄陈润夫函。是日阴。

廿一日(3月19日) 阅大学甄别卷一千三百二十三本讫。接筱鲁函。是日阴。

廿二日(3月20日) 云台、凤山、含生、佩兰先后过我，并晤仲华、镜潭。晡，诣仲方中丞久谈。是日晴。

廿三日(3月21日) 过含生、佩兰小坐。是日晴。

廿四日(3月22日) 饭已，诣武备学堂答亦张拜，晤谈，今第二次也。复至西门登大观亭眺望而归。含生来，言预定房舱事。过云台一叙。衡山开学堂，拟捐置书籍，余为列其最要者数十部，以便分购。是日晴，旋阴，晡雷雨，夜滋大。

廿五日(3月23日) 夜写二纸寄庸、鹗两儿。是日阴，晨雨旋止而风不息。

廿六日(3月24日) 青山来谈。晚，赴肖泉席，劳少堂、梁旭东、方旦初诸人同座，方、梁俱经保举特科者也。午间过仲华，话颇久。是日晨阴，亭午大雨。

廿七日(3月25日) 作一笺致隽威长沙。凤山、仲华先后过我。夜，与云台话，此间卸任尚未有期，政府之意，似皖重越轻，殊不可解。是日雨，隅中最猛，既止还作。

廿八日(3月26日) 造仲方中丞辞行，长谈，既馈茶果多品，复颁盛馔。晚，内子诣聂夫人面谢。余率长媳、两女及孙辈先至趸船。云台、仲华别于大堂。含生、青山、凤山均出城代为照料。亥正江孚到，坐后梢，房舱六间较大，餐尤觉妥善，此虽由于早图，亦实赖得人相助之力也。是日雨。

廿九日(3月27日) 辰正，芜湖。未正，江宁。俱停一点钟。戌初，镇江，停两点钟。是日阴雨。

三十日(3月28日) 未正，抵上海。袁海公观察已派家丁护勇照料，旋即迁入晋陞栈。接季和、筱湄、茂轩、济川、云秋、子富函。夜，小鲁来，因与同饮一品香。复发电廿二字数致赓虞。是日微雨，夜，檐溜有声。

三月

初一日(3月29日)丙辰朔 凌晨,琼女挈外孙自苏至。得庸儿禀。宝真过访,邀饮,却之。拜海观,未晤。在小鲁处早饭,仲宣招赴一品香。是日雨。(群仙听戏,失记。)

初二日(3月30日) 李友鹇同栈,来谈,缕述家事,为之慨然。寄云秋、旭庄书。铺时,携内子及两女两孙坐马车游愚园、辛园、张园,后仍饮一品香。因过一新书局,问周仲华排印拙著成否。夜,天仙茶园听戏,小鲁作主人也。用度浩繁,亦与通融,始得就绪。是日微雨,止还作,夜滋大。

初三日(3月31日) 晨访苏盦于制造总局,遂留朝饭。日昳乃归。穰卿过我,面约夜饮,以行色匆匆辞之。晡,登舟,盖雇蒲鞋头两只,由戴生昌轮船拖行也。连日均招云娥,顷复来送。内子辈亦深喜之。是日晴,夜雨。

初四日(4月1日) 巳正抵苏州盘门大仓口,当移入西美巷新宅。是日雨。

初五日(4月2日) 莫宋叔太守来拜,暨会叔之子先后。致小鲁、友鹇笺。是日阴。

初六日(4月3日) 看苏盦《海藏楼诗》。大女前去,顷又来。写一缄与伯严。是日晴。

初七日(4月4日) 筱鲁专[差]李元至。饭已,出门拜客,仅晤沈旭初观察、俞荫甫太史及宋叔之子商岩。是日晴。

初八日(4月5日) 清晨,汪永斋大令来谈。寄紫璈、隽威书。荫老以近诗一册见贻。赖葆臣大令过访。是日晴,夜月甚明。(李元返沪。友鹇有覆书。)

初九日(4月6日) 清明节,祭祀。看日本元良勇次郎《伦理学》。费定生及旭初来谈。竹石观察枉答,以其有目疾,未延入也。

是日晴。

初十日(4月7日) 以拙著贻竹石,当有报章。屺怀编修招过伊家,同坐小舟携妓游留园,巳往酉归。是日阴。

十一日(4月8日) 晨起写一缄与仲方中丞,并附致云台笺。日昳出盘门,登大东公司船。酉初启碇,看《澳州风土记》及新出译书。是日晴。

十二日(4月9日) 辰正抵沪,仍寓晋陞栈,当坐马车访沈幼岚太守畅谈,闻陆绎之、胡雨岚、周紫庭亦赴东洋考察学务在此,因过之。旋同践幼岚一品香之约,苏龕、穰卿均已先至。酒罢回寓,诣楼上,与缪筱珊、徐积馀谈,盖新自日本归也。又遇苏龕。发赓虞电。幼岚来答。造钱江公所,晤罗少畊,遂至厚记,在刘华亭处小坐,同筱鲁饮江南村,并邀仲宣、穰卿,招云娥焉。偕杨、刘、丹桂听夜戏。是日晴。

十三日(4月10日) 寄蔡和甫星使书,并示庸、鹗两儿。苏堪来久谈。诣筱鲁。中饭讫,过陈润夫,遇雨岚,旋又于穰卿处相值。紫庭亦在座,尝同绎之惠顾,适已出门也。到云娥家一行,回栈用晚膳。筱珊辞归金陵。铺时,遭幼岚、芋卿于途,立语而去。是日阴,夜,小雨旋止。

十四日(4月11日) 食时送幼岚于弘济九,并晤觐枫观察,盖李耀庭之子也。诣苏堪长谈。饭后,穰卿、筱鲁来,旋与杨同出访李芋卿、刘星阶,俱未面。遂至张园啜茗、九华楼小酌。乃过谢家,招穰卿、敬如、仲宣饮,张文卿大令遇于味莼,亦邀之。是日晴。

十五日(4月12日) 积馀过谈。苏堪送诗扇来。诣筱鲁中饭,渠亦于明晚附轮北上矣。铺,登舟。酉初开行。是日晴,夜风雨。

十六日(4月13日) 巳正抵苏,到家闻仲方中丞以母病电奏请假回籍省亲,当作一笺与云台。又致云秋观察书。接紫璈、仲华、旭庄函。是日晴。

十七日(4月14日) 寄绎之函。是日阴雨。

十八日(4月15日) 会叔之子孝栋辞赴金陵。寄子修太史函。得仲帅手书,知太夫人疾已愈,当发一电。贺年伯母明日寿。复写一缄与云台、青山。是日阴。

十九日(4月16日) 隅中出阊,附小轮至无锡。申正启碇,戌正抵县城。候舆夫,迁延久之,始入署。晤紫璈快谈,即下榻焉。子正方寝。是日晴。

二十日(4月17日) 紫璈招同陈根如观察泛舟五里湖,游高忠宪公水居,将暮乃归。根如,薛叔芸女夫,诸暨人也。是日晴。

廿一日(4月18日) 昨腹不宁,前夜伤食故也。慕驹兄弟连日均出见。中饭讫,别紫璈,由西门登舟,泊惠山下,当入寺一游。谒李忠定公祠、钱武肃王庙,前游所未及,今始补之,载第二泉十大罋而去。申初解维,过皇甫墩,未登。阅《石船居剩稿》,内有戊戌八月江阴和余之作。是日晴。

廿二日(4月19日) 天初明,舟已到胥门矣。返寓,接庸、鹗两禀暨尔鹄及赓虞、寿珊、仲宣函。午后,答穰卿拜,始知其因续娶来此,日内即当回沪也。访梅臣、竹石,未遇。得聂云台、朱晓南书。是日阴,夜雨。

廿三日(4月20日) 葆臣来谈。示庸、鹗两儿与西蠡笺,属为代售旧书。夜,偶成长句,用戊戌韵寄惕夫无锡。闻会叔补授泰州,深为之喜。是日阴,时有小雨。

廿四口(4月21日) 清晨永斋过我。写一缄致许豫生观察。是日晴。

廿五日(4月22日) 尔鹄自余去蜀,今始有信来。托仲宣汇银接济,因作二纸教诫之。接庸儿禀。寄隽威、松岩书。是日阴雨,夜滋大。

廿六日(4月23日) 戌正,庸儿之妇举二男,仅存其一,盖先生者堕地已气绝矣。是日晴,夜雨。

廿七日(4月24日) 寄云台函。内子以所制纱枕贻仲帅之夫人。是日晨雨，旋晴。

廿八日(4 月 25 日)　饭已，出门拜客，晤恽季文舍人、陈玉长观察、罗少畊粮储，皆久谈。云台有书至。仲方中丞因轮舟搁浅，廿三始到长沙。是日晴。

廿九日(4 月 26 日)　昨，荫叟函询行期，并以诗册见赠，当检皖省六安茶贡馀二瓶报之。梅臣、玉长、少畊来谈。与旭初有字往还。入市一行。是日晴。

四月

初一日(4 月 27 日)乙酉朔　致伯严、紫璈、云台书，并示庸儿。晡时，步过荫甫编修长谈。是日阴，微雨，止还作，夜檐溜有声。

初二日(4 月 28 日)　竹石观察有字还往。梅臣招游留园，饮于沧桥西，巳出亥归。接隽威长沙电。是日阴，午后小雨旋止，晚晴。

初三日(4 月 29 日)　致止盦尚书函。晡，诣旭初、竹石、屺怀久谈。玉长有书至，并馈盛馔一席。接庸儿禀。是日晴。

初四日(4 月 30 日)　挈室人等游留园，遇劳少堂。与葆臣有字往还。是日晴。

初五日(5 月 1 日)　食时出门拜同乡数处，俱未晤。作一笺与屺怀，当有复字，并以其子江南乡试卷见贻。大女返张家。是日晴。

初六日(5 月 2 日)　葆臣招饮，同座李果斋、陈伯昂、王子仲及梅城，午集申散。与玉长笺。接豫生、惕夫函，并蒙馈赆。是日晴，夜雨。

初七日(5 月 3 日)　饭已，季文来谈。是日阴，微雨。

初八日(5 月 4 日)　伯昂太守过我，深述其尊甫雨苍[①]大京兆好贤之意。接伯严书，云张子馥竟作古人，砚孙已得赴矣。郑小坡来

---

① 陈璧，字玉苍、佩苍、雨苍，晚号苏斋。

谈。荔邨复函三月朔自京发,顷始收到。少畊观察馈百圆为赆。步出阊门一游。是日晴。

初九日(5月5日) 与伯昂、小坡笺。造荫叟一谈。接云台书。是日晴。

初十日(5月6日) 张星甫别驾来拜,陈玉苍大京兆婿也。是日倏晴倏雨。

十一日(5月7日) 荫叟馈食珍,并托带文孙、阶青编修函件。葆臣来谈。晡,出门晤少畊、梅城,遂赴季文席。葆臣已早至,胡幼嘉观察同座,散归已子初矣。琼女回。得庸、鹗两儿禀。是日晴,晨雨旋止。

十二日(5月8日) 寄紫璈书。下晡,往观前购扇。友鹇过我。是日晴。

十三日(5月9日) 清晨,玉长辞赴金陵。石子元太守来拜,住宅主人也。梅城亲致赆仪。竹石观察亦馈银圆。是日晴。

十四日(5月10日) 昨,小坡有字至,并为画扇。是日晴。

十五日(5月11日) 葆臣来送行。午初赴沧浪亭践伯昂、子仲之约,同座向子振、刘健之、张楠桢三观察,梁、田二太守,申正散席返寓。稍憩又应梅城招,与宝珍观察饮于高楼,夜半乃回。是日晴。

十六日(5月12日) 接愓夫函,当复之。伯昂来送,并托将渠宧况面达其尊人。曲园太史遣价送行。未正,别家人,出盘门登舟,申正启碇。是日晴,夜雨。

十七日(5月13日) 辰正抵上海,仍寓晋陞栈。示庸、鹗两儿,并汇银圆。致海观、云台、幼岚书。午后,钱松岩太守来,旋约同颜凝阁乘马车至张园,遇李果斋,复游愚园。乃饮于江南邨。酒罢,丹桂听戏,晤罗笃甫。是日晴。

十八日(5月14日) 前阅《新闻报》,知易由甫得中进士,兹见会试全录,及门获选者有涪州萧湘、桂平赖瑾二生。寄叔兴、郭甫、子富函。晡,步行入市,在宝树胡同小坐,遂至江南邨,盖松岩招饮也。

晤增福民、耆子鹤、孙述庭及凝阁、笃甫。散席，春仙听戏。海观有复书。是日晴。

十九日(5月15日) 昨过怡丰厚、川源通，失记。阅西洋小说。致仲方中丞函。发第一号家书。晚，述庭太守招饮，余先到，松岩、笃甫、凝阁继至。晤伊峻斋。是日晴。

二十日(5月16日) 晨起访友人数处，仅遇宝真，遂邀至九华楼早饭。顷诣苏堪，适他出，亦会于此。回店稍为料理，遣仆先上泰顺轮船。托笃甫带物至苏，彼此有字还往。造芋卿一谈。亲临宝树胡同了债。赴吴门林寓，践凝阁之约，同座松岩、福民及周金箴、屠小渔、张蠡湖，与谢[1]筵上话别，我未成名，渠将嫁矣。酒罢，颜、钱、屠三君送余登舟。寅刻启碇。是日晴，夜半雨。

廿一日(5月17日) 初入大洋，微有风浪。二仆已病，不能兴矣。客亦有呕者。是日雨。

廿二日(5月18日) 凭窗观黑水洋。是日阴。

廿三日(5月19日) 卯正，烟台。停轮登楼，眺望久之。申正开行。是日晴，风平浪静。

廿四日(5月20日) 与陈希曾郡丞谈。午正至大沽，不能入口，拟坐小轮船到塘沽，以风不果，殊为闷损。欲觅薙发者，亦故作声价，尤厌人也。枯坐无聊，且多妇女嘈杂，因作手谈以遣之，输去九元，兹事亦可废矣。夜半始寝，是日晴。

廿五日(5月21日) 船虽起载，西北风大作，仍不能入口。巳正，偕希曾搭小轮破浪以行。午正至塘沽，住新丰栈，饭于同声馆。是日晴。

廿六日(5月22日) 辰初，坐火车，所经皆庚子战场也。未初抵京都前门，大为税丁讹索，车夫刁诈，亦复异常。辇毂之下，情形如

---

① 谢：指宝树胡同伎者谢云娥，因此后才化用罗隐《赠妓云英》诗“钟陵醉别十年春，重见云英掌上身；我未成名君未嫁，可能俱是不如人”。

此,可为浩叹。住骡马市大街长发栈,即广陞店改名也。当询茂轩比部,入城未归。复作一笺与子修太史,立有报章。发第二号家书。是日晴,夜雨旋止。

廿七日(5月23日) 遣周本立至江苏海运局,以余到京告筱鲁,且借章服,旋即来访。寄仲方中丞暨云台书。子修过我,久谈。立至湖上接班,闻实甫已出京,约计在大沽海口,相左也。杜少瑶偕门人吴筱湄、高石芝、朱寅臣、李芹香四孝廉先后来见。筱鲁招饮便宜坊,酒稍多,将三更始归,久不成寐。是日晴,下晡微有雨点。

廿八日(5月24日) 饭已,出门拜客,晤刘佛卿、景旭林、蔡东侯、陈伯完、乔茂轩,均久谈。谒张劭予副都,适公出,旋遣人来候。并送特科咨文至陈梅生侍御,彼此往还,皆相左。刘子贞观察过我夜话。是日晴。

廿九日(5月25日) 晨,诣劭予少司马长谈。饭讫入城,晤俞阶青太史大学堂,访于晦若、姚石荃、曾理初,俱它往,仅见屠敬山教习。是日晴。

三十日(5月26日) 早起,汤凤山来谈,旋即入城。昨今皆造陈玉苍大京兆,均值公出。谒奎乐峰尚书,雅意殷拳。同铨燕平、铜镜宇、吴荔邨早饭。诣瞿子玖大军机,已赴颐和园,留一书与朱桂辛,遂至汀州会馆,无同县人。过陈剑秋京卿小坐,遂答少瑶、筱湄、石芝、寅臣、芹香,俱晤。陈幼孳亦出见,盖筱湄之弟子也。吴昨夕曾来,于及门中为最亲厚。日入返寓,门人萧承鄴进士来见。夜,伯完招饮韩家潭,谢之。是日晴。

五月

初一日(5月27日)乙卯朔 凤山来辞。晡,少瑶、筱湄、芹香过我。托吴属恒裕换照。旭林太史、剑秋京卿、佛卿户部先后至,均长谈。刘旋邀往便宜坊对饮焉。劭予侍郎枉驾,适相左。吁衡时事,浩然有归志矣。是日晴。

初二日(5月28日) 发第三号家书,并致孙仲华函,交凤山带去。蔡伯浩暨桂辛来,久谈。是日晴。

初三日(5月29日) 辰正登车,午正至湖上,子玖大枢密直庐,适其朝回,快谈良久,且约续见,意颇殷殷。归途饮于海淀之裕盛轩。入城谒张冶秋大冢宰,未值,顺道过重庆馆小憩。张式卿及伯完来谈。是日晴。

初四日(5月30日) 寄仲帅、苏堪函。发第四号家书。少瑶、筱湄、寅臣、芹香偕来。昨,郭春榆侍郎枉顾,不值,因写一笺与之,当有报章。午后过彼,谈颇畅。入城答伯浩观察拜,已它出。诣乐公,缘在湖上值日,归方酣寝。与燕平茶话久之。宣武城南谒客数处,仅晤伯完。是日晴。

初五日(5月31日) 晚,伯完来邀,与偕出,饮于蒋寓。剑秋匆匆一晤。夜半始归。是日晴。

初六日(6月1日) 伯浩约过伊早饭,谈极畅。译学馆访桂辛,遇端泉堪,午帅[1]之令五弟,尝相识于上海大学堂。与姚石荃观察话久之。出城,造劭予侍郎,未值。诣龚氏兄弟,晤伯新兵部,盖仲勉编修已它往,翁弢甫在座。回店作一笺与王晋卿观察,适赴湖上。接家书一封,由茂轩交到。敬彊太史有函招饮豫陞堂,上灯后赴之。林畏庐、朱子涵同坐。是日晴。

初七日(6月2日) 接仲方中丞电,当复之。筱鲁来同住。是日晴而风。

初八日(6月3日) 写一缄寄梅城。晨造晋卿畅谈,旋赠所著数种,复过我久坐。石荃有字至,少瑶、筱湄夜话。是日晴。

初九日(6月4日) 景张来谈。下晡,石荃过我,邀同小鲁饮于广和居。是日晴,午后大风,黄尘蔽天,令人归心益切矣。

---

① 午帅指端方,字午桥,号陶斋;其五弟端绪,字仲纲,号泉堪。

初十日(6月5日) 手录晋卿所著议论之文一过。晡,少瑶邀在天寿堂听戏,晤董璧生。散后,偕筱湄、式卿赴聚宝堂践子贞观察之约,主人病未至,赵才石太守代为招呼,亦蜀中旧识也。是日晴,夜月甚明。

十一日(6月6日) 清晨赴湖上,在海淀早饭讫,乃造止盦尚书谈。入城,访严又陵观察、潘由笙编修,均未值。子修过我,论及时局,欷歔久之。小鲁邀在广和居晚膳,晋卿招饮福隆堂,未及往。是日晴。

十二日(6月7日) 作一笺与野秋大冢宰。寄伯严书。晡,同小鲁观琉璃厂工艺局,遭阶青太史于道,告以行期。晚,自酒馆归,知茂轩来,因遗书,以将出都之意通知,所谓懒惰便成高也。是日晴,夜月甚明。

十三日(6月8日) 与梅生给谏有字往还。伯浩观察来谈。日昳,诣译学馆,晤桂辛、泉堪。谒乐峰尚书,未遇。夜,筱湄、少瑶、石芝同过我。幼岚擢成绵龙茂道。是日晴。

十四日(6月9日) 筱湄招饮便宜坊。申集戌散,座中皆巴蜀之士,且多系门人也。返寓得野秋尚书复函。易由甫弟来访,遂同践伯完、国兴之约。晋卿明晨回里,过我作别相左,又有书来。是日晴。

十五日(6月10日) 为卖贷人纠缠,小鲁返海运局。午后,劭予侍郎来久谈,携拙作散体文而去。下晡,赴清华楼番菜馆,与伯完、璧生等为由甫作生辰。夜归,接云台函暨庸儿禀. 是日晴而风。

十六日(6月11日) 食时过伯浩,梁燕孙太史同朝饭,梅生给谏亦会于此。复诣乐峰尚书谈,并晤少瀛、荔邨。晡,出城赴石芝万庆楼席,同座皆重庆馆人。候夏诵清修撰,将晚始到。酒罢,访赵尧生编修于泸州试馆,话良久乃返。是日晴,风颇剧。

十七日(6月12日) 示庸、鹗两儿,共一纸。清晨,小鲁、式卿来,赴湖上谒止盦尚书,适散值初归,未用膳,因匆匆去。城南访友,仅与旭林太史长谈。劭予侍郎、敬彊编修、伯浩观察俱有书至。夜,佛卿户部过我。是日晴。

十八日(6月13日) 昨剑秋京卿招饮,未往。隅中,雨苍大京兆来谈。饭已,答同寓李仲屏。致子玖大枢密函。黄海楼观察及伯浩、尧生、由笙、燕平先后过访。下晡,赴荔郇席,晤荣竹农、蹇仲常、方旦初、刘子贞暨少瀛昆仲,饮四大钟,遂诣茂轩,已上灯矣。主宾对酌,谈至三更始归。是日晴。

十九日(6月14日) 与尧生有字往还。洪益良及仲常、伯浩、筱湄先后来谈。申初,践邵予侍郎之约。野秋大冢宰已先到。新加坡林文庆梦琴,原籍海澄,亦在座,并晤陆申甫、天池二观察、龚怀西编修弟,谈宴甚欢。酒罢,侍郎复令其子效彬出见。戌正返寓,接桂辛函,知隽威已到京。是日晴。

二十日(6月15日) 春榆侍郎招饮,辞之。发第五号家书。式卿面催为其母作寿言。饭已,效彬来见,执礼甚恭。入城造桂辛、隽威长谈。又过尧生,商明日出游之事。佛卿以新刻著述见赠。曾功甫入谒,盖其兄乃余门下士也。夜复云台函。是日晴,黎明微雨旋止,午后风。

廿一日(6月16日) 食时,尧生太史挈其子暨陈铁孙、罗绍棠两孝廉来,遂同出西直门,过圆明园废址,忆乙酉岁与杨叔峤、赵笠珊、芝珊昆仲、缪介可、尹简馨同游处,凄然久之。大桥午饭讫,至静明园上峡雪琴音,凭窗望万寿山、昆明湖及都城,皆了了在目。登玉山峰品天下第一泉,日落仍返大桥旅店中宿。是日晴。

廿二日(6月17日) 早起啖饼讫,即游碧云寺。路多乱石,殊不易行。庙系前明魏阉建,相传有墓,已不知处所矣。古松最可爱,高处为舍利塔,石功极巨。遇英商立德乐之妻,共语良久,彼尚须幽讨,余等乃遂返辔。小饮于海淀万缘居而归。与由甫有字往还。接苏堪观察吴淞海天兵轮复函,盖随岑云帅赴粤,奉旨准其调往也。晚,小鲁同酌广和居。是日晴而风。

廿三日(6月18日) 伯浩遣人送字来。隽威、筱湄过我,适用饭毕,邀聂上馆,未赴。遂出门,于雨苍京尹、石荃观察二处留书而去。诣乐峰尚书,因新派内大臣值班未回。见少瀛、镜宇、荔邨,复答海楼晤谈,余俱它往。蔡招饮便宜坊,始知川督锡清弼本约余晨往,其家人传语未明,故致相左。是日晴。

廿四日(6月19日) 饭已,王省三观察来拜。隽威踵至,因其未早膳,遂同往广和居小酌。下晡,访高徵兰侍御久谈,尧生太史在座。旋过国兴,盖伯完所约也。晤梅生给谏。晚,佛卿户部招饮广和居。是日晴。

廿五日(6月20日) 昨伯浩有字来,今晨勉徇其意,往谒锡清弼制军,匆匆一谈,甚无谓也。午后辞行,晤景张、由笙、旭林、尧生、铁孙。旋邀由甫、旦初、伯完、小鲁、仲屏饮于佩秋处,少瑶、筱湄设席豫陞堂,亲身来约,亦未能赴。赵有广和居之订,因到过迟,夜遇诸途,停车谢之。是日雨,晡晴,旋又作,夜滋大。

廿六日(6月21日) 为式卿孝廉撰七古一篇寿其母。伯完招饮天福堂,同座有筱湄、剑秋、仲裳,午集申散。泸州试馆别尧生及陈、罗二君。刘培村之长子来京留学,出见。赵复邀至广和居酒叙。夜,佩秋过我送行,隽威有字往还,观甫自津至此,连日惠访,皆相左。是日雨。

廿七日(6月22日) 尧生昨有诗见赠,顷又遣人持书来。伯浩招入城便饭。清晨与渠一笺,尚未接到也。仲屏邀饮,辞之。小鲁回局,少瑶、筱湄、石芝、寅臣,偕来送行。吴云赖献怀尝一晋谒,实未知。观甫约同赴津,午初候不至,又待久之,遂先往。未正乃同坐头等火车。遇保人寿公司英商夫妇,谈甚洽,极恶东洋人。酉正抵天津,殷勤握手而别。寓长发栈,观甫旋邀出游,饮于庆乐园,晤良弼臣观察。徜徉至夜半始归。是日早阴,时有雨点,午后晴。

廿八日(6月23日) 此次在京旧识如徐东圃尚书、刘博泉侍郎,均未往拜。其访而未遇者,则于晦若京卿、曾履初刑部、驹公骕修撰。饭已,答观甫,适已出门,因入市游衍而归。陆旋过我,并晤李子川观察。夜致伯浩、隽威各一笺。是日晴。

廿九日(6月24日) 饭后造观甫。阅《新闻(纸)[报]》,殿试题名门人萧承鄴二甲,赖献怀三甲,由甫亦三甲。小坐,遂同践永年人寿保险公司斯美夫妇之约。酒罢即上新丰轮船,看王晋卿《欧洲列国战事本末》,夜半,观甫来送。是日晴。

闰五月

初一日(6月25日)甲申朔 昧爽启碇,日中塘沽停轮。作致郑苏堪、朱晓南、周孝怀函,面托子川观察带粤。又写一纸示庸、鹗两儿。是日晴阴。

初二日(6月26日) 大副与人博,延至未刻始开行。是日雨,晚晴。

初三日(6月27日) 巳正,过烟台。是日晴。

初四日(6月28日) 写一缄致叶南陔,托同舟长阳窦宪卿大令转寄。子川来谈。亥初茶山,停轮候潮,此行风平浪静,深可喜也。是日晴。

初五日(6月29日) 寅正开行,辰初抵沪,暂寓长发栈。闻幼岚观察在此,遣人探之,旋即过谈。下晡,与子川别登大东公司船,酉初发。是日风雨。

初六日(6月30日) 辰初抵苏州盘门。换小舟入城,阖家平善。接蔡和甫星使函。昨于上海曾寄仲方中丞暨庸、鹗两儿书。顷阅日报,南陔已为鄂抚参劾矣。子修典试云南,又其祖宦游地。是日雨。

初七日(7月1日) 与竹石廉访有字往还。惕夫新接吴县印,拨冗来谈。是日晴。

初八日(7月2日) 致劭予侍郎笺。葆臣来谈。大女回张家。是日晴。

初九日(7月3日) 庸儿有禀至。棣生女倩自日本归。出门拜梅城太守、竹石廉访、紫璈大令,均晤谈。是日阴雨。

初十日(7月4日) 伯昂太守、子振观察过访。是日雨。

十一日(7月5日) 食时,棣生来,遂留饮。梅城答拜,因以新出之《双钱记》赠之。日前屺怀编修曾相访,因诣一谈。夜,少畊观察惠我,话良久。是日雨。

十二日(7月6日) 与永斋大令、荫甫太史各一笺,均有报章。又致少畊函。子振观察招饮府署,长、元、吴三首县及葆臣作陪,赖亦新委靖江。未集酉散,白旋以扇索书。季文来谈。夜作书别惕夫。是日雨,夜微月。

十三日(7月7日) 接仲帅复函。紫璈来送行。棣生过我中饭。遂于未刻同出盘门,登利用公司轮船。申正开至税关,酉初始重启碇。是日晴,夜月甚明。

十四日(7月8日) 卯正抵沪,寓长发栈。李叔芸观察、沈鲁青太守均不期而遇,同过谈。饭已,于楼窗望见少瑶、筱湄、寅臣、芹香,遣人招之,相晤甚喜,甫有函至苏也。托川源通汇日本及重庆银。旭林得广东差,益良来访。下晡,松岩邀同凝阁游张园。晚,践洪南平安里花家之约,惟查峻岑作陪。酒罢,复往天仙听戏,子初各归。是日晴。

十五日(7月9日) 发家书一封,并寄伯严、小鲁函。留笺与穰卿、管臣、敬诒。饭已,叔芸来,亦于今晚启行。粤督劾罢广西抚藩臬。夏菽轩开府江西,刘幼丹擢桂臬。益良、少瑶、筱湄、寅臣、芹香相过从,旋共饮于江南村。洪先去,杜、吴四子偕往五层楼啜茗。亥刻送余登江孚轮船,殷勤而别。是日晴。

十六日(7月10日) 寅初起碇。经济特科今朝廷试矣。是日晴。

十七日(7月11日) 午正过江宁,晤方伦叔。是日晴。

十八日(7月12日) 伦叔过谈。午正抵安庆,当入署。饭已,乃诣仲方中丞，闻爱苍擢湘臬。云台昆仲及镜潭、崑生、刘绶琳均来会。是日大雨。

十九日(7月13日)　发家书。文案蔡子惠大令来访。宝湘石擢鄂臬。青山过我。造云台、绶琳、霖生、勤生、芸台、仲华、崑生、仰樵、吉甫谈。是日晴。

二十日(7月14日)　清晨，仲方中丞来谈。午后，芸台、霖生、勤生、吉甫、凤山过我。云台云得京电，隽威应特科试，取列二等。是日大雨，晚晴。

廿一日(7月15日)　寄旭庄太守、砚孙观察函。仲帅及亦张、仲华、仰樵、云台来谈。得劭予侍郎书。为谭写一缄致石荃。是日晴。

廿二日(7月16日)　看《群学肄言》。寄叔兴、郭甫、子富、海观、云秋书。少谷来访。是日晴。

廿三日(7月17日)　仲帅过谈。特科廷试梁燕孙褎然首举。张仲仁、宋芸子、俞阶青、蔡东侯俱在一等。饭已，答子惠。寄子玖、乐峰两尚书暨荔邨、观甫函。接瑛女禀。是日晴。

廿四日(7月18日)　寄尧生编修书，并讯澄南侍御。日昳，诣少谷谈，遂留晚饮。是日晴。

廿五日(7月19日)　偶取宏正四家诗集读之，大有吟意。寄石荪太守徽州书。是日晴。

廿六日(7月20日)　接庸、鹗两儿禀。仲华、亦张过我。是日晴。

廿七日(7月21日)　初伏。下晡遇仲帅于安园，相与徘徊久之。是日晴。

廿八日(7月22日)　伦叔以诗见赠，依韵奉酬。寄松岩书。子富突至，殊出意外，盖三月即买舟东下，且携眷而来也。夜，与云台话。是日晴。

廿九日(7月23日)　作一纸示庸、鹗，发苏州家书。仙亭、青山来谈。是日晴,夜半雨。

六月

初一日(7月24日)癸丑朔 早起,晤仲帅,录昨诗就正。少谷寄熙安、会叔、荔村书。子惠、佩兰、云台、青山过我。是日雨,午晴,夜又雨。

初二日(7月25日) 仲帅过谈。芳钦来访。铺时,答佩兰,遇云台、吉甫。晚,子富入城,历询成都近事。是日雨。

初三日(7月26日) 接瑛女禀。伦叔又有诗来。仰樵、少谷过谈。是日晴。

初四日(7月27日) 幹卿、云台来谈。子富回店。发家书并致叔兴函。是日晴。

初五日(7月28日) 看《李文忠公朋僚函稿》。是日晴。

初六日(7月29日) 复劭予侍郎书。造仲方中丞谈。晚,子富来。是日晴。

初七日(7月30日) 昨见特科覆试电钞,第一名为袁嘉谷,不知何许人也。共取二十七人,仲仁、阶青在一等,端五亦得二等,燕孙、芸子、东侯、隽威俱落第。余幸不与试,少却许多烦恼。是日晴。

初八日(7月31日) 晓南署桂藩。濮紫泉廉访两次过拜,因差帖答之。晚,子富来。是日晴。

初九日(8月1日) 隅中,子惠、渭璜先后来谈。与仲帅夜话。是日晴。

初十日(8月2日) 仲帅借《繁华梦》。下晡,子富入城。是日晴。

十一日(8月3日) 饭已,子富回店。安园与云台立谈良久。是日晴,夜月甚明。

十二日(8月4日) 接鹗儿暨鲁青太守书。仲帅送西瓜。是日晴。

十三日(8月5日) 作一笺慰惕夫失偶。复鲁青函。示鹗儿。晚,子富来。是日晴。

十四日(8月6日) 天气酷热,晨起即有汗。托凤山购凉席。云台、路生过我。是日晴。

十五日(8月7日) 得海观复书。与仲帅笺,告以将返苏寓。仰樵隔窗相语。云台邀往安园纳凉。夜,子富来。是日晴。

十六日(8月8日) 昨,绶琳欲观近作《北游草》,以未录出,未能相质。夜间,稿始粗定也。今午面交一阅。子富来。晚过云台。是日晴,下晡微雨旋霁。

十七日(8月9日) 仲方中丞见过送行。云台昆仲及镜潭、绶琳、仰樵先后来。留字别仲华、崑生。接熙安复函,并惠潜山篾席。亦张自上海至,行李已上趸船。夜,始知江孚明日方到,遂仍宿署中。是日晴,鸡鸣枕上闻雨声。

十八日(8月10日) 隅中,别云台登舟。延至申正,轮船始至,偕子富行。晤芳钦,闻吕韵笙观察在此,前曾枉顾,未见,兹特答之,谈甚畅。是日晴。

十九日(8月11日) 申初抵镇江,寓佛照楼。是日晴。

二十日(8月12日) 晨起,独游北固山,登多景楼,徘徊久之。与寺僧啜茗而去。途中遇旭庄太守,匆匆立谈。巳初上小轮,午正开行。申初过丹阳,戌正过常州。是日晴,夜微雨旋止。

廿一日(8月13日) 昧爽到阊门,步行入城。两儿均早回家矣。接旭庄、云秋、砚生、小鲁、荔邨、筱湄函。是日晴,下晡小雨。

廿二日(8月14日) 以影宋本《尚书正义》暨《极东地图》贻子振观察,当有报章。复检弘正四杰诗集赠惕夫大令。是日晴,晡阴雨竟夕。

廿三日(8月15日) 惕夫有回简。寄冶秋大冢宰书。室人及庸儿病起,鹗恙又发,药饵周旋,殊令人闷损。是日晨大风雨,午晴。

廿四日(8月16日) 寄云台函。铺时,过子富所寓。是日晴,夜半小雨。

廿五日(8月17日) 下晡,惕夫来谈。夜,挈庸儿入市游衍。是日晴。

廿六日(8月18日) 初,左足不能行,四肢渐痛,病将发矣。是日晴。

廿七日(8月19日) 病不服药。旭庄以悼亡诗见示,当作一纸复之。是日晴。

廿八日(8月20日) 接石蒸复函。是日晴,夜半风雨。

廿九日(8月21日) 恙渐痊。致石荃、桂辛、荔邨书。是日晴,晡大雨旋止。

三十日(8月22日) 铺时,挈两儿泛舟阊门,游留园,饮金谷春而归。是日晴。

七月

初一日(8月23日)癸未朔 昨,旭庄太守来谈,失记。日昳,诣惕夫一叙,并省子富新居。访松岩。梅臣未值。是日晴,下晡骤雨倾盆,俄顷而息。

初二日(8月24日) 黎伯颜见过,作一笺与子振。是日晴。

初三日(8月25日) 子振有复函,并赠石刻二种,皆其手笔也。是日晴。

初四日(8月26日) 寄少瀛、敬诒书。是日晴。

初五日(8月27日) 鹗儿往东洋留学。赠曲园糖食四匣,当有谢章。下晡,过子富小坐,送我到门始去。与惕夫有字往还,是日晴。

初六日(8月28日) 前晨大女回家,失记。是日晴。

初七日(8月29日) 饭已,出门拜客,仅晤屺怀编修,谈良久。是日晴。

初八日(8月30日) 接鹗儿及孝怀书。会叔有信至,属为邓宝真函托郑苏堪,并寄以诗。庸儿偕伯颜昆仲游杭州西湖。子富来。是日晴而风。

初九日(8月31日) 与屺怀笺。偕子富游圆妙观。是日晴,大风。

初十日(9月1日) 子振观察来辞。寄仲方中丞书。管臣有信与鹗儿问东洋事。铺时,造荫甫太史长谈。是日晴。

十一日(9月2日) 率成五律四十字送子振观察之官广州,当有谢笺。电传苏堪以候补四品京堂督办广西边防事务,准其专折奏事。得庸儿杭州书。是日雨,午止申晴。

十二日(9月3日) 寄孝怀、漱珊函。过子富小坐。是日晴。

十三日(9月4日) 周本立返安庆。致云台、管臣昆仲各一笺。饭已,诣惕夫、松岩、季文,均晤谈。并遇罗劭棠大令,西山游侣也。接云台函。是日晴,二更雨,旋止。

十四日(9月5日) 清晨,大女归,黄昏即返。寄会叔书。子富来。是日晴。

十五日(9月6日) 接鹗儿长崎书。庸儿自西湖回。棣生过谈。是日晴,夜雷雨。

十六日(9月7日) 屺怀有字至。寄聂氏昆仲暨会叔函。是日阴雨。

十七日(9月8日) 饭已,劭棠来谈。季文枉拜,未延入。荫老以近刻文编见示,来书有云"一时名公巨卿及匹夫匹妇一节之奇,咸有见于此者,不得以文之鄙陋而弃之也"。语似谦而实任。是日微雨,止还作。

十八日(9月9日) 午刻,屺怀招饮,同座沈旭初、孙述庭。申刻归,作一笺送劭棠行。季文有字往还。郭春榆典试山东,陈玉苍擢商部右侍郎。是日晴。

十九日(9月10日) 梅城、棣生先后来谈。日昳,偕子富步出阊门,饮于德花楼,归已上灯后矣。紫璈过我,相左。接镜潭函。是日晴。

二十日(9月11日) 食时,会叔之子孝栋来见。复镜潭函。得鹗儿暨云台书。与紫璈、屺怀、荫老笺,费有还简。爰苍擢京兆尹。夜,棣生来坐。是日晴。

廿一日(9月12日) 昨以拙著《北游草》质曲园,今晨即撰序见遗,可谓既工且速矣。衣冠出门,晤伯昂、述庭、旭初、梅臣、少畊,并过棣生夫妇。适伯颜兄弟亦在客座。是日晴。(写一纸示鹗儿。)

廿二日(9月13日) 伯昂、少畊、旭初先后来谈。寄豫生运使书。午,造子富。是日晴。

廿三日(9月14日) 隅中,挈内子及儿女辈乘舟出阊门,游留园、虎邱、吉公祠,返寓已黄昏矣。接宝真函。孝怀自杭至,有书来约。是日晴。

廿四日(9月15日) 早起至阊门外大方栈,同孝怀携庸儿泛舟观音街。因山轿索价太高,遂步行入天平山,由高义园上白云泉,憩兼山阁,瞻眺良久乃回。船抵马头,已薄暮。紫翱招饮,偕周赴之。屺怀有字往还。是日晴,晡,城中雷雨,正在途,秋阳薰灼,方苦热也。

廿五日(9月16日) 孝怀主政见过,因留对酌,自辰至午,郑重而别,出月仍当赴粤督幕府。晚,与松岩笺,询其何日往申。盖新得沪军亲兵营统带差也。子富来谈,去年今日抵金陵,颇忆旧游,惜方空乏,不克践伯严约。是日晨晴,日中骤雨旋止。

廿六日(9月17日) 前托棣生卖书数种,久无买者,而需用甚殷,不得已,函商梅城代为通融。缘昨夕张来,并未提及故耳。会叔忽由江宁寄银圆二百枚至,目前足敷衍矣。接云台、管臣书,当复之。松岩来谈。是日倏阴倏雨倏晴。(鹗儿有禀至)

廿七日(9月18日) 费定生来,述梅城之意。茂轩记名御史。是日阴雨,颇有秋意。

廿八日(9月19日) 寄张春泉书,并复会叔。偕子富啜茗于日昇园。是日晴。

廿九日(9月20日) 隅中棣生来，留之小饮。晡，诣曲园久谈，遇文幼峰直刺，邀过其家，小坐而归。紫璈有字至，并附尧生京师函。是日晴。

八月

初一日(9月21日)壬子朔 写一纸示鹗儿。与荫老笺。晡出盘门，拜日本领事白须直，未晤，会其书记村山节南，谈久之。乃于戴生昌轮船码头送松岩行。入城，访惕夫，适坐堂听讼，遂不投刺而去。子富过我。是日晴。

初二日(9月22日) 定生面交代假之款。晚，幼峰招饮。是日晴。

初三日(9月23日) 造子富，同往玄妙观一游。曲园有字至。子修视学湖南。是日晴。

初四日(9月24日) 紫璈来函，云子振已由沪赴粤，属代致声。屺怀见赠五律二首，并画纨折扇各一。是日晴。

初五日(9月25日) 寄孝怀书。接云台函。前复之信尚未到也。是日晴。

初六日(9月26日) 村山正隆来谈，子富共语。夜阅《新闻报》，云京师大学堂所订新章可以认定专门研究，免费脑力，其他普通各科，可以随意涉猎，庶不致有徒多无益之害。由此观之，是余前致冶秋冢宰之书，虽未见复，固已采行其言矣。是日晴。

初七日(9月27日) 得孝怀书。棣生来同酌。是日晴。

初八日(9月28日) 检理行箧。子富来。是日晴，夜月甚明。

初九日(9月29日) 作一笺与刘健之观察，属其以拙著《北游草》转呈仲良年伯宫保。接成田安辉及鹗儿书。日昳，造子富小憩。遂步出胥门，坐马车至德花楼，应松岩之招，同座伊笠农。酒罢，大观茶园听戏,恐闭城,九句钟即买驴驰归。似颇劳乏,仍无佳眠。是日晴。

初十日(9月30日) 琼女还家过生辰。与竹石廉访、惕夫大令笺,朱有复简。是日晴。

十一日(10月1日) 食时,旭初来谈。传周本立至沪。寄云台、孝怀、海观书。仲方中丞已于昨午抵申江矣。琼女夜返张室。是日晴。

十二日(10月2日) 故人钱铁江之子国衔过访,江苏试用知县也。子富来。是日晴。

十三日(10月3日) 周本立回。接孝怀、云台复书。棣生来一谈。惕夫过访,告以明日由沪赴杭。下晡,在子富处小坐。是日晴。

十四日(10月4日) 写一缄与曲园,告以将行,旋即作答,足见老辈之勤也。仲枚来,为致书竹石廉访,当有报章。旭初观察过谈。留笺别屺怀、惕夫、梅臣、定生、幼峰。未正出盘门,子富已候于舟次。棣生亦出送,并告以雨岚编修、译之孝廉昨同抵苏,今返沪,同在此。遂往一谈,申正开行。是日晴,夜月甚明。

十五日(10月5日) 寅初,已到申。黎明始偕雨岚、绎之同寓晋陞栈。当访孝怀,谈久之。乃诣仲帅,留与刘葆良观察同午膳。晤云台、管臣、潞生昆仲。申正,乘人力车至张园,观彤云社出会,绝可笑。晚,独饮万年春酒楼,约胡、陆及周紫庭,均已它往,因招金巧云侑酒焉。归甚早,人声喧杂,久不成寐,殊烦恼也。是日晴,下晡微雨。

十六日(10月6日) 清晨,孝怀邀与同访郑稚辛、高梦旦,未遇,因共饭于九华楼而归。绎之、紫庭、雨岚互相过从。旋出门拜客,晤陈润夫、杨含斋、万方琛、沈子梅、钱松岩、伊笠农。晚,孝怀招饮海天邨,同座绎之、紫庭、雨岚、稚辛、梦旦、李拔可。酒罢,复践松岩约天仙听戏。是日阴,时有小雨。

十七日(10月7日) 稚辛、梦旦偕来。食时,诣爱苍大京兆长谈,并托拔可转寄伯严函扇。致曹潄珊书。晡,过云台小酌,与葆良不期而遇。访孝怀,以鹗儿与渠书出商。夜,招松岩、笠农、方琛、含斋饮公阳里,颇有醉意。是日雨。

十八日(10月8日)　黎明,庸儿自苏至。孝怀来谈。答葆良,未值,过子渊小坐,老而倚笔墨为活,可慨也。云台交来劭予侍郎属隽威转寄拙文一册,内有冶秋大冢宰跋语。晚,至长乐意赴稚辛席,座客孝怀、梦旦、拔可外,尚有张菊生、李一琴。散后复偕孝怀登江永轮船,送紫庭、绎之、雨岚还蜀。松岩亦附此往金陵。是日晴。

十九日(10月9日)　寄赓虞、荔邨书。棣生昆仲亦于凌晨抵此。得鹗儿禀。诣稚辛一谈。旋邀云台同到九华,二张及庸儿踵至。饮讫,复至双龙洋行,购银表一,眼镜二。下晡,过孝怀昆仲辞行。含斋招饮一品香,匆匆用二肴,即践孝怀长乐意之约。席散,公阳里小坐,春仙听戏,独先归。是日晴。

二十日(10月10日)　稚辛、孝怀、笃君、爱苍、拔可、梦旦先后来谈。午初送棣生昆仲及庸儿上山口丸,话良久乃去。致会叔书。申正,附戴生昌轮船赴杭州,至金利源马头,已上灯矣。是日晴,夜大雨。

廿一日(10月11日)　午正过嘉兴。昨夕受寒,体殊不适,和衣而寝。是日风雨。

廿二日(10月12日)　寅初已抵拱宸桥,待天明乃乘肩舆入杭州省城,约廿里方到抚署。当晤仲方中丞及管臣昆仲与镜潭、渭璜、健臣、吉甫、昆生诸人。曾夫人遣仆妇出视,并询内子焉。晚饭吃未半而呕。是日晴。

廿三日(10月13日)　口苦异常,腹饥而不能食。曾夫人馈酱菜四种,余固生平不解此味也。镜潭过我。诣仲帅一谈。发家书并与子富笺。夜,管臣奉其尊人命,持平安散来。是日晴。

廿四日(10月14日)　又发家书。饭已,仲帅来谈。镜潭重惠顾。奎乐公补授刑部尚书,此老京宦最宜,但太清苦耳。是日晴。

廿五日(10月15日) 王咏蓼大令来见,旭庄太守之犹子也。作一笺与豫生都转,并取《奇觚室乐石文述》贻之。接瑛女禀暨海观复函。陶拙存公子有书遗我,言学堂事,当报之。寄蔡伯浩上海书。是日晴。

廿六日(10月16日) 去年九月朱晓南观察曾为我致书保泰庄丁以成,托其代为照料,此缄今始交到也。拙存来拜,㧑谦过甚,并赠所刻书,惟《求己录》已早读之耳。佩兰来,匆匆一谈。是日晴阴。

廿七日(10月17日) 看《陶勤肃公行状》,洵不愧近代名臣也。吉甫过我,深慨临安之不易居。晡过帐房,遇仲帅,谈良久。是日晴。

廿八日(10月18日) 饭已,访豫生都转,未值。遂出涌金门,至湖上,往三潭印月及孤山,游眺久之。回船饮于藕香居,将暮始入城。寄小鲁、云台书。是日晴阴。

廿九日(10月19日) 接庸儿长崎所发明信片。过吉甫、健臣、咏蓼、佩兰一谈。看《陶元晖中丞遗集》。瑛女有复书至。是日晴。

九月

初一日(10月20日)辛巳朔 寄乐峰尚书、尧生编修函。日昳,诣拙存、以成谈。夜,芸台偕霖生、勤生昆仲过我。是日晴,枕上闻雨声。

初二日(10月21日) 发家书。刘伟臣大令来访。拙存副郎有函至。接伯浩观察复缄,当作一笺重答之。是日雨,竟夕不绝。

初三日(10月22日) 食时,仲方中丞招同金徐会商铜元一事。托吉甫领银。聂石孙、陈云程暨管臣、健臣先后来谈。是日晴。

初四日(10月23日) 凤山、以成过我。豫生都转有书来,并以新刻《遥集集》见赠。旋作报章,且托其为庸儿谋书局一席。夜,与石孙话。是日晴。

初五日(10月24日) 写一缄干海观,亦无聊之极思也。饭已,管臣约同镜潭、渭璜、石孙、云程登吴山。沈確士诗云“湖影长堤分内外,江流全浙划东西”。是日晴。

初六日(10月25日) 寄郭甫、紫钧、惕夫函。仲帅来谈。是日晴。

初七日(10月26日) 蒋少穆之弟玉墀太守过访。是日晴,夜风,三更雨。

初八日(10月27日) 致止盦尚书函,交折差带京。托镜潭寄家书并洋五十元。过石孙小坐。接庸儿东京禀。从管臣借刘才甫《历朝诗约选》观之。昨,天气颇燥,今骤寒。是日阴,雨而风。

初九日(10月28日) 又重阳矣。拟登七宝山大观台,以路泥泞不果。率成五律一首简豫生。接室人及瑛女书,并附伯严复函。是日晴。

初十日(10月29日) 豫生都转见和昨诗。写一缄与前江宁布政李芗垣,并以鄙撰质之,旋有报章。得伯浩观察书。诣帐房,遇仲帅,谈久之。是日晴阴。

十一日(10月30日) 饭已,往拜芗垣、方伯及玉墀、以成,均晤谈。访徐颜甫编修之弟莹甫,未值,缘孝怀尝以为托故也。与芸台有字往还。是日晴。

十二日(10月31日) 得豫生笺,当复之。发家书,再寄云台函。张锦川代以成面订游湖之局。是日晴。

十三日(11月1日) 夜,枯坐无俚,偶成小诗,赠芗垣方伯。是日晴。

十四日(11月2日) 刘厚生见寻。晚赴豫生都转席,同座许九香观察暨黄、伍二太守。归途见明月,连夜如此,未能眺也。是日晴。

十五日(11月3日) 先父忌辰。接庸儿书,以少瀛将归,须还张明借款,深盼接济。伟臣、咏蓼同来访,穰卿突至,出月将北上。是日晴。

十六日(11月4日) 以成招饮湖上。隅中,偕芸台同出涌金门上船,座客皆藩运两司幕友。先至退省盦,寻瀞凉轩旧居。曩与易叔由寓此,忽忽十八年。由花港观鱼到高庄,往偕金台于某谒于忠肃墓,亦十三年矣。复开抵左文襄祠,另唤小舟游唐庄。四山环绕,时已秋深,间有红树,深可爱也。黄昏入城,缘空腹饮酒,又稍过量,殊觉不适。本拟就便访豫生,亦以带醉不果。甚矣,杯杓之不可贪也。得瑛女书。是日晨晴午阴,下晡小雨竟夜。

十七日(11月5日)　诣仲方中丞谈,以北洋言奉天事密电出示。铺时,石孙相过,大有"吾辈且看春光"之意。是日雨,将晚始檐溜无声。

十八日(11月6日)　写一缄致豫生。复成田安辉及庸儿书。至大堂观鹿鸣宴,直同戏剧,可为叹息。仲帅邀叙,因新见那琴轩调外部、荣华卿入枢府之邸钞也。与拙存笺,当有还简。管臣过我夜话。是日晴。

十九日(11月7日)　昨云台有信至,并代购新出小说两种。日昳,过芗垣方伯一谈。谢穰卿步,适已出门,留字而去。在汀州同乡雷莹谷游戎处小坐,本京师旧识,邀翌午饮,辞之。是日晴。

二十日(11月8日)　寄孝怀书。晡,往咏蓼、伟臣、厚生处答拜,均晤谈。与豫生有字往还。黄仲方久不通问,突有函来。夜作一笺寄佛青。是日晴。

廿一日(11月9日)　野秋尚书派充政务处大臣。诣仲帅,告以明当赴苏。拙存公子、穰卿进士先后见寻。夜,管臣来。是日晴。先母忌辰。

廿二日(11月10日)　管臣相送。午初出武林门,饮于拱宸桥之悦华楼,良久,行李始到。延至酉初乃克开船。是日晴而风。

廿三日(11月11日)　午初抵盘门。乘小舟入城,阖家安好,惟用度浩繁,支持不易耳。以浙江闱墨暨《表忠观碑》贻紫翱大令。是日晴。

廿四日(11月12日)　前,胡又阶观察以所著诗词骈文刻稿交舍下寄呈,今始翻阅一过。餔时,往子富家一行。夜,紫璈有笺至,当复之。是日晴。

廿五日(11月13日) 今科各省乡试题名阅讫。除四川龚秉权、刘子冶二门人外,馀无识者。紫璈见过。致竹石、屺怀笺并浙江闱墨,俱有复简。寄鹗儿书。下晡,访白须温卿,坐一时许。夜赴吴县署饮。是日晴。

廿六日(11月14日) 昨夕,松岩偕幼峰相寻,仆人以为已寝,遂未通传。今晨始悉,作一笺道歉。旭初观察来谈。具衣冠贺内子生辰。午初,践屺怀太史之约。未正始入席,同座效述堂方伯、朱竹石廉访,一新翰林,二老乡绅。酉初方散。夜,子富至,回忆成都演灯影戏事,不胜岁月之感。是日晴。

廿七日(11月15日) 隅中走答松岩,值已出门,因留字而去。饭已,造子富,良久乃归。苏静庵大令来拜。面辞翌午三县公司,旋遗书紫璈,皆不获。颜凝阁招饮德花楼,天将晚,始出阊门,与钱文同到。酒罢,复至天香茶园听林黛玉戏。亥初入城。琼女清晨归宁,及余返,已回张家矣。是日晴。

廿八日(11月16日) 饭已,至怡园应静庵、调卿、紫璈三大令之招,白须领事、村山翻译、佐野书记同座,酒半遂辞出城。子富已候于舟中相送。酉初开轮。早间曾留书与旭初,并乞致意曲园。此行殊匆匆也。是日晴。

廿九日(11月17日) 晨起已到塘棲。八句钟抵拱宸桥候轿至。巳初起陆,午初入署。当晤仲方中丞暨云台、管臣、石孙、镜潭、渭璜诸人。是日晴。

三十日(11月18日) 发家书。致小鲁函,问前寄之信曾收到否。晡,穰卿来拜。翌午,返上海。昨,天气颇暖,今有冬意矣。着珍珠毛袍恰相宜。是日小雨。

十月

初一日(11月19日)辛亥朔 往年于经史有常课,戊戌以来,此事遂废。比客于是,虽办营务,其事甚简,消遣旅怀,仍赖有书耳。龚景张已商部记名矣,乃干进不休,遂致革职,是岂非不学之过耶。诣聂氏昆仲一谈。帐房遇濮芷生,盖子湙廉访之弟也。是日晴。

初二日(11月20日) 石孙、芷生偕来。云台面交庸儿禀,盼款甚切。托镜潭转寄家书暨银圆。是日晴阴,夜半雨。

初三日(11月21日) 寄伯浩、叔兴书。去蜀三年,未尝一日忘怀,每发川函,辄形惘惘。午后过宝泰庄小坐,复造豫生观察谈。是日晴。

初四日(11月22日) 偶检黄祥人年丈京曹书柬剩稿,阅之不胜知己之悲。致燕平观察、损莽比部函。铺时,诣仲帅久谈。是日晴,夜风。

初五日(11月23日) 邸钞梅生补授漳州府知府。遣周本立至拱宸桥日本邮政汇洋与庸、鹗两儿。是日晴阴。

初六日(11月24日) 久不得小鲁信,写一缄询涵斋。寄幼丹廉访、松岩太守书。晡答芷生,适厚生在座,因留饮于电报局,二更始回房。是日晴。

初七日(11月25日) 在管臣处晤李佩秋,共执杯持螯焉。云镜、石渭亦会于此。得瑛女报。效方伯于余赴杭之日枉驾先施,灯下擘笺谢之。小鲁假寓吾宅,亦有信至,云将往江宁,复为致书云秋观察。是日阴晴。

初八日(11月26日) 发家书。乐丈紫禁城骑马。昨门人冯子敬来谒,未见,今以鄙撰二册遗之。是日晨晴,旋阴,晡微雨,夜有檐溜声。

初九日(11月27日) 寄夏菽轩中丞一缄,共五纸。豫生有字至,书局事已妥。子敬入见,述西溪之胜,令人神往。接瑛女禀。伟臣、咏蓼偕来。是日晴,夜月甚明。

初十日(11月28日) 隽威自北京回。与云台同过。述都门近状,上下酣嬉,叹国无危,庸可得乎!夜,过隽、云昆仲,并晤仲帅话久之。是日晴。

十一日(11月29日) 莹谷招饮,晤宁化伊少琴、永定林渭臣、瓯宁李阶孙。午往酉归,酬酢之费日费神如此。彼乐而忘疲者,诚别有肺肠者耶。夜,隽威来。是日晴。

十二日(11月30日) 铺时,诣文案处,晤咏蓼、伟臣、厚生、佩兰、吉甫。与隽威不期而遇,渠此行所心折者,肃亲王及谢珊珊而已。夜,作一书与子修学使。是日晴。

十三日(12月1日) 致益吾祭酒、伯华大令书。吉甫见寻。阅部咨,知秦晋赈捐保案已准,以昨今三函托隽威带湘。晤邵伯䌹庶常,位西先生文孙也,似甚通达。遇仲帅,立谈。是日晴。

十四日(12月2日) 前在吴中接筱湄武昌函,久未报,今始复之。是日晴。

十五日(12月3日) 写一缄与以成假贷,当有回书。接拙存函,立即作答,并将原信面交仲公一观。复过隽云小坐。阅穗积八束所著《国民教育爱国心》,无甚精理,殊觉词费。林琴南译德国哈伯兰原[1]《民种学》,较为可取。是日晴而大风,晨飞微雪。

十六日(12月4日) 昨夜寒甚。隅中赴湖上,子敬已候于舟中,同游皆蜀人。放棹张勤果祠,憩塔影山房,良久乃回船入座。酒罢,余步行经段桥、湖心亭、陆宣公、朱文公、白文公、苏文忠、徐文敬、蒋果敏诸祠,啜茗于俞楼之碧霞精舍。返经行宫,登文澜看藏书阁,凡三层,不独四库罗列,风景亦绝佳也。入城已暮,用晚饭讫,过隽威、云台、管臣谈。是日晴。

---

① 原:当为"著"。

十七日(12月5日) 以成亲送借款来。隽威辞行,旋即往答,盖先赴鄂,禀到然后回湘也。得伯浩宜昌快利轮船书,有“吾兄学识双美,济时之器,现境虽困,幸勿郁郁。所谓天时人事,会有期也”云云,意殊可感。是日晴。

十八日(12月6日) 函托川源通号汇尔驤等重庆家用,渠兄弟无人约束,放浪堪忧。余之境遇又实不能兼顾。惟有付之浩叹而已。拜张燮钧学使,谈至三点钟之久,并晤新文宗陈荪石太常暨汤蛰仙大令。访豫生观察,未值,因造沈新三公子,盖庸儿秋初游杭时之相识也。是日晴。

十九日(12月7日) 作一笺与燮钧大理,索书屏幅。过咏蓼谈,遇芸台于途,立语而去。渭臣来访,欲邀饮湖中,以天寒路远,改在城市商之。是日晴。

二十日(12月8日) 佩兰见过,盖阶孙有所托也。铺时,仲帅至花厅外散步,因与立谈良久。拙存有书至,当复之。旋诣方面复,会于吉甫处。接瑛女及鹗儿报。夜,作致劭予副都绒,凡四纸。是日晴。

廿一日(12月9日) 发家书。咏蓼、厚生先后相寻。下晡,答阶孙、少琴拜,未值。因于清河坊闲步,遇吉甫。将上灯始至聚丰园赴渭臣席。是日晴。

廿二日(12月10日) 昨饮之酒太新,体殊不适。寄洋回苏,为内子制皮褥之用。与大哥书。阶孙邀在其家便酌,皆聚丰园同座。申往戌归。是日晴。

廿三日(12月11日) 前夕接子富书,兹复之。又答仲方二纸。寄易仲实观察、张会叔刺史函。晡,诣云台一谈。管臣过话,并以文就正。是日晴。

廿四日(12月12日) 巳初,咏蓼来邀,同出城至湖艇,蛰先已与宋芸子观察在舟中矣。候燮钧到,乃放棹行宫。重登文渊阁看藏书及石印平定新疆战图。饮于高庄。申正返涌金门。再访豫生,复不值，旋附书暨续纂局薪水银票来。接小鲁函并筱湄讯，渠分校湖北乡闱，能得士，亦可喜。夜，云台见过。是日晴，下晡小雨旋止。

廿五日（12 月 13 日）　看季直修撰《癸卯东游日记》。隅中，仲方中丞来谈。得庸儿禀。绶琳过访。少琴招饮聚丰园，同席自佩兰外，皆乡人。出门时遇豫生。夜，步归，汗发背沾衣。芸子观察、燮钧大理有字至。是日晴。

廿六日（12 月 14 日）　九钟赴燮钧席，蛰先、芸子、咏蓼踵至，更有石蕖之弟友山暨唐健臣及少琴、阶孙，盖有因谒见，遂留饮者，十二时酒罢，三访豫生，仍不值。诣芸子舟中一谈。遇伍兰孙太守，先曾在运署同座也。复过拙存话久之。是日晴暖，甚不能着皮衣。

廿七日（12 月 15 日）　寄白须直讯。接劭予副都章江舟次书，并江西闱墨二册。作致周孝怀、朱晓南、李子川函。是日阴，晨雨午止，夜又作。

廿八日（12 月 16 日）　遣人持名柬送燮钧大理行，盖由驿北上也。旋还所书屏对来。为管臣改论二通。得瑛女及子富报。佑皆观察自苏至，有书遗我。是日晴阴。

廿九日（12 月 17 日）　前在京师，尧生太史以云南龚某为托，兹因阶孙得厘差，故荐之。其父尝以进士守杭郡，孰意厥子乃不娴文墨。昨，阶孙以洋为赠，盖重余情面也，当却之。复子富函，并附番饼十枚。佑阶来访，具述其外舅恽莘耘观察愿谋一见之意。答绶琳，遂晤厚生、云台、镜潭、管臣，偶成感事七律一首。《新闻（纸）［报］》云，东三省可望和平议结。是日晴。

三十日（12 月 18 日）　戏咏蚁。复劭予副都书。曾夫人馈冻肉、咸菜。得庸、鹗两儿禀。铺时，会莘耘、佑皆于吴山之四景园。归途遇石蕖仪门。是日晴。

十一月

初一日(12月19日)辛巳朔 先慈诞辰,若在,甫七十耳,痛哉!与豫生观察笺。周保臣之子蕴辉大令来见。过厚生谈。夜,管臣见寻。是日晴。

初二日(12月20日) 寄乐峰尚书、燕平观察、爱苍京兆书,并前复张副都缄,统交折弁于后日带京。接瑛女禀,即发一函并汇洋百廿圆。家报内附汪颂年学使、刘幼丹廉访电,云柯逊帅敦请来桂,月修百金,属为介绍,当复一电。又详具另函。仲方中丞邀叙,意殊关切,且以止盦枢密来信见示,有"日日行其心所不安之事",亦可悲矣。得白须温卿暨述堂方伯复书。(之事,下脱"之语"二字)。是日晴。

初三日(12月21日) 为余四十七初度。巳初出凤山门,至烟霞洞,饭于清修寺,其住持仙游人也。得诗一首,复游龙井,谒于墓,在净慈流连久之。申正返署。拙存有书,辞学堂总理,当送仲帅览。是日晴。

初四日(12月22日) 玉墀太守来访。管臣送所和诗过我,且告以翌午至沪,因立为改论一首。寄瑛女书及伯严函。诣聂氏昆仲谈。是日晴。

初五日(12月23日) 冬至。仲帅遣人相贺,乃报之。看松平康国《世界近世史》。庸儿寄其写真来,早稻田大学冠制甚古雅。章厚卿白川至,述华健安之事,吾知其愎而不知其贪,至待子妇之虐,尤染蛮风也。是日晴。

初六日(12月24日) 饭已,出门谢步,皆未晤。遂过以成、渭臣谈良久。有同府武官病故告帮者,适带有银圆,立付之。是日晴。

初七日(12月25日) 仲帅属拟孝廉堂决科题。日报载,吴蔚若劾廖季平折,谓"若不从严惩治,实为川省人心学术之害",且云"近今所著益加诞妄",岂《地球新义》外又别有奇邪之说?故欲概行销毁耶？是日晴。

初八日(12月26日) 写一缄与惕夫。是日晴。

初九日(12月27日) 从镜潭借百金，寄还定生。日昳，云台过我，适仲帅来谈，遂匆匆去。阅学海堂孝廉课卷。是日阴，晨微雨。

初十日(12月28日) 汇银圆与庸、鹗两儿。是日晴阴。

十一日(12月29日) 接室人及瑛女书。蕴辉招饮。申正往，亥初归。是日晴。

十二日(12月30日) 函托莹谷向渭臣通融。寄旭庄太守讯。昨闻客言宁波看新娘陋俗及温台二郡坐筵一事，实属夷礼，有心教化者不可不为之变革也。防军局提调亲送奏销润规来。夜，裵回月下，遇芷僧、厚生，立谈久之。是日晴。

十三日(12月31日) 阅学海堂卷讫。取陈虬第一名，佳作殊寥寥也。与镜潭、渭璜、石孙、云臣、绶琳夜话，闻南岳之胜，令人神往。是日晴。

十四日(1904年1月1日) 接萩轩中丞复书，云王壬秋此月内可到南昌。邓季槎来拜，辛卯同应京兆试，忽忽十三年矣。是日晴。

十五日(1月2日) 饭已，仲帅来久谈。得小鲁金陵书。与豫生观察，当有复笺。于晦若署理鸿胪寺少卿。是日阴。

十六日(1月3日) 看德国麦克塞挪斗《泰西文化弊伪论》，其宗旨在代议制度，然以为特心中一理想。今欧洲非能实行民权也，我国人格远逊泰西，乃冀立共和政体，不其妄耶？答季槎拜，未晤。诣豫生快谈，本昨午约定也。接庸儿禀。是日阴晴，晨飞微雪，夜月甚明。

十七日(1月4日) 发家书。复小鲁信。接子川观察函。云台、佩兰、咏蓼先后过我。作一笺与穰卿，论皖省矿务，并附合同底稿等件。黄昏，以安庆日本留学公启面交仲帅一阅。夜造聂三语，是日晴阴。

十八日(1月5日) 午后，独游阮文达公祠，即重阳庵旧址。阅青衣洞泉,在嫏嬛仙馆小憩。复上云居山,于五殿祖中遇镜潭、石孙,观其问卜测字讫,因与同返。夜,凤山见寻。是日晴。

十九日(1月6日) 偶阅《震川集》,其学究有根柢,未可轻议也。如《易图论》《〈经序录〉序》等篇,所见颇为超卓。云台、镜潭先后过,问一事匆匆即去。接定生收银回信,尚欠百金,正不知如何筹措耳。是日晴。

二十日(1月7日) 瑛女有禀至,并附紫钧京卿函。写一纸问川源通前信是否收到。得拙存书,已允总理省学堂之聘。是日阴。

廿一日(1月8日) 寄叔兴、郭甫讯。接云秋观察复函。过佩兰。是日晴。

廿二日(1月9日) 昨夜梦中得七律一首,醒时仅记第四句,云"春风不使落花西",似甚得意,不知所谓也。莹谷有字至,前途未允,殊悔多此一举,然亦出于无法耳。日昳,仲方中丞来谈。浙省新奉廷寄,可加派官捐二十万,烟酒捐三十万,他省亦通行。大约为京师练兵搜括,时局愈不可问矣。是日晴。

廿三日(1月10日) 晡时,访吉甫,遂偕往梅花碑骨董铺一观。啜茗同春园,遇季槎。旋至王处便酌,盖小饭馆以烧鱼头著名。得子富书。夜,云台来,仍为辨明安省矿务一事。欲致书庸儿,因留学生訾议尤多故也。是日晴。

廿四日(1月11日) 厚生见过,言西人近年发明灵魂学,又名性灵学,其事甚怪,闻美国操此术者特多。是日晴。

廿五日(1月12日) 作一笺示瑛女。答筱湄、子富书。偶忆仲帅明春五十生辰,得二十六字联语为寿,似尚稳惬。是日晴。

廿六日(1月13日) 题豫生《青灯课读图》。子敬有书至。夜,云台来访。是日晴。

廿七日(1月14日) 接阶孙函。庸儿有禀至,汇款已收到。仲方中丞见过。绶琳以云台辨论皖省矿务信稿来商,当为删节数处,其称诵亦张,未免太过,可谓阿其所好矣。得室人及瑛女书,立写一笺答之。是日阴。

廿八日(1月15日) 拙存员外及佩兰大令先后相寻。得含斋书,因东三省事起,生意大为减色,深不愿俄日开战也。是日阴。

廿九日(1月16日) 闻吉甫言仲华窘状,为致书叔鸿观察,恳其吹嘘。玉墀太守送席一桌。晚与吉甫、佩兰同饮,因邀同舍,始知芷僧病,二徐及厚生已归。云台别有局,散后乃过我谈。是日阴。

十二月

初一日(1月17日)庚戌朔 铺造仲帅,适有客在坐,因诣石荪、绶琳一谈。是日雪,隅中止,夜又作。

初二日(1月18日) 清晨,凤山见寻,闻效述堂实授苏藩亭午,管臣过我,坐至暮始去。镜潭来,云电传汤蛰先赏道衔署两淮运司,真不次之擢矣。得玉宗书,由甫亦将改外。汇洋至苏寓。是日早晴,午阴,夜半雪。

初三日(1月19日) 午后,诣仲帅谈。蛰先有缄,俟奉部文,当具折力辞,请代奏。虽不知其情若何,理固宜然。是日微雪,晡霁。

初四日(1月20日) 读柳子厚山水诸记,胸次洒然。此来尚未到天竺、灵隐,殊是歉事,日内当发愤一游也。饭已,造玉墀谈一时许。乃诣豫生,适九香亦在座,良久方归。是日晴。

初五日(1月21日) 寄子川观察讯,并附《北游草》。因年下开销需用孔急,作一笺与味青都转商之。过云台、管臣昆仲。是日晴。

初六日(1月22日) 吉甫归省父疾,来辞,观其色似已有故矣。造咏蓼托购衣料,佩兰亦遇于此。石孙见寻。是日晴。

初七日(1月23日) 前阅《新闻(纸)[报]》,松岩太守已得海运差,兹又委内河厘捐总巡,谚云"朝里无人莫做官",信非虚语。钱仲枚亦有查阊门差事,是必竹石廉访之力也。潘御史以安省矿务劾仲方中丞,并有闻其子曾受洋商卖银数万两之诬。是日晴。

初八日(1月24日) 拟出游,以惜费不果。今为笏山先生诞辰,九江之约历年未践,亦由财力限制也。《洪范》"五福"富居首,有以哉。仲帅午后见访,属拟密考。玉墀来谈。夜,与凤山话。是日晴。

初九日(1月25日) 管臣、佩兰相寻。味青送洋帖来,度岁有资矣。寄松岩、子修讯。日昳诣以成,闻晓南观察因办军装,将由粤返杭。复过豫生久谈。是日晴。

初十日(1月26日) 示庸儿一纸。料理归装。接玉宗函。诣仲方中丞暨云台、管臣、石孙、镜潭、绶琳、芷生、芸台、勤生、佩兰辞行。子敬来送,并馈食品。以其绍酒一罈转赠勤生,盖将营务公事托伊代办也。夜,云台来,奉其母曾夫人贻内子药丸等件。是日晴。

十一日(1月27日) 清晨,凤山、佩兰、勤生来送。巳正,由署启行,出武林门至拱宸桥,上戴生昌公司船。酉初开轮。是日晴,夜半雨。

十二日(1月28日) 巳正抵苏州盘门。换小舟入城。全家安吉。接筱湄函,发一电与颂年学使、幼丹廉访。是日微雨。

十三日(1月29日) 定生来,将前借之款算结。大女暨两外孙归省,二更乃去。复同室人及瑛论明年趋向。是日阴,夜雨,鸡鸣滋大。

十四日(1月30日) 无所事事。是日阴。

十五日(1月31日) 致无锡令郑肖彭书,索惠山泉。是日晴阴。

十六日(2月1日) 夜,子富来。是日阴。

十七日(2月2日) 为白须温卿书横幅,并题一诗。以拙存所著《辛卯侍行记》及《求己录》赠紫翱大令。复玉宗函。紫翱过访。是日阴。

十八日(2月3日) 寄伯严、云秋、会叔讯。是日阴,夜月甚明。

十九日(2月4日) 填词一首,题右阶《瑶艇图》。是日晴。

二十日(2月5日) 昨与温卿领事笺,今有还简。是日阴晴。

廿一日(2月6日) 紫翱有字至。肖彭不起。饭已,出街散步,归途值屺怀太史过访,快谈久之。还右阶观察《瑶艇填词图》。是日晴阴,夜小雨。

廿二日(2月7日) 出门拜客,十家仅晤惕夫大令、右阶观察、竹石廉访。闻徵兰侍御已作古人,盖为药误。是日晴。

廿三日(2月8日) 申甫观察见过。正午餐会讫,用面,乃出门。又拜客十家,伯昂、梅城、定生、凝阁而归。述堂方伯枉答,相左。久不得桂林复电,行止莫决,殊增悬想。燮钧大理充京师大学堂总监督也。夜得右阶函,以前在杭州吴山其外舅恽莘耘所议一节相询。是日晴。

廿四日(2月9日) 清晨,旭初观察来谈。寄仲方中丞缄,有所陈说。铺时,温卿领事见寻,云日俄协商不成,宣战在即。又作一笺与仲帅。是日晴。

廿五日(2月10日) 寄幼岚、伯浩二观察讯。以拙著赠述堂方伯。入市游衍,孙仲华得江宁学务处文案差,亦可喜。是日晴。

廿六日(2月11日) 幼峰、凝阁、友鹇、伯昂、紫翱先后相过。日俄已开战矣。接庸儿禀。夜至仲帅及云台函。是日晴阴。

廿七日(2月12日) 作一纸示庸儿。日昳,青阳地访白须领事一谈。入城复诣惕夫小坐。答仲枚,未晤,盖在阊门分巡差次也。是日晴。

廿八日(2月13日) 昨与屺怀有字往还。接管臣贺年寄笺。铺时,步行约数里。夜,紫翱函告日俄战事,并云见有匿名函字,疑系帮匪之为,且明刻板书"灭满会"于上。是日晴。

廿九日(2月14日) 与紫翱书,旋有复简。是日晴。(梅城送代书仲帅寿联来)

三十日(2月15日) 清晨接幼丹回电,明年粤西之游亟须打算矣。连接庸儿两禀。右阶来谈,荫甫赠《惠耆录》。杭署寄黄石孙、钱仲枚函至。是日晴阴,夜半雨。

壬寅年新交①

顾石公(云)、欧阳笠斋(述)、赵香圃、孙幼谷、陈仲谦(竹香子)、林质侯、杨子萱、林洵甫(文忠孙)、梁旭东(昌骏)、王莲塘、晴气市三、李玉山、刘星阶(宇泰)、郑陶斋(观应)、高寿农(蔚光)、万芳钦(祖恕)、陈仰樵、徐积馀、范肯堂(当世)、曾咏周、蒯礼卿(光典)、嘉纳治五郎、天野恭太郎、御幡雅文、朱晓南(荣璪)、蒋玉墀(德璜)、施子英(则敬)、吴季卿、方佩兰(象塑)、姚叔节(永概)、吴挚甫(汝纶)、方伦叔、早川新次、李光炯、恽申季(毓嘉)、王紫裳(咏霓)、李仲仙(经羲)、陈务唐(笠唐弟)、姚石荃(锡光)。

癸卯年新交

曾理初(广镕,重伯弟)、邓宝真(矩)、李觐枫(耀亭子)、陈根如、陈伯昂(纶)、曾仙亭、向子振(万镤)、刘健之(体乾,仲良年伯子)、增福民(龄)、罗笃甫(少耕子)、林畏庐(纾)、陈雨苍(璧)、端仲纲(绪)、梁燕孙(士诒)、张野秋(百熙)、林梦琴(文庆)、陆申甫(锺琦)、陆天池(锺岱)、张效彬(暐,劭予子)、高徵兰(枏)、锡清弼(良)、王省三、良弼臣(能)、李子川(哲濬)、吕韵笙(承瀚)、刘葆良(树屏)、郑稚惺(孝柽,苏堪弟)、高梦旦(凤谦)、村山节南(正隆)、白须直(温卿)、李拔可(宣龚)、张菊生(元济)、李一琴(维格)、陶拙存(葆廉)、许九香(鼎霖)、刘厚生(垣,葆良弟)、张燮钧(亨嘉)、效述堂(曾)、汤蛰先(寿潜)、邵伯炯(章)、胡右阶(念修)、恽莘耘(祖祁)。

---

① 按"壬寅年新交"与"癸卯年新交"两份名单附于癸卯年日记后。

光绪三十四年(1908)戊申

正月

初一日(2月2日) 黎明具衣冠，恭诣先人香位。行礼毕，内子率儿女及孙辈叩贺，颇有团栾之乐。唯三男尔鹗远在百色，殊可念耳。旋出门拜年，皆照例谢客也。饭后复出门，得陆锦亭大令书，新署灵邱县。晡，张棣生馆甥来见。是日晴。

初二日(2月3日) 仍出门两次。晚，叔伊陈君招饮，易实甫、张望屺、曾畴已先到，与主人作诗钟，属余评定甲乙。暗中摸索，居然取三人各一联在前列，亦可喜也。陈士可以妾病，匆匆一谈而去。沈子封提学、冒鹤亭正郎、徐莹甫编修因乂麻雀，屡催始至。今之士大夫，往往沉溺于此，盖与明人之嗜马调无异，可为慨叹。戊戌岁，余客长沙，黄公度京卿方署按察，亦于此夕置酒官署，有王壬秋、皮鹿门、陈粒唐、袁叔愉、张伯纯、梁卓如、余及实甫同集，匆匆十年，公度已归道山。偶忆前事，欷歔久之。冒雪入东城，车行甚艰险，抵寓鸡已鸣矣。是日晴，夜雪。

初三日(2月4日) 清晨，琼女挈外孙男女回。叶飞卿有函至，乞为谋事，良非易易。日昳，出门一行。接滋阳叶继湘大令贺笺及广西张坚白抚部东电。是日晴。

初四日(2月5日) 删定《诗经四家异文考补正》之旧稿。饭已，出门。下晡，棣生伉俪邀余夫妇及儿辈饮其家。与杨仪曾副郎有字往还。是日晴而风。

初五日(2月6日) 禺中入署,维时管学部为张孝达枢相,尚书为荣华卿协揆,左侍郎严范孙署、右侍郎宝瑞臣,均于午间先后到署。余同乔茂蓌左丞、孟绂臣右丞、林朗溪左参、戴邃庵右参、徐梧生监丞往谒,少坐而退。两相暨两侍郎旋亲来答。南皮谓丞参堂为茅茨土阶,又笑曰:"君子居之,何陋之有。"余偕乔、戴、徐诣各司局一行,日入散归。接高田早苗、青柳笃恒贺年邮片。晚,张钦五检讨来谈。复继湘、锦亭书。是日晴。

初六日(2月7日) 作一笺与袁海观京兆。进署阅卷,丞参堂无所事,诣范孙侍郎一谈。巳正往,申初归。接端匋斋督部函,并赠《梅花》五十韵。实甫以其女弟仲厚诗文见示。是日晴。

初七日(2月8日) 蔡伯浩右丞有函至,当复之。凡两次出门拜客,仅晤曾竺斋正郎而已。陆春江京卿处仍留大片。得海观复书及黎伯颜贺笺。是日晴。

初八日(2月9日) 上海中国公学办事员张俊生来,告以后日将行,为作一书致江西护抚沈爱苍。食时,造林肖项参事,面辞其明晚之宴。过茂蓌小饮,遇马溆午,盖其门人也。晡,游厂甸,唯见士女杂沓,未下车而返。是日晴。

初九日(2月10日) 送俊生行,禺中①犹未起。张铁君侍郎来久谈。复匋帅书。作一笺与范孙侍郎。铺时进署,伍叔葆、杨次典、张钦五及胡宝生、骏林、仲枢、志烜俱在客座相候。同朗溪、邃庵会之。晚,邓慕鲁主政见过。是日晴。

初十日(2月11日) 食时,访实甫于姜颖生(筠)画师宅。观辛仿苏耀文所臧罗两峰《鬼趣图》,乾嘉名流题咏殆遍。过门人冉方倩主政、向仙峤内阁一谈。接鹗儿百色电。《北京日报》登范云杰《论学部宜慎派视学官》一篇诬及下走,当逐条签驳,命庸儿录之以备呈堂。是日晴。

---

① 禺中:同"隅中",将午之时。

十一日(2月12日)　致损厂笺[①]。访罗叔蕴不遇，留字而去。招凤子仪语。晡，谭亦张副使来畅谈。书二纸与绂臣、朗溪。邃庵旋有复函述华相意，良为可感。偕汪子健有龄游大神庙及厂甸，庸儿侍从。遇张星五奎暨王书衡、丁叔雅、刘少岩焉。鹗儿有禀至。是日晴。

十二日(2月13日)　晨诣海观京兆久谈。作一纸示鹗儿。日昳，赴畿辅先哲祠望屺、实甫诗钟之约，沈子封、蔡伯浩、陈叔伊、冒鹤亭、许季湘、伍叔葆、顾亚蘧、陈士可、辛仿苏同集，余仅作一联而已。二鼓始归。得损厂复书。是日晴。

十三日(2月14日)　晡，入署。茂老未至。复以一笺寄之。是日晴。

十四日(2月15日)　铁君侍郎还前借刖存[②]黄忠端及蔡夫人二长卷。昨琼女返，今棣生来。体殊不适，未能进署。函告丞参诸公，并催发鲁电。是日晴。

十五日(2月16日)　饭已，出门，晤刖存及蒋伯斧。晚，琼女与婿偕至。沈子培补提学，署布政。是日晴，夜月甚明。

十六日(2月17日)　入署，未初往，申正归。得张会叔书。是日晴。

十七日(2月18日)　诣奎乐峰桥梓，未遇。答拜朱艾卿宗正，晤谈。归寓，适实甫来，遂同午膳。余以南皮到署，匆匆前往。鹤亭、季湘招作诗钟之会，未能赴也。刘幼云总监督遇于丞参堂，咨访大学堂事者久之。李姚琴参议有书至，当过专门司商，王君九、张劭希均已散，托陈仲骞转告之。是日晴。

十八日(2月19日)　胡葆生编修以七律四首见赠，推许甚至。造年伯孙燮臣相国暨唐春卿、张劭予两侍郎，皆未晤。饭已，入署。

---

① 厂：同“庵”。

② 刖存，罗振玉的号。

下晡，赴宋芸子观察席，约在未刻，已过申正，主人犹未到。因诣家杏邨侍御，一谈而返。是日晴。

十九日(2月20日) 开印之期，辰初即入署，晤徐仲博潞、范棣臣桂鄂[①]两编修，皆新奏调到部。葆生、次典来谈。回寓后，次典复见访。是日晴。

二十日(2月21日) 因有会议，禺中即入署。复阅满蒙高等学堂试卷。与茂萲诸公论湖北各学堂奖励事。上灯始散。接田生书。姚琴方倩有函至。是日晴。

廿一日(2月22日) 姚琴、葆生来久谈。日昳，赴长椿寺吊李佑周祖母之丧。遂入署，适梧生来，因与论增修顾亭林祠之事。南皮相国并欲以阎百诗配祀也。是日晴，夜半雪。

廿二日(2月23日) 次典来谈。饭后诣铁君侍郎及笥腴侍御、亚蘧编修，均未晤。在刖存处坐久之，乃归。沈幼岚补授云南布政使。是日晴。

廿三日(2月24日) 寄叶伯高提学书，并作一笺贺幼岚方伯焉。损厂左丞来，同午饭。日昳入署，黄昏乃出，实无一要事也。是日晴。

廿四日(2月25日) 孙生镜清来见。拟片稿一件为茂萲左丞请假一月，赴武昌会议川汉路事也。入署，自未初至申正。是日晴。

廿五日(2月26日) 清晨，次典来谈。学部告以张相到署，余于饭后前往。下晡回寓，用面一碗。赴子封提学湖广馆音尊之约，叔伊、鹤汀、仁先、仪曾、书衡同座，并晤吴菊农、汪衮甫、端仲纲及莹甫、季湘诸君。海观补授民政部左侍郎，其嗣子伯夔亦在座。亥初，趁人未散，车马尚不拥挤，遂先入城。是日晴。

廿六日(2月27日) 入署会议。接黄仲方函。幼云晤谈。巳初往，申正回。是日晴。

---

① 徐潞，江苏人，字仲藩、晋藩，本文谓“仲博”；范桂鄂，直隶人，字棣臣。

廿七日(2月28日)　为湖北学堂毕业奖励事撰一说帖，函交茂菱为我酌之。鹗儿有禀至。下晡，入署一行。邵伯䌹编修致书庸儿，请余在部提议定一法政学堂通则，电饬各省照办，以免参差。其说甚当。是日小雨，午晴。

廿八日(2月29日)　茂老有字来。答拜新简皖学吴君同甲(棣轩)，未晤。访郭春榆侍郎、王啸龙主政，均尚高寝。诣姚琴，谈久之。日昳入署，下铺即回。是日晴。

廿九日(3月1日)　禺中，诣伯浩谈，适放苏松太道，亦可喜也。并晤陈雅彝观察祖禄、梁燕孙京卿、麦敬舆[①]法部，饭讫乃去。棣生及王生荣官来。旋出门，访杨次典、潘季约，未遇。在仪曾处畅谈，良久而归。寄张坚帅函。撰北洋大学堂毕业奖励说帖。接刘生云栋安庆禀。是日晴。

三十日(3月2日)　复会叔书。饭已，入署。夜从仪曾借得耆氏所藏苏斋手批《精华录》[②]阅之。是日晴，入夕颇寒。此后只记入署，钟点从略。

二月

初一日(3月3日)　午后入署。今晨丁祭，余以未制朝服，故不与。昨偕茂菱、绂臣、朗溪同上堂，与实相议公事，兹复独往，范孙、瑞臣两侍郎皆在座也。部中事亦不能尽载。是日小雪旋晴。

初二日(3月4日)　贺刘幼云总临督、蔡伯浩观察、袁海观侍郎喜，均未晤。甫归而钦五检讨至，上灯乃去。庸儿乞金巩伯摹顾亭林先生像成。清晨学真和尚以其戚见托大学堂旧供事，亦来求见，均为

---

① 麦秩严(1863—1941)，字敬舆，广东南海人，光绪二十四年进士，曾主政刑部。

② 此指翁方纲手批《渔洋精华录》。

欲考学部书记也。是日晴。

初三日(3月5日) 作一笺与冯华甫正使。禺中入署,参事厅会议仅列肖玖、叔蕴、石遗、仁先四人,湖北奖案已定稿矣。昨获南皮一纸,又议从原奏,徒多周折,殊无谓也。季约有字来。袁行南署东抚,柯逊庵加尚书衔。是日晴。

初四日(3月6日) 得叶生开寅及黄石荪太守书。诣实甫久谈,读其近日与樊云门唱和诸诗,两公才思均可爱也。午后入署,华甫有复音,陈小帅与赵次帅互相调补。夔相晋太子太傅衔。是日晴。

初五日(3月7日) 和实甫船字韵诗一首。饭已,入署一行。旋访华甫于贵胄学堂,谈一时许,亦张已它出。孙生镜清来见,字性廉。是日晴。

初六日(3月8日) 贺夔相年伯喜。访寿卿侍郎,进讲未归。晤劭予侍郎及鹤亭焉。棣生同午饭。幼云来谈,述伯严近事甚详,名士如画饼,洵非虚语矣。铁君侍郎丁内艰,便衣往唁。复过损厂一谈。是日晴。

初七日(3月9日) 晨起,阶下积有微雪。饭已,入署,与姚琴有字往还。接刘仁斋索债书,夙承其惠,盖不能不为设措也。是日晴。

初八日(3月10日) 寄柯逊庵尚书及吴筱湄大令函。饭已,入署,无所事事。取秦报阅之。樊山批牍颇多中理,第不无游戏之词耳。是日晴。

初九日(3月11日) 余素不喜梁节盦之为人,盖以其矫也。伊竟弃官,则胜于蝇营狗苟之名士多矣。因作截句二首怀之。刖存有字往还。写一纸与葆生。午后入署。是日晴。

初十日(3月12日) 禺中入署会议。饭已回寓,少选即赴海观侍郎席。范孙侍郎、损广左丞、粹德参议暨曹东寅、梅舫昆弟、陈彝仲同座。申集,酉散。李生如松来见。次典过我夜话。刘蜀君来访。是日晴。

十一日(3月13日) 本部考试旧书记。清晨入署一行,旋回寓,用面讫,即赴松筠庵候客。本请十二点钟,申初,葆森、叔葆、实甫、鹤汀、望屺、颂垣、芸子、叔伊、子封始先后到齐。因作诗钟,五点半钟始入座。子封以有它局先去,伯浩未至。戌正入城。是日晴,夜月甚明。

十二日(3月14日) 劭予侍郎日前乞假省亲。今晨往谒,昨已行矣。连方伯甲[①]之尊人领帖,余以向无交往,送奠而不吊也。饭已,入署,春榆侍郎与朗溪邀在福州新馆吟集,辞之。是日晴。

十三日(3月15日) 学部各司局邀集畿辅先哲祠,为损广[②]饯行,共一百二十八人于遥集楼下拍照。酒罢,答拜数处,晤新选彭山李伯栖大令魁。昨又蜀君有字来,无以为报,奈何。陈用甫廉访甫由苏调赣,兹又调湘。是日晴。

十四日(3月16日) 接鹗儿与瑛女书,当作一笺示之。武宗储来见。挈庸儿广宁伯街相宅。田生陈善有禀来。饭已,入署,□□[③]之奏已上,奉旨"知道了"[④]。是日晴。

十五日(3月17日) 答高子益观察拜,未晤。饭已,入署,芸子有字来。晚作一笺与伯浩观察。是日晴。

十六日(3月18日) 接子益函,行期犹未定也。昨,金端甫大令自开封来,言及林赞帅之清勤,深为可敬。诣伯浩,遇实甫、叔葆、听彝于其门。少坐,又过茂萲,亦将出,匆匆一谈。仁先见访。日昳,入署,复与茂萲笺。幼云有字往还。得张彦云日本书,盖有所托也。以泰山石经峪集联赠仪曾。是日晴。

十七日(3月19日) 晨至西车站送茂萲、伯浩行。莹甫亦由汉

---

① 该年连甲已由安徽布政使调任宪政编查馆总务处总办,故在京发帖。

② 损广:"广"同"庵",损厂、损广、损庵皆同一人。

③ 以下两字潦草难辨。

④ 知道了:原作"依议",后改作"知道了"。

回杭。曾敬诒隔窗相语。在京年余,渠今出都,乃遇于此也。晤杨彝卿及听彝、叔葆。巳初,车发。遂入署,会议。蜀君有字至。是日晴。

十八日(3月20日) 覆上海李紫翔大令书。子益观察来谈。饭已,入署,实甫有所托。看张江陵尺牍。是日晴。

十九日(3月21日) 次典来谈。因南皮枢相将于午前到署,遂与同入。是日晴。

二十日(3月22日) 辰初,偕仪曾同诣午门,赴内阁验放。钦派王大臣系载泽、李殿林、魁顺、杨士琦,此次补缺共十人。巳正,礼毕。晤钱念慈、殷楫臣。回宅后,家人叩贺。日昳,同内子挈庸儿夫妇及瑄女、端孙游陶然亭暨龙爪槐。是日晴。

廿一日(3月23日) 还伯斧顾祠题名卷。刘幼苏来谈。饭已,入署,谒谢实相,蒙加以慰劳,良为可感。达稚甫侍郎回京供职。李柳溪改充考察宪政大臣。是日晴。

廿二日(3月24日) 诣荣相及严侍郎宅。饭已,入署,乃见范老。下晡,次典招饮广和居,范俊丞之杰暨叔葆、树五,徐、顾、姚、萧诸君,夜绕东城归。殊觉劳顿,盖有老境矣。是日晴。

廿三日(3月25日) 接飞卿外甥函。诣南皮枢相及宝侍郎宅,并造奎大臣与燕平昆仲。日昳入署,钦五来谈。蜀君又催债项。是日晴。

廿四日(3月26日) 禺中入署,会议。是日晴。

廿五日(3月27日) 昨,陈玉苍尚书第三男完姻。今晨方往道喜,适芗相在座,遂匆匆入署,以所著《孔学蠡测》质绥之。借记银百金,六月归还。是日晴。

廿六日(3月28日) 作一纸唁静安,托刖存转寄。以银百圆付蜀君。日昳,入署,绥之亲还《蠡测》来,又为朗溪携去。是日晴。

廿七日(3月29日) 晨诣铁君侍郎宅,吊其太夫人之丧。晤叔伊、东寅、海观,旋谢步数处,贺子仪之侄完姻。寄蒋季和编修书。翻

《蛰云簃江户竹枝词》[①]一过。日昳，赴嵩阳别业，应钦五检讨之招，同座有前滇督丁循帅振铎及朗溪、邃庵、树五。是日晴。

廿八日(3月30日) 谒燮相年伯，因患咳不便进讲，现犹请假。访春卿侍郎，亦未晤。饭已，入署一行。芸子来谈。复彦云书，并将其前函寄伯浩观察，计已抵上海受篆矣。是日晴。

廿九日(3月31日) 饭已，入署，与王济茗语，并出《孔学蠡测》质之。夜，复叶生开寅书。是日晴，夜半微雨。

三月

初一日(4月1日) 午后入署。逊帅补授浙江巡抚。是日晴。

初二日(4月2日) 敬舆、次典、钦五先后来谈。午前，铁君侍郎之太夫人发引。缘参事厅会议，客去即匆匆入署，不及往送也。是日晴。

初三日(4月3日) 发贺逊庵中丞书。出门谢步，晤叔雅、钦五。饭已，入署。晡归。芸子、实甫先后有字至，均复之。接鹗儿禀。是日晴。

初四日(4月4日) 作一纸示鹗儿。过次典谈。饭已，入署。子益招饮，未赴。是日晴。

初五日(4月5日) 殷楫[臣]母寿，送祝敬而已。日昳，造叔韫，伊得见《唐韵》，仅去入两声，去亦多残，盖唐人钞本也。魏鹤山尝见之，钱竹汀亦云吴彩鸾本，藏书家犹有之。惟此书索价八百金，可谓贵矣。昨在叔雅处，明刻宋本《王临川集》甚佳，亦需价一百六十金。福州馆团拜，懒于酬应，未往。棣轩提学来久谈。鹗儿又有书至。是日晴。

---

① 郭则澐，字蛰云，钤印"：蛰云簃"，撰有《江户竹枝词》，该书清光绪33年奉天官纸局刷印所印行，书名页题《蛰云簃江户竹枝词》。

初六日(4月6日)　饭已，入署。是日晴。

初七日(4月7日)　撰冯华甫之太夫人寿联。日昳，入署。士可回京。得逊帅书。是日晴。

初八日(4月8日)　寄次鲁、茂萲函。访陈松山给谏田，晤语甚欢。日晡乃入署。刘佛卿出守绍兴，海观署鲁抚。是日晴。

初九日(4月9日)　食时入署，会议。晡，赴畿辅先哲祠诗钟之会。晤傅彤臣、朱艾卿、郑叔进、袁珏生、吴絅斋、丁叔雅、王书衡、陈叔伊、熊经仲方燧[①]、章蔓仙华[②]、顾伯寅承曾[③]、冒鹤亭、许季湘、伍叔葆、宋芸子。盖春榆侍郎、松山给谏、颂垣侍御、朗溪参议及成子蕃侍御昌作主人也。夜，入城抵寓，鸡鸣矣。是日小雨竟夕。

初十日(4月10日)　饭已，入署。是日阴。送燮臣傅相文孙完姻喜敬。

十一日(4月11日)　诣笃斋，尚高眠也。拜叔进及恽薇孙学士毓鼎晤谈。日昳，入署。下晡，六钟时赴源丰堂、大学堂日本各教习席。幼云、邃庵、珏生同座，饮宴甚欢。是日晴。

十二日(4月12日)　蒋生福琨、瞿生鸿畴来见。造子蕃侍御谈。叔进、士可先后见过。闻南皮到署，本系星期，且无与我辈相商之事，遂不往也。晡时，贺海观中丞喜，归值庸儿正会杨晳子，因与谈论久之。录《诗经四家异文考补》毕，当再定《止怒轩诗说稿》。是日晴。

十三日(4月13日)　子蕃来谈。饭已，入署。拟以叔蕴试署参事，其光禄寺署正原官尚未核准，殊费事也。铺时，赴全蜀馆诗钟之会，晤曾刚甫、徐花农琪及姚琴、亚蘧，盖薇孙、彤臣、经仲、伯寅作主人也。是日晴。

---

① 熊方燧(1858—?)，字经仲，广东高安人。

② 章华(1872—1930)，字蔓仙、曼仙、缦仙，湖南长沙人。

③ 顾承曾，字伯寅，光绪二十九年进士，河南开封人。

十四日(4月14日) 昨闻朗溪言前晨南皮到部,复提山东查学一事,因上华相笺,请即电东省根究虚实,并有“出处何常”“士节当勉”等语。饭已,入署。是日晴,夜月甚明。

十五日(4月15日) 珏生编修来谈。琼女共饭。日昳,入署。“辛毗有言:孙刘不过使吾不为三公耳。”是日晴,下晡小雨,落黄沙。

十六日(4月16日) 禺中赴范孙、瑞臣两侍郎云山别墅之招,觞于西爽阁,同座胡馨吾公使惟德、吴棣轩、刘幼云、绂臣、朗溪、邃庵。未正,散席。诣佛卿贺喜,未晤。遂入署,珏生在客座相候,盖探其大学堂保奖是否已出奏也。是日晴。

十七日(4月17日) 接伯浩观察复书。禺中入署,日昳即归。夜,作一笺寄劭予侍郎。顷,庸儿为偿天顺祥借款。是日晴。

十八日(4月18日) 江苏高等学堂学生林文钧有禀至。彤臣观察来谈。日昳入署,遇葆森编修、钦五检讨,因在参事厅共语久之。日前与范俊丞彼此拜往,均未晤,今忽见,赠之诗,当次原韵。是日晴。

十九日(4月19日) 伯颜、仲苏自天津至。接伯高提学去年十一月滇中书。诣沙井胡同,为奎乐公寿。遇何棠孙、罗惺甫,吃面而去。拜馨吾公使,适已出门。至大学堂与幼云总长一谈。陆锦亭有书来,居然署首邑矣。是日晴。

二十日(4月20日) 高啸桐凤岐见访,倾盖如故。过士可小坐,棠孙来谈。日昳入署,晢子以四品京堂候补,在宪政编查馆行走。造叔韫,未晤。寄莜兴书。是日晴。

廿一日(4月21日) 晨,诣棠孙谈。日昳入署。接高少农观察成都府署来书。棠孙过访,不值,留字而去。是日晴。

廿二日(4月22日) 代乐帅致川督书。为棠孙说项。答拜伯颜昆仲。日昳入署。昨,馨吾公使见访于丞参堂,今一无所事,枯坐自未至酉,殊闷损人也。是日晴。

廿三日(4月23日) 禺中入署,会议,范孙侍郎以宴客未能到也。叔韫赠石印名人墨迹五册。晡归,撰送袁海观中丞序一通。接坚白中丞暨次鲁函。江苏高等学堂学生等又有书至。是日晴,夜大风。

廿四日(4 月 24 日) 复苏州学生书。贺夔臣傅相年伯接孙妇之喜。遇彝仲一谈。答啸桐拜,晤语久之,始回寓。午饭,乃入署。昨,姚琴、笥腴、书衡三咨议偕来,余已出。接芸子函。是日晴。

廿五日(4 月 25 日) 作一笺与海观中丞。日昳入署,姚琴、花农诗钟之局,寄字辞之。珏生有书至,当即裁复。清茗孝廉来久谈。为请客事与邃庵三次函商。接赓虞书,四年仅此,立复之。是日晴。

廿六日(4 月 26 日) 诣白米斜街一行,亦可谓无聊之极矣。今晚留学生团拜,得海观中丞复书。佛卿太守来谈。是日晴。

廿七日(4 月 27 日) 偕内子至广宁伯街新赁宅一观。庸儿生辰,杕生婿同琼女均来。日昳入署。是日晴。

廿八日(4 月 28 日) 同戴邃庵、刘艾唐、吴剑秋宴俞廙轩侍郎廉三,暨哲子京卿、绂臣右丞、朗溪参议。未至者刘幼云、袁海观。午初集,申正散。性廉来见。夜,华甫过访久谈。是日晴。

廿九日(4 月 29 日) 黄楚楠观察来谈。晡入署,晤田茀侯参赞,询悉匋帅病状,近已愈矣。是日晴。

四月

初一日(4 月 30 日) 撰说帖一件。禺中入署,会议。肖项有字至。铺时回寓。出门遇华相数语。寄陈筱石制府、柯逊庵抚军函。王壬秋以湘帅奏保,赏给检讨。是日晴。

初二日(5 月 1 日) 饭已,入署。范孙侍郎因幼云总监督在座,招余共议开办大学分科一事。王司直太守过访。(接袁行南之封翁讣。)是日晴,晨小雨。

初三日(5 月 2 日) 辰刻,移居锦什坊街南广宁伯街。南皮枢相到署,亦未能往。作一笺与孟、林、戴三君。钦五检讨以烛炮面、如意面双喜相贺。蜀君又有字索债,比在窘乡,殊无以应也。午饭,棣生夫妇所备肴颇佳。是日晴。

初四日(5月3日) 食时,出门答拜,不见一人而归。下晡,赴范松坨燕春园席,主人未至,遂仍回城。作一纸示鹗儿。得季和编修复书。逊帅以疾开浙抚缺,高少农补建昌道,成子蕃放遗缺府。是日晴。

初五日(5月4日) 寄逊帅及季和笺。复蜀君信,仍索债不已。唁行南署抚并撰挽联三十二字。日昳入署,闻朗溪言沈丹曾于今晨去世,惜哉,此人远胜其诸叔也。是日晴。

初六日(5月5日) 叔伊还《亨甫集》来。日昳入署,幼云在丞参堂。茂菱亦于昨晚自鄂回,旋以书遗之。曾棣森之子鸿逵有信至。是日晴。

初七日(5月6日) 答拜冯华甫、杨星垣,并访亦张、晢子,均未晤。又诣子蕃贺喜。日昳入署,梁箸芗来见。叶兰陔抵都,寓斌魁店,有书相告。造仪曾,遇苇侯、仁先。是日晴。

初八日(5月7日) 禺中入署,会议。肖项以子病未至,严侍郎亦未到。晤刘少岩左丞。周生凤岐有禀至,仍为奖励事也。是日晴。

初九日(5月8日) 昨蜀君有函催债,今以四十元付之。寄赞虞中丞函。答客,未晤。诣茂菱谈,笃斋先在座。日昳入署。归,过棣生小憩。夜,作一笺与伯高。是日晴。

初十日(5月9日) 食时,诣南陔,适继友、崇宗在座,遂同午饭。入城,已五钟矣,遂不到衙门。夜,作一纸示鹗儿。是日晨,小雨旋晴。

十一日(5月10日) 仪曾、南陔先后来谈。饭已,挈庸儿往崇效寺观牡丹。遇李仲年。复游法源寺,有绿牡丹尚未开,其余已谢,远不如枣花寺之盛也。坐松树下啜茗,遇汪伯吾。因大风起,不能留,遂驱车返。忆乙酉岁重九崇效之集,几辈青云、几人黄土,令人感慨系之。《红杏青松》手卷已归杨寿枢矣。是日晴。

十二日(5月11日) 饭已,入署。接邵伯䌹、黄仲方、叶飞卿函。是日晴。

十三日(5月12日) 复伯䌹书。日昳入署,从叔蕴借得书画各二件,皇六子山水一轴,惜太长,不能挂也。晚,姚生弼宪来见。是日晴。

十四日(5月13日) 邮寄哲子一笺。携两女游枣花寺,重观牡丹。绿者仍未开,芍药须月杪矣。日昳入署。夜,棣生同膳。是日晴。

十五日(5月14日) 初改早衙,辰正集,午初散。余于九钟始到,因参事厅有会议,四钟方归。旋赴万福居友棠之约。南陔司直同座,余皆湖北官吏,鄙倍浮佻,可慨也。是日晴,夜月甚明。

十六日(5月15日) 昨鹗儿又有信与瑛女,作一纸示之。食时入署,性廉邀饮福隆堂,以目疾辞之。是日晴而风。

十七日(5月16日) 食时入署,日中归。䌹斋侍读以所著《补晋书经籍志》见赠。接幼岚方伯复函。珏生编修有书至,当复之。诣啸桐、琴南谈,约三四小时之久,为近所罕见。是日晴。

十八日(5月17日) 作五律一首,题叔进侍讲《孤帆细雨下潇湘图》。禺中,哲子京卿来谈,因留共午膳。吴稚清正郎桐林[①]见过。晡时,造姚琴左参、铁君侍郎,均晤,语久之。是日晴。

十九日(5月18日) 食时入署。日中归,为损厂修理预筹教育普及,并拟定小学简易科课程一折一片。是日晴。

二十日(5月19日) 入署,遇瑞臣侍郎。接玉宗书。俊生来谈。前者余为致书爱苍护抚,已助上海中国公学银圆二千矣。湖北亦不过如此。是日晴。

廿一日(5月20日) 疾未愈,在家静养。作一纸通知朗溪。是

---

① 吴桐林(1895—?),字蛰卿、稚清,号耽道人,四川屏山人。

日晴。

廿二日(5月21日) 食时入署,因有会议。晡始归。严侍郎未到,荣相进讲。又有朗润园会议。接赞虞中丞复函。是日晴。

廿三日(5月22日) 入署。昨犹晤梧生,今更无一事。晡,答拜数处,皆未晤。造叔伊一谈。比者每多烈风,屡有微雨,皆吹散,恐旱势将成矣。是日晴。

廿四日(5月23日) 作一笺与春卿侍郎。入署,饭已,回寓。旋诣南陔姊丈久谈。得伯絅编修书。是日晴。

廿五日(5月24日) 星期放假,因各堂须阅折,改至明日。余以头目不甚清爽,未能入署也。今晨领得春季俸米五石四斗六升,居然食禄矣。翔千学堂堂长朱君文蒸来见。日昳,南陔、友棠偕来,邀饮狭斜,已诺之,而后作函谢之。罗荇农现署蕲水县。达稚甫调理藩部左侍郎,宝瑞臣补学部右侍郎。庸儿大理院奏调。是日晴。

廿六日(5月25日) 致南陔、友棠、寿卿、子汉各一笺。饭已,出门贺瑞臣侍郎喜,并访艾卿宗正、子蕃太守、絅斋侍读,均未晤。乘车劳顿,殊令人思吴会不置也。是日晴。

廿七日(5月26日) 入署。晨往午归。吴辟疆偕其弟君倩自津来谈。与棣生函。是日晴。

廿八日(5月27日) 因宝侍郎到部,故赶早入署。盖辰正拜印也。陆观甫来访,数年不见矣。是日晴。

廿九日(5月28日) 入署,会议。范老及茂绂、朗邃皆未到。晤幼云,论大学分科事。献怀来见,有改外之意,属其从缓。(亦张过我,相左,庸儿会之)是日晴。

三十日(5月29日) 入署。晡时答杨俊卿廉访及珏生、观甫拜,均未晤。是日晴,申正雨,旋止。

五月

初一日(5月30日) 食时入署,日中归,访汪颂年。曩在桂林尝承其惠,故渠未来拜,辄先往也。造叔进,亦未值。录旧撰《止怒轩诗说》毕,仅三十条。是日晴。

初二日(5月31日) 黎生怀瑾来见。午间招友棠、南陔暨张庶熙、傅子汉、谭寿卿、姚励储、李敬修、赖猷怀饮于家。酒罢,赴幼云席,绂丞、邃庵、梧生、士可已先至。黄昏散归。是日晴。

初三日(6月1日) 入署,堂谕,因阅折,晚散。余仍于日中返。是日晴。

初四日(6月2日) 入署,丞参堂唯余及绂丞。夜,作一联挽丹曾。是日晴。

初五日(6月3日) 去年端节,由新乡至辉县,遂游百泉,甚可乐也。门人来贺者,仅见李生琼而已。赖生送花四盆,以食物馈。南陔适验放,飞卿旋来。清晨,加藤义三之女贞子来,留膳而去。晚,琼女及婿同饭。接叶生开寅书,封送友棠转呈南皮枢相一览。吴止欺振麟[1]充英国使馆参赞,因庸儿请见。是日晴。

初六日(6月4日) 入署。铺时,颂年来谈。接邓覃百函。筱湄有书至,并馈大衍之数。南陔自园回城过我,盖有所商也。是日晴,夜月。

初七日(6月5日) 入署,补行昨午会议。晤次典、仲苏。黎盖新分到部也。复筱湄书。是日晴。

初八日(6月6日) 入署。饭已,顺道拜客,不遇一人而归。接廖生道傅暨端匋帅、柯继文函。书衡来久谈。陆渭渔检讨梦熊[2]过

---

① 吴振麟,字止欺,浙江嘉兴人。

② 陆梦熊(1881—1940),字渭渔,上海市崇明县人。

访。夜，为林君之桓作一笺与孔少霑提学，盖朗溪所托也。是日晴。

初九日(6月7日) 清晨，吊沈丹曾，晤其七叔次裳观察，又遇姚石荃左丞，谈久之乃去。拜蔚若侍郎、玉苍尚书而归。成田安辉见访，并闻井户川辰三消息。与削存有字往还。是日晴。（答伯絅一纸）

初十日(6月8日) 入署，拟《筹办公科大学并遴员派充监督折》稿。是日晴。

十一日(6月9日) 食时入署，日中回寓。南陔来辞行，为作一书与小石制军，殊费目力。胡伯平副郎礽泰见访。是日晴。

十二日(6月10日) 辰，入署，未散，遂出城拜客，并送南陔桥梓行。在损广处久谈。是日晴，下晡微雨旋止，夜半复雨。

十三日(6月11日) 入署，会议，因范孙侍郎有差，仅叔伊、绥之、哲先、咏春、君九五人到厅而已。接小石制军、锦亭大令函。是日晴，下晡大雨。

十四日(6月12日) 昨雨后，励储来见，未记。入署，上说帖一。大约会议之后，必有此举也。答拜数处，均未晤。是日晴。

十五日(6月13日) 入署。将出，遇宝森编修，谈久之。寄张季直殿撰之夫人挽幛。仲苏见过。是日晴。

十六日(6月14日) 部中送到文来，画阅，寄端匋斋制军、袁海观中丞、黄石荪太守、柯继文公子、廖叔度监督、王旭庄观察书。叔进侍讲来谈，并还诗扇。是日晴，下晡微雨旋止。

十七日(6月15日) 入署。是日晴。

十八日(6月16日) 入署，因德政府拟建青岛大学事，偕乔、孟、戴同谒三堂。归，复拟议爪哇中华学堂办法说帖，在署曾商之，静生意见相同。曾九达来见，既不读书，又不晓事，动欲出门营谋事业者，比比皆是，可为浩叹。是日晴。

十九日(6月17日) 胡生凤夔来见，将兰陔托带郑州函件交伊转寄，并作一笺与叶作舟直刺。入署，辰往，午归。晡时，赴江苏会馆,应艾卿宗正、絅斋侍读、叔进侍讲之招,珏生编修以疾未至。同座阮府丞及彭、段、陆、长诸君,并晤刚甫参议、叔葆太史、子蕃太守。陆君尝见于濮梓泉方伯坐中,忘其字矣,然渠犹识余。酒罢入城,尚早。是日晴,铺大雨。

二十日(6月18日) 入署,会议。是日晴。

廿一日(6月19日) 昨,叶亮臣来见,相左,兹作一笺与之。入署。因早间吃饼停滞心腹作痛,午膳未用,微啜粥而已。是日晴。(海帅有贺节公函)

廿二日(6月20日) 入署,得叔韫笺,当复之。晡,陈公孟来谈,尝于黎氏《续古文辞类纂》中见余文,殷殷请益,并以马君絅章所撰述文见质,久无问此者矣。与亮臣夜话。是日晴。

廿三日(6月21日) 棣生邀余全家暨加美田采子、加藤贞子同游农事试验场。动物院则以听鹦哥语为最适,植物园则以泛舟为最乐。辰往,午归,即饮其家。在植物园晤徐氏昆仲。是日晴。

廿四日(6月22日) 入署,华相过丞参处谈。饭已,幼云来商分科大学事。绥之有笺与我,谦称晚生,不克当也。叔韫有字来,因诣彼一叙。是日晴。

廿五日(6月23日) 入署,晤傅润沅编修,曩曾识面于成都,今十年矣。下晡,造春榆侍郎谈,明日为哲嗣筱陆太史续胶吉席,且预贺也。是日晴。

廿六日(6月24日) 作一笺与服部宇之吉。入署,铺时访叔雅,遇石遗入城,复过钦五小坐。劭予侍郎因病准其开缺,朝右少一正人矣。加藤贞子将还国,昨室人为置酒饯行。夜,书三纸寄其尊人华南君。是日阴晴,时有小雨。

廿七日(6月25日) 接朱生运临、周生凤岐禀。入署,会议,到者仅则先、静生、绥之、叔伊而已。闻仪曾言,筱石制军保荐人才,余居首,已见昨日《政治官报》外折事由单。检阅果然,可见余之无心进取也。春榆补授礼右。得海帅复书。是日阴雨。

廿八日(6月26日) 入署,监试进士馆学员游学毕业。自辰初至巳正。晡,诣服部博士,谈久之。复往贵胄学堂,访华甫不值。晤亦张及提调曹君,共饭而去。夜,黄生枝欣来见,原名炯,以长乐谢枚如《赌棋山庄集》暨《课余偶录》相贻。是日晴。

廿九日(6月27日) 辰初方起,因目干生汁,稍养之也。入署,与朗溪论女子师范学堂办法,微有异同。筱帅保人才折称“如试以吏事,必能展其所长”;又云“倘荷圣明采择,破格擢用,诚于民生吏治必能大有裨益”。由是而言,则余其外用乎。人事茫茫,亦惟有委心任运而已。是日晨雨旋晴。

三十日(6月28日) 入署监试。润沅来丞参堂,华相及范孙、瑞臣两侍郎亦先后过语。余又面易筹办女师范学堂奏底数句。日昳乃归。为励储致宝湘石中丞书,凡四纸,目疾未愈,殊觉吃力。又作一笺与献怀。是日晴,下晡小雨。

六月

初一日(6月29日) 先人位前行礼讫,乃入署,与吴菊农参议笺。铺时,献怀来谒,已代为在吏部报到矣。大女挈两外孙回,因与摸牌。服部随轩有书至。是日晴,晡又雨。

初二日(6月30日) 入署,润沅来议女师范专门司定日本留学生请假规则,其第五条素服上课,毕业后补行守制云云。余奋笔驳之,茂萲虽深以为然,顾不肯署字,盖恐得罪于人故也。日昳,出门答拜,晤公猛,并以黎刻《续古文辞类纂》见赠,内有余与廖季平书,刻写颠倒错乱,亟应改正。是日晴,酉刻大雨雹,旋霁。

初三日(7月1日) 寄谢小石制军保荐书。昨实甫自广州寄所作游罗浮诗来,中及曩偕晦若侍郎暨余同游峨眉事,匆匆二十余年矣。拜张杏生元节,未晤,在大女家小坐。入署,冰相亦至,为阅卷也。王益吾赏内阁学士衔。是日晴。

初四日(7月2日)　食时入署。卓午，参事厅会议，仅到绥之、竺斋二人，叔韫虽未至，然先时有书知照也。日入，偕内子挈庸儿、瑛女赴服部贤伉俪之约，棣生亦与。酒罢，听其夫人繁子及加龟田操子弄琴。返寓，鸡已鸣矣。是日晴。

初五日(7月3日)　杏生参赞来谈。入署，见吏部文查验询问保荐人才，第一期共三十五员，余名亦在其中。孙景瞻晤语久之。作一笺与观甫。是日阴雨。

初六日(7月4日)　鹗儿有书与瑛女，又将作龙州之游，只得听之。入署阅报，有张劭予侍郎逝世之传说，深用悬悬。自去年以来，此老意兴殊衰，窃为忧之久矣。是日晴，黄昏大雷雨。

初七日(7月5日)星期　在家休息。是日晴，夜大雨。

初八日(7月6日)　入署，晤次方。未饭即归，以候客故也。杏生、子健、棣生三人至，陆观甫并未璧柬，亦不来，殊可怪。伯平、公猛临时始辞谢，渭渔并此无之。中国社会如此等恶习不改，尚何言哉。劭予侍郎丁内艰，昨报所云殆系讹传。是日晴。

初九日(7月7日)　寄子修提学书。入署，过仪曾谈，叔韫有字至。为张会叔作一笺，托章夫致书其叔固卿。晡，庶熙来见。接作舟直刺复函，春江开去资政院差使，回籍就医。是日晴。

初十日(7月8日)　得林生文钧书，当答之。入署，辰往，午归。接爱苍护抚复函。是日晴阴，下晡大雨。

十一日(7月9日)　入署，会议，自范孙侍郎而下，各司共到六人。接兰陔书。是日晴。

十二日(7月10日)　瑛女随同张杏生之夫人前往日本东京留学，坐午车到天津。下晡，章夫、次典来谈。是日晴，夜雨旋止。

十三日(7月11日)　入署，润沅来商女学堂开办事宜。晤树五。得小石制军复书，附亲笔一纸。是日晴。

十四日(7月12日)　清晨，偕内子挈琼、瑄两女及民孙游植物园，卓午即回。昨服部随轩来访，失记。杏生与庸儿书，新铭轮船明日始发。得匋斋制军复书。鹗儿有书至，将作归计矣。胡诗舲太守自秦中来函，约定期一叙。晡时，遂诣久谈。访芸子、茂蓤未值。因过叔伊，闻实甫可期开复，亦可喜。是日晴，夜半大雨。

十五日(7月13日) 瑛女有禀至。入署，拟议复新嘉坡[1]总领事条陈学务说帖。敬舆主政过访。是日晴。

十六日(7月14日) 入署，与专门司辨论一事，理平而气未平，往往如此，亟宜涵养。筱帅有照会前来。是日昧爽大雷雨，禺中晴。

十七日(7月15日) 黎明赴税务处，候钦派查验询问保荐人才大臣那相国桐、荣协揆庆、梁侍郎敦彦、瑞侍郎良、严侍郎修、俞侍郎廉三接见，所问寥寥数语，馀尽闲谈，梁尤简默，似不能言者。散后，傅兰泰君留便饭，曾刚甫左参及晏君安澜、惠君崇、程君利川、管君象颐同座，又有外务部吴君招呼一切。返寓后，致损广左丞笺，因其未赴验，须呈明吏部也。是日晴阴，禺中大雨。

十八日(7月16日) 入署，会议尚整齐，唯丞参未到耳。刘茗生来访不值，旋赠外国酒、宜兴壶。柯继文亦有信至，并附石墨数事。是日晴。

十九日(7月17日) 食时，入署。卓午出城，诣茗生久谈。晤方玉山履中[2]，曩尝识之于蒯礼卿观察金陵春坐上也。复造刘君懋勋、懋和及次典，皆畅叙。是日晴。

二十日(7月18日) 入署，下晡赴刘氏昆仲醉雪园之招。因恐宣武门扃闭，未终席即去。是日雨竟夕。

廿一日(7月19日) 辰初至畿辅先哲祠，盖荣严宝三堂为损广预祝六十，邀余及仲鲁少卿、润沅编修作陪，从容谈宴，并观祠中所藏先哲书画。申初方散。鄂督又有公牍至。览励南湖、翁覃溪所书诗

---

① 新嘉坡，即新加坡。

② 方履中(1864—1932)，字玉山，一字聘商，安徽桐城人。清光绪年间中进士。

卷。南湖有“花甲初周岁戊申”之句,何其巧合,拟同用其韵为茂老寿也。是日雨,晡止。

廿二日(7月20日)　入署。辰往,午归。是日晴。

廿三日(7月21日)　复筱石制军书。入署,接瑛女上海禀。邓望槎有书来,当复之。庶熙请见。是日晴。

廿四日(7月22日)　入署,得鹗儿梧州电。曾生载畴、胡生汝麟先后来见。是日晴。(日昳,诣叔韫,并晤静安。)

廿五日(7月23日)　寄兰陔及叔兴函。入署,无会议,在参事厅与一山检讨久谈。写一纸示瑛女。是日晴。

廿六日(7月24日)　昨为汇梧州款,两与桐九笺,碰其钉子,殊不值。仍赖天增钱店成之。寄加藤义三书。明日为茂蔆六十生辰,余与绂丞、朗溪、邃庵、梧生宴之于农事试验场之荟芳轩,瑞臣侍郎、仲鲁少卿亦与焉,并邀季约、笃斋作陪。因系万寿,游人如织,晤叶希贤、吴菊农、汪衮甫、吴蔚若并小庄、仲骞。辰往,酉归。是日晴。

廿七日(7月25日)　叠前韵寿茂蔆。入署,鹗儿又有电至。得蒋志范孝廉书,自称弟子,愧不敢当。是日晴。

廿八日(7月26日)　晨,造损厂左丞谈,并赠以厦门燕菜及汀州铜丝盒。晤周紫庭推事,匆匆一语而去。访颂年提学、笥腴侍御,均未值。晡,颜稚愚副郎过我。是日晴。

廿九日(7月27日)　作一笺与方倩,索还所借书。入署,晨往午归。棣生来谈。是日晴,热甚,夜半雨。

七月

初一日(7月28日)　祀先礼毕,乃入署,唯邃庵同饭,各堂均未到也。下晡,赴棣生饮,晤水渠翘祖陪及黼臣、士可、次典、棣臣。酒罢,与次典谈至二更始归。是日雨,晨最大。

初二日(7月29日)　入署,华相来丞参堂小坐。琼女归。下晡，出门答拜，均未晤。性廉见过，不值，留字而去。是日晴。

初三日(7月30日)　复蒋子蕃书。入署，茂萲以和“申”字韵诗出示。参事厅会议，到者寥寥，范孙侍郎以覆奏查验询问保荐人才，在园未至。是日晴。

初四日(7月31日)　昨瑛女有禀至。入署，阅山西大学堂毕业经学卷九本。接少霑提学复函。是日晴。

初五日(8月1日)　入署。昨诗舲招饮聚宝堂，王石坞季寅[①]并爱山方及岳凤梧、颜稚愚、吴公閤同座，失记。与次典笺，并以莼丈所评拙文质之。仲苏来谈。是日晴，夜雨达旦。

初六日(8月2日)　清晨，谒琴轩相国及铭老年伯，园值未归。拜梦延右丞，亦未能晤，遂诣农工商部太仓陆君久谈(陆号季良。)。次典编修见访。是日晴。

初七日(8月3日)　入署，诣树五编修谈。遇伍叔葆。琼女归省。是日晴，热甚。

初八日(8月4日)　查验大臣覆奏考语云：查得该员识议正大，襟抱闳深，其所著述，于中外学说治术能会其通，足征学识。入署，见《政治官报》始知之。是日晴。

初九日(8月5日)　入署。饭已，造叔韫一谈。是日晴，下晡小雨旋霁。

初十日(8月6日)　与次曲笺，有复字。入署。饭讫，热极，遂归。阅袁项城五十征寿启。伯颜、伯芝拟请余作文，恐难交卷也。是日晴。

十一日(8月7日)　久不见茗生，作一笺讯之，出月方验放也。入署，偕茂绂邃上堂小坐，润沅来领关防。叔韫有字至。铺时，诣达稚甫侍郎，新自东洋回国，尚在湖上未归。接兰陔函。献怀来见。是日晴。

---

① 王季寅，原名伯鸾，字石坞。

十二日(8月8日)　入署,与树五有字往还。范孙侍郎招议日本高校为中国学生另开班一事,当作公函上华相,请于朗润园会议时与冰相面商也。李仲奋馆于我。陈洛君之子绳武来见。是日晴。

十三日(8月9日)　谒鼎臣侍郎,未值,遂造乐峰尚书,适亦出门,庸儿于午后遇之。农事试验场竹楼新分度支部来见。下晡,稚愚招饮悦宾楼,诗舲、望槎、惺甫同座。该地喧嚣特甚,未晚即行入城。是日晴。

十四日(8月10日)　昨陆观甫与庸儿面约今日过访,余因须入署会议,不能候也。与茂朗邃两次上堂,润沅同饭,严、宝二侍郎均到参事厅,王鲁璠亦列坐。辰往,申归。刘莲舫、王湘澄均得实缺道。望槎有书至。是日晴,夜小雨旋止。

十五日(8月11日)　叩望后入署,周松生景涛到部。与次典笺,辞撰项城寿序。是日晴。

十六日(8月12日)　襟袂间饶有秋意矣。入署,陈石麟提学来辞行。晡,拜客,晤李华峰。得瑛女日本书。尔巘昨出未归,有人言其已往奉天。是日晴。

十七日(8月13日)　示瑛女二纸,并寄杏生一笺。答石麟拜,未晤。遂入署,会议,到者寥寥。归,过仪曾一谈。尔巘有书至,云将往日本游学,何言之易耶。得小石制军复书。是日晴。

十八日(8月14日)　入署,诣树五谈。晤一山、宝生、陈君云诰、王君寿彭。下晡,伯芝、伯颜及林宗孟长民来见。是日晴。

十九日(8月15日)　杨莲府新授直督来京,因在园,懒于走谒,作一笺贺之。入署,归时顺道答伯芝、伯颜。晤箸香,并在琼女处小坐。望槎又有信至,为函托茀侯焉。丁生嘉乃来见。是日晴,夜半大雷雨。

二十日(8月16日)　胡味笙太守见访。得子修提学书,并《湘绮楼诗文集》暨王《志》[①]。是日昧爽雨，旋晴，夜半又雨。

廿一日(8月17日) 入署，幼云来谈。范孙侍郎商考验游学生一事。鹗儿有禀至。接马生有彝函。看《日本戊申议会记》，无政党，议院何以开也。是日晴。

廿二日(8月18日) 致伯浩观察书。入署。是日倏雨倏晴。

廿三日(8月19日) 李生承恩自日本游学毕业来见。入署，瑛女有书寄庸儿。接筱湄大令函及鹗儿上海电。是日阴雨。

廿四日(8月20日) 入署，参事厅会议。是日晴。

廿五日(8月21日) 拟改劳玉初简字为官话字母说帖。昨夕有流星如月，自西北而东南。入署，同丞参诸公诣荣、严两堂言事。出城拜客，晤彤臣观察久谈。是日晴。

廿六日(8月22日) 入署。午后，庸儿赴天津。接兰陔函。诣味笙太守、幼云总监督，均晤谈。归已上灯。是日晴。

廿七日(8月23日) 作一笺与劳玉初京卿乃宣，当有报章。卓午，遂来谈，并赠《简字谱录》及《等韵一得》二书。向仙樵来见，因述冉方倩近状，恐有神经病矣。幼云见答，适剃头，未延入。是日晴。

廿八日(8月24日) 入署。晡，棣生及琼女先后来。庸、鹗两儿自天津同归。话至鸡鸣始寝。是日晴，夜雨。

廿九日(8月25日) 寄瑛女书。入署。饭已，偕朗溪、邃庵至新牙门一观。答玉初拜，未值。诣叔进，久谈。是日晴。

三十日(8月26日) 入署，莲府制军馈别敬五十金，旋有书来，言甚殷拳也。松垞过访，并以《印度调查盐法记》见诒。造茂蓤、叔伊谭。是日晴。

---

① 当指王闿运所撰《湘军志》。

八月

初一日(8月27日)　叩朔礼成，入署。饭已，参事厅会议。是日晴。

初二日(8月28日)　入署。昨今均晤润沅。闻平远民(蕴山)言广州学务。得瑛女禀，当作二纸复之。徐升亦已于昨夕回。闻尔巽尚在天津也。棣生来。是日晴。

初三日(8月29日)　冰相生辰，凌晨往贺，行至中途大风雨，衣湿殆遍。抵海淀，在裕盛轩小憩，遇则先，遂与同赴六郎庄。晤仲昭、友棠、庶熙及绂丞，仍返海甸[1]，饮于万兴居。进城已三点钟矣。是日阴雨，下晡霁。(叔蕴赠石印数种)

初四日(8月30日)　昨奉上谕：赞虞补授仓场，蔚若署邮传，实君升甘藩，子培护皖抚。食时，加藤贞子面呈其父寄余书。平蕴山来久谈。日昳，挈两儿暨仲奋游农事试验场，晤铨燕、平荣、竹农，立谈而去。将出时，复奎乐峰尚书邀，至楼上茗话，久之乃散。入城饮于同和居。是日晴。

初五日(8月31日)　作一笺与服部随轩。入署。致书损广，有所商。是日晴，人定雨。

初六日(9月1日)　懒未入署。邃庵有字来。敬舆过访。是日雨，午后晴。

初七日(9月2日)　入署，归途遇叔蕴，立谈。茗生来访，不值，疑系为函达逊帅之事也。是日晴，晡大雨竟夕。

初八日(9月3日)　发寄小石制军书。复作一笺与仪曾，遂入署，因有会议，申初始出。琼女送借款来。是日晴。

初九日(9月4日)　入署，晤润沅。归途遇士可。是日晴，晡大

---

[1] 海甸，即海淀。

雨雹。

初十日(9月5日)　拟覆川督说帖。饭已，茗生太守[①]来久谈。得志范书，并所撰《柳宾叔〈穀梁述〉〈礼〉补阙》[②]、《西史附论》、《重农抗议》。是日晴。

十一日(9月6日)星期　李生承恩来见。与华甫笺已，赴皖阅操。凌君澄过我。志范又有书至。琼女三十生辰，余及内子皆往。但用午面，未赴晚席。是日晴，夜半雨。

十二日(9月7日)　与损广笺。入署。是日大雨，晡止。

十三日(9月8日)　入署，损广面交一件，俸亦领到。答蕴山，已移居，遍问韩家潭，皆无知者。庶熙来见。覆瑛女书。是日晴。

十四日(9月9日)　昨稚甫侍郎来，庸儿见之。入署，晤润沅、燮侯及商云亭太史衍瀛。是日晴。

十五日(9月10日)　又中秋矣。樊介轩提学恭煦来拜，久谈。士可飞书，乞假银廿金，允之。是日晴，夜月甚明。

十六日(9月11日)　得胡生璧城书。入署，瑛女有禀至，并接杏生函。向生名显、张生瑶自河南寄节敬来。琼女归省。签奖励劝学及优待教员说帖二件。是日晴。

十七日(9月12日)　清晨，诣损广谈。接加藤义三函。日昳，挈鹗儿同谒华甫。昨经约定，今仍相左，中国人之无信如此，可为慨叹。答介轩，诣琴相，亦不值。复志范书。是日晴，晚雷雨。

十八日(9月13日)　前已约定茗生、诗舲、稚愚在厚德福小饮，茗生忽来辞谢，因邀仲奋同往，仍嫌客少，复招献怀焉。午初集，未正散。实甫开复原官矣。是日晴。

十九日(9月14日)　致筱帅及答继文函，昨夕已缮就，今日始

---

① 太守：原作“观察”，旁改作“太守”。

② 此指蒋元庆(字志范)为柳兴恩(字宾叔)的《穀梁春秋大义述》、《仪礼释宫考辨》所作的补阙。

遣人送交茗生带鄂，当有报章。继文亦有信贺节。入署，与实甫笺。门人萧承鄭主政自日留学回，来见。是日晴。

二十日(9月15日) 答胡生及向、张二生书。入署，接华甫复函。叔蕴试署参事顷经奏准，贺之。是日晴，晡大雷雨。

廿一日(9月16日) 笃斋来谈。饭已，入署，盖始改晚也。与叔蕴、士可、伯斧、静安话。王子楚有书来，并以其女祖芬所纂《认字捷诀》见示。是日晴。(作一联挽孙仲容)

廿二日(9月17日) 邵伯镜焯自河南来见(系河南学务处会计课员，且同乡也)。学部甄别留学生，未入署。笥腴侍御过访，并为其太夫人征五十寿诗。接午帅贺秋节函。是日晴，夜半雨。(寄瑛女及张杏生、李叔芸书)

廿三日(9月18日) 接瑛女禀。子楚来谒。饭已，入署。昨拜燮丈相国、实甫观察、赞虞仓督、稚甫侍郎，均未晤。(翻《海虞妖乱志》三卷。)是日阴雨，午晴，夜半大风。

廿四日(9月19日) 入署，蹇季常、梁箸香来见。夜，棣生来。是日晴而风。

廿五日(9月20日) 清晨，叔伊来谈，为致伯浩书。饭已，访茗生，彼此相左。诣顾印伯，亦不值。答朱石斋。副参麟藻晤谈。作二纸示瑛女，并寄湖绉三丈至东京。夜，次典来久谈。是日晴。

廿六日(9月21日) 换戴暖帽。入署。是日晴。

廿七日(9月22日) 入署，因庸儿应试，拟暂回避。与叔蕴谈。在丞参堂晤外务部吴一青参议宗濂。得向生书。是日晴。

廿八日(9月23日) 馈茗生物，已赴津门。接瑛女禀，当作二纸复之。稚愚送蜀君索债书来。同内子挈鹗儿游护国寺。李生承恩来见。是日晴。

廿九日(9月24日) 庸儿、仲奋及李晴峰同应学部试。琼女归省，棣生旋至。实甫来久谈。夜，作致田茀侯函。是日晴。

九月

初一日(9月25日) 叩朔礼成,诣实甫观察谈,同访鹤亭正郎,不值。遂至翰文斋购书,对饮于致美楼。酒罢,各散。复造次典太史论文。日落始返。接茂蓤左丞书。是日晴。

初二日(9月26日) 饭已,赴湖上学部公所,预备明晨召见。夜,管养山遣人来问。阅《滹南遗老集》。是日晴。

初三日(9月27日) 辰初,至北朝房,养山已候于此。旋同诣内奏事处,晤奎乐峰丈及继、增两内务府大臣,御医施燮敷亦在是重逢。巳初召见仁寿殿 慈圣垂询较多。皇上天颜憔悴。退后回公所,稍憩于南皮相国客座。遇顾印伯,彼此几不相识,赖仪曾疑而问之,乃握手大笑也。仍返公所用膳。未正,谒庆亲王于承泽园,温语久之,遂入城。昨,树五有笺至。接尔巘禀。是日晴,晡雨。

初四日(9月28日) 作一笺与丞参诸公,并复树五。饭已,实甫来,尚未早膳,重设数肴款之。茗生辞回武昌。诗舲有笺至。爱苍开缺另简。是日晴。

初五日(9月29日) 清晨,诗舲来谈。昨上筱帅书,未记。是日晴。

初六日(9月30日) 晡,答许午楼拜,送茗生行,均晤。是日晴。

初七日(10月1日) 得伯絅太史书。与肖项笺,当有复字。挈鹗儿同诣茂蓤左丞谈。叔蕴过访相左,留书而去。铺时,石遗招饮,杨范甫、沈次裳、曾伯厚、王仁俊幹臣同座。匆匆晤印伯一语。是日晴。

初八日(10月2日) 禺中,造季常、仲苏谈,昨为子文致仲苏书,已先约定也。闻劭予侍郎八月廿五日卒于家,不惟余少一知己,国家亦少一正人矣,哀哉哀哉。稚愚有函代蜀君索债。印伯来久谈。

润沅补授直隶提学使。仲苏过我。四川电局委员赵缜卿观察锡年[①]来见。是日晴。

初九日(10月3日) 李生拱辰来见。禺中,挈两儿及仲奋游万生园,饮于燕春园之酒楼。棣生同洪竹生、方孝宽偕至。复经平则门外月坛前空地看跑马,因至天宁寺,登石台凭眺久之。由彰仪门归。夜,阅邸钞"本日奉上谕:在任候选道学部参事官江瀚,着以道员交军机处存记,钦此"。是日晴。

初十日(10月4日) 与朗溪有字往还。巳初,赴伏魔寺访印伯,遂邀同茂蓤、笠斋、季约饮于广和居,庸随侍。回寓,复与仪曾书。旋自拟谢恩折底一件。是日晴。(题寿笥腴之太夫人联。)

十一日(10月5日) 上筱帅书。为递折事嘱托仪曾,转乞季芗代办。今晨又自作书托之,迄无回音。幸朗溪为托其军机熟人办理,不然几误事矣。(友棠过谈。子文来见。接瑛女书。)夜,学部考试游学生榜发,庸儿列优等十八名,仲奋同列优等四十四名。是日晴,鸡鸣始寝。

十二日(10月6日) 天未明即起身赴湖谢恩。又至六郎庄一行。(树五诸君来,已谢恩矣。)回寓,甫午正。饭已,入署,诣范孙侍郎谈,并晤瑞臣侍郎。得稚鲁书。是日晴,晚微雨旋止。

十三日(10月7日) 寄瑛女书。得赓虞函,并银百两。饭已,诣仓场衙门,贺赞帅六十双庆。与桂侍郎春何、前副都乃莹、黄学士思永及瑞臣侍郎同座。晤春榆、次裳、晳子、亦张、季常、啸农、朗溪、肖项暨孙、那两中堂。申初到,亥正散。闻乐峰丈因燕平得男演戏,未及前往,良用怅怅。是日晴,夜月甚明。

十四日(10月8日) 食时,诣实夫协揆、稚甫侍郎,均未晤。遂入署。介轩提学来久谈,当以蒋志范托之。饭已,参事厅会议,散后

---

① 原作"赵太守锡年",后改为"赵缜卿观察锡年",按赵锡年,字缜卿,阳湖人。

复与损广左丞、叔言参事话，良久乃去。夜，挈两儿至城根步月。是日晴。

十五日（10月9日） 晨，谒春卿侍郎。适出门拜客，数处无所见。甫归，稚甫侍郎来久谈。日昳入署，袁树五、李明甫均新以丞参候补同到丞参堂。是日晴，夜月甚明。

十六日（10月10日） 贺笥腴侍御之太夫人初庆。邵希接待，与伯斧、懋堂同吃面而去。过杏村侍御一谈。答俊臣太守拜，亦晤。晡，诣介轩提学送行，并拜瑞臣侍郎，均未得见，只晤絅斋侍读，谈及时事，相与欷歔。赖生瑾、叶生开寅、李生承烈来贺，皆相左。志范又有书来。是日晴。

十七日（10月11日） 邹生俊卿清晨来贺，见之。葆生、次典两编修先后惠访，均晤谈。得小石制军复书。是日晴。

十八日（10月12日） 承鄦来见。接茀侯复函。入署，范甫到部。筱湄有书至，又分俸馈我。是日晴。

十九日（10月13日） 前笥腴侍御为其母征诗，撰四十字应之。璧山刘际泰，字芳传，分省知县，以受业名刺来见。是否在东川肄业，无可考矣。张云门孝廉持会叔函过访。次裳观察惠我。接瑛女禀。是日晴，晚微雨。

二十日（10月14日） 晨，答次裳拜，尚高卧未起也。得林君之桓书。稚愚又有函催债也。庸儿内阁验放。饭已，入署一行。酉正赴季常江苏会馆之约，同座韩子石观察国钧暨伯颜、仲苏、次典，大醉而归。是日黎明小雨，旋晴。

廿一日（10月15日） 棣生三十初度，往其家吃午面。晢子不期而遇，子颀、子健散座始至。答稚愚书。下晡，践芸子约，印伯、桐瀓、诗林已先到，并晤颜伯琴及其哲嗣雍耆太史楷[1]，作诗钟一联而去，亲辞松槎明日招饭。至船板胡同礼和洋行，已上灯，盖观甫作主

---

① 颜楷（1877—1927），字雍耆，华阳（成都市）人。

人也。同座林惠亭京卿炳章、陈任先进士箓暨陈雨苍尚书公子伯昱，又有一新在学部襄校德文者，林乃衡甫大令之子也。饮宴极欢。回寓，子正矣。是日晴。

廿二日(10月16日) 因有会议，禺中即入署，延至日入始归。是日晴。

廿三日(10月17日) 食时出门答拜。饭已，入署。是日晴。(李生承恩来拜。)

廿四日(10月18日) 寄瑛女及华南、赓虞函。日昳，出门，晤乐峰尚书、养山参议。是日晴。(陈铎石振克来见。)

廿五日(10月19日) 作七律二首，寄怀莲府制军，聊以代柬。诣春卿、燮钧两侍郎，均晤谈。饭已，入署，遇蕴山立语。青柳笃恒自日本至。是日晴。

廿六日(10月20日) 内子生辰。发北洋函暨致辟彊笺。蒯若木偕其兄寿田来见。季常、子欣相贺，甫入席，邃庵参议至，因有客，匆匆去。棣生偕金巩伯推事来，遂留饮。酒罢，入署，得继文公子书。是日晴。

廿七日(10月21日) 偕内子挈鹗儿游乐善园，登畅观楼。昨慈圣曾行幸也。辰往，午归。惠亭京卿来谈。夜，作长句寄匋斋尚书，明朝缮发。是日晴，夜半雨。

廿八日(10月22日) 禺中入署，会议讫，与邃庵、仪曾在丞参堂长谈，将上灯始散。从次典假得松山所刻《明诗绝句》。是日雨。

廿九日(10月23日) 新举人王君永炅来见，字耀甫。答蕴山未晤。造邃庵一谈。昨闻邸钞：冯华甫补授厢白旗汉军副都统，周孝怀试署劝业道。饭已，入署。得辟彊复书。出月当访贺松波也。得大隈伯西门书，青柳笃恒带来。是日雨。

三十日(10月24日) 食时，挈鹗儿同访青柳，并晤桑田丰藏，盖报知新闻馆访事也。(答伯絅函，附讲义三篇。)饭已，入署，缜卿观察招饮，未赴。幼云来议大学分科事。飞卿甥有书至。阅颜氏学记毕。是日阴,晨雨午止。

十月

初一日(10月25日) 得周孝怀观察电,盖为次帅拟奏调洪铸生也。铺,造叔蕴参事,遇王静安、樊少泉、蒋伯斧、刘聚卿,谈至日入始归。亦张副使来,相左,鹗儿会之。是日晴阴。

初二日(10月26日) 修改《宗孔篇》。饭已,入署。是日阴,午小雨旋晴。

初三日(10月27日) 下晡,濮孝矩来谒,谈一时许。贺华甫喜,晤语久之。赴亦张所,已上灯。渠三弟兄,我三父子,兼有门人。孝矩饮酒殊豪,苏静庵观察亦大户也。返寓,鸡鸣矣。是日晴。

初四日(10月28日) 铸生来谈。饭已,入署。夜,作寄孝怀书。是日晴。

初五日(10月29日) 晨,诣学真和尚一谈。遂入署,会议。是日晴。

初六日(10月30日) 昨瑛女有禀至。顷又接鹤、鱴两侄书。正拟出门,沈观察祖燕来拜。日昳乃过孝矩谈。是日晴。

初七日(10月31日) 作一笺示瑛女。饭已,入署,范老来丞参处谈。是日晴。

初八日(11月1日) 巳初,出平则门,与濮孝矩、彦珪、范静生源廉、洪铸生镕、程子箴良楷及婿张孝栘、儿子庸同游西山,饮八里庄酒舍,并至摩诃庵一观。经田村、龙村、白象庵、石径山、浑河板桥,共四十五里。抵栗园庄奉福寺,日已偏西,遂宿焉。是日晴。

初九日(11月2日) 晨,坐山轿行十二里。戒坛寺壁间皆恭忠亲王集句诗也。有台,望见浑河及芦沟等处,山景绝佳,松尤古。方丈密禅在城未归。用面讫,行十八里,由罗睺岭至潭柘寺,宿延清阁。方丈慧宽款待殷勤。是日晴,夜月甚明。

初十日(11月3日)　用面讫,由后山龙潭越高山十五里至门头沟。又十里乃到车站。午正开,在三家店有事耽延,未正始抵西直门,坐人力车回寓。吴贵同行李五钟始到也。接湘石中丞复书,姚生弼宪带回。亦张有书至。印伯送诗扇来。是日阴,午小雨旋止,夜半又作。

十一日(11月4日)　遣人问诗舲,已行矣。印伯亦明晨还鄂。与亦张笺,当有报章。饭已,入署。是日晴。

十二日(11月5日)　因系会议之期,禺中即入署,乃无可议。与冉生笺。是日晴。

十三日(11月6日)　陈剑潭澹然过访,励储来见。日昳入署,晤润沅提学。归已上灯。方倩有书至。是日晴。

十四日(11月7日)　清晨,冉方倩、朱寅臣来见。接筱梅书。饭已,拜客后,乃入署。是日晴。

十五日(11月8日)　蜀君又有书至,当复之。翼圣观察来谈。日昳,正拟出门,忽有吴曾源者来见,盖诗舲之婿,持其书索债。送其去,乃往东城,晤衮甫谈。是日晴,夜月甚明。

十六日(11月9日)　饭已,入署。晤高旷生。翼圣到部。是日晴。

十七日(11月10日)　贺稚甫侍郎四十生辰,在黄寺未归,留一诗而去。得伯絅编修书。日昳,入署。是日晴。

十八日(11月11日)　龙泉寺哭劭予侍郎归,意气感怆,遂不入署。奇尔驌金。收到伯絅编修所赠先集。徐功甫大令、濮孝矩正郎、吴肃堂提学鲁[①]、杨次典编修后先来谈。是日晴。

十九日(11月12日)　得诗舲笺。禺中,入署。无可会议者。学部气象殆如圣上之病矣,明年当辞去也。是日晴。

二十日(11月13日)　饭已,出门谢步,遇朗溪于途。在钦五太

---

① 吴鲁(1845—1912),字肃堂,号且园,福建晋江人。

史处小坐而归。李生承恩自吉林有禀至。夜，棣生来。是日晴。

廿一日(11月14日) 昨鹗儿自王彦臣家带回旭庄观察书一封。饭已，入署。晚，棣生邀饮厚德福，遂在广德楼听夜剧。返寓丑正矣。是日晴。

廿二日(11月15日) 作一笺寄少霑提学。闻大行皇帝昨日酉刻宾天，有哀诏矣。得瑛女禀。饭已，过朗溪、茂蓤一谈。黄生枝欣来见。是日晴。

廿三日(11月16日) 恭诣景运门哭临。晤燮相年伯、循卿侍郎、景大臣星桂、侍郎春暨衮甫、晢子、幼云、惠亭、丁、景二公。诵余旧诗。闻太皇太后昨午宾天。今午大殓。国事如此，不胜杞忧。是日晴。

廿四日(11月17日) 寅正即起，旋即赴乾清门外哭临。晤次典、楫臣、彝仲、次纶、一山、书衡、次钱、鹤汀、颂年、玉苍尚书、赓轩侍郎、姚琴参议、少岩左丞。遇仲鲁少卿，约同茂蓤、绂臣、朗溪、梧生饭于宪政编查馆。延夔臣鸿同座。午初三刻，恭诣皇极门外哭临大行太皇太后。与华相遇诸涂。伍叔葆编修言，余去戒坛，渠即是夕宿彼也，究竟不俗。是日晴。

廿五日(11月18日) 邓慕庐因事来见。日昳，恭诣乾清门外晡奠哭临。晤燮相、乐丈及子敦、稚甫、春卿、鼎臣四侍郎，并袁叔愉主政，同部诸公，未暇详记，以日内到者甚多故也。是日晴。

廿六日(11月19日) 禺中恭诣皇极门外午奠，已停止举哀矣。晤赞虞、春榆两侍郎暨树五、葆森、钦五、竹农、燕平。与程少川撰文棫林深谈。黄生枝欣又来见。是日晴。

廿七日(11月20日) 撰议摄政王礼节说帖一件。寄瑛女书。饭已，入署，见绥之说帖，有“事权必须统一”“典礼不必过隆”二语，实为扼要。予稿遂不出。接兰陔函。是日晴。

廿八日(11月21日) 饭已，入署。同人均未至。幼云、范甫、松生、士可、次方先后来丞参堂久谈。作一笺与邃庵。是日晴。

廿九日(11月22日) 星期,休息。是日晴。

三十日(11月23日) 饭已,入署。李明甫到丞参办事。仲奋面交其尊人叔芸观察复书。与季约笺,当有复简。瑛女有书寄庸儿。是日晴。

十一月

初一日(11月24日) 入署。是日晴。

初二日(11月25日) 禺中,入内行礼,晤范孙侍郎。昨,张、荣两相在署议礼,仍未决,可谓儒缓矣。与杏郇侍御、绮卿参议在皇极门外立语久之。铺时,偕次典同出,见紫钧、伯讷、东寅,颔首而已。寄瑛女书。是日晴,夜大风。

初三日(11月26日) 余五十二生辰。是日晴。肖项有字来。

初四日(11月27日) 接少霑提学复书。邓华溪观察来访。饭已,入署,范老晤谈。是日晴。

初五日(11月28日) 入内午奠行礼,遇颂年、茂萲、蕴山、蔚若,立谈而去。叔蕴归,赠茶及石印《圣迹图》。复伯絅书。是日晴。

初六日(11月29日) 星期。作一笺与亦张。饭已,出门答拜,晤刘艮生观察,与茂萲左丞不期而遇。接少霑函,当转询。绂臣右丞有复笺。实甫过访,不值,留所作《戊申日记》而去。是日晴。

初七日(11月30日) 复少霑提学书。作一笺致吴渔川观察,又与肖项函。禺中,入内午祭行礼。晤绂臣与蔚若、稚甫两侍郎,立谈。返寓,实甫已久候,遂同饭而去。晡,诣叔蕴谈。遇士可。是日晴。

初八日(12月1日) 与实甫一笺。入署。是日晴。

初九日(12月2日) 昨,叔蕴约今日同入内朝贺,候至巳正不至,遂先往。遇树五。先诣太和殿敬观,然后行礼,在天安门跪听宣诏,颇觉吃力。晤茂萲、仁先、可安、一山、衮甫、姚琴、蔚若、明甫、献怀、鹤汀及黄笥腴、家杏邨暨陈松山给谏。回寓，午饭。下晡，次典来谈。晚，得渔川复书。是日晴，夜月甚明。

初十日(12月3日)　饭已，入署。因头不清爽，署纸尾讫即归。得胡生璧城书。遇叔蕴于途。瑛女有禀至。是日晴。

十一日(12月4日)　为刘蜀君致书孔提学，交稚愚转寄。又作一笺与邓望槎。诣渔川观察谈，巳初往，午正归。连日拟封事，今始脱稿。是日晴。

十二日(12月5日)　望槎送同乡结来。饭已，入署，过子安、则先谈。明甫以恙先去。阅王晋卿《学记笺证》[①]。夜，棣生来。是日晴。

十三日(12月6日)　李竹筠来见。颜稚愚亲代蜀君讨债，属庸儿会之。亦张来久谈。晡，访实甫不值。在次典处谈一时许。是日晴。

十四日(12月7日)　食时，入内行大祭礼。晤那相、严堂及程少珊、劳玉初、曾刚甫、吴菊农、杨少泉、李姚琴、汪颂年、冒鹤汀、陆季良、刘璞生、赖献怀、铨燕平、荣竹农、孟绂臣、戴邃庵、曾笃斋、王司直、林惠亭、罗铁东、江杏邨、陈松山。得肖项笺并说帖，当督商叔蕴。饭已，入署，士可代叔蕴将说帖交还，即付书记缮写。是日晴。

十五日(12月8日)　禺中，入内行启奠礼。途遇葆生。乾清门外晤幼云一山、司直、彝仲、绂臣、梧生归。(史太丈宝安盛称予挽郡亭侍郎联语。)[②]途遇仲骞。饭已，以呈底送杏邨一阅。莫小农偕棣生来，梅城云源庄事已作书致蔡伯浩观察。是日晴。

十六日(12月9日)　大行皇帝梓宫奉移观德殿。辰正，挈庸儿偕子健同至沙滩跪接，在东宫门内行礼。晤汪颂年、劳玉初、杨哲子、

---

① 王树枏(1851—1936)，字晋卿，晚号陶庐老人，直隶新城县人，有《学记笺证》。

② 史宝安，字吉甫，河南卢氏人。光绪二十九年进士。

陈任先、胡伯平、瑞仲纲、刘璞生、顾亚蘧、曹仲寅、林赞虞、张钦五、胡葆生、刘幼云、杨次典、江杏村、叶颂垣、林琴南、恽薇孙、刘仲鲁、傅子汉、李华峰、李姚琴、冯华甫、瑞鼎臣暨本部严堂、丞参司局诸君。旋与庸儿饮于东安市场，盖子继作主人也。访服部宇之吉，未遇。是日晴。

十七日(12月10日)　晨诣损庵，适出门，车中一语而去。饭已，入署。瑛女寄鲳鱼来。是日晴。

十八日(12月11日)　递呈都察院须一正一副，拟廿二再投。届时已用蓝印矣，因作一函请望槎另换也。寄瑛女书。下晡，至护国寺游衍一周。是日晴，夜月。

十九日(12月12日)　大行皇帝大祭，因本日释服，已将白袍更青袍，均未能赴。饭已，入署一行。是日晴。

二十日(12月13日)　得伯䌹编修复书。晡，答莫小农拜，并访易五，均未遇。是日晴。

廿一日(12月14日)　大行皇帝满月祭，恭诣观德殿宫门外行礼。遇王书衡、徐梧生、孟绂臣、郭春榆、严范孙、程少珊、戴邃庵、张仲昭、刘幼云、郑叔进、吴䌹斋、袁珏生、吴菊农。得望槎复书。沈翼圣来拜，相左，因作一笺告以已派参事厅行走。下晡，实甫来久谈。是日晴。

廿二日(12月15日)　大行太皇太后满月祭，恭诣皇极门外行礼。中途遇华甫。晤那相国、林侍郎、曾刚甫、刘幼云、章一山、吴季卿、延子光、王次篯、劳玉初、杨哲子、吴菊农、李姚琴、伍叔葆、王书衡、乔茂萲、孟绂臣、李明甫、平蕴山。本部到者最多，不备记。与䌹斋同出，谈颇畅。因有会议，遂入署。柯凤笙劭忞到丞参处，润沅提学亦来谈。是日晴。

廿三日(12月16日)　卯初，诣景运门内邮传部朝房，同郭林诸同乡谢赏赈厦门水灾恩。时玉苍尚书因差出未与也。日昳，参观女子师范学堂，晤润沅、懋堂。甲班女生为吴启华、潘咏雪、唐宏度。所作《论人群进化与地理之关系》，颇有可观。访肃堂未遇。是日晴。

廿四日(12 月 17 日) 饭已，入署。润沅来谈，明日回津。是日晴。

廿五日(12 月 18 日) 午后，诣吴蔚若、刘聚卿，未晤。造程少珊长谈，归已上灯。是日晴。

廿六日(12 月 19 日) 呈请都察院代奏一件，今午始收，盖辗转三次矣。饭已，入署。吴肃堂新到丞参处，荣华相来谈。夜，挈儿辈观电影戏。是日晴。

廿七日(12 月 20 日) 星期。刘苕生有书至。叔韫托催□中书款，当复之。萧生秉元来见。夜，同内子观电影戏。是日晴。

廿八日(12 月 21 日) 饭已，入署。闻柯、吴谈吉林事，为长慨悲。(李述宫闱，尤可悲。)是日晴。

廿九日(12 月 22 日) 冬至，恭诣观德殿随班行礼。晤家杏村、曾竺斋、戴邃庵、端仲纲、刘聚卿、严范孙、宝瑞臣、刘仲鲁、达稚甫、郭春榆、林赞虞、吴菊农、黄笥腴、孟绂臣、徐梽生、吴季卿、罗叔韫、傅子汉、胡葆生、吴蔚若、景月汀暨宝夫相国。巳往，午归。沈翼圣来谈。本日都察院递封奏二件，惟黄允中一件奉旨学部知道，尚有一件疑是余呈，殆留中矣。是日晴。

十二月

初一日(12 月 23 日) 清晨，还前借次典编修书。饭已，入署，静生员外来谈。翼圣观察到参事厅。余在参议上行走一年，进款不如人，而出款与相等，顷又聘图书局局员刘某，所谓慕虚名而受实祸，可发一笑。少珊过访，相左。夜，同内子挈儿女辈观电影戏。是日晴。

初二日(12 月 24 日) 得少霑学使复书。(刘蜀君已委禁烟局查验员。)因有会议，午初遂入署，与叔韫同饭。晨，致茂蔆一笺并折底,顷晤于参事厅,深称之。然本日探明此件实须初十始代奏也。琼女弥月归省。夜,复请余夫妇及庸、鹗、瑄同观电影戏,遇林肖项、李致修、朱寅臣。是日晴。

初三日(12月25日)　禺中,访实甫及次典,均未晤。望槎有书至,托荐一法文教习,作四纸寄小石制军,并为吴筱湄、杨稚鲁说项。是日晴。

初四日(12月26日)　武、李二书记来见。钦五检讨过访。与柯逊帅及继文笺。日昳,入署。是日晴。

初五日(12月27日)　同仲奋饮于厚德福酒馆,两儿从。复在琉璃厂购扇而归。沈翼圣有书至,当复之。赠物仅收其鸡血藤膏、龙须草席。是日晴。

初六日(12月28日)　复筱湄函,交寅臣。复会叔函,交棣生。又寄赓虞、郭甫函。作二纸示瑛女,由加藤处转交。久不接信,深以为念。张庶熙来见。饭已,入署。夜,观电影戏。是日晴。(得服部宇之吉书,并留别以像片。)

初七日(12月29日)　发湖北、四川函。晨,叔伊主事来谈。午后,吴渔川、邹怀西两观察先后见过。签章一山、杨次典所撰《中学中国历史》"上古期"一册。是日晴。

初八日(12月30日)　华相五十生辰,因在国恤期内,故未往祝也。禺中,诣天顺祥记,答耿先,遂同至厚德福小饮,并邀次典、季常、棣生焉,庸儿侍从。酒罢,入署,与服部笺,当有还简。是日晴。

初九日(12月31日)　晨访杏村,未晤。诣笥腴久谈。遇永定张大令起南,新调大理院行走。赴次典便宜坊局,同座耿光、季常、松山及天顺祥陈爱棠、李守庄。酒罢,入署。夜,观电影戏。寄瑛女学费。是日晴。

初十日(1909年1月1日)　饭已,入署。夜,接秦嘏庵函。明日须会议香港南华公学事。当转告肖项,兹拟说帖一纸。琼女归。是日晴。

十一日(1月2日)　作一笺与家杏村侍御，当有还翰。又寄少霑书。琼女又归，因内子小病，今已愈矣。日昳，造服部宇之吉谈。晤太平洋行吴永寿、法学士斋藤延、文学士桑原隲藏、陆军步兵大尉本庄繁。访吴倚卿参议，未晤。造程少珊撰文一谈。又答邛州同乡张君超南拜。乃赴季常天顺祥之约。盖邀余父子陪耿光也。并有耀廷从子守庄及管事人陈爱棠暨唐兰。耿光以郑子尹画禹门寺图出示。闻项城□[①]政府。是日晴。

十二日(1月3日)　晨，诣实甫谈。颖生留吃烧鸭。饭已，将行，适叔伊至，又坐久之。乃同去访次典新居，未晤。朱士宜张考绩，新补二等书记官来见。在实甫处得读陈筱帅《大行太皇太后及大行皇帝挽诗》五律各四首，拟和之。琼女来。是日晴。

十三日(1月4日)　昨，许郭甫自鄂有信来，今晨复之。饭已，入署。次典有书至。接瑛女禀。庸儿大理院奏留，以正六品推事候补。明日上闻。寅臣来见。夜，观电影戏。是日晴。

十四日(1月5日)　饭已，入署，以所签《中学历史教科书》质凤笙。昨今均晤润沅。答拜数处。次典有字往还。是日晴。

十五日(1月6日)　晨，造杏村侍御谈。访松山给谏未遇，留拙稿而去。与仲实观察笺，托其代催张总宪出奏。天生此辈庸才，可为太息。是日晴。

十六日(1月7日)　为朱生致杜云秋观察书。答兰陔函。王次籛殿撰来谈。饭已，入署。虽无会议，在参事厅与沈翼圣、陈次方、胡绥之谈颇久。润沅欲眠，归。是日晴。

十七日(1月8日)　润沅提学遣车来，因雪积，遂于饭后同内子偕仲奋及鹗儿、民孙游陶然亭，携酒而往。李守庄临阳来访。实甫有函至。余所上封事已于初十代奏矣。得逊庵中丞复书。是日雪而晴。

---

① 此字模糊不清，是时袁世凯被清廷解职。

十八日(1月9日) 沈翼孙来辞，并以劝□□之折出示。饭已，与刘艾塘笺，荐一法文教习。出门遇萧秉廉、秉元两生，立语而去。遂入署，闻昨严侍郎上一封事，为项城请收回成命，可谓不愧蔡中郎矣。回寓后，旋即赴车站送服部宇之吉、清贵庆次郎日本诸教习还国，晤伊集院公使冈田朝太郎。大学堂监督以次竟无人到，余及邃庵久脱关系，乃均至焉。绍樾千侍郎英亦舆车行。同仲奋及庸、鹗两儿饮于南味斋。遇汪子健、蹇季常、嵇涤生及汪君六源。汪、蹇频来进酒，饮颇多。是日晴。

十九日(1月10日) 封印，未入署。作一笺送沈翼孙行。次典来久谈。日昳，谒景月汀将军，未晤。造赞虞侍郎一谈，士可代袁伯揆[①]约作东坡生日。晚，赴之，已入席，酒罢观所藏宋椠《施注苏诗题跋》及名像极多，伊墨卿行书尤可爱。同集易实甫、宋芸子、金巩伯、王书衡、丁叔雅、吴絅斋、袁珏生、郑叔进、冒鹤汀、章缦仙、杨皙子。余于诸君作诗钟。第四次时先逃归，已漏下十一点矣。是日晴。

二十日(1月11日) 晨，同内子挈鹗儿登第一楼。余旋诣怀西送行，并答守庄拜，遇井生焉。观宋牧仲所藏文与可、苏子瞻大幅墨竹，题跋甚多，需价二千金。昨观宋刻苏诗亦缦堂旧物，后归覃溪也。寄张杏生书，并作二纸示瑛女。饭已，已未正，晡时乃入署，以所签《中学上古历史教科书》呈堂。萧履安有书假贷，拟年前襄助之。是日阴。

廿一日(1月12日) 大行皇帝二满月。恭诣观德殿行礼。晤徐梧生、汪颂年、孟绂臣、端仲刚、郭春榆、江杏村、胡葆生、吴蔚若、严范孙、汪衮甫、刘少岩、劳玉初、杨少泉、恽薇孙、刘聚卿、景月汀、杨竹川、俞廙轩、唐春卿，或一揖，或立谈。出门时遇孙燮相，敬问起居。又晤冯华甫、孙慕韩。日昳，入署，从叔韫借观翁覃溪《复初斋集》。是日晴。

---

① 袁思亮，字伯揆，湘潭人。光绪癸卯举人。

廿二日(1月13日) 大行太皇太后二满月。恭诣皇极门外，行礼于天安门外。遇次钱修撰，同行。晤铨燕平、王书衡、殷楫臣、徐梧生、孙慕韩、景月汀、家杏村、戴邃庵。接郭甫、少霑复函。与叔韫笺。艾塘有复字，当附寄望槎。是日晴。

廿三日(1月14日) 作一笺与刘式甫。饭已，入署，画稿讫即归。黎生怀瑾有书至。是日晴。

廿四日(1月15日) 门人李熙宇来，面交马少伯函件。日昳，答本部补缺及奏留诸君拜。杨莲府制军馈炭敬。寄聂仲方中丞、瞿子玖协揆、吴敬强提学书，瞿件托吴转达。是日晴。

廿五日(1月16日) 望槎有书至。饭已，入署，刚拟退衙，于门外遇茂蕿，邀返一谈。润沅提学亦在座。琼女归。是日晴，晚雪。

廿六日(1月17日) 荐林君先民与傅润沅提学。晨出答拜，因造胡绥之久谈。日昳，徐功甫来见，乞为作书与鄂督，婉谢之。是日雪，夜滋大。

廿七日(1月18日) 饭已，入署，仅邃庵同余到也。周松生询陈尚书参案。回寓，次典来谈。是日大雪，晚晴。

廿八日(1月19日) 胡绥之主事、王书衡推丞先后过谈。晚，棣生来，同饭。作《腊月十九日集袁伯夔学宅观所藏苏诗施顾注宋椠残本》诗成。是日晴。

廿九日(1月20日) 昨前萧履安尝两有书来，兹以银八圆诒之。门人潭寿卿来见。日昳，造易仲实久谈。刘式甫章京过我，未值，明当答之。接瑛女奉。是日晴。

三十日(1月21日) 饭已，入署。绂臣旋至，同阅刘文毕，各去。造式甫久谈。闻仲实简放临安开广道，遂往道喜。夜，棣生、琼女偕来，并挈隽、书两外孙同至。此次团年，鹗儿虽自粤归，而瑛女又赴东留学，想其初在客中度岁，其思家宜情切者矣。是日晴。

宣统元年(1909)己酉

正月

初一日(1月22日)壬午朔 昧爽,率家人祀祖先礼毕,旋即恭诣观德殿德宗景皇帝几筵前随班行礼。晤孙燮臣、张孝达、荣实夫三相国,寿子年尚书,郭春榆、严范孙、宝瑞臣、唐春卿、林赞虞、沈子敦、达稚甫、瑞鼎臣、俞廙轩、丁循卿十侍郎,吴蔚若、那锡侯两阁学,冯华甫正使、刘仲鲁少卿、刘少岩右丞、恽薇孙学士,孙慕韩、劳玉初两京卿,曹东寅、吴菊农、汪衮甫、曹润田、林朗溪五参议,王书衡推丞,陈剑秋佥事,冒鹤汀、袁伯夔两郎中。有立语者,有一揖者。张棣生婿偕琼女挈三外孙于禺中同来。铺时,陈叔伊主事过谈。阅《十一朝东华录》。是日晴。

初二日(1月23日) 夜读苏诗。那琴轩相国补授军机大臣。远帆年丈身虽不幸,而福流后嗣矣。是日晴。

初三日(1月24日) 饭已,造乔茂萲左丞,偶言及张劭予侍郎,欷歔久之。并谒周紫庭推事、衷幼卿编修。是日晴。

初四日(1月25日) 琼女来。是日晴。

初五日(1月26日) 瑛女有邮片与鹗儿。日中赴学部公所,乔茂萲、孟绂臣、林朗溪、戴邃庵、袁树五、李明甫、吴肃堂、柯凤笙俱集丞参堂。实相暨严、宝两侍郎彼此还往,并晤王扞郑太守,杨次典、史劼黼二编修,章一山检讨,罗叔韫参事,其余司局诸公未暇遍记也。得端匋斋制军书并《梅花五十韵》。是日晴。

初六日(1月27日)　管养山参议来拜,阍者误以余出,谢之,殊属荒谬。琼女侍其母至前门游观。是日晴。

初七日(1月28日)　饭已,到公所一行,旋过次典编修久谈。遇姚重光主事。晡时,易实甫观察来访,相左。是日晴。

初八日(1月29日)　晨诣达稚甫侍郎,适出门。晤仲鲁少卿,见所藏姚惜抱书札一、扇面二。接王子楚函。鹤侄亦有书至。日昳,到公所,昨拟敬陈新政四事一折,夜脱稿。是日晴。

初九日(1月30日)　禺中,谒张芗涛相国、奎乐峰尚书,均未值。问铨燕平、铜镜宇,皆往车站送陆观甫出洋矣。晡,挈儿辈同李仲奋游琉璃厂,遇门人谭寿卿主事及棣生。夜,改折底,复增一事。是日晴。

初十日(1月31日)　星期,张蟹芦、汪子健、吴仲渔先后来谈。接萧生秉元函。棣生、琼女同中饭。下晡,谒那琴轩相国,适公出。访杨哲子京卿、刘惠之郎中、程少珊撰文、沈爱苍方伯,俱未晤。是日晴。

十一日(2月1日)　阅《唐文粹》。张钦五检讨来谈。饭已,到公所。日晡,诣年丈孙燮臣傅相,正与琴轩相国议事,遂留刺而去。复访章一山检讨、易实甫观察,畅谈而归。接门人张蓺源大令函。是日晴。

十二日(2月2日)　造唐春卿侍郎、柯风笙提学久谈,日昳始返寓。实甫、肃堂来,均相左。内子招棣生及琼女说饼[①]。接门人邹鲁风函。瑛女有禀至,当作三纸复之。拟折所增一事系维礼教,兹仍删去。是日晴。

十三日(2月3日)　萧生秉元来见。饭已,到公所,刘幼云总监督晤谈。夜,西单牌楼步月。是日晴。

十四日(2月4日)　昨,钱铭伯观察绍桢来拜。日昳,答之,并

① 说饼:谈论吃喝。

谢养山、钦五。步访家杏村、叶颂垣两御史,均未晤。在袁叔瑜处坐久之,乃赴刘式甫章京之约。同座华璧臣、世奎、孙景周、傅婺、钱铭伯、林朗溪、姜颖生、刘述之、惠之,惟易实甫因有诗钟之会未到。申集,戌散。陈剑谭见过,未遇,留赠所著《原人》、《忠略》、《寤言》、《宪法治原》各书。是日晴。

十五日(2月5日) 沈子封提学以广雅书局本胡元瑞《笔丛》、《诗薮》见寄,由陈少蘅佩实交来。饭已,到公所一行,接日本大限重信、高田早苗、青柳笃恒贺年邮片。诣叔伊、实甫,皆出门。遂至火神庙观书画。庸儿亦在此游览。遇金巩伯、王书衡、李润田、王啸农及桂月亭侍郎、吴䌹斋侍读、傅彤臣观察。是日晴,夜月甚明。

十六日(2月6日) 黎生怀瑾来见。铺时,游白云观天宁寺。陈玉苍被劾,孙、那两相覆奏,奉旨交部严议。是日晴。

十七日(2月7日) 星期。惠之来谈。日昳造幼云,论及时事,同抱杞忧。遇商云亭编修,匆匆一语。复访剑谭,以日影将入,遂出崇文门。答拜张蟹芦、邓望槎,返寓已上灯矣。得胡诗舲太守书。是日晴。

十八日(2月8日) 曹学渊、王彦丞来见。日昳,到公所,晤陈士可参事。接门人邓晴皋大令函并《梅花卅韵》。是日晴。

十九日(2月9日) 开印之期。缘昨夕偶患河鱼之疾,眠复不佳,殊形疲惫,故未到公所。刘生际泰来见。叶颂垣侍御、杨次典编修先后过谈。沈幼岚护理云贵总督,真好运气也。李仲仙到任尚需时日,恐烟瘾正未易戒耳。夜,赴棣生宅饮,内子及儿女辈俱从。是日晴。

二十日(2月10日) 望槎送认识印结至。遂将续陈管见一折呈请都察院代奏。日昳,到公所,爱苍来拜,相左。是日晴。

廿一日(2月11日) 因畏风,未能恭诣观德殿随班行礼。学部参事厅会议亦不克往。作一笺告知罗叔蕴、林肖项,盖泻止而咳又作矣。桂蔚丞教习廷杰见过,面交马生有彝函,以扇索实甫书《登峨眉诗》。是日晴。

廿二日(2月12日) 阅冯孟亭《樊川诗注》。为鹗儿递呈学部请咨出洋。下晡,叔韫来,久谈。是日晴。

廿三日(2月13日) 作一纸示瑛女。接马生有彝函。日昳,到公所,于参事厅晤叔韫、士可及蒋伯斧、王静安、樊少泉焉。杜云秋署郢阳镇。是日阴晴。

廿四日(2月14日) 星期。咳仍未止,且恶寒甚。自拟一方治之。与茂蘐笺。是日晴。

廿五日(2月15日) 前少蘅枉拜未答,昨又来访,兹特作函谢之,当有报章。熙宇催致滇中书。内子移饮食于余卧室,乃大类病人矣。是日晴。

廿六日(2月16日) 琼女来视余疾。是日晴。

廿七日(2月17日) 从陈松山给谏索回鄙撰一册,盖凤笙因系其外舅吴挚甫京卿所评隲,欲一观之也。为门人马绍伯大令致叶伯高提学书。又接晴皋函并文一、诗二。日昳,到公所,实相来丞参堂谈。姚石荃署兵右。是日晴。

廿八日(2月18日) 因有会议,禺中即到公所,与叔韫同饭集,参事厅仅数人,然严、宝两侍郎皆至焉。是日晴。

廿九日(2月19日) 与汪穰卿、易实甫各一笺。接王寅伯函。晡,到公所,凤笙盛称石门阎季蓉之散文。棣生来。夜,成五律二首代柬博野邓大令。是日晴。

二月

初一日(2月20日)辛亥朔 接许郭甫函并诗四首。午前恭诣观德殿随班行百日祭礼,晤荣华卿协揆,景月汀将军,丁循卿、姚石荃、郭春榆三侍郎,杨少泉学士,徐梧生监丞暨乔损庵、孟绂丞、戴邃庵、李姚琴、陈彝仲、柯凤笙、宋芸子、刘少岩、吴菊农、王次籛、章一山、胡葆森、刘幼云、商云亭、王书衡。是日晴。

初二日(2月21日) 星期。瑛女有禀至。下晡,始剃发。是日晴。

初三日(2月22日) 答少蘅晤谈。访实甫,未遇。接穰卿复函。日昳,到公所,遇傅润沅提学,闻损庵言胡雨岚逝世。严、宝两侍郎来丞参堂谈。内阁奉上谕:"都察院代奏学部参事江瀚条陈请清讼狱等语,据称自停止刑鞫以后,残酷之风虽减,拖延之害愈深,因证据未备,两造争执,遂以不了了之,民间受累无穷,各省讼费名目繁多,百端需索,冤纵获理,家产已倾。若如所陈,情形实堪痛恨。着京外问刑各衙门,将一切弊端认真厘剔,不得视此旨为具文。倘再查有各项情弊,定行严加惩处,钦此。"巳正,庸儿之妇生一男。是日晴。

初四日(2月23日) 晨,慰次典丧女。日昳,到公所,茂菱索观呈底,伯斧告以穰卿约期过我。是日晴。

初五日(2月24日) 棣生及琼女来贺添第四孙。日昳,润沅晤谈。到公所,蒋则先新自奉天回,历述该省官制之冗滥、风俗之奢靡,可为浩叹。是日晴。

初六日(2月25日) 因系会议之期,禺中即到公所,叔韫同饭。是日晴。

初七日(2月26日) 寄陈小石制军书。下晡,穰卿来谈。是日晴阴。

初八日(2月27日) 饭已,访式甫,入值未归。遂到公所,过总务司小坐。晤杨祗庵、蒋则先、陈仁先、张仲昭、徐莹甫、曾笃斋、恩咏春、马振吾。是日晴。

初九日(2月28日) 星期。仲实有字往还。棣生及琼女先后来。铺时,往隆福寺一游。是日晴。

初十日(3月1日) 阅《论衡》。日昳,到公所,闻凤笙言杨莲府制军病。接程少川撰文函,代其友吏部胡君索寿诗。是日晴。

十一日(3月2日) 作一笺与次典,当有复简。日昳,到公所,覆校直隶高等学堂毕业国文卷。本与李明甫同阅，因患目疾，未至。凤笙以所作《日本杂诗》十首出示。是日晴。

十二日(3月3日)　接张杏生、李孟鲁函。瑛女有书至，当复之。日昳，到公所校卷，成诗二律为胡漱唐之尊人寿，录交少川撰文转达。是日晴。

十三日(3月4日)　实甫观察过我，小饮。午初来，申正去。是日晴。

十四日(3月5日)　晨至公所一行。正迁什物入新衙门，甚纷乱也。寄胡馨吾公使、田苐侯监督、张杏生参赞书。张彦云送礼来。饭已，诣林赞虞侍郎久谈。棣生及琼女来。有旨召陈伯潜阁学。是日晴而风。

十五日(3月6日)　禺中到署。铺时，随同张、荣两相、严、宝两侍郎在御赐匾额前行礼。旋与丞参诸君答拜各司。晤继友棠、张彦云焉。绂臣以吴辟彊致渠函出示。有答张献群书。沈翼圣观察自湘返京见过，据云瞿止盦协揆有和余诗，王益吾祭酒亦殷殷垂问也。作一笺复孟鲁，交仲奋附寄。是日晴。

十六日(3月7日)　星期。鹗儿重赴日本留学。庸儿及仲奋同搭早车送至天津。昨夕，棣生、琼女均来话别也。晡，造芸子观察、杏郬侍御及门人赖献怀吏部谈。是日晴。

十七日(3月8日)　寄杨莲府、瑞匋斋两制军书。日昳，到署校卷，晤翼圣、士可及润沅提学。晚，彦云来谈。庸儿、仲奋自天津回。是日晴。

十八日(3月9日)　接小石制军复函。萧生秉元来见。寄蔡伯浩观察、李紫翱大令、吴子修提学书。日昳，到署，覆校大学堂毕业卷。肃堂有李文贞所书长条一幅。凤孙还余文稿，间有评隲，均极允当。幼云、润沅晤谈。作三十四字挽高啸桐太守。是日晴。

十九日(3月10日)　禺中，诣易实甫谈，遂邀姜颖生同至陶然亭。实甫题其壁云："重上江家旧日亭，柳条二月不曾青。登临可有神州感,但念前游已泪零。”游龙爪槐,又题二绝。乃赴广和居小饮,颖生作东,并约许季芗。日入,回城,瑛女有禀至。接陈澹然函并所撰《孙临传》,自谓通体规摹太史,字句义法乃仿邱明。是日晴阴,夜雪。

二十日(3月11日) 寄鹤侄书。禺中到署,会议,仍校卷。夜为庸儿致吴䌹斋侍读一笺。是日晴。

廿一日(3月12日) 德宗景皇帝四满月。巳刻,恭诣观德殿随班行礼。晤赓轩、春卿、蔚若、石荃四侍郎,绂臣、少岩两右丞,劳玉初、杨哲子两京卿,李姚琴、吴挹清两参议暨书衡推丞、杏郇侍御。与春卿、蔚若立谈久之。又度支部,江西万某屡见之,忘其字矣。日昳,到署校卷,只阅“人伦道德”“经学”两门。鹗儿自烟台有书至。接吴子修提学函,并瞿止盦相国见和之作。是日晴。

廿二日(3月13日) 孝钦显皇后四满月。巳刻恭诣皇极殿随班行礼。晤实夫相国,赞虞、春榆两侍郎,傅梦岩左丞、陈松生给谏、黄笥腴侍御暨杨祇庵、王书衡、刘幼云、孟绂臣、家杏郇、刘仲鲁、陈小庄。得䌹斋复书。江苏高等学堂学生吴传球赓夔来见。日昳,到署。金赓虞有书至。沈翼孙函告,接急电促回湘,明晨即行矣。作一纸示瑛女。是日晴,黎明微雪。

廿三日(3月14日) 星期。林琴南、陈叔伊于陶然亭为位哭高啸桐。偶患头风,未能往,遣人将挽联送交二君,代为汇寄。晡,棣生来。接望槎函,当复之。是日晴。

廿四日(3月15日) 本部会同翰林院考试出洋毕业庶吉士。食时,到署,同叔韫监试。是日雪。

廿五日(3月16日) 伯斧以石印所藏唐写本《唐韵》残卷见赠。叔韫有字往还。晡,访穰卿、爱苍,未晤。造剑潭久谈。是日晴。

廿六日(3月17日) 禺中,到署监试,仍高淞荃毓澎交头卷也。丞参堂晤幼云。接瑛女稟,病犹未痊。是日晴。

廿七日(3月18日) 作一纸示瑛女。寄翼孙、郭甫函。与仲实观察有字往还。张劭予侍郎之哲嗣效彬来见，追维旧谊，为之泫然。日中，入署，到参事厅，乃无一人。是日雪。

廿八日(3月19日)　饭已，偕内子同棣生、仲畬游乐善园，登畅观楼，庸儿、琼女侍从。夜，撰挽琴轩相国之母叶赫那拉年伯母李太夫人联。是日晴。

廿九日(3月20日)　本部京察过堂。禺中，到署，近今新党自命者，每诋中国官为奴隶性质，以今观之，信非诬也。与叔韫、肖项、士可同饭。答效彬拜，适出门，晤其五叔鞠生而归。接瑛女及郭甫、飞卿函。阅《元遗山诗注》。是日晴。

三十日(3月21日)　星期。晨，诣乐峰尚书，未值。门人萧承鄭主事来见，相左，其入川尚未有期也。鹗儿抵神户，有禀至。日入，造肃堂一谈。上镫乃赴章一山检讨饮，同座袁树五、王扞郑、林朗西、戴邃庵、陈筱庄、王君九。是日晴，晡阴。

闰二月

初一日(3月22日)辛巳朔　增“止怒轩诗说”一条。日昳，到署，与凤孙论图书局所编中学历史。得伯浩观察复书。是日微雪。

初二日(3月23日)　凤子仪副郎见过。萧生秉元、秉廉偕来。作书寄瑛女、鹗儿东京。与次典、叔韫有字往还。日昳，到署，赞虞侍郎调补民政部。是日晴而风。

初三日(3月24日)　第四孙弥月，琼女来。次典编修过谈。昨一山函，索余与止相诗，今录一分质之。廙轩侍郎补授仓场。是日晴。

初四日(3月25日)　复飞卿、赓虞书。凤孙见访，谬以通儒推许，令人颜甲。日昳，到署，参事厅仍无会议，邀石遗、叔韫共语。献怀来见。接紫翺函。是日晴。

初五日(3月26日)　作一笺与叔韫，拟排印鄙撰，托代问价。

致吴絅斋、谭亦张书。前夕,李守庄招饮,未赴。饭已,特往拜之,未值。诣家杏邨侍御,遇郑叔进侍读,复造张卿五检讨谈。上月王莲堂大令以所刻贻余,今仍报以《东游》《北游》诗草。是日晴。

初六日(3月27日)　武宗绪来见。日昳,到署。下晡归。适陆观甫过访,渠盖新从唐使自欧洲还国也。接田荑侯、加藤义三及瑛女、鹗儿函。亦张有书至。是日晴。

初七日(3月28日)　星期。饭已,诣亦张副使,晤萨鼎铭军门镇冰。复造絅斋侍读久谈。得匋斋制军及吴生一鹤书。季鸣经学颇有根柢,可入大学分科也。是日晴。

初八日(3月29日)　与实甫有字往还。寄鹗儿书。日昳,到署,将所校中学历史送大堂阅定。是日晴。

初九日(3月30日)　复吴季鸣书。胡漱唐吏部思敬惠访,久谈。铺,出门拜客,晤王扞郑、陈叔伊。与刖存有字往还,并借其字画四帧。彦云见过。是日晴。

初十日(3月31日)　接鹤侄及徐功甫函。日昳,到署。是日晴。

十一日(4月1日)　巳刻。监国摄政王班见王公百官于文华殿。晤林朗西、赵竺垣、家杏村、谭亦张、程少川、伍叔葆、杨次典、刘少岩、王书衡、潘季约、顾枚良、罗衍东。日昳,到署,参事厅仍无会议,与叔韫、肖旭闲话而已。冉方倩来见。瑛女有禀至。鼎铭军门过谈。是日晴。

十二日(4月2日)　贺赓轩侍郎喜。访春榆侍郎、姚琴参议、损庵左丞,均未晤。诣春卿侍郎一谈。昨,顾伯文来见,相左,作一笺询其踪迹,当有报章。柯逊庵中丞以所刻《丹邱生集》见寄。是日晴。

十三日(4月3日)　伯文来见。日昳,到署,旋诣实夫相国问疾。琼女回,瑛女又有禀至,作一纸答之。是日晴。

十四日(4月4日)　星期。翼孙过访。禺中,棣生邀游乐善园,饮于大餐酒楼,遇诚玉如、吴挹清。接郭甫函。是日晴。

十五日(4月5日) 清明节,不展先墓八年矣。遣人问华相疾。日昳,到署。黄昏造叔韫一谈。是日晴,夜月甚明。

十六日(4月6日) 作一笺与赞虞侍郎,藉申贺悃。颂年来谈,今岁初相见也。日昳,到署。是日晴。

十七日(4月7日) 过实甫观察谈。见袁爽秋太常小像,有屠敬山题诗。晡,偕内子挈同孙女游乐善园,庸儿夫妇侍从。是日晴。

十八日(4月8日) 寄鹗儿书,甫发,旋有信至,并接瑛女禀。日昳,到署,仍无会议,拟补大学堂毕业考试国文题二道。是日晴。

十九日(4月9日) 食时,往金鱼胡同吊叶赫那拉年伯母之丧,因顺拜李仲仙制军。日昳,到署,晤刘幼云。是日晴。

二十日(4月10日) 昨,赞虞侍郎有复书。日昳,到署。是日晴。

廿一日(4月11日) 刘惠之来谈。接唐生杰禀。招易仲实、汪颂年、刘式甫、沈翼孙、章一山、张卿五、杨次典、顾伯文、吴赓夔、萧承鄦饮。午集,申散。访叔韫未遇,遂过损庵谈。闻李紫璈[①]于本月十一夜卒于上海县署任,哀哉。是日晴。

廿二日(4月12日) 与伯浩观察一笺。因紫翱身后亏空甚巨,托其代为设法也。日昳,到署。接鹗儿禀。叔韫有字往还。是日晴。

廿三日(4月13日) 阅舒铁云《瓶水斋诗集》。寄鹗儿及瑛女书。琼女来。与惠之笺。日昳,到署。是日晴。

廿四日(4月14日) 瑛女有禀至。接惠之复书暨李生拱辰函。日昳,到署。郭甫前寄陈鼻烟两瓶托售,今始收到。是日晴。

廿五日(4月15日) 黎明到署。点补考学生名。遣人问华相疾。是日晴。

廿六日(4月16日) 接胡生璧城函,当答之。与叔韫有字往还,渠尚未知昨已奏派其充补农科大学监督也。日昳,到署小坐,旋

---

① 紫璈,日记中其他处多作紫翱。

即出城。答漱唐拜,晤谈久之。是日晴阴,下晡小雨。

廿七日(4月17日) 阅刘继庄《广阳杂记》。日昳,到署。晤幼云,见其所撰讲义。与朗溪散步亭西,遇严、宝两侍郎。是日晴。

廿八日(4月18日) 答耿鹤峰大令拜,适又枉顾,相左。晡时,程子大观察来谈。戊戌武昌舟次一别,匆匆十余年矣。是日晴。

廿九日(4月19日) 鹤峰、实甫先后来谈。日昳,到署,范孙侍郎属主持预备立宪本部筹备事宜各章程。是日晴。

三月

初一日(4月20日)庚戌朔 食时,谒锡清弼制军,未晤,留一书而去。造年丈孙燮臣傅相,亦适出门,遂赴优级师范学堂观行开学礼。孝达枢相,范孙、瑞臣两侍郎暨绂臣、茂萲、邃庵咸集,监督盖陈次方也。余及士可先行。晡,诣实甫,同往全蜀馆践芸子之约,同座柯凤笙、陈叔伊、张君立、刘聚卿、程子大、袁伯夔、杨哲子、田介臣、智枚。酒罢,实甫、叔伊为扶箕之戏,到者乃建宁张亨甫也。鸡将鸣始归。谢瑟堂自蜀来,赠土产。叔韫有书至。是日晴。

初二日(4月21日) 作一笺与傅润沅提学。接陆申甫廉访、蒋志范舍人函。日昳,到署。是日晴。

初三日(4月22日) 寄郭甫函,并缴还鼻烟两瓶。禺中,出城答拜,晤瑟堂大令,并过松筠庵看海棠,犹不及住宅三株之繁盛也。遂到署。午饭,洪铸生、常伯琦因阅卷在此,旋至参事厅会议,两侍郎及丞参均集。唯损庵将散衙始至。是日晴。

初四日(4月23日) 阅《亚斐利加洲志》,图书局所编纂也。寄瑛女、鹗儿书,甫发,瑛女旋有禀来。饭已,诣杨莲府制军、效述堂方伯,未晤。在奎乐峰尚书处一谈。晡,江杏邨侍御见过。是日晴。

初五日(4月24日) 偶成长句,奉怀小石制军,并作一笺致逊庵中丞焉。门人萧承鄴主政辞回四川,属其晤高少农、周孝怀时代为致声。日昳，到署。是日晴。

初六日(4月25日) 星期。瑄女生辰，琮女来，饭已，遂偕内子挈之游乐善园。遇史劼辅、伍叔葆。是日晴阴，夜风雨。

初七日(4月26日) 食时，造凤荪谈，见其长男昌泗，年甫十一，所作《蜀主诛刘知俊论》，笔势纵横，深可喜也。并携其《新元史》二册到署观之。用午膳讫，出城，送承鄦行。过叔伊宅，与实甫不期而遇，且晤扦郑。下晡，叔瑜见访。是日晴而风。

初八日(4月27日) 偶忆朱晦翁"世上无如人欲险"之句，诚有味乎其言。日昳，到署。与肖项商定视学官章程。是日晴。

初九日(4月28日) 晨诣莲府制军谈，遇凤荪、介臣。日昳，到署。夜复陆申甫廉访书。是日晴。

初十日(4月29日) 禺中，到署，无会议。在参事厅与叔韫、肖项、翼孙、绥之谈。润沅自津来。晡时，作一诗送实甫。是日晴。

十一日(4月30日) 恭诣观德殿行祖奠德宗景皇帝礼，与景月汀将军、唐春卿侍郎立谈，并晤宋芸子、王书衡、冒鹤亭、杨少泉、胡葆生、杨次典、家杏邨、端仲纲、程少珊、伍叔葆、张仲昭、汪颂年、李姚琴、刘聚卿、那锡侯、荣竹农、罗叔韫、孟绂臣、乔茂萲、林朗西、戴邃庵、傅润沅、吴肃堂、林赞虞、顾亚蘧、陈松山、赵竺垣、吴絅斋、袁珏生、刘仲鲁。辰初往，巳正归。接郭甫函。日昳，到署。是日晴。

十二日(5月1日) 巳正，赴阜成门外圆广寺前恭送景皇帝梓宫。晤戴邃庵、柯凤荪、吴肃堂、傅润沅、孟绂臣、劳玉初、严范孙、罗叔韫、蒋伯斧、陈士可、宝瑞臣、刘幼云、吴蔚若、王胜之、张彦云、汪衮甫、杨少泉、袁树五、章一山、杨次典、陈仁先、林朗西、颜枚良、林琴南。入城已申正矣。少珊来谈。夜，改定"止怒轩诗说"一条。是日晴。

十三日(5月2日) 为门人张蘱源函托芸子。造胜之谈。晤赓夔。复答拜翼孙而归。晡时，穰卿见过，因是星期，料余未出门也。瑛女有禀至。寄鹗儿书。是日晴。

十四日(5月3日) 翼孙、胜之先后来谈。日昳,到署,赴惠之席,述之亦在此,同座叔韫外,有蓝石如、赵笙伯、陆润生,皆初见也。酒后,复阅所藏碑帖。酉正往,子初回。是日晴。

十五日(5月4日) 晨诣华卿协揆,盖卧犹未起也。昨于丞参堂晤商云亭编修,失记。是日阴,夜小雨。

十六日(5月5日) 邸钞:王旭庄署江安粮道。晡时,到署。冰相甫去,大学堂毕业考试将揭晓矣。与翼孙有字往还,伊有奉天之行,盖清帅调之也。是日晴,夜月甚明。

十七日(5月6日) 昨铺,尝步至棣生宅,与渠夫妇久谈,乃未登载,可谓"老去师丹多忘事"矣。食时,诣叔韫小坐。访实甫观察、次典编修,均值出门。遂到署,凤荪、叔韫同午膳。参事厅虽无会议,肖项、次方、叔伊、静生咸集,客有以江津杨士钦所著《群经大义》见遗者。夜赴棣生约。是日晴。

十八日(5月7日) 易生国馨、萧生秉元暨曾别驾于梁来见。头目不甚清爽,懒未入衙。接筱帅复函并和诗。昨闻杨范甫言紫翱亏空,八县绅民拟为筹补,谁谓好官不可为乎?阅日本龟谷行《论语管见》。是日晴。

十九日(5月8日) 奎乐公六十八生辰,昨夕遣庸儿往祝,因有国制,今晨遂不再诣也。凤荪送所书诗扇来。为易、萧两生致余子厚提学函。日昳,到署,得逊帅复书。是日晴。

二十日(5月9日) 星期。易、萧两生又来见。陈伯潜阁学过访。饭已,出门拜客,晤赞虞侍郎、鼎铭军门、穰卿内翰,将上灯始归。实甫观察有书至,并附近诗一首。是日晴,晨微雨。

廿一日(5月10日) 车衡如来见。成五古十韵赠弢庵阁学。日昳,到署,阅陆道威《复社纪略》。次典编修过我久谈。是日晴。

廿二日(5月11日) 孝钦显皇后五满月。巳刻恭诣皇极殿随班行礼。晤孟绂臣、严范孙、刘仲鲁、宝瑞臣、杨次典、刘幼云、杨祇庵、继友棠、劳玉初、张抱冰、景月汀、瑞鼎臣、萨鼎铭、陈子绶。日昳,甫出门,适陆观甫观察来访,复坐谈久之,乃到署。邓望槎有书至。是日晴。

廿三日(5月12日) 汀州会馆祀天上圣母,请余主祭。黎明前往,禺中始行礼。与望槎检察、蟹芦推事、松垞正郎谈。接伯高函,时署滇藩,门人马少伯蒙委仁和厘金差使。晡,偕内子挈琼女游法源、崇效二寺,观牡丹。在土地庙花厂遇仲鲁少卿。夜,曹润溥来见。是日晴。

廿四日(5月13日) 食时,到署,仍无会议。叔韫有字来,又抱恙。与树五论经学,阅归元恭《文续钞》,盖上海《国粹丛书》本也。是日风雨,下晡晴。

廿五日(5月14日) 作二纸示瑛女。寄伯高布政书,并索新出土之孟琁碑。接鹗儿禀。日昳,到署。是日晴。

廿六日(5月15日) 饭已,萧生秉廉来见。谒实甫谈,叔瑜在座。珏生携一册页,盖《曹剑亭墓志铭》也,朱文正撰文,刘文清书丹,董文恭篆额。复拜客数处,仅晤瑟堂,闻朱竹石于十四逝世。是日晴,晡雨旋霁,夜又雨。

廿七日(5月16日) 庸儿及同宝孙女生辰。棣生及琼女偕来。吃面讫,游乐善园,于豳风堂前遇蒋则先、凤子宜。昨,易叔由以所著《易释》四册见寄,多据礼诠解。是日晴。

廿八日(5月17日) 吏部京察过堂,公牍须黎明齐集。卯正往,午初始唱名,申初方了事。虽支有帐棚可坐,既饥且热,信乎,非有奴性不可做官也!无信最是中国大病,救时当从此下手。实甫调补廉钦道。是日晴,夜小雨。

廿九日(5月18日) 唁平蕴山丁内艰,并附挽联。食时,入署,盖新改早衙门也。作一笺与损庵左丞。接瑛女禀。鹗儿亦有书寄庸儿。夜,赞虞侍郎来谈。是日晴。

四月

初一日(5月19日)己卯朔 食时,到署。留一笺与肖项。晡,实甫观察来辞,明晨行矣。匆匆不及走送,拟更作长歌赠之。接一山检讨缄,并白振民《质盦集》。是日晴。

初二日(5月20日) 清晨,偕仲奋坐双马车至海淀裕盛轩。李佩葱、陈伯寅已先到,遂同小酌,并晤汪颂年、杨哲子、恩咏春、陈仁先、高旷生、马振吾、陈卓斋、曾理初、继友棠及高泽畬提学凌霨、张十公子温卿,因共诣颐和园瞻观。下晡始归。上佛香阁,殊形吃力,夜间两腿犹作酸痛也。是日晴。

初三日(5月21日) 接赓虞函。寄瑛女、鹗[1]儿书。甫发,旋有信来。命庸儿作一笺与张杏生(仍自为)。食时,到署,晤幼云。室于怒而市于色,学道者当如是耶。鹤侄有禀至,望添接济。叔韫函称有人为余刊《诗经四家异文考补》。是日晴。

初四日(5月22日) 食时,到署,阅王鼎翁《吾汶稾》。是日晴。

初五日(5月23日) 星期。晨,诣损庵左丞谈。遇颜巨六,闻赵尧生入都,访之不值。造次典编修,小坐而归。晚,凤荪招饮太昇堂,松山给谏、士可参事、梧生监丞暨姚仲实永朴同座,仲实为叔节之兄。是日晴。

初六日(5月24日) 示瑛女、鹗儿。食时,到署。范孙侍郎邀议改定章程之事。颂年补授山西提学使司。是日晴。

初七日(5月25日) 食时,到署。琼女回,鹗儿有禀至。是日晴。

初八日(5月26日) 寡欲工夫殊非易易。食时,到署。午后,诸君将议大学分科工程。余与凤荪先去。是日晴,晡雨旋止。

---

① “鹗”,原误作“庸”,后改作“鹗”。

初九日(5月27日) 寄逊庵中丞书。食时,到署。日昳,会议多不能决。晤幼云、次典。晚,与树五笺。是日晴。

初十日(5月28日) 庸儿及仲奋恭应廷试。树五往东陵题碑,今晨启程,有书来。食时,到署。又晤次典。下晡,瑟堂大令来谈。是日晴。

十一日(5月29日) 晨,答汪颂年提学拜,晤谈久之,乃到署。午后,偕内子挈庸儿、琼女同游万寿寺及乐善园。与刘式甫章京笺,当有还简。是日晴。

十二日(5月30日) 星期。奉天正监理官熊秉三京卿来谈。黎伯颜在仲奋处见之。与赵尧生编修有字往还。庸儿于廷试取列一等四名,亦可喜也。是日晴,夜半风雨。

十三日(5月31日) 诣尧生谈。禺中,到署。昨肖项有笺至,今始复之。晤潘季约。接瑛女禀,当寄一缄。穰卿以书相贺,何其周到乃尔耶。是日晴。

十四日(6月1日) 清晨,诣范孙侍郎一谈,即到署。接鹗儿禀,拟仍命其暑假时暂行还国。是日晴。

十五日(6月2日) 叔韫以石印《东涧手录李义山诗集》①见赠。食时,出门谢步,晤伯潜阁学,携其《南游草》而归。日昳,复造荣华卿协揆、朱艾卿宗正久谈。杜少瑶大令过访。夜,得一诗云:“飘零书剑已成翁,误向春明踏软红。寄语孙刘莫相讶,早无梦想到三公。”是日晴。

十六日(6月3日) 与茂蓤笺,作二纸示鹗儿。食时,到署,在参事厅与叔韫、士可、肖项谈。舍公事而论古书,京官之闲如此。复共祇庵、幼云语久之,下晡方散。是日晴。

---

① 1909年(清宣统元年)上海国光社石印出版《李义山诗》三卷(封面题:《东涧写校李商隐诗集》),按东涧指钱谦益(号东涧老人),该书又称《东涧老人写校本〈李商隐诗集〉》。

十七日(6月4日) 江南高等商业学堂教务长陈瀛生福颐,持午桥制军函来见。食时,到署,覆阅直隶高等学堂毕业国文试卷六十八本。下晡,赴小门生孙性廉醉琼林席,同话者多蜀人,有东川门人雷生,已不相识矣。熊秉三京卿、延子光阁读学,一早一迟,均未入座。是日晴,夜小雨。

十八日(6月5日) 寄瑛女缄。李、何二生来见。答少瑶拜,未晤。尧生有字往还。铺时,访颂年不值,留一笺。遂过广利居践尧生约,同坐陈石遗、胡漱唐、罗衍东、叶玉虎,唯杨云谷、赵湘帆系初识。是日晴,夜小雨。

十九日(6月6日) 星期。萧生来见。瑛女有禀至。次典编修过我。录所著《宗孔编》毕,凡二卷。是日晴。

二十日(6月7日) 食时,到署。归途过伯颜一谈。接易叔由函。与刖存有字往还。林子有观察来访。是日晴。

廿一日(6月8日) 高子益梦旦有谢函。食时,到署,静生来商一事。晤幼云。日昳,东城答拜。在汪穰卿舍人处遇刘璞生参事。复造程少珊侍讲久谈。是日晴。

廿二日(6月9日) 食时,到署。饭已,诣胡漱唐侍御、王胜之撰文贺补授之喜,未值。晤王子固、谢瑟堂、金巩伯谈。瑟堂日内还蜀需次,为致高少农、周孝怀二观察书。下晡,徐梧生监丞来访。图书馆大有建设之机。是日晴。

廿三日(6月10日) 禺中,到署,晤梧生。参事厅共七人会议,本厅三,总务司四。是日晴,晡雨旋止,晚又雨。

廿四日(6月11日) 复叔兴书。食时,到署,晤幼云。饭已,过叔韫一谈。尧生有笺至。接瑛女、鹗儿禀。是日晴。

廿五日(6月12日) 以鄙撰《宗孔编》质尧生并索序。庸儿寄瑛女、鹗儿书,于其余纸批示数十字。范孙侍郎来拜,因剃头未延入。晡时,送孝敀行,面赆之,自惭绵力,聊以将意而已,并晤其六弟端孺及朱绂臣公子。是日晴,时有小雨。

廿六日(6月13日) 星期。雷生人龙来见。奉天左右参赞裁矣,是清弼未尝不用吾言也。是日晴,晨小雨旋霁。

廿七日(6月14日) 尧生有书至,当复之。食时,访颂年不值,遂入署。夜撰恭议德宗景皇帝升祔典礼说帖。是日晴。

廿八日(6月15日) 以说帖送范孙侍郎后,复将前人论跻僖公者钞撮成篇,交祇庵郎中,不知冰相以为何如也。萧生来见,顷者微有目疾。是日晴。

廿九日(6月16日) 食时,到署。凤荪采余两说帖合作一议,云稽之传义,参之庙制,折衷于朱子,取法于隆周。琼女归省,因棣生病匆匆而返。颂年学使昨已出都,留书为别。献怀吏部来见。是日晴。

三十日(6月17日) 右目肿,在家静养。与茂蓤、叔韫、肖项各一笺。罗笃甫观察自苏来京,过访。是日晴。

五月

初一日(6月18日)己酉朔 因开销节账,以内人金镯付质库。接瑛女、鹗儿禀,当草数行寄之,促其月内还国。闻丁叔雅昨夕捐馆,挽以一联。是日晴。

初二日(6月19日) 叔韫以石印朱竹垞写本《方泉集》见诒。接廖生道傅桂林函。吴生传球来见。是日晴,夜雷雨。

初三日(6月20日) 星期。庸儿引见瀛生,将回金陵,来辞。恩咏春以邻家事过访。寄润沅学使笺。是日晴。

初四日(6月21日) 食时,到署一行,遂过叔韫,送其往东洋。遇王扞郑,方有《皇帝中兴颂》之作,盖以干南皮也。李生琼来见。接子厚学使函。艾卿宗正惠谈。是日晴。

初五日(6月22日) 闻赵尧生补授江西道御史。棣生、琼女贺节。李生承烈来见。复匋斋制军书,交陈瀛生带去。陆申甫升苏藩。

是日晴,晡,大雨旋霁。

初六日(6月23日) 出城答拜,晤尧生侍御、梧生监丞。接瑛女、鹗儿禀。是日晴。

初七日(6月24日) 禺中,到署。仍无会议,惟将视学官章程呈堂而已。以鄙撰《宗孔编》属树五代付排印。秉三京卿留所辑《满洲实业案》为别。是日晴。

初八日(6月25日) 食时,往城隍庙市场一观,遂到署。昨本部奏调缪筱珊、严几道丞参上行走。是日晴。

初九日(6月26日) 抱冰枢相招同凤荪商议升祔典礼,约谈三时许。绥之、祇庵亦在座。达官博学,不能不推此老也。因议兹事,未入朝。乘早凉可久叙,且迎送甚恭,皆不易得。散后访乐峰尚书,未遇,晤其哲嗣铜镜宇。日昳,答陈紫钧拜,造茂蓤左丞一谈,与少瑶不期而会。寄张杏生书,附一纸示瑛女。接沈翼孙、叶斐青函。琼女来。夜,至西单市场观剧。是日晴。

初十日(6月27日) 星期。阅俞恪士《赣州新乐府》,为之慨叹。昨在冰相处,同座尚有傅芷香岳芬,虽亦同部,实初见也。杨祇庵、庆望臣、凤子仪,均京察记名。是日阴雨,晚晴。

十一日(6月28日) 晨造祇庵谈,并贺次典记名之喜。遂到署,闻杨莲府制军初十午刻出缺电,损盦叹其有福,洵远见之言。接濮紫泉方伯讣,盖上月廿三卒于扬州,其贫可念也。张蓺源有禀至。尧生侍御来谈。午帅调补北洋,适接其贺节信。张安帅调两江,袁海帅署两广,孙慕韩擢东抚。是日晴。

十二日(6月29日) 食时,到署。因彦云奏留一事,作函促损盦往商。冰相若意不欲,亦宜早宣也。是日晴。

十三日(6月30日) 寄苏州高等学堂监督蒋季和编修书。食时,到署。晡,次典编修暨春寿、小山来谈。是日晴。

十四日(7月1日) 晨,造陶拙存、张彦云谈,遂到署会议。绥之以续议升祔说帖见示,论虽未中节,要可谓不阿矣。伯斧有书来。

接林贻书提学函。是日晴。

十五日(7月2日) 徐章夫来谈。昨夕重拟一议礼说帖,今晨始脱稿,亲送冰相阅之。琼女来,瑛女有禀至,计程将到矣。杏生书并言及尔鱴事。是日雨,午晴,晚又小雨。

十六日(7月3日) 禺中,到署。绥之有字往还。苏州师范学堂学生陈文熙来见。黄昏,瑛女、鹗儿同自日本归。琼女及棣生均至车站迓之。是日晴,夜雨。

十七日(7月4日) 星期。叶尧城来访。复濮孝矩、林贻书、沈翼孙函。饭已,出门答拜数处。是日阴雨。

十八日(7月5日) 祇庵来谈。食时,到署。尧城馈日本土产四种。杏生又有书至,当复之。是日阴雨,晚霁。

十九日(7月6日) 接陈生缄,作一笺与拙存。日昳,挈瑛、瑄、庸、鹗及同游乐善园,于豳风堂外遇稚甫侍郎。是日晴。

二十日(7月7日) 食时,到署。接润沅提学复书并《女子服制刍议》。晡,答尧城,未值。造赞虞侍郎久谈。是日晴。

廿一日(7月8日) 陈生来见。禺中,到署,参事厅会议,范孙侍郎独临,丞参均未至。晚,仲奋设盛筵于宅,琼女及棣生同饮。是日晴,夜大雨。

廿二日(7月9日) 诣凤荪、拙存久谈。晡,书衡推丞见过。王子固招饮宗显堂,辞之。夜,观活动写真。是日晴。

廿三日(7月10日) 食时,到署。为陈生致译学馆、蓺徒学堂两监督书。闻损庵疾,往视之,当无大患也。尧城来谈。遇伯颜于途。接叶继湘缄。是日晴。

廿四日(7月11日) 星期。饭已,出城,晤家杏邨侍御,谈久之。遇石遗主事于途。华卿协揆书扇见贻。叶甥又有函告穷,愧无以应。得罗叔言神户舟次书。是日晴,晡雨旋止。

廿五日(7月12日) 复继湘大令函,附缴手版。诣华相一谈,并见其仲子熙樑、弼臣焉。作一笺与尧生。是日晴。

廿六日(7月13日)　抱冰枢相招邀过宅,出示所撰《德宗景皇帝升祔典礼议》,略有献替。留与芷香、祇庵同饭,并晤其第九哲嗣匋卿,且遇伍叔葆、陈振先、徐裕斋、张望屺、吴菊农。巳初往,申正归。是日晴。

廿七日(7月14日)　食时,到署。旋赴胡绥之、白振民席,陈伯潜阁学、刘少岩右丞、曹东寅左参、张君立公子、陈石遗主事及李子芗右参擢香同座。午集,申散。复诣茂萲左丞,遇李姚琴左参、黄仲生中翰,并造尧生侍御一谈,渠适有笺与余也。是日晴。

廿八日(7月15日)　得由甫书。食时,到署,无会议。下晡,西单市场听说白清唱,两儿侍从,仲奋偕往。是日晴,夜热。

廿九日(7月16日)　作一笺与弢庵阁学,索其署检。尧生书所作游峨眉诗见赠,并饰以扇。是日大雨,晡晴。

六月

初一日(7月17日)戊寅朔　食时,到署。下晡,赴张超南席,陈伯潜阁学、郭春榆侍郎、陈子授郎中、罗笃甫观察同座。二刘昆仲招饮,因赶入城,未能往也。得午桥制军书。夜,腹不宁,是日晴。

初二日(7月18日)　星期。与祇庵有字往还。水泻四次,殊形疲惫。是日晴,晡雨旋霁。

初三日(7月19日)　入伏。腹仍泻。是日晴,颇热。

初四日(7月20日)　食时,到署一行。致海楼书,以代走送。是日晴。

初五日(7月21日)　作一笺与损庵。是日晴。

初六日(7月22日)　懒不出。是日晴。(致士可、肖项。)

初七日(7月23日)　止盦相国望日六十寿,作五言二首寄之。食时,到署,与子修提学笺。是日晴,晡雨旋止。

初八日(7月24日)　食时,到署。写一函致絅斋,索其题签。

下晡，次典来谈极久。是日晴。

初九日(7月25日)　星期。伯斧有书至。晡时，诣拙存久谈。归途颇有凉风也。是日晴，夜半大雨。

初十日(7月26日)　萨鼎铭充筹办海军大臣，今晨始往贺，并拜端午樵制军。问冰相疾。在弢庵阁学新居谈甚久，并以近诗四首出示。得絅斋侍读复书。是日晴。

十一日(7月27日)　禺中，到署。日昳，出城，访损庵左丞未遇。造尧生侍御一谈。是日晨雨午晴。

十二日(7月28日)　鹗儿生辰，棣生及琼女咸莅。食时，到署一行。漱唐侍御来久谈。绥之有字往还。是日晴。

十三日(7月29日)　成诗十韵，赠午桥制军。禺中，到署，虽无会议，晡时方散。晚，午桥有复书。是日晴。

十四日(7月30日)　禺中，到署。陈怡仲同纪持谭亦张书来见，相左。得杏生函。是日晨小雨，旋晴。

十五日(7月31日)　因雨不出，乃检《知不足斋丛书》翻之。庸儿及仲奋赴津门。鹤侄寄所课国文来。是日晨大雨，晡晴。

十六日(8月1日)　星期。作一笺与伯潜阁学，出门拜客数处，仅晤铨燕平一人。寄润沅提学书，询杨文敬灵輀何日启行。傍夕，庸儿、仲奋自津回。是日晴，日昳大雨，旋霁。

十七日(8月2日)　禺中，到署。晡，答拜三处，均未晤。与尧生侍御有字往还。那相查覆李德顺被参事，杨文敬以滥保撤销太子少保衔。是日晴，午小雨，少选止。

十八日(8月3日)　昨有四川富顺陈书砚生者，自兰州以所作诗文见寄，初未闻其人也。禺中，到署，作一笺与损庵左丞，复亦张副使书。是日晴。

十九日(8月4日)　邀尧生侍御携其第三子过我，同游农事试验场，庸儿侍从。辰正往，未初归。刘幼苏及康步崖之子瑞生来久谈。是日晴。

二十日(8月5日) 写一缄致匋斋制军。禺中,到署,无会议。造损庵、尧生谈。甫归,抱冰相国招往言事,到已暮。遂同傅冶芗晚饭,并晤君立、陶卿、温卿三昆仲及王司直、曾理初、张望屺。是日晴。

廿一日(8月6日) 晨起,将冰相委件签出,送交陶卿。与君立久谈。出门遇祇庵,一拱而去。在十刹海荷堤裴回,少选乃归。昨,郭甫函索旧债。润沅有书至。是日晴。

廿二日(8月7日) 食时,诣张燮钧侍郎谈,深慨今日达官之弊由于不学,坐久之,乃入署。《宗孔编》印成。傍夕,次典来谈。夜,挈儿辈至广德楼听戏。是日晴。

廿三日(8月8日) 星期。陈剑镡来谈。是日晴。

廿四日(8月9日) 午桥昨履新矣。晨,吊李姚琴参议之母丧。晤胡葆生、罗衍东、马溆午、衷佑卿、袁珏生、俞廙轩、劳玉初、章一山、吴䌹斋、郭春榆、林惠亭、陈子绶、周紫庭、陈叔伊、朱艾卿。所谓甘少兰阁读学者,亦于此见之。俟点主礼成后,遂先回城。是日晴,夜大雨旋止。

廿五日(8月10日) 寄陈伯严、狄楚青、张菊生、易由甫书。禺中,到署。作一笺与君立、梧生。是日晴。

廿六日(8月11日) 食时,到署。分寄《宗孔编》,如王益吾、沈子培诸公,皆久未通问者。另单存察。是日晴,昧爽雨。

廿七日(8月12日) 复郭甫函。力不从心,深为愧歉。禺中,到署,仍无会议。与肖项、绥之谈。怡仲见过。是日晴。

廿八日(8月13日) 寄张坚伯抚军、陆申甫方伯书。复作一笺与沈爱苍。是日晴。

廿九日(8月14日) 禺中,到署。日昳,答尧城、幼苏、瑞生及杨雪门拜,均晤。造漱唐侍御,适松山给谏在座,遂久谈。汤蛰仙补授云南臬司。是日晴。

三十日(8月15日) 星期。写一缄与肖项,并还前假医书。家人合拍一照,琼女亦挈两外孙来。得由父大令、伯䌹编修书。托尧城代寄杨文敬挽联，并赠以唐碑书帖，当有报章。尧生侍御函告妻亡于蜀，立复数行。晡，亲往慰之。夜作二律，题小石制军《征鸿吟草》，比者所作皆系应酬，殆不足言诗也。是日晴。

七月

初一日(8月16日)戊申朔　禺中，到署。寄王旭庄观察书。是日晴，昧爽大雨。

初二日(8月17日)　吊陈剑秋副都护之妻丧。以《政治官报》全分诒尧生。得损庵书，并余子厚提学电，当答之，旋有报章云"嗔是心中火，能烧功德林"。是日晴，夜雨旋止。

初三日(8月18日)　撰说帖二件呈本部。禺中，到署。易生国馨来见。日昳，访茂老于川汉铁路公司。夜，仲奋设酒为鹗儿饯行，琼女及棣生来，余复生怒，足见中节之难也。是日晴。

初四日(8月19日)　易生来见。禺中，到署。茂菱有字往还。警厅明知如常演戏，而必讳其名曰"说白清唱"，中国办事自欺欺人，大率若斯。是日午前大雨旋晴。

初五日(8月20日)　寄邵伯絅监督、陈小石制军书。又作一笺贺匋斋尚书。接刘蜀君函。是日晴，夜雨竟夕。

初六日(8月21日)　为禁烟事取具同乡官印，结交总务司办理。寄袁海观制军书。是日午晴，旋又雨。

初七日(8月22日)　星期。鹗儿仍往日本留学，搭早车至津门。与絅斋侍读笺，当有还翰。是日雨止还作。

初八日(8月23日)　禺中，到署。读漱唐侍御条陈学务折。晤一山检讨。昨尧城有书至。是日晴雨。

初九日(8月24日)　王次篯修撰来谈。禺中，到署。李明甫目疾新愈，亦来牙门行走。日昳，诣华相，适步行出宅，因留书而去。拟《预备立宪宜先图本根》一折脱稿。是日晴，夜雨。

初十日(8月25日) 禺中,到署。新奏派丞参上行走署外务部右丞周子宜自齐晤谈。是日晴。

十一日(8月26日) 寄士可、尧生各一笺。禺中,到署。本厅会议,除林、陈外,仅有叔伊、绥之、静生、枚良、咏春数人。晤幼云。接郭甫函。幼苏询为游学生出咨事。是日晴。

十二日(8月27日) 复幼苏函。禺中,到署。是日晴。

十三日(8月28日) 禺中,到署。晡,访尧生、次典,未晤。接廖叔度函。是日晴。

十四日(8月29日) 星期。复蜀君书。日昳,诣幼云,值其在秪园别墅宴客,坚留同饮,晤朱纯卿观察益浚、权谨堂监督量、蔡燕生侍御金台及刘伯崇、叶玉虎、李晴峰。酒罢,回寓,已上灯矣。是日阴雨。

十五日(8月30日) 与幼云总监督、茂萲左丞笺,均有报书。禺中,到署。晡,诣艾卿宗正、拙存公子久谈。接漱唐侍御函,当答之。是日晴,夜月甚明。

十六日(8月31日) 食时,访茂老于铁路公司。昨今两日皆与叔言不期而遇,渠新自日本归也。晤周紫庭,谈久之。乃到署,得少农观察复书。夜观马戏。是日晴。

十七日(9月1日) 易生国馨来见。昨夕遇延子光、文幼峰于演马戏座中。瘦棠侍御过我久谈。接由甫及蜀君函。李紫翱之世兄等有书乞助,无以应之,奈何。是日晴。

十八日(9月2日) 禺中,到署。叔言以石印黄忠端所书《王忠文祠记》见赠。参事厅无会议。复由甫、叔度书。是日晴,晡雨旋止。

十九日(9月3日) 覆校国文教科书。禺中,到署,与明甫谈。是日晴。

二十日(9月4日) 禺中,到署。肃堂有呈请开差使。是日晴。

廿一日(9月5日) 星期。易生国馨来辞,为作一书致余子厚提学。晡,出城造卿五检讨、杏郁侍御、松山给谏,均晤谈。是日晴。

廿二日(9月6日) 晨,至都察院递呈,适免衙门,因将原稿略为删改,撰李生如松之母寿序成。莼卿观察来谈。是日晨雨旋止,午晴,夜又大雨。

廿三日(9月7日) 禺中,到署。易生明日行,作一笺送之。得鄂督陈筱帅复书。与尧生侍御有字往还。晚,次典编修过我久谈。是日晴。

廿四日(9月8日) 再诣都察院衙门呈请代奏,因候久,遂未到署。陈灜生来访,亦一运动家也。是日晴。

廿五日(9月9日) 禺中,到署。日昳,将出,遇叔伊立谈,并晤肖项、范甫焉。尧生有笺至,盛称余所作漱唐尊人寿诗。夜,尔巘自日本避债返。是日晴。

廿六日(9月10日) 与叔言笺。禺中,到署。晡造损庵,遇周松生。接蜀君函。孟鲁来见。是日晴。(鹗有书寄庸)

廿七日(9月11日) 清晨,偕内子挈瑛女同孙至农事试验场,无一游人,尚为可喜。得匋斋制军复书。是日晴,夜雨。

廿八日(9月12日) 星期。诣赞虞侍郎,适正移居,遂留刺而去。松山给谏来谈。华卿协揆销假。是日晴。

廿九日(9月13日) 与次典有字往还。禺中,到署。函催士可校定国文教科书。尧生有笺至,订广和之约。是日晴。

八月

初一日(9月14日)丁丑朔 巳初,到署。同明甫参议在堂阅译学馆毕业试卷,分得“人伦道德”七十本。未正评讫,往天顺祥记一行,看魏默深《书古微》及成芙卿《禹贡班义述》。是日晴。

初二日(9月15日) 尧生侍御招饮广和居,赵筑垣、家杏邨、胡漱唐三侍御同坐,闻筑垣言余所具折已于上月廿六日代奏矣。巳正集,申初散。得王晋卿方伯、邵伯絅编修书。与陈弢庵阁学有字往还。是日晴。

初三日(9月16日)　抱冰相国生辰,衣冠往拜,并问病状。旋即到署,仍无会议。与刖存、石遗、肖项谈。晋卿之子名禹敷字仲英者来谒。得申甫书,作一笺上华相,附折稿。徐生锺藩大学堂师范毕业,新分学部司务,以学生礼相见。是日晴。

初四日(9月17日)　复伯絅书,并寄《宗孔编》二百五十本。禺中,到署。华相已先至,遂上堂小坐,并与严、宝两侍郎一谈。饭后,华相来承参堂,茂蓤亦至。接尔鹤及胡生璧城函。仲奋之兄法生来见。是日晴。

初五日(9月18日)　禺中,到署。寄赓虞笺。胡铁华琳章过访,日前在广和居曾一晤也。是日晴。

初六日(9月19日)　星期。陈玉苍之夫人在龙泉寺领帖,送挽幛一轴以表乡情。葆生谦、时生经诠挚见。日昳,东城拜客,不见一人而归。是日晴。

初七日(9月20日)　答铁华主事拜,晤谈。日昳,到署一行。与絅斋侍读有字往还。止盦相国以六十书怀诗见寄。是日晴。

初八日(9月21日)　禺中,到署。得伯絅编修书。清晨,尔巘偕其舅返西充。是日晴,夜小雨。

初九日(9月22日)　看《政治原论》,译笔殊不佳。日昳,诣漱唐侍御,承以二冯诗集见赠。复造尧生侍御谈。是日晴,夜雨。

初十日(9月23日)　禺中,到署,仍无会议。叔言一至即去。尧生有字往还。赵生曾翔自日本毕业来见。蒯礼卿观察过谈。李柳溪阁学协理资政院事务。是日晴。

十一日(9月24日)　尧生亲送题余小像诗来。是日晴。

十二日(9月25日)　作一纸示鹗儿。食时,王叔雄勇敷来谒,并以其尊人晋卿方伯近著出质。日昳,到署。晤润沅提学,面定宣化之游。是日晴。

十三日(9月26日)　星期。拟上那相书脱稿。刘式甫及林咫颜锺瑛、曾叔度彝进来谈。时生经训挚见。晡时,同内子挈儿女辈崇文门观马戏,遇琴轩相国携眷偕来,并晤荣竹农阁学暨谭寿卿主政。是日晴。

十四日(9月27日) 曾生载崻来见。与尧生有字往还。日昳到署。是日晴。

十五日(9月28日) 又中秋矣。午桥制军有笺来贺。李生如松馈盛馔。杨次典编修、李柳溪阁学先后过谈。棣生孟鲁则专为拜节也。晚饭讫,入市散步。是日晴,夜月甚明。

十六日(9月29日) 林硕田主政蔚章偕其弟翔来见,徐质夫、章夫踵至。接高远香孝廉书。日昳,出城谢步,上琴轩枢相《论进贤退不肖》。铁华过谈。是日晴。

十七日(9月30日) 饭已,到署。晤严几道、徐梧生。昨,叶甥又有书乞贷,无以应之,奈何。与叔言有字往还。是日晴。

十八日(10月1日) 尧生有书至,当复之。饭已,到署。是日晴。

十九日(10月2日) 拟丞参政四川赵莒生提学公函。饭已,到署,交朗溪、邃庵一阅,旋送茂蓤酌之。造尧生小坐,即诣漱唐,遇苏厚庵舆,盖王益吾之弟子也。是日晴,夜雷雨,旋月出。

二十日(10月3日) 星期。李石芝景铭、方乘六兆鳌同过访。日昳,答拜数处,诣叔言久谈。接伯絅函。是日晴。

廿一日(10月4日) 张生鼎铭新分豫河通判,来见。日昳,到署。晚赴六国饭店公宴法国伯希和君,并美国马克密君。晤宝瑞辰、刘仲鲁、恽薇孙、刘幼云、王书衡、柯凤荪、徐梧生、金巩伯、姚倆桓、董授经、蒋伯斧、王静庵、王捍郑、吴印臣昌绶、耆寿民龄。盖伯希和游历新疆、甘肃,得唐人写本甚多,叔韫已纪其原始,同人拟将所藏分别印缮,故有此举。伯君于中学颇深,不易得也。曾刚甫来而复去,缘未先契约耳。接唐生宗郭函。是日晴。

廿二日(10月5日) 清晨入内在皇极门外行孝钦显皇后十满

月礼。晤景月汀、郑叔进、袁珏生、唐春卿、达稚甫、那琴轩、江杏村、刘少岩。闻抱冰相国昨日亥时薨逝，遂同瑞宸侍郎、梧生监丞、幼云总监督同往吊之。见曾理初，深惜其不早去也。作一笺与伯希和，并以《宗孔编》诒之。日映，到署。范孙侍郎邀与语。叶甥又有书至。是日晴。

廿三日(10月6日) 诣张宅，送冰相殓，予谥文襄。摄政王亲临。晤张小帆中丞曾扬，言及曩岁延聘之事。俞廙轩、戴少怀、李福生、吴菊农、刘幼云、王书衡、陈伯潜、征宇、沈爱苍、王司直、曾理初、张望屺、劳玉初、陶拙存、刘聚卿、吴蔚若、伍叔葆、刘仲鲁、吴䌹斋、袁珏生、章一山、罗隐(亦作桢)东、瑞鼎臣，本部唯严、宝二侍郎及绂臣，均早到，其余丞参同人未之见。昨润沅提学云至此一会，亦相左。辰初集，申初散，因候涛贝勒恭代赐奠迟延故也。出门遇华卿协揆荣，有挽张文襄联，云“生有自来，死而后已；斯文未丧，吾道益孤”，身分恰合，落落大方。与尧生有字往还。得伯䌹书。是日晴。

廿四日(10月7日) 同赵尧生、胡铁华到西直门车站，遇袁珏生、陈紫纶、高淞荃三编修。巳正，开行，书衡推丞亦偕往。居庸叠翠，洵非虚语。酉正抵张家口，住宝通公栈。夜，沽白酒与尧生论文。是日晴，下晡雨。

廿五日(10月8日) 晨起，偕赵、胡二君出大境门，即《龚定盦集》所说大禁门也。北口临河，行旅行来皆自西口。尧生独登山，余及铁华未能从焉。入市购蘑菇、葡萄，拟游赐儿山，以雨不果。闻有戏园，亦未及往听。是日阴雨，夜半风雷。

廿六日(10月9日) 寅初即起，卯初上车，卯正开行。刘仲鲁、劳玉初、达稚甫、戴邃庵、彦明允、陈仲骞、曹东寅、黄泽安，均于昨夕八点钟始到，一宿即归。王次篯亦然。法部魏君，汜水县人，谈及往年考察学务之事，极称史村张秀才之热心，余尝奖之也。本拟由沙河下车，偕赵、胡作天寿山之游，缘风沙太大中止。未正，抵西直门，接江苏师范学堂选科毕业学生等公函。是日晴。

廿七日(10月10日) 星期。时生经诠来见,将有新疆之行,为作书致王晋卿方伯、杜子丹提学,并附寄鄙撰。学部考试游学生,奏派庸儿充襄校官,即晚入场阅卷。大臣四人,柳溪阁学其一也。是日晴。

廿八日(10月11日) 复唐慕汾、邵伯絅书。为德宗升祔事,上笺华相。日昳,到署。得伯希和君函,当询叔言,今日晚车行矣。与尧生有字往还。作一联挽张文襄。是日晴。

廿九日(10月12日) 饭已,到署。下晡,造损庵谈。是日晴。

三十日(10月13日) 叔蕴送《诗经异文考补》来。日昳,到署。是日晴。

九月

初一日(10月14日)丁未朔 晨,诣张小帆中丞久谈,遇沈翼孙观察。复出城贺新枢戴少怀尚书。日昳,到署。是日晴。

初二日(10月15日) 致幼云总监督、絅斋侍读各一笺。李春如自归化有书至。日昳,到署。晤梧生监丞。得鹗儿禀,为作一书,托袁海观制军补给官费。赖生瑾、李生如松先后来见。是日晴。

初三日(10月16日) 寄柯逊庵中丞、陈小石制军书。日昳,偕内子挈两女游农事试验场。复至普济寺,登日下第一楼。接张生瑶贺秋节禀。叔韫有字来。是日晴。

初四日(10月17日) 星期。茂萲左丞来谈,以所撰祭张文襄公质之,留共饭乃去。晡时,诣尧生侍御、叔伊主政。接叶兰陔函。是日阴雨。

初五日(10月18日) 作一纸示鹗儿。复李春如、张蓺源函。日昳,到署。庸儿襄校事竣,出场。是日阴,晨雨旋止。

初六日(10月19日) 尧生招饮广和居,同座赵竺垣、麦敬舆、家杏邨三侍御,胡铁华、师仲昆弟。巳集,申散。是日晴。

初七日(10月20日) 杨雪门来见,已取中等,尚未知也。日昳,到署。严、宝二侍郎属祭张文襄文,将昨稿改八字,聊以交卷而已。尧生有函约游汤山。是日晴。

初八日(10月21日) 接郭甫函。杨雪门、林蔼卿同来见。此次考验均取列中等。日昳,入署。与范孙侍郎同登土埠。参事厅会议,到者有肖项、静生、枚良、咏春、叔伊、次方、劭希七人。与翼孙笺。小帆中丞来谈,于鄙撰《宗孔编》颇能知其深处,复索二册而去。次典编修过我夜话。是日晴。

初九日(10月22日) 拟游汤山,已束装矣,尧生忽有书来,作罢。遂过损庵左丞午饭,同游陶然亭,马叙午及其第二孙偕往。经爪槐,新筑未成,旧规已毁。复至龙泉寺小憩。叙午作东,饮于回回德兴园。晚归。德宗升祔礼定。是日晴。

初十日(10月23日) 接刘蜀君函。日昳,入署。晤幼云。夜,春仙听戏,遇桂月亭侍郎及洪铸生、胡伯平诸人。是日晴。

十一日(10月24日) 星期。铁华招饮广和居,赵尧生、家杏村、邵明叔、朱某、王某及其弟师仲。酒罢,答拜二客,复至幼云处久谈,并晤伯潜阁学。夜又往春仙听戏,遇胡葆生。是日晴。

十二日(10月25日) 明为尧生诞辰,以四十字寿之。日昳,入署。是日雨。

十三日(10月26日) 下晡,诣午樵制军,适出门,因留书代面。乐峰尚书亦入内未归。是日阴雨。

十四日(10月27日) 饭已,到署。与尧生笺。是日晴。

十五日(10月28日) 尧生有字至,当复之。未刻,学部尚侍丞参暨司局各员公祭张文襄。晤小帆、傅彤臣、伯潜、爰苍、仲纲、春榆、菊农、柳溪、仲鲁、絅斋。是日晴,夜月甚明。

十六日(10月29日) 姚俪桓来谈。日昳,到署,润沅在坐。尧生有书至。晚，赴罗掞东万福居之约，曾刚甫、潘若海博[1]、杨筠谷增荦[2]、陈石遗、冒鹤亭、王书衡、叶玉甫、章缦仙同席。是日晴。

十七日(10月30日) 辰正，赴张宅吊文襄公并为陪。晤张燮钧、俞廙轩两侍郎暨幼云、玉初、季约、梧生、树五、石遗、彦云、汪衮甫、岳凤梧、潘季约、蒯礼卿、吴䌹斋、李福生、吴菊农诸人。爱苍新简黔藩。伯潜以祭文出示，沉郁激昂。伊与小帆中丞因祭文文忠先去。余亦于未初到署一行。尧生有字往还。得匋斋督部复书。是日晴。

十八日(10月31日) 星期。石遗来谈。诣尧生面商游事。雪门因父病促归来辞，流涕被面，至性犹存。旋作一书送之，托其代访族人照料茔墓，并以鄙撰四种赠之。接柯逊庵中丞复函。章经之来见。是日晴。

十九日(11月1日) 凌晨，尧生同铁华、师仲来，遂挈庸儿随出平则门。八里庄小憩，骑马至田村，复跨驴抵白象庵，步行上石景山。登顿殊劳，啜茗天空寺。旋跻绝顶，有石塔焉。回香殿已废，天启元年宦寺所立碑犹存，有松甚古，数百年物也。尧生有诗。归途复游摩诃庵，观明神宗母孝定李皇后画像，即所谓九莲菩萨。赵怀玉、法式善、王轩、董文涣均题诗其旁。返寓有暮色矣。望槎有笺至，当复之。是日晴。

二十日(11月2日) 饭已，到署。同茂蓤、朗溪过严几道谈，盖新开编译(审定)名词馆[3]也。是日晴。

廿一日(11月3日) 崇文门外路祭张文襄公。辰往，午归。复往贺棣生初度，吃面而去。尧生有书来，盛称余和诗。爱苍方伯见访。是日晴。

廿二日(11月4日) 翼孙观察来谈。日昳，到署会议。绂臣以

---

① 潘若海(? —1916)，即潘博，原名又博，字弱海，后改若海，广东南海人。

② 杨增荦(1860—1933)，字昀谷，号松阳山人，新建县人。

③ 即1909年设立的编订名词馆。

陆申甫方伯函出示,其子静山蹈海而死,诗以哀之。巳刻赴皇极门为孝钦显皇后十一满月随班行礼。晤少岩、春卿、裕小彭、松山、春榆,到者殊寥寥。是日晴。

廿三日(11月5日)　寄申甫方伯书。接易生国馨西安函。禺中,到署。阅湖北方言学堂毕业试卷。下晡,赴广和居,尧生作主人也,同坐若海、掞东、玉甫、筠谷、石遗及铁华昆仲。晚,入东城(前门)。郭甫有书至。是日晴。(阅大隈重信《开国五十年史》)

廿四日(11月6日)　饭已,到署。代棣生作七律二首,寿朱学士福诜。夜得长句,送沈爱苍方伯之贵州任。是日晴。

廿五日(11月7日)　星期。巳刻诣皇极门外行展奠礼。与端匋斋尚书、于晦若侍郎立谈,并晤劳玉初、李柳溪、刘仲鲁、杨少泉、王次箴、景月汀、铁宝臣、林赞虞、程少珊、商云亭、刘幼云、郭复初、朱艾卿、郑叔进、吴絅斋、章一山、吴蔚若、裕小彭、陈伯潜、沈爱苍、郭春榆、林惠亭、江杏村、瑞鼎臣及严、宝、乔、孟、戴、徐诸公。杨俊卿补鄂藩。树五罢浙江提学使。是日晴。

廿六日(11月8日)　内子生辰,午面后,到署,面交一函与绂臣。得申甫方伯书。尧生索和诗。是日晴。

廿七日(11月9日)　寅初出东直门外恭送孝钦显皇后梓宫。午初入城,傅润沅邀同茂蓤、朗溪、邃庵在福全馆小酌。是日晴。

廿八日(11月10日)　饭已,到署。晤王旭庄之子继曾(似字述琴),新派法国游学生监督。寄鹗儿缄。得刘生鲁曾及由甫书,当复之。是日晴。

廿九日(11月11日)　清晨,诣俪桓小坐,至树五门始知帖包失去,不能拜客,遂入城。得聂仲方中丞书。尧生代撰寿联并书。叔韫以田伏侯笺见示,当作一笺寄沈子封提学,盖为尔鹗谋官费也。是日晴。

三十日(11月12日)　代本部复美国博士李佳白函。饭已,东城访于晦若、沈涛园、林赞虞、吴蔚若、李柳溪,均未晤。是日晴。

十月

初一日(11月13日)丁丑朔　日昳,送戴邃庵参议行,未晤。遂到署,蒋则先自青岛学堂来,与朗溪论及部务,令人灰心。是日晴。

初二日(11月14日)　星期。得袁海观制军复书,当寄鹗儿阅之。游九云以所作《秋闺怨》八首索和。江淹才尽,无能为也。题尧生侍御《石景山纪行》诗后一律,并以送爰苍诗质焉。接桂林张坚伯中丞函,词意颇为殷挚。是日晴。

初三日(11月15日)　饭已,到署。蒯礼卿奏派丞参行走,相与快谈久之,并晤杨次典、王捍郑。次典乃礼卿典试贵州所取士也。尧生有书谢予题诗,累称屡赞。夜,作长句寄坚伯中丞并函五纸。是日晴。

初四日(11月16日)　接林生文钧函。饭已,到署。晚,赴汪子健、胡伯平席,同座章仲和、汪麓源、张彦云、陈公猛、洪铸生及仲奋、棣生,饮甚欢。是日晴。

初五日(11月17日)　作一书致叶伯高提学。日昳,访汤蛰先廉访,不遇。诣沈爰苍方伯久谈。晤梁檀甫年丈之孙广照,小山之子。是日晴。

初六日(11月18日)　寄蛰仙笺。与伯潜阁学有字往还。致金赓虞书。日昳,到署。同郡林君招饮惠丰堂,辞之。是日晴。

初七日(11月19日)　准拟行乐毋得[1]贪嗔。日昳,到署。下晡,造尧生侍御,值其饮酒,小酌而去。是日晴。

初八日(11月20日)　饭已,到署。因与茂蓤、绂臣谈。散较晚,仍诣叔韫小坐。夜,得尔鹗与其两姊之函。是日晴。

初九日(11月21日)　孝钦显皇后神牌还京,应在大清门外恭

---

① 毋得,旁改为"切戒"。

迎,缘小恙未往。同乡公请爱苍,亦不能赴,作一笺告知石遗。得伯絅编修书,言及浙省学务,特送树五提学一阅。是日晴。

初十日(11月22日) 京师大学堂师范科毕业生周清挚见。日昳,到署。蛰仙廉访来访,与叔蕴同于客座会之。晚,王述琴辞赴尊人粮储任所,拟湖州就婚后即往巴黎也。棣生回鄂葬亲,明晨快车行,须一月始归。是日晴。

十一日(11月23日) 作一笺谢日本医士杉田源吉,又写画送述琴行。诣华卿相国,贺其赏太子少保衔之喜。瑛女生辰,琼女来。叔伊有字至,当复之。晡时,出访礼卿、次典,均不值。端午樵竟得革职处分,然以李国杰原参,尚从宽典也。小石制军调补直隶,湘石中丞亦移抚苏州。是日晴而风。

十二日(11月24日) 写一函贺小石制军。日昳,到署。茂老代书寿联已就,并晤礼卿、次典、幼云。下晡,遂践叔伊约,尧生、筠谷、书衡、仁先、掞东、玉甫同座。上灯,赶入宣武门。是日晴。

十三日(11月25日) 晨,诣子健,贺其太夫人六十寿。过叶玉甫,得李春如书。日昳,到署。树五有复笺,并附近作留别诗。是日晴。

十四日(11月26日) 签整顿学堂办法八条。日昳,到署。新加津贴银四十金。接蜀君函。刘幼苏云其先太高祖有《古易汇诠》,拟呈学部谋付剞劂,不知其笔果何如也。是日晴。

十五日(11月27日) 作一笺辞幼云明晚招饮。日昳,到署。递议覆赵御史说帖。夜,次典来谈。是日晴,月食。

十六日(11月28日) 食时,造尧生、杏郇两侍御一谈。日昳,过茂菱,同乘马车至福州新馆,凤荪、明浦、绂臣、朗溪继至。礼卿、几道均辞,座客惟树五而已。上灯,入城。蛰仙补江西提学,贻书开去署缺,交南洋差遣委用。是日晴而风。

十七日(11月29日) 饭已,到署。闻燮臣相国年伯薨逝。范孙侍郎来询黄伯雨、俞恪士,不知何故。梧生晤谈。夜,尧生有字来。

因与铁华以笺还往。是日晴,晡,风息。

十八日(11月30日) 食时,诣燮相年丈灵前一哭,吊客寥寥,仅二人同乡在此接待,人情冷暖,可为慨叹。旋过尧生谈,遂邀同铁华在德兴园小酌。散后复造幼苏小坐,其先人遗书已交朗溪,余可不问矣。燮丈赠太傅,谥文正。是日晴。

十九日(12月1日) 殷楫臣来拜,盖有所托也。日昳,到署。散后返寓。复出门为林君炜焜谢步。在黎伯颜处谈久之始归。是日晴。

二十日(12月2日) 饭已,到署。是日晴。

廿一日(12月3日) 复林生书。日昳,到署。书稿讫,遂往东城拜客,晤蛰仙提学,仍不欲赴任。遇谢黼臣、陈士可。谒端匋斋、奎乐峰,均值出门。王捍郑以所印《敦煌石室真迹录》三册见贻。夜,范孙侍郎有书至。是日晴。

廿二日(12月4日) 复高远香书。楫臣有字至,当答之。日昳,到署。诣范公一谈,属拟图书馆章程。散后,造小帆中丞,未遇。遂至琼女家小坐,挈瑛归,瑄留陪其姊。是日晴。

廿三日(12月5日) 作一笺与叔韫及蛰仙。午刻,赴万福居践杨祗庵、凤子怡、恩咏春。践袁树五之约,有顾枚良、王君九、彦明允、奎实之同座。申刻乃散。复诣尧生一谈。是日晴。

廿四日(12月6日) 寄鹗儿书。日昳,到署。次典来谈。庸儿廿二往津门,今夕乃返。是日晴。

廿五日(12月7日) 禺中,送树五行。遂至广和居,盖尧生又招饮也,同座赵竺垣、杨昀谷、江杏邨、胡铁华。日昳,到署。开特别议会议女学服色,三堂复有属:“各司各抒所见,幸勿不置可否。”散后面报三堂。是日阴,始微有雪。

廿六日(12月8日) 与陶子璘笺。楫臣又有字来,当复之。答邵伯絅编修书。日昳,到署,将所签整顿学堂办法一册呈堂。得郭甫函,已回成都矣。是日晴。

廿七日(12月9日)　饭已，到署。以参事厅应拟之稿二件，分属肖项、叔韫。晤梧生。得蛰仙书，明早行矣。夜，林旬甫大令来谈，子培方伯尝属其致意也。晡，遇树五于丞参堂。是日晴。

廿八日(12月10日)　卯刻，诣车站，蛰老已先至，送行者尚有端匋帅、谢鬴臣。匋帅约作平谷县马家庄之游。长媳生辰，琼女来。日昳，到署。属绥之代拟《驳湛若水从祀》稿。杨云硞来访，相左。夜，次典过我久谈。是日晴。

廿九日(12月11日)　禺中，过尧生，偕铁华同至广和居，应杏村之招，云硞、竺垣均到。谈至下晡，乃入城。日入，赴车站迓陈小石制军。晤瑞鼎臣、汪伯恭两侍郎，刘子贞、陈公□两观察。是日晴。

三十日(12月12日)　作一笺与尧生。禺中，往东城造汪穰卿谈。谒新旧两北洋大臣，均未晤。日昳，返。上筱帅书，以二绝句奉赠匋斋。是日晴，夜风。

十一月

初一日(12月13日)丁未朔　尧生侍御携稿来商，留之小饮。冯生学台挚见，盖大学堂师范科学生也。日昳，到署。与绥之论湛甘泉事。诣范孙侍郎谈，遇次典，因瑞宸侍郎至，敷衍数语而去。闻柯凤荪疾。寄蔡伯浩观察书。是日晴。

初二日(12月14日)　接吴筱梅函。李生如松辞还蜀省，亲购食品四种馈之。日昳，到署。阅《新编国民必读》，多未谙作法，且文气亦不免晦涩，几道以为是国民必不读也。次典新派参议上行走。是日晴。

初三日(12月15日)　余五十三岁生辰。李生承烈、谭生奎昌暨孟鲁昆仲与车衡、如东来贺，唯见仲奋。接邓覃百太守书，并其师顺德简朝亮所撰《尚书集注述疏》，盖汉宋兼采之经学家也。是日晴。

初四日(12月16日)　得伯䌹太史书。日昳，到署。于晦若侍郎因会核游学毕业生著述，同三堂来丞参处，晤谈而去。余定议驳湛若水从祀说帖后，遂至前门外答拜楫臣、云碚。禺中，王济若过访。是日晴。

初五日（12月17日） 云碚招饮广和居，同座杏村、尧生、竺垣、铁华。日昳，到署。闻茂蓤之孙奇变，亟往慰之，已往观音院矣。邓覃百之表弟熊公绪壮略来见。是日晴。

初六日（12月18日） 禺中，造小石尚书。赴梁格庄未归，留一笺而去。日昳，造损庵谈，深于佛理，尚能自遣。遂到署与次典论事，深慨实心振理之难。润沅匆匆一晤。是日晴。

初七日（12月19日） 星期。诣竺垣侍御久谈。访春卿、晦若两侍郎，均不值。为洵甫大令与秦稚樵书。昨上谕：毛实君以贻误宪政革职。是日晴。

初八日（12月20日） 饭已，到署。夜，作柬小石制军诗，即用其丁卯岁见答元韵。是日晴。

初九日（12月21日） 禺中，出城，遭茂蓤左丞于途。遂诣尧生侍御谈，铁华踵至。因同赴广和居践竺垣之约，云碚已先到，杏村以病喉未至。晤吴经才侍御纬炳，酌酒颇多。日昳，乃散。访刘式甫不值。遂到署，属几道为侍郎严、宝二公一言国民必读办法之不善。朗溪述两侍郎意，重定女学服色，当谢不敏。返寓，得小石制军缄，盖以留别鄂中诗见示，意在索和也。当夜脱稿。是日晴。

初十日（12月22日） 冬至。祀先。日昳，以和诗送交小石制军，且贺宝瑞宸侍郎之太夫人寿辰，又用子宜外务部之母颁帖，礼到而已。两侄均有书至。接王仲英、叔雄昆仲函。范孙侍郎因定《简易识字学塾章程》，属开全体会议。是日晴。

十一日（12月23日） 洵甫辞回安庆。日昳，到署。晤杨次典、黎露苑。参事厅会议，范孙侍郎至焉，面交与陈小帅说帖二件。返寓已上灯矣。是日晴。

十二日（12月24日） 送洵甫行，并以鄙撰四册赠之。又与小石制军书。饭已,往劝工场一观。遂到署。接熊壮略及黄枝欣函。清晨,冯季铭来见,盖欲谋一尽义务之地也。是日晴。

十三日(12月25日) 昧爽,赴法华寺谒小石制军,未及畅谈。日中乃归。饭已,到署。乔孟林上堂商酌补缺事,余遂返。得申甫护院书。是日晴。

十四日(12月26日) 复刘蜀君及王仲英昆仲书。铁华招饮广和居,禺中赴之,同座竺垣、杏村、尧生三侍御,云碚太守暨唐伯泉、张子和。酒罢,访乔茂萲、刘幼丹、龚景张,均不值。实甫自肇庆遗寄所著日记来。棣生自鄂回。是日晴。

十五日(12月27日) 顾枚良母寿,懒于出城,作一笺贺之,并附祝敬。日昳,到署。晚,几道招饮,茂萲、绂臣、朗西、次典同座,谈宴甚欢。是日晴,夜月甚明。

十六日(12月28日) 禺中,诣刘幼丹廉访、黄笴腴、赵尧生两侍御,答张子龢主政,均晤谈。日昳,到署。凤荪久病新愈,来丞参堂,小石制军送别。敬得伯浩复书。姚生荣森、黄生咸康来见。是日晴。

十七日(12月29日) 饭已,拜宝湘石中丞,未晤。下晡,棣生过我,昨曾造伊也。是日晴。

十八日(12月30日) 姚、黄二生来见。龚景张过谈。日昳,到署。小庄交所撰认定家塾说帖先付誊写版,下星期开议。叔韫有字往还。是日晴。

十九日(12月31日) 赵竺垣、家杏村、赵尧生三侍御,杨云碚法部、胡铁华民政部来舍便酌,极欢洽。巳集,未散。杏村上封事,竺垣进讲义,均自内至也。刘幼云总监督有照会,请余任经科文科教员,每星期约在十二点钟以内,拟只耽任六点钟,须待面商。是日晴而风。

二十日(1910年1月1日) 与幼云有书往还。日昳,到署。与朗西谈。是日晴,仍大风。

廿一日(1月2日) 昨为阳历一月一号，今晨发示鹗儿书。禺中，造凤荪，告以专授毛诗。日昳，偕内子挈儿女辈出平则门，至农事试验场坐冰船焉。幼云来谈，劝余兼讲历代古今法制考。夜，往西单市场春仙园听龚处演剧。鸡鸣始归。是日晴。

廿二日(1月3日) 姚、黄二生有书至。日昳，到署。节奏派曲阜学堂监督稿数句，绂臣以不愧老手称之。晤梧生监丞，匆匆数语。一山来谈，深慨文科大学之不易办。是日晴。

廿三日(1月4日) 铁华招饮广和居，与尧生、湘帆论文。云碚于此事不如诗之专也。日昳，到署。归后复赴棣生晚饮。携其祖濂亭先生手书尺牍稿二本回寓读之。是日晴。

廿四日(1月5日) 与尧生有字往还。日昳，到署。严、宝二侍郎属拟告诫学生轻信谣言开会演说通饬。是日晴。

廿五日(1月6日) 张子和招饮广和居，仍是尧生、湘帆、云碚、铁华诸人，唐伯泉汝声已同座数次，昨来拜，尚未往答也。巳集，未散。到署，无会议。接廖生道傅桂林函。是日晴。

廿六日(1月7日) 得蒋季和太史书。禺中，出吊孙文正公，因诣冒鹤亭京卿一谈。日昳，到署。鹗儿有书与其兄姊。又，茂萲左丞函索宿逋，有整债零还之说，亦可感也。是日晴。

廿七日(1月8日) 作《为本部告诫各学堂学生文》，脱稿后，送茂萲左丞一阅，当经约定数字。晡，挈两女及端孙往商品陈列所一观。昨夕，次典来谈，失记。是日晴。

廿八日(1月9日) 星期。谭亦张副使来久谈。寄小石督部贺任书。晡，于晦若侍郎来久谈。是日晴，晨微雪。

廿九日(1月10日) 禺中，诣奎乐峰总管，未值。晤燕平都护，闻陆观甫在此，询之，则昨夕未归也。此辈真能行乐。日昳，到署。是日晴。

十二月

初一日(1月11日)丙子朔 喜雪。函招尧生出游。卓午,偕二胡兄弟来寓,遂携酒同至普济寺,登日下第一楼。酒罢,踏积水潭凝冰,过净业寺、汇通祠,复小酌同和居而归。尧生已醉矣。是日雪。

初二日(1月12日) 昨,吴生一鹤有书至。今晨,姚生荣森、黄生咸康偕来。复为黄生作一函,托李梅庵署提学。日昳,尧生约同张子和、唐伯泉暨二胡同登陶然亭,仍饮于广和居。是日雪,夜滋大。

初三日(1月13日) 得金赓虞成都书。日昳,到署,仍画稿而已。是日大雪,晚止。

初四日(1月14日) 望槎代人索寿诗。日昳,到署。听风荪、明甫讲李虚中之学。是日晴。

初五日(1月15日) 寄伯浩函。蜀君有书至。日昳,到署。将出,适实夫宫相、范孙、瑞宸两侍郎来,因共语久之乃去。是日晴。

初六日(1月16日) 星期。禺中,出吊郭春榆侍郎之弟上饶县宰于广惠寺,遇张燮钧侍郎。访晦若、茂蓤、亦张,均未值。午后,在家改定《国民必读课本》,明当缴还也。是日晴。

初七日(1月17日) 萧生秉元来见,为作一书与陕西余提学。日昳,到署。叔韫有字至。晤梧生。翌日为实夫宫相五十晋一生辰撰五言四韵献之。是日晴。

初八日(1月18日) 王子楚又有信至。日昳,到署。是日晴。

初九日(1月19日) 接小石督部及由甫大令书。刘崧生崇佑、连仰山贤基,吾闽请开国会之代表也,来谈久之。日昳,到署。诣家杏村侍御小坐。是日阴,下晡雪。

初十日(1月20日) 辰初,赴学部点名,盖考试法律学堂,余与孟、林、柯、吴轮值也。点讫,诣林赞虞,贺其文孙合卺之喜,晤哲嗣子有观察。遇高子益外部而去。日中,赴棣生之约,座客惟崔上之栋一人而已。上之为濂丈弟子，于经学颇自负。晚，杨青山招饮西高庙，同座有本部徐新甫之兄元甫，及皖南镇王季兰并聂士成之子与谭次度。是日晴。

十一日(1月21日) 答筱湄、季鸣、覃百函，并作二纸唁孙君锵。日昳，到署，晤新补缺之五郎中。接鹗儿禀。是日晴。

十二日(1月22日) 作一纸示鹗尔。得叶伯高提学书，当复之。昨夕，琼女举一男。姚生荣森来见。日昳，到署。正拟致函茂菱商荐教习，适渠至，因面言之。答刘崧生、连仰山两代表，并过尧生，均晤谈。是日晴。

十三日(1月23日) 孙生鼎烜来见。乡人在闽学堂款待刘、连两代表，余懒于酬应，作一笺谢之。接南陔桥梓贺年笺，并林洵甫函。夜，春仙听剧。是日晴。

十四日(1月24日) 刘仲鲁少卿招饮于乐善园之荟芳轩。刘幼丹、邓孝先、余寿平、李木斋、劳玉初、董授经、吴向之同游，寿平方伯及木斋府丞皆久相知而未见者也。午初集，酉初散。是日晴。

十五日(1月25日) 吴生传球来见。接伯浩观察函并炭金，作一笺与幼云总监督，缘其邀今午在大学堂会议故也。日昳，到署，凤荪亦未往，刘尚请假，此意当出之孙雄辈耳。是日晴，夜月甚明。

十六日(1月26日) 访寿平方伯，适已出门。遂诣夔钧侍郎久谈。日昳，到署。接春如书，当遣价往英古斋查探情形，旋作一笺报之。是日晴，慧星前夕出，今隐。

十七日(1月27日) 邮递一函，询幼云疾。日昳，到署。与叔韫笺。得伯高提学书，并梅花百韵。尧生侍御属庸儿钞余履历，盖拟举余充资政院议员也。是日晴。

十八日(1月28日) 还茂菱债，当有复笺。寄飞卿甥廿元。晡，寿平方伯来谈。是日晴。

十九日(1月29日) 封印之期。姚生来见。是日晴，大风。

二十日(1月30日) 星期。接谢瑟堂、秦稚樵书，大做其讲义。

是日晴。

廿一日(1月31日)　昨,范孙侍郎请假修墓,盖为已乞退张本。午后往视之,并贺寿平补授陕藩之喜,均未晤。遂到署。尧生有字往还。李生琼来见。是日晴。

廿二日(2月1日)　与聂仲方中丞、蔡伯浩观察、叶伯高提学书。姚生来见。遣人问幼云疾。日昳,到署。华相至丞参堂谈。柳溪阁学申履新署任。范孙侍郎已乘早车回天津矣。朗溪言瑞宸嘱补撰国民必读女学一篇。夜脱稿,其末段颇自喜。是日晴。

廿三日(2月2日)　覆阅国民必读。日昳,到署,无会议。诣柳溪侍郎久谈。茂、绂、朗、凤踵至。张仲卿太史视学回。夜,录廉卿丈书牍讫。是日晴。

廿四日(2月3日)　晨,答郑稚辛晤谈,并过尧生一叙。日昳,到署。华相及瑞宸侍郎招商国民必读。晤润沅提学。是日晴。

廿五日(2月4日)　昨,姚生有字至,促其归,乃仍逗留,吾尽吾心而已。作一笺唁蒋伯斧,又与谭亦张书。是日晴。

廿六日(2月5日)　亦张有复书至。日昳,到署。几道以近诗相示。庸儿亦来。拟国民必读数篇。接景旭林太守函并《吟梅十二韵》。是日晴。

廿七日(2月6日)　星期。萧生秉元辞赴陕省服务。还肖项债。晡时,借棣生马车,造刘幼云总监督久谈。是日晴。

廿八日(2月7日)　瘦棠侍御来久谈。日昳,到署。知尧生举余硕学通儒,已于昨咨部。是日晴。

廿九日(2月8日)　作二纸示鹗儿。饭已,诣罗衍东、胡瘦棠、赵尧生,均晤谈。接远丰自汀郡来书。是日晴。

三十日(2月9日)　摒挡年事讫。饭已,造萨鼎铭军门久谈,并以同洵贝勒在欧洲考察海军所照相片见赠。旋到署,阅到文四十余件。棣生、伯颜来辞岁。

附录一 《江叔海先生遗像等四种》[①]

一、遗像一幅（徐熹　绘）[②]

二、绝笔诗

近得黔中重九句，飞书作答愧枚皋。惠心雅兴难兼有，政绩诗名许并高。胜境定知多眺览，穷阎何幸少呼号。独怜皓首金台客，病起依然意气豪。

——先严绝笔《和曹湘蘅自贵阳索和重九日诗》。此稿先严于临终前一日示不孝，并云湘蘅诗首句“寥”字不在豪韵，故未和，谨付景印，奉贻亲知。

棘人江庸泣记

三、自撰挽联一联

庚午孟春

入仕初无系援官止旬宣幸全清节

读书不分门户学兼汉宋勉附通人

石翁撰句

① 该书为江庸所辑，除遗像外，系据江瀚手稿影印，国家图书馆有藏。

② 该画像右上题“长汀江叔海先生遗像”，左下署“徐熹谨绘”。

四、预定丧制

属纩后殓以常服薄棺。三日成服。(无所谓接三送库。)由门人讣告。(世俗孤哀子之称既属不典,泣血稽颡尤涉虚伪,拉泪拭泪亦强为分别,并无取。)不作哀启。不搭丧棚。不制明器。不焚纸镪。不延僧诵经。不请人题主。两星期出殡。逾月而葬。(若有葬地,不必出殡,两星期即葬。)

附录二 《江叔海先生讣告》[①]

《江叔海讣告》

讣

丧居北平小方家胡同四号江宅

显考叔海府君恸于中华民国二十四年十二月十七日卯时寿终正寝,距生于前清咸丰七年十一月初三辰时,享年七十九岁。不孝等随侍在侧,亲视含殓。即日遵礼成服,谨卜于二十五年一月二十日,移灵长椿寺暂停。择期安葬。

叨在谊哀此讣闻

二十五年一月十九日领帖

孤哀　子　庸　尔鹗

　　　女　琼　瑄　　　泣血稽颡

孙　男　樵　靖

　　　　振　彦

---

① 江庸撰《江叔海先生讣告》(民国25年铅印本),国家图书馆有藏。

愉 康 皖生

勉 隆 恺 同 端 满 汴生

女

先严禀赋素强，自壮迄老，未尝一日病卧床蓐。童时曾患痘，右足微跛，升降不甚得力，然不知者不觉也。谈论声若洪钟，年近八旬，意兴豪迈，不让少年。民国二十一年五月，闻傅沅叔先生邀不孝作华山之游，欣然同往，并遍揽终南、太乙之胜。二十二年七月，开故宫博物院理事会于南京，先严以代理理事长入都。溽暑遄征，连日酬酢，不觉劳倦。会毕，复赴镇江游金焦、北固诸山；无锡登惠山，临鼋头渚；苏州访陈石遗丈暨张仲仁先生；流连上海、杭州，数日始返。其精力过人，为亲知所歆羡。

先严亦恒语不孝："人生长寿，必身体康健，兴会淋漓，方为有福。若老而衰病，毋宁速朽。"不孝私庆先严身体如是之健，兴会如是之佳，承欢之日正未有艾，不幸今岁六月先慈见背，先严虽外托达观，昕夕实郁郁不乐，兴致顿与曩日迥殊。不孝知先严哀念之深，而又无法从而慰藉，时惴惴以为深忧，犹有一事最足令先严伤感不禁者——先慈殁后十余日即值六十年花烛重逢之期。是日，先严语叶尧臣姻丈："天胡惜此十数日而不令吾妻相待，何其酷耶?"语未竟，老泪已纵横满颊。呜呼痛哉！

先严好学，老而弥笃，阅览撰述，日有定程，暇则以丝竹自遣。旧交已廖若晨星，日常所往还者，多属不孝知好。每周例有燕集，以娱老人。九月十五日晚，宴某氏宅，归即大吐。翌日，食欲锐减，气微不舒。延林葆骆氏诊视，谓为心脏衰弱，宜静养，勿食浓厚之物，服助消化及防止心力衰弱之药。呼吸已渐舒畅,唯食量仍未复元。十二月七日晚饭后,又忽呕吐、气逆,延林氏诊治,仍用前方,谓切宜静养,勿出门。不孝虽深以为然,顾先慈殁后,先严既无姬侍,不孝事冗,又不能朝夕侍侧,偶得友朋谈宴,亦可藉宽老怀。若杜门不出,益寂寥寡欢,恐适以增其苦闷。故心虽引以为忧,而又不忍力阻。十一日晚十时,气喘不能平卧,延方石珊院长诊视,谓确由心脏衰弱,嘱仍服林药。气稍舒,辄起坐语家人曰:“吾性好动,不必强也。”十二日,终日不思饮食,稍睡辄醒,夜十一时,喘加骤,面色改常,手冷,指甲发紫。石珊至,注射强心剂。俄顷,面色转和,手亦渐温,喜告不孝:“石珊注射殊有效,余已觉神清气爽。”私衷为之稍慰。十三日,石珊来诊,谓病稍减,延陶、金二女士日夜轮流看护。十四日晨,经石珊诊视,病状无变化,略进稀粥、鸡牛肉汁、麦乳精、饼干,至夜三时,呼吸又促,展转不寐。十五日晨,延石珊诊视,云已发肺炎,但尚不甚剧,随即注射防制之剂。十一、二时,忽精神焕发,洋洋若无病时。问不孝以所撰服部宇之吉七十寿序已否书就,命即进览,自诵一过,笑谓不孝:“余文犹丰腴,疾可虑也。”又谈及数日前和曹湘衡自贵阳寄示重九日诗,忽起立觅取。不孝阻之,从书案屉中检出捧读,末二句犹云“独怜皓首金台客,病起依然意气豪”。足见先严意气垂危犹勿衰也。不料至三时,骤下冷汗,数发谵语。急延石珊诊视,谓右肺已全部发炎,喘益急。嘱石珊速备氧气吸入,以和缓呼吸。夜二三时,又居然安眠。至翌晨六时犹未醒,其已入昏睡状态,抑或病有转机,不敢妄度。延石珊诊断,先严闻石珊呼,即醒而坐语:“吾眠甚酣,疾已去矣。”石珊诊后,则谓肺炎仍未稍减,但热度视昨较低,姑俟午后有无变状。至夜六时,喘又加剧,不语不食。石珊再诊,云:脉大坏,热度增至四十一,打针服药均不奏效。间三十分钟,吸入氧气一次,呼吸暂为调匀,喉间痰声不绝。延至翌晨六时,竟弃不孝等而长逝矣。呜呼痛哉!

泣念先严体极强健,性复旷达,又善于行乐。每日早眠早起,清晨必稍运动,且徘徊小院,呼吸空气,于摄生之道,亦殊讲求。凡属亲知,无不以为期颐可致。孰料将届八旬,遽一瞑不顾。呜呼痛哉!窃揆致病之由,当为笃念先慈过于感恸,非老年所能胜,而不孝平日侍奉之无状,病后防护之不力,其罪实无可逭。遘此鞠凶,追悔无及。泣陈病状,伏乞矜察。

棘人　江庸、尔鹗泣述

附录三　江瀚信札辑录

一、致冒广生(一通)[①]

鹤亭仁兄有道：

前在津门，辱承枉顾，竟失书答，何胜罪悚。顷弟应教育总长蔡鹤卿之招，于昨来京，拟初八日即移居十刹海广化寺之中央图书馆矣。兹先送上石墨二种，容更面罄。此领

晨祉

弟瀚顿首

初六日

喧传车骑驻江滨，谁信君非失意人。

莫对新亭收老泪，特留雁荡隐吟身。

穷愁有酒休辞醉，归去无田不讳贫。

他日板舆承色笑，未因迎养为娱亲。(疚斋将之温州赋此赠别)

巴园初稿

二、致汪康年(八通)[②]

(一)

穰卿仁兄世大人阁下：

迳有启者，承示铅字六枚，兹欲购三号与五号者各一具。据开价

① 据上海博物馆图书馆编《冒广生友朋书札》(上海书画出版社 2009 年版)录入。

② 据上海图书馆编《汪康年师友书札》(上海古籍出版社 1986 年版)录入。

目云:三号字每磅一百个,约一千六百磅,每磅三角;五号字每磅一百八十个,约一千二百磅,每磅四角,共计需洋九百余元之谱。今由天顺祥票号汇来渝平纹银四百两,即希察收。敬祈代为议定价目。有新译泰西之书,亦望惠寄,需价若干,当如数奉赵也。将全模二具购就,点明字数,仍交天顺祥票号带渝。或托招商局亦妙。总期从速,是所切盼。下欠实洋若干,俟字模到时,即行措缴不误。又邹沅帆兄之地图股票,前天顺祥曾托留三分,若已截止,不妨即将为弟所留者付之,其款即由渠兑付可也。琐费清神,心感无既。贵馆今春寄成都之报,均已一一转交魏诵梁矣。台从近仍客鄂,抑已回杭?贵馆帐房姓名,暨令弟行号,统希详示。闻舍亲叶熙平言,始知令弟在沪。盖弟尚有欲藉重之事,以便函托故也。右铭年丈开府湘中以来,政令一新。湘学会规模何似?本年未得伯严书,铁樵亦无信至,望便中觌缕言之。川东赈务,官力已殚,若再歉收,不堪设想。现当积雨,盛暑如秋,天意苍茫,安可问哉!专此奉恳,敬请台安,鹄候德音不既。世小弟江瀚顿首。六月初四日。(廿二到)

(二)

穰卿仁兄世大人阁下:

月初曾致笺并银,定已入览。字模务望速购寄渝,至恳至恳。请代购之新译西书及有关时务者,凭尊意酌买可也。价若干,随即补呈,决不致误。盖敝学正以此提倡故也。冗次泐此,即颂台祺,统惟珍重不宣。世小弟瀚顿首。

再,重庆所售《时务报》,均照贵馆定价,划一不二,俟收有成数,即行汇沪,将来尚可畅销也。又及。

(三)

穰卿仁兄世大人阁下:

巧日接董电,旋即奉复,想已入览。兹由天顺祥票号汇来渝平纹银六百两正，即希察收。所有事宜详列于左：

一、前蒙开示铅字价目，三号字每磅一百个，约一千六百磅，每磅价洋三角；五号字每磅一百八十个，约一千二百磅，每磅价洋四角，合计两副共需洋九百六十元。但五号字系备夹注之用，未审宜否，或六号字方合，务祈代为酌定，迅速装妥，克期交天顺祥带渝。

一、印机必不可少，其价几何？即望议定，并字模寄渝。总之，既以此事托左右，则当有全权也。

一、蜀中向无排印，必须觅一熟手前来。其工价、路资并乞费心议妥，促其速行，至要至要。

一、澳门《万国公报》、《知新报》暨广、汉、津、湘、苏、杭等报，并乞代为各购一分，自八月初一日始，按期同贵馆《时务报》汇寄，共需洋若干，照算不误。

一、重庆拟设《渝报》，系宋芸子太史、潘季约孝廉等主张其意。鄙意必须延一翻译西文之人，请为物色，示知再定。

一、梁卓如所著《西洋书目表》暨贵馆所有书与新译西书，统希购寄一分。

一、农学近颇有意讲求，乞为买《述钾养致丰收书》暨《钾养利用撮要》及《蚕务条陈》等类。又西药房所售肥田各料，其价若何？亦望详示，拟购取试用。

一、前电有“铁已故”三字，岂铁樵竟作古人耶！为之傍皇无似，祈速覆。

一、贵馆《时务报》，敝处只接到第二十七册，两月以来竟成绝响，纷纷来索，愧无以应，宜筹速法。

一、上月寄来纹银四百两，兹又汇来银六百两，共纹银壹千两整，不敷之数，俟字模、印机到渝，即行措缴。

以上各条，恐尚有未周详处；季约兄当另有函。草草此布，祇请著安，鹄候德音不具。世小弟江瀚顿首。七月十一日自重庆致用书院渤。（八月初一到）

（四）

穰卿仁兄世长有道：

顷游吴下，尚小有句留。沅州讲席决意辞去，拟就一电，请速照发为感。需费若干，望先垫付，俟归面缴，大约十八九必可到沪也。晤敬诒、建霞、敬如诸君，希代致声。此颂近祉。世小弟瀚顿首。初十日。

长沙抚署陈伯兄辞聘璧滞。瀚。（八月十三到）

（五）

穰卿仁兄世大人阁下：

前赴苏时，适台从游杭，未获握别为歉，比想兴居多庆，以颂以欣。兹有奉恳数事开列于下，请费心逐条赐复，至感至感。

一、前托拍电湖南，共去洋若干？望即示知，以便遵缴。

一、《时务报》报费已经迭催，据渝中来书云尚未收齐，且第四十九册至今未到。

一、闻泰西某国出有中文新报，望代购阅。

一、重庆所买铜模，共需银若干？此间亦有人欲购，希即详示。

一、《通商条约》不易查检，闻有分类一书，乞访得寄苏。

一、亚细亚协会初次章程已见，尚有续议，亦望赐观。颇愿入会，并拟胥及门诸子共之，捐款交何所？会董举何人？统乞示及。

一、欲学东文，其道何由？曩在东川掌教，与驻渝日本领事加藤义三交谊甚厚，故极乐与东人交。上海小田君如何？想所识必多，望详言之。

一、建霞北上否？晤芸阁，希代致拳拳，能作闾门游否？

一、农会尚无端倪。仲芳方伯购报百份，发给各属阅看，拟先在苏择地试办。鄙意必须请一东洋农师，先行筹商，若沪上有其人，或弟亲来一行。如何之处，可与伯斧、叔蕴二公商之，但不可出题太难耳。

一、驻苏之日本领事,其人尚通达否？望询小田君。若可往还,有事即与面商。盖鄙意欲在川振兴一切,须东人相助处甚多也。

一、前曾向敬诒言《时务日报》股份一节,金赓虞已应诺,后当寄沪,渠见在西湖。

右共十一条,专此奉渎,敬颂撰祺。世小弟江瀚顿首。十八日。(又月十九到)

(六)

穰卿我兄世长足下：

前辈复书,具悉种切。工艺一事,弟极愿为之,拟来沪面商办法。至译书亦今日急务,聂仲芳之子颇有志于斯,俟议定再报闻也。上海协会如何？保国会章程已见矣。弟颇欲为蜀人倡一会,但尚未得其方,高明何以教我？此间将设学堂,弟妄有陈说,当事未必能行,乐帅惟知涕泣,无心任事。特寄稿就正,并望转质芸阁、子培、梅生、苏堪、敬诒诸君子为之指谬,不胜感幸。承垫电费、书价,容月内面缴。此请台安,伏候还示。世小弟瀚顿首。初四日。

外信二件,乞速送为感。再《湘报》自三月十四起,望检齐寄下。(四月初一到)

(七)

穰卿我兄世大人阁下：

昨奉手教,知台从一时不克来苏,至用为怅。弟之游沪,亦无定期也。为寄陈说学堂稿,承奖甚愧。兹另有一议,似措语较妥,前稿颇多与时贤抵牾处,特以呈政。倘蒙赐刊《日报》(《时务日报》,弟处所阅,皆由墨林堂致送。前李少眉转述敬诒兄之意,自当力为,设法畅销也),尚望绳削为感。彼此至契,万勿见外。否则加一评语亦好。意有未尽,尤冀发挥,总期于世有裨耳。大局日危,苏省漫无振作,一书院之制尚不能变,遑论其他。粤督开缺,确否？南皮《劝学篇》,希代购一部。又李伯元兄之《游戏报》，颇有可观，请自本月朔日始，如数寄下，以后即可按期致送，便乞转达。顷接蒋伯斧、罗叔蕴函（邮政局迟延），其报费已面催前途矣。巴县梅黍雨，亦少年有志之士，想经晤谈。弟颇欲作东洋之游，其往返旅费约需若干？能为探示，不胜欣幸。此颂撰祺。世小弟瀚顿首。廿八日。

再，聂方伯欲购农会所制之犁，闻其形状与报中何图相似？请详谕之。（四月晦到。）

（八）

昨谈甚快，今日本拟趋谈，匆匆未果。前上荣相书呈览，其整顿事宜七条，有关京师名誉，未敢公布也。馀容明年面罄。敬上穰卿世长兄侍史。弟期瀚顿首。廿四日。

三、致陈夔龙、曹秉章、潘复（五通）[①]

（一）

贵阳中丞大人[②]节下：

违侍钧颜，忽逾一载。每怀高谊，曷任依依。入夏以来，伏维起居万福。瀚于新正始将师范馆监督摆脱，旋经华相奏派，考察山东、河南学务，奔驰数月，昨甫还京。此行饫闻大河南北官绅父老称诵盛美，益令人思慕不置，盖识仁知归，固已非一日矣。当此时局，瀚亦何心仕宦？惟自念惴有蕴蓄，颇思效用于时。虽曩讬帡幪，为日甚暂，而怜才雅意，感铭肺附。倘得追随帷幕，稍竭愚虑，固下怀所异幸，而寤寐不忘者也。瀚撰有《读经札记》及《四家诗异文考补正》二书，现拟缮一清本，敬祈赐序。盖荫老云："亡而海内儒风益不竞矣。"虔敬

---

① 据柳森《江瀚手札五通考释》（《文献》2015年第2期）录入。

② 据柳文考证："贵阳中丞大人"指时任江苏巡抚陈夔龙，该函应撰于光绪三十三年夏季。

崇安。江瀚谨上。

(二)

贵阳尚书大人[①]钧侍:

前上一笺,亮尘签座。恭阅廿八日《邸钞》,欣谂荣膺简命,总制全川,欢忭下怀,名言罔罄。窃维天彭井络,古号奥区,地据上游,民稠土广,其为重镇,由来久矣。况本年丈丁文诚公持节之邦,又执事旧游之地,行见后先,辉映造福岷峨,德化所流,当不仅蜀民之幸已也。

曩,翰之先父以癸丑进士,官璧山县知县。自先人于壬午年世,翰饥驱四方,去蜀复入蜀者屡矣。癸巳,为黎莼斋先生聘,掌东川书院,居重庆者五年。嗣因陈右铭中丞有湘水校经堂之约,遂至长沙,适值议论纷呶之际,留湘逾月,即托故辞去,作客吴门。旋同今内务府大臣长白奎公入川,在督幕三载。辛丑秋,缘聂仲方中丞再三相招,乃复买舟东下,盖离成都又七年矣。故闻公督蜀,喜而不寐,即拟束装来吴,随旌节而西。

翰到学部,倏已一岁有馀。虽客夏曾荷致书荣相,为翰揄扬,而自顾迂疏,实孤培植,辰下虽有奏补参事,仍以道员在任候选之说。然似近日京师情形,纵得一官,亦复何乐?诚不若投身明达,尚为识所依归。审己度人,思之已熟,感恩有素,用敢自陈,想大君子延揽为怀、兼收并蓄,必能俯如所请也。

翰现寓宣武门内西单牌楼报子街西头路北,如蒙赐示,径寄学部亦可。手肃申贺,附陈愚悃,字迹潦草,希恕不恭,虔请崇安,伏惟垂照。江翰谨上。

---

① 据柳文考证:"贵阳尚书大人"指陈夔龙,此函作于光绪三十三年七月二十八日后几日。

（三）

理斋[①]我兄大人阁下：

手书敬悉，修禊拙诗，遵命录上，并附近作三首，统希郢政为荷。修订礼制处，想已规画就绪，不审何时可以开办？外间风传靳揆又将解职，兹可碻否？朴公能出任艰巨，诚大局之幸也。治安赖君子，岂不然乎？此颂勋祉，不尽欲言。弟江瀚顿首。

（四）

馨航总理[②]世贤兄阁下：

顷，玉虎总长过谈，传述雅怀，至为悚惕。弟之承乏故宫博物院，既无据之之势，更无利之之心，特以在事诸人皆尽义务，实有功无过，乃获此结果，足灰任事之心，故不无怅怅耳。弟之辞长文科，盖亦知难而退，非有怨于阁下也。今日且笑语，玉虎曰："敬舆笃于旧谊，胡不以图书馆长等清闲之职优待老儒，而欲以艰巨遗之乎？"阁下闻之，当亦发一轩渠也。早拟入都，忽撄贱恙，甫臻平复，室人又下楼伤足，一俟痊可，当即还京。医者虽嘱戒饮，若陪欢宴正兴，复不浅耳。草草此布，敬颂勋绥，百惟珍重不宣。九月十八日，世愚弟江瀚再拜。

（五）

馨航总理[③]阁下：

昨接还书，敬悉种切，伏承起居曼福，欣诵无涯。顷闻故宫博物院业经贵院举聘卿、书衡二公保管，聘本维持会会员，书且常务委员，

---

① 据柳文考证："理斋"指民国著名学者曹秉章，此函应写于民国九年秋季。

② 据柳文考证："馨航总理"指时任国务总理潘复，此函作于民国十六年九月十八日。

③ 据柳文考证：此函作于民国十六年九月二十二日。

弟之维持会会长久思摆脱，兹得卸肩，固所愿也。原拟日内来京，因室人下楼伤足，至今未愈，坐此迟回。兹先寄上鄙撰七册，敬求大教。盖曩在并门，百川督办为之印行，惜未校勘，颇多伪误，内有《孔学发微》三卷，于洙泗弘旨，似有所阐明，方今政府尊崇圣道，傥有取于此乎？手此代臆代面，只颂勋祉不宣。九月廿二日，江瀚再拜。

四、致易培基(十九通)[1]

（一）

寅邨贤兄有道：

昨奉惠书，具悉近状，回环庄诵，欣慰良深。丁此时艰，乱靡有定。群生患苦，休养何时。道德沦亡，文学颓废，此心伊郁，如何可言。足下闭户自精校雠旧籍，匪特保存省粹，实足维系斯文。南望湘江，时殷向往。大校陈志，其补正之处，希便中举示一二，至恳至恳。葵园是否仍在平江？奂公回里，不致再有龃龉否？均极念念。此颂学祉，不尽所怀。弟瀚拜状。十月廿四日[2]。

（二）

□□[3]学兄侍史：

前在并门曾上一笺，谅已入览。山西大学文科诸生新有国学研究社之设，夙仰台端博学通才，咸愿奉为导师，不审惠然肯来否？晋祠难老泉畔，弟筑有别庄，可为高贤下榻之处。翘首湘云，无任企祷。或时惠近著，遥承雅教，亦诸生之幸，弟所同盼也。专此，敬颂撰祺，

---

① 据马忠文《江瀚致易培基未刊信札释读》(《上海档案史料研究》第十四辑)录入。

② 据马文考证，此函作于民国癸丑十月二十四日(1913 年 11 月 21 日)。

③ 原文此处缺损。

鹄候还示不一。弟瀚拜手。十二月廿六日[①]。

再,弟拟二月初旬赴晋,并以附闻。又及。

（三）

寅邨学兄左右:

昨奉复书,欣慰无似。当此军人世界,乱靡有定,可胜太息。从者避地武林,何时能作北游,尚希先期函示。缘弟来往燕晋,不恒居处故也。大著务望赐读一二,以舒渴臆,并慰三晋人士之思,切盼切盼。苏浙似暂可无事,中央败坏极矣,恐不能长此汶汶也。弟拟下月赴晋,如蒙惠翰,仍寄北京东安门外八面槽大街七十号为妥。此颂纂[②]福,不尽愿言。弟江瀚再拜。正月廿五日[③]。

（四）

寅邨学兄总长大鉴:

昨发一缄。逡今又思得二事,深有望于执事主持者,请为陈之:一、图书馆宜谋建筑也。下走于民国初元孑民先生任教育[④]聘充该馆馆长,二年春忽有四川盐运使之授,因并辞职,避居天津,未终其事,至今耿耿。虽在馆仅七八月,然于接续之交保存善本诸书似不无微劳,并录缪艺风有京师图书馆善本书目,是其确证。下走交代时,凡缪氏书目所有者,不唯未缺一册,且有增益,可复按也。该馆现尚设大方家胡同,规模既隘,地亦偏僻,设有火患,不堪设想。顽如曹锟尝倡议建设,派其私人王毓芝办理。闻已集有款项,不知若何?兹事为贵部职权所在,似宜迅速经营,以光文化。一、国史馆宜加

---

① 据马文考证:此函作于民国癸亥年十二月廿六日(1924 年 1 月 31 日)。

② 纂,当为綦。

③ 据马文考证:此函作于民国甲子年正月廿五日(1924 年 2 月 29 日)。

④ 此处似缺字。

整理也。该馆自湘绮逝后，初移大学，嗣归国务院，今名国史编辑处（在靳云鹏时）。国史重大，当事诸公往往轻视，可为叹息。鄙意国史一事断不可使素不满意民国及赞成帝制与复辟之人执笔其中，而以受贿选举总统之议员兼领，尤非所宜。十三年来，事变多矣，使此辈修史，宁有公道存耶？且已设有功民国诸贤，并应采访事实为之补传，及今不办，恐久愈失真。以上二端，务希执事早为着手，时不可失，立盼进行，不胜大愿。（事易举而效易著，无过于此）再，前闻卜宅，已定何所，尚祈便中示及为幸。交通畅利，犹需时日，殊闷损人也。草草布臆，惟为国为道千万自重。不宣。弟江瀚拜启。十一月十五日①。

（五）

寅村学兄先生执事：

复书诵悉。规画之件辰下能否进行？中山莅京与北人意见有无龃龉？均极以为念。弟准冬至节前启行，抵京后当即敬诣高斋快聆大教也。草草此布，祗颂台祺。弟瀚再拜。十二月九日②。

（六）

寅郛道兄总长大鉴：

昨承面语，清室抵押金器合同将届期满一节，今日晤及弢庵，为传尊意，不胜感激，深望左右鼎力，先将此件发还，以便设法销利。又，清室内务档案各册因发生轇轕事件，亟需清理，尤为情迫。务恳费心转商诸公一并先行发还，铭戢无似。用敢据情奉达，伏候允行。又，下星期参观券五张亦希便中赐下，弟处家属甚多，实不敷用，迟日

① 据马文考证：此函作于阳历 1924 年 11 月 15 日。

② 据马文考证：此函作于阳历 1924 年 12 月 9 日。

尚当浼公再为渎请也。手此，祇颂时祺不既。弟江瀚拜启。二月十三日[①]。

（七）

示悉。清宫押据承允转商退还，代为感泐。冷金笺一幅、折扇一握，遵即送交弢老，迟日当约公同往一谈也。此复，即颂台祺。弟瀚拜。

寅邨先生

（八）

手示敬悉。昨见报纸登载呈请干木恢复清室条件，附有贱名，深为诧异。去年同乡郭春榆曾炘曾谈及兹事，并以所拟呈稿出示，弟并未签名；且云据陈弢庵言，清室绝无恢复帝制之想（凤孙之言，确实可信）。何必出此，徒滋口实。业经函询前途，促为更正。兹蒙垂问，弥切悚惶。弟向日对公所言，惟有发还私产之议，为内务档案之请，亦弢庵托为转达，并极赞成出洋，何尝片语及优待条件耶？还宫之说，更属荒唐。尚望代明心迹，以释诸公之疑，至感至感。草草奉复，祇颂台祺不尽。弟江瀚再拜。二月十六日夜[②]。

寅邨先生执事

（九）

寅村仁兄有道：

昨匆匆一聚，未罄所怀。顷弢庵送来所书楹帖并自撰联，即希察入。折扇当续缴也。此颂时祺，诸惟爱照。弟瀚再拜。二月廿

① 据马文考证：此函作于阳历1925年2月13日。

② 据马文考证：此函作于阳历1925年2月16日。

三日[①]。

（十）

寅村先生道兄大鉴：

又久不晤，至以为念。顷集杜句敬挽中山先生云“更觉良工心独苦，长使英雄泪满襟”，拟属人书就致送，不审可用否？再，弟在山西大学教授毛诗，兼采三家，尚未讲讫，数日内即当赴晋，容更走领教言。手此，祗颂近祺不一。弟瀚再拜。十三日[②]。

（十一）

午间往吊中山先生后本拟趋谈，以事不果，至为怅怅。明晚附快车行矣。如有见教，即寄山西大学文科可也。手此，祗颂寅邨学兄道祉。弟瀚再拜。廿二日[③]。

（十二）

寅村学兄有道：

上月出京曾致一笺，定已入照。中山先生奉安碧云寺后，台躬当稍暇豫矣。报纸言日本文化局拟将清室古物由彼代为保存，可谓荒谬之至，或有是妄想耳。公所经营文化、图书二馆宜努力进行，故宫闻已开放，清查竣否？极用廑念。弟所担任山西大学功课，《诗》已讲毕，顷又教授《尚书大义》，大约端午节前准可回京也。时事无可言，姑以此自晦耳。草草此上，敬颂兴居多庆，不尽愿言。弟瀚手启。四月十七夜[④]。

---

① 据马文考证：此函作于阳历 1925 年 2 月 23 日。
② 据马文考证：此函作于阳历 1925 年 3 月 13 日。
③ 据马文考证：此函作于阳历 1925 年 3 月 22 日。
④ 据马文考证：此函作于阳历 1925 年 4 月 17 日。

（十三）

寅邨道兄先生执事：

手书诵悉，当即面商校长王君。据称苏向乾并未来京，本日已函嘱其到会接洽，印领亦交伊手。王君且拟自行入都也。此间将停课考试，弟将月之十四五日便可来京矣。政象不佳，统一无日，蒿目当世，忧愤交并。不尽之怀，会容晤罄。专此泐复，祇颂起居。弟瀚拜启。六月一日①。

（十四）

寅邨先生大鉴：

久不晤教为念。昨得善后委员会函（并点检报告一册），自八月一日起旧徽章作废，一律改用新章。弟因小恙，不克于日内亲领，拟恳费神代为领取。恃爱琐渎，无任悚惶。专此敬颂道祺，惟珍重不宣。弟江瀚再拜。七月廿九日②。

又，马夷初先生见惠《老子核诂》一节，考据精详，极用钦佩，晤时希代申谢为荷。附启。

（十五）

寅邨仁兄总长大鉴：

溽暑伏念起居万福。善后委员会发表近年复辟阴谋，金梁满奴犹可说也，江亢虎何为者？其实亦诈欺取财之伎俩耳，殊堪痛恨。日内拟入故宫一观诸人秽迹也。善后委员会新换徽章尚未收到，是否须将旧者缴还再行领取？希便中示遵为荷。此上，惟亮詧不宣。弟江瀚再拜。八月十三日③。

---

① 据马文考证：此函作于阳历 1925 年 6 月 1 日。

② 据马文考证：此函作于阳历 1925 年 7 月 29 日。

③ 据马文考证：此函作于阳历 1925 年 8 月 13 日。

（十六）

寅村先生大鉴：

手书诵悉，并收到本会出入证一方。养心殿内亟欲往观，何时可去，尚乞示遵。奂彬来京寄居何所？当走访也。手此，敬颂道祺不具。弟瀚再拜。八月十五日[①]。

（十七）

寅邨学兄大鉴：

顷于六日安抵并门，顽健如常，堪以告慰。双十节博物馆开幕，是皆公及石曾兄苦心经营，乃得成斯盛举。惜弟远出，不获瞻观，令人怅悒无似。其中如钟鼎、书画类颇多关于吾国文化，务当有详实记载以广流传。前经谈及，公固有意于兹，弟冬至前后准可回京，如蒙不弃，深愿效劳也。倘已编有目录，祈先垂示为盼。弟所撰《诗经讲义》凡八册，虽据注疏本，然兼采三家，博搜众说，毫无门户意见之私，颇有胜前人处。惟写手误谬，现正校改，容更寄请指教。奂彬回里，能否北来？极念之。手此，敬候起居，不尽缕缕。弟江瀚再拜。十月十七号。[②]

（十八）

寅村仁兄总长大鉴：

前荷惠谈，至用快慰。本拟日内往访，焕章乃已超然远行，高风亮节，仰企无涯。而时局未安，杞忧方切。昨闻就职，极惬私衷。扶危定倾，唯公是赖，盖不仅振兴教育而已。姑舍其大言其细者，审定教科书亦一要事。商务印书馆所编国文、历史、地理，颇多可议，且闻翻译英文亦多舛误，似此谬种流传，伊谁之过？曩曾与公言及，想必

---

① 据马文考证：此函作于阳历 1925 年 8 月 15 日。

② 据马文考证：此函作于阳历 1925 年 10 月 17 日。

有一番整顿也。又,国史一事,自贿选议员梅光远后现属何人?下走深注意兹事,近如段芝贵、傅良佐辈皆宣付立传,不知下等者能直书其罪状否?(段虽有平张勋之功,其它实多可罪)古云作史者须兼才、学、识三长,下走虽不敢语此,然于所谓史德不虚美、不隐恶,窃有志焉。望公留意,亦非必欲自为也。(此意从未告人)手此代面,敬颂勋祉,百惟珍重不宣。弟江瀚拜启。一月八日①。

再,敝门人甘大文在贵部秘书处办事,尚祈推情留用,不胜感激。弟又启。

(十九)

寅村学兄总长大鉴:

即日伏承勋履罄宣。遥有所请者,亢君榕门,虽毕业师范,恐贵部难于位置,亢君善画,务乞推情之于艺专,是所深感。惟亮詧不宣。弟江瀚再拜。一月廿四日②。

五、致张伯桢(一通)③

沧海贤兄史席:

惠书诵悉,尧生久未通讯,极念之。弟顷以在室爱女之丧,心绪恶劣,匪言可状,承属之件,当为留意。缘沧伯来京,曾一相访,适弟出门,至今尚未晤也。草草此复,顺颂时祺。惟照不一。弟江瀚再拜。

---

① 据马文考证:此函作于阳历 1926 年 1 月 8 日。

② 据马文考证:此函作于阳历 1926 年 1 月 24 日。

③ 据博宝拍卖网提供之图片(系上海朵云轩拍卖有限公司 2005 春季艺术品拍卖会拍卖品)辨识录入。信中所言爱女当指黄瑛。

六、致家人(两端)[①]

端孙知之：

余到京以来，身体尚适，汝祖母亦好。汝父上月廿九始至屠甸镇，因与梁任公同游惠山故耳。兹送来余之文稿四册，为门人排印，错误尚多，可分送汝同学也。(李女士□可送一册，若有欲观者，当再寄。)

石翁字。

季璠/令娴贤孙婿/女同览：

顷以贱辰承惠书相祝，并寄皮夹、绸巾，谢甚！谢甚！月之七号令娴之父将作南游。附上《故宫周刊》二册，即希□入为荷。顽健如常，足舒远念。此问俪祺。

石翁白　十二月三日

---

① 据《文津学志》第七辑孙俊《国家图书馆藏江瀚江庸家书录释》之《江瀚家书两通》录入。据孙俊考证，《故宫周刊》1929 年创刊，故将给季璠等信系于 1929 年之后。按江瀚二子三女，分别为：长子庸，次子尔鹗(字子立)；长女琼(字伯华)，适张孝栘(字棣生)；次女瑛(字仲玉)，留日学美术，早卒；三女瑄(字季璧)，适陈瑾昆。此两通信中，江端为江庸长女，季璠为江端之夫杨季璠。